Zur Stellung der Mitgliedstaaten im Europarecht

Schriftenreihe der Hochschule Speyer

Band 32

Zur Stellung der Mitgliedstaaten im Europarecht

Von

Erich Bülow · Ulrich Everling · Werner Klaer · Horst Laubereau · Hanspeter von Meibom · Rudolf Miller · Georg Roth

Herausgegeben und eingeleitet

von

Hartwig Bülck

DUNCKER & HUMBLOT / BERLIN

Gedruckt 1967 bei Alb. Sayffaerth, Berlin 61
Printed in Germany

Inhalt

Dokumentation

Vorwort

In einer Situation, in der die Deutung und Bewältigung der technisch-wissenschaftlichen Weltzivilisation und ihrer rechtlichen Organisation auf der einen Seite in einen utilitaristischen Physikalismus und auf der anderen Seite in ein system- und traditionsloses Experimentieren zu zerfallen droht, wäre es grundverkehrt, den Rechtstheoretiker auf den „Geist“ und den Rechtspraktiker auf die „Sachen“ zu verweisen. Auf ihre Zusammenarbeit und wechselseitige Kontrolle kommt es an, um den zivilisatorischen Fortschritt in den Grenzen nicht nur des Verstandes, des Rechnens und Messens zu halten, sondern vor allem in den Grenzen der Vernunft: des Bedenkens und Nachdenkens. Dazu müssen die Theoretiker und Praktiker des Rechts wieder zu „Rechtsgelehrten“ werden, wie sie vor zweihundert Jahren Johann Jacob Moser, Königlich Dänischer Etats-Rath und praktischer Völkerrechtstheoretiker, beschrieben hat.

Auf dem Reichstag Anno 1654, so berichtet er „Von dem Ansehen der Rechtsgelehrten in Teutschen Staats-Sachen“ (Regensburg, 1773, S. 11), votierte Württemberg, daß „solches (nämlich der Sinn der Cammergerichtsordnung wegen Taxierung der Revisionsacten) erhelle deutlich aus denen Worten Denaissii, eines alten, wohl experimentirten und praktizirten Assessoris; welcher dahero in Camera et toto Imperio pro authentico gehalten und approbirt werde“. Auf demselben Reichstag „führte das Hochstift Speyer in einem Voto an: Carpzov in Comment. ad Leg. Reg. Germ. fol. 583. halte dafür, daß die Privilegia de non appellando sich nicht auf den casum denegatae justitiae erstreckten“. Was Carpzov, Churfürstlicher Rath in Dresden und Ordinarius in Leipzig, damals für richtig hielt, würde man heute zu den Allgemeinen Rechtsgrundsätzen zählen, den principes généraux de droit reconnus par les nations civilisées, wie sie die Satzung des Internationalen Gerichtshofs nennt. Der Auffassung des Hochstifts Speyer wird sich deshalb wohl auch die Hochschule Speyer anschließen können. Denn die Wissenschaft von den Rechts- und Verwaltungs-Sachen und hier besonders von den Europa-Sachen hat kein Privilegium de non appellando, das der erkenntnis- und tatbereite Gerichtshof der Europäischen Wirtschaftsgemeinschaften besitzt und das die „gutwilligen Europäer“ auch in der Wissenschaft für sich in Anspruch nehmen — das sind jene Europäer, denen es „mit der Tugend Ernst ist“, wie

Hegel von Robespierre sagte (Philosophie der Geschichte, Jubiläums-Ausgabe Bd. 11, S. 561).

Im Sinne solcher Zusammenarbeit von Theorie und Praxis sind die folgenden Beiträge gesammelt worden. Die Sammlung knüpft damit an den Band „Staat und Wirtschaft im nationalen und übernationalen Recht“ an (Bd. 22 der Schriftenreihe der Hochschule). Während jener vorwiegend Beiträge von Praktikern aus den überstaatlichen Wirtschaftsgemeinschaften enthielt, bringt der jetzige zur Hauptsache solche von staatlichen Rechts- und Verwaltungspraktikern. Die Beiträge sind aus verschiedenem Anlaß entstanden. Die Herren Everling und von Meibom haben im April 1966 Vorträge auf einem Fortbildungskurs des rheinland-pfälzischen Innenministeriums in Speyer gehalten. Die Herren Klaer und Bülow haben in meinem Seminar über Europarecht gesprochen. Die Arbeiten der Herren Laubereau und Miller sind in Verbindung mit dem Forschungsinstitut der Hochschule entstanden, aus dem auch der Beitrag von Herrn Roth, zusammen mit der von ihm erstellten Dokumentation, hervorgegangen ist. Die Einleitung gibt die erweiterte Fassung eines Vortrages wieder, den ich selbst auf dem erwähnten Kurs des Innenministeriums gehalten habe.

Thematisch sind die Beiträge nur im Umriß abgestimmt, den der Titel des Bandes und das Inhaltsverzeichnis erkennen lassen. Sie von Redaktions wegen zu „harmonisieren“, habe ich mit Carpzov für ein unberechtigtes Privileg gehalten. Auch versteht es sich, daß bei dem weit gespannten Thema nur einige typische Probleme behandelt werden konnten; so wurde z. B. das europäische Wettbewerbsrecht, das schon anderweitig ausführlich erörtert worden ist, weggelassen. Den Verfassern noch einmal für ihre Mühe zu danken, vor allem auch für den Freimut, mit dem sie als Etats- und Europa-Räthe ihre wissenschaftlichen Standpunkte und Überzeugungen vertreten haben, bedeutet mir eine aufrichtige Freude.

Hartwig Bülck

Der Stand der europäischen Integration

Von Hartwig Bülck

Mit der Wende zu unserem, zum 20. Jahrhundert hat Europa angefangen als Kontinent, als etwas Zusammengehörendes aufzuhören. Bis dahin war es gerade in seiner Vielheit eine Einheit, ein Zusammenhängendes: räumlich von Gibraltar bis zum Ural, geschichtlich-kulturell von der Antike bis zur Ausbreitung seiner Zivilisation über die Welt, religiös durch sein gemeinsames Bekenntnis zum christlichen Glauben, politisch-ökonomisch als System von Nationalstaaten und Nationalwirtschaften und nicht zuletzt rechtlich in der vielfältigen Gemeinsamkeit seines öffentlichen und privaten Rechts, des auf römisch-germanischen Grundlagen ruhenden ius publicum et privatum europaeum. Diese Rechts- und Kultureinheit Europas, die aus der mittelalterlichen respublica christiana hervorgegangen war, ist in Krieg und Frieden, durch revolutionäre Umbrüche und stilles Wachsen in vielen Jahrhunderten geworden. Die Praxis der europäischen Staaten bewahrte sie nach innen und außen mit strenger Hand und die Theorie des Staats- und Völkerrechts tat das Gleiche mit ungebrochener Selbstverständlichkeit. So heißt es etwa bei Vattel, einem kursächsischen Diplomaten, der die Völkerrechtstheorie des 19. Jahrhunderts maßgebend bestimmt hat: „Europa stellt ein Staatensystem, ein Ganzes dar, in dem alles durch die Beziehungen und verschiedenen Interessen der diesen Erdteil bewohnenden Nationen untereinander verbunden ist ... eine Art Republik, deren unabhängige, aber durch die Gemeinsamkeit der Interessen miteinander verbundenen Mitglieder zur Aufrechterhaltung von Ordnung und Freiheit zusammenwirken[1]." Das war das

[1] Le Droit des Gens, 1758, deutsch von Euler 1959, III. Buch III. Kap. § 47. Vgl. die ähnliche Definition Europas von G. F. von Martens, Einleitung in das positive europäische Völkerrecht, 1796, S. 26 und den kennzeichnenden Titel des Buches von Mably, Le droit public de l'Europe fondé sur les traités, 1776. Daß auch die Staatenpraxis von einem gesamteuropäischen Rechtsbewußtsein getragen wurde, betonen Scheuner, Friedensschlüsse und Staatenordnung, Festgabe für Max Braubach, 1964, S. 220 ff. und für das 19. Jahrhundert besonders Guggenheim, Droit international général et droit public européen, Schweizerisches Jahrbuch für internationales Recht, Bd. 18 (1961), S. 9 ff. Der erste, der Europa vom christlich-kulturellen auf den politischen Begriff brachte, war Machiavelli; vgl. Chabod, Storia dell' idea d'Europa, 1961, deutsch 1963, S. 32 ff.

berühmte Gleichgewicht der Mächte, das Europäische Konzert, das dafür sorgte, daß kein Staat die Vorherrschaft, die Hegemonie über die anderen erlangte, damit die öffentliche Ordnung Europas, das heißt die politische und kulturelle Freiheit aller Staaten, gewahrt bleibe[2].

I.

Die Jahrhundertwende machte für Europa Epoche. Seine Einheit begann, sich in zwei Richtungen zu wandeln. Zum einen dehnte sich die europäische Staatengemeinschaft zum Weltstaatensystem aus, zum anderen löste sie sich eben dadurch als Einheit auf, die sie jetzt von neuem sucht. Der Ausdehnungsprozeß reicht weit in die Neuzeit, besonders in das 19. Jahrhundert zurück. Die europäischen Kolonien in Nord- und Südamerika waren selbständige Staaten geworden. Das zaristische Rußland hatte das nördliche Asien bis Sibirien hin kolonisiert. England hatte durch den Opiumkrieg die geschlossene Tür Chinas geöffnet. Die islamische Türkei und das schintoistische Japan waren in den europazentrischen Kreis christlich-zivilisierter Nationen aufgenommen worden. Höhepunkt und Umschlag der Entwicklung brachte 1885 die Berliner Kongo-Konferenz, auf der die europäischen Staaten den letzten, noch nicht kolonisierten Erdteil, den dunklen Kontinent unter sich verteilten, um ihm das Licht der Zivilisation zu bringen. Diese „heilige Aufgabe der Zivilisation“, dieser sacred trust, wie es später im Mandatsystem des Völkerbundes hieß, legitimierte das Bewußtsein, daß — wie von Martitz auf den ersten Seiten des im selben Jahr gegründeten Archivs für öffentliches Recht sagte[3] — „die Leitung der modernen Weltpolitik sich in den Händen einer Völkeraristokratie befindet“, die deshalb „den entscheidenden Schritt getan (hat), auch das letzte Stück der bewohnten Erde, das immer noch einen bloß geographischen Begriff darstellte, derjenigen politischen Organisation teilhaftig werden zu lassen, unter deren Schutz die menschliche Geschichte

---

[2] Über die Geschichte der politischen Gleichgewichtsidee als Erzeugnis des abendländischen Rationalismus, — erstmals 1532 bei dem Italiener Guicciardini, später als *„balance of Europe“* bei Bacon — vgl. Nys, Les origines du droit international, 1894, S. 165 ff., 168. Über das Europäische Konzert neuestens Sir Charles Webster, The Art and Practice of Diplomacy, 1961, S. 55 ff.: The Council of Europe in the Nineteenth Century, dessen Legitimation in einem Konferenzprotokoll über die Belgische Frage mit einer Wendung umschrieben wurde, die von Talleyrand stammen könnte: „Chaque nation a ses droits particuliers; mais l'Europe aussi a son droit; c'est l'ordre social que le lui a donné“ (S. 65).

[3] Das internationale System zur Unterdrückung des Sklavenhandels, Bd. 1 (1885), S. 1 ff., S. 16. Die Kongo-Konferenz war die erste europäische Staatenkonferenz, zu der die Vereinigten Staaten von Amerika eingeladen wurden.

sich abspielt". Das war der letzte Akt der Weltgeschichte Europas[4]. Seither macht die Welt mit Europa Geschichte, wenngleich niemand weiß, ob damit Europa endgültig in seine hellenistische Epoche eingetreten ist[5].

Der neue Akt und damit die zweite Richtung, in der sich die Einheit Europas wandelte, begann mit dem klassischen Imperialismus der Großen Mächte in dem Menschenalter vor 1914. Es war kein universaler Ausdehnungsvorgang, sondern eine chaotische Auflösung jahrhundertealter Ordnungs- und Freiheitsstrukturen. Das imperialistische Machtstreben setzte sich im ersten Weltkrieg fort, der schließlich zum Eintritt der Vereinigten Staaten von Amerika in diesen ursprünglich europäischen Krieg und zur bolschewistischen Oktoberrevolution führte,

---

4 Den Übergang Europas vom „Ursprungskontinent unseres Völkerrechts" zu einer „Völkergemeinde, die keine geschlossene ist", reflektierte als erster der in Brüssel lehrende Schweizer Rivier, Völkerrecht, 1889, S. 5.

Einen vorwärts gewandten Rückblick geben mit verschiedener Akzentuierung Freyer, Weltgeschichte Europas, 2. Aufl. 1954 und der polnische Historiker Halecki, Das Europäische Jahrtausend, 1966.

5 Den endgültigen „Zusammenbruch des europäischen Staatensystems" glauben Holborn in seiner gleichnamigen Schrift, 1954 und Dehio, Deutschland und die Weltpolitik im 20. Jahrhundert, 1961, S. 97 ff. diagnostizieren zu können. Nach ihnen befindet sich Europa in seiner hellenistischen, sprich atlantischen Epoche. Das meinen auch viele, aber keineswegs alle amerikanischen Historiker: Turner's Theorie von der Entwicklung Amerikas nach dem pazifischen Westen ist noch recht lebendig, vgl. Riegel, American Frontier Theory, Cahiers d'histoire mondiale, Bd. 3 (1956), S. 356 ff.

Richtig ist jedenfalls, daß es gerade die europäische Geschichte neu zu durchdenken gilt. Das Exzessive in dieser Richtung bei manchen deutschen Geschichtsschreibern ist bekannt. Maßvoll bleibt Sir Ernest Barker und andere, The European Inheritance, 3 Bde., 1954 und auch noch Baraclough, History in a Changing World, 1955, deutsch 1957. Vgl. denselben, European Unity in Thought and Action, 1963, deutsch 1964. Dabei muß man sich freilich vor dem Relativismus hüten, gleichsam zwei Historien zu unterscheiden: die tatsächlich abgelaufene im Sinne Rankes und die jeweils neu zu schreibende im Sinne Croce's. Indes bedeutet dieser „primäre" Relativismus wenig gegenüber der Relativierung der neopositivistischen Geschichtsschreibung, besonders auch der der Rechtsgeschichte, die ihre Begriffe nach den Regeln der analytischen Logik und Semantik bildet. Kritisch dazu im Hinblick auf eine demnächst erscheinende Untersuchung von Gagnér Wieacker, Der gegenwärtige Stand der Disziplin der neueren Privatrechtsgeschichte, Festgabe für Maridakis, 1963, Bd. 1, S. 339 ff., 354 f. In diese Richtung weist auch das funktionale Abschneiden der Geschichte bei der wissenschaftlichen Behandlung des Rechts der Europäischen Wirtschaftsgemeinschaften. Dagegen Bülck, Zur Dogmengeschichte des europäischen Verwaltungsrechts, Festschrift für Herbert Kraus, 1964, S. 29 ff.

Gegenüber diesen Relativierungen ist darauf hinzuweisen, daß sich mit der Neige des Historismus eine neue Wendung zur Geschichtlichkeit des Verstehens abzeichnet, wie sie in dem Versuch Gadamers, Wahrheit und Methode, 1960, deutlich wird, den abstrakten Gegensatz zwischen Tradition und Historie, zwischen Geschichte und Wissen von ihr in der Einheit von fortwirkender Tradition und wirkender Geschichtsforschung aufzuheben. Vgl. dazu neuestens Betti, Die Hermeneutik als allgemeine Methodik der Geisteswissenschaften, 1962.

durch die die europäisch-asiatische Sowjetunion in die Geschichte eintrat. Durch den zweiten Weltkrieg und das, was ihm an inneren und äußeren Gewalttaten vorausging und nachfolgte, verlor Europa seine Mitte. Die europäischen Flügelmächte, die der preußische Historiker Ranke noch nicht, wohl aber der prophetische Franzose Tocqueville gesehen hatte, stießen als Giganten der Außenräume in der Mitte Europas aufeinander und balancieren hier seit 20 Jahren im Niemandsland des Eisernen Vorhangs und der Berliner Mauer das neue Gleichgewicht des Schreckens[6]. Die große Entscheidung, the Great Decision, ist in einem provisorischen Frieden aufgehoben, wie der Kalte Krieg mit jener Zwielichtigkeit heißt, die für die gegenwärtige Übergangslage des Weltstaatensystems typisch ist[7].

Über das 400 Jahre alte europäische Staatensystem lagern sich heute zwei regional-ideologische Bündnissysteme. Mit ihnen haben die jeweiligen Hegemonialmächte, die westlichen Alliierten und die Sowjetunion, mit den ihnen zugeordneten mittleren und kleinen Staaten ein gegenseitiges Schutzsystem aufgebaut, die NATO, CENTO und SEATO, ein maritimer Ring, der dem kontinental-eurasiatischen Pakt von Warschau gegenübersteht und ihn gleichzeitig umschließt. Statt einer, sind es heute zwei ceintures des républiques, wie es zu Napoleons Zeiten hieß, zwei Gürtel von Demokratien und Volksdemokratien, mit denen sich die friedliebenden Nationen, in die sich die bloß zivilisierten des 19. Jahrhunderts durch die Satzung der Vereinten Nationen verwandelt haben, gegen die Friedensliebe ihrer Feinde verteidigen. Ihr wichtigstes Aufmarschfeld ist seit der Auflösung des Berliner Kontrollrats der alliierten Sieger das geteilte Europa und das als Nationalstaat gebrochene, regional-ideologisch gespaltene Deutschland. Damit ist Europa von neuem, diesmal aber bis an die Substanz seiner Staaten, „in zwei feindselige Halbregionen" gespalten, von denen der ältere Zachariä hundert Jahre zuvor im Hinblick auf die Auseinandersetzung des monarchischen mit dem demokratischen Prinzip seinen „europäischen Völkerstaat" bedroht sah[8].

Diese elementaren politischen Ereignisse haben mit dialektischer Notwendigkeit einen gegenläufigen Prozeß in Gang gesetzt, die „Organisation der Welt", wie ihn der deutsche Völkerrechtler und Pazifist Walther Schücking genannt hat[9]. Sie begann mit den Versuchen der

---

6 Hölzle, Geschichte der zweigeteilten Welt: Amerika und Rußland, Rowohlts Deutsche Enzyklopädie Bd. 135.

7 Hagemann, Der provisorische Frieden, 1964 und Julien Freund, Der unauffindbare Friede, Der Staat, Bd. 3 (1964), S. 159 ff.

8 K. S. Zachariä, Vierzig Bücher vom Staate, 5. Bd., 2. Aufl., 1841, S. 226.

9 Vgl. seinen gleichnamigen Beitrag in der Festgabe für Paul Laband, 1908, S. 535 ff.

Haager Friedenskonferenzen von 1899 und 1907 das Weltstaatensystem zu einer politischen Friedensordnung zu verfestigen. Der Genfer Völkerbund von 1919 mit dem Internationalen Gerichtshof, der Kriegsächtungspakt von 1928 und die Vereinten Nationen mit ihrem Sicherheitsrat von 1945 sind Meilensteine auf diesem Wege. Wenn bisher auch der große Krieg verhütet wurde, so sind in den letzten 20 Jahren trotz dieses Sicherheitssystems genau so viel kleine Kriege geführt worden wie vorher, besonders in Korea, Vietnam und im Kongo als „limited warfare", als begrenzte Kriege, wie die heutigen Bürgerkriege, diese grausamste und schändlichste Form des Krieges, verharmlosend genannt werden.

Der Auflösung des Weltstaatensystem und seiner organisierten Wiederzusammenfassung entspricht ein gleichartiger Vorgang in Europa selbst, besonders in seiner westlichen Halbregion. Schon zur Zeit des Völkerbundes, der mit seinem Sitz in Genf noch europäisch verortet zu sein schien, machte Frankreich als kontinentale Siegermacht im Briand-Plan, mitten in der Weltwirtschaftskrise, den Versuch, alle europäischen Staaten zu einer politischen Union zu vereinigen. Schon damals bestand Deutschland, als es noch ein Reich, wenn auch ein besiegtes war, ebenso wie die Mehrheit der anderen Staaten auf der Gleichrangigkeit der ökonomischen mit den politischen Problemen[10]. Der Briand-Plan ging dann in der Europakommission des Völkerbundes unter, ebenso wie ein weiterer Unionsvorschlag Frankreichs von 1936 mit der Überschrift: Pas d'hégémonie, keine Hegemonie[11]. Erst der Sieg der Alliierten im zweiten Weltkrieg gab der europäischen Unionsidee neuen Auftrieb, jetzt aber beschränkt auf die westliche Hälfte des Kontinents. Das erste und begreiflichste Ergebnis war die seit 1954 in der Westeuropäischen Union föderativ organisierte Abrüstung des ehemaligen Feindes, der mit seiner westlichen Halbregion als Bundesrepublik Deutschland und Mitglied der NATO gleichzeitig wieder aufgerüstet wurde. Das zweite, nicht minder begreifliche Ergebnis war der gescheiterte Versuch, jene west- und nordeuropäischen Staaten, die sich als besiegte Sieger ihrer alten europäischen Freiheit wieder bewußt geworden waren, nach demokratischem Nationalstaatsmodell als Vereinigte Staaten von Europa in einem europäischen Bundesstaat zusammenzufassen. Das war und bleibt eine Utopie[12]. Denn

[10] Deutsche Antwortnote vom 15. 7. 1930 in: Auswärtiges Amt (Hrsg.), Europa, Dokumente zur Frage der Europäischen Einigung, 1953, S. 45 ff., 47. Vgl. Lipgens, Europäische Einigungsidee 1923—1930 und Briand's Europaplan im Urteil der deutschen Akten, Historische Ztschr., Bd. 203 (1966), S. 46 ff.

[11] Walters, A History of the League of Nations, 1952, S. 430 ff. Text des zweiten französischen Vorschlages in: Ztschr. für ausl. öffentl. Recht und Völkerrecht, Bd. 6 (1936), S. 557 ff.

[12] Zur Geschichte der Europa-Pläne vgl. Bülck, Föderalismus als inter-

es gibt weder einen „Föderator“, wie Napoleon, Lincoln oder gar Hitler, der mit Blut und Eisen dieses Werk vollbringen könnte, geschweige denn sollte, noch gibt es eine „Europäische Nation“, wie der Paneuropäer Coudenhove-Kalergi die europäischen Völker nennt. Nicht einmal der Schock von Dünkirchen hat 1940 politisch mehr als die sich schnell auflösende Idee einer „nation franco-britannique indissoluble“ hervorgebracht[13]. Selbst die Versuche der nur sechs Staaten, die seit den 50er Jahren in funktionierenden Wirtschaftsorganisationen miteinander verbunden sind, eine politische Union als Klein- oder Kerneuropa, wie die Verfechter dieser Idee sagen, zu begründen, sind fehlgeschlagen. Zwei Anläufe hat man gemacht: 1952/53, beschleunigt durch den Koreakrieg, mit der sogenannten Europäischen Politischen Gemeinschaft und 1960/62 mit einer „Union der europäischen Völker“. Nach beiden Plänen sollte nicht nur die Wirtschaftspolitik, sondern auch und gerade die Außenpolitik, die Verteidigungs- und die Kulturpolitik koordiniert oder sogar vereinheitlicht werden. Die Politische Gemeinschaft von 1953 sollte „so beschaffen sein, daß sie den Bestandteil eines späteren bundesstaatlichen oder staatenbündischen Gemeinwesens bilden (könnte), das auf dem Grundsatz der Gewaltenteilung beruht und besonders über ein Zweikammersystem verfügt“[14]. Der zwiespältige Aspekt: bundesstaatlich oder staatenbündisch kennzeichnet in der Tat den Verfassungsentwurf des geplanten Gemeinwesens. Bundesstaatliche Züge zeigte das aus Abgeordnetenhaus und Senat bestehende Parlament, der regierungsähnliche Exekutivausschuß und der Gerichtshof. Staatenbündische Züge dagegen, genauer gesagt: Züge einer ständigen internationalen Staatenkonferenz, der Ministerrat, dem dann auch die politische Entscheidungsgewalt zustehen sollte[15]. Der Plan ist 1954 mit der Ablehnung der Europäischen Verteidigungsgemeinschaft durch die französische Nationalversammlung ein Plan geblieben, wie seine Vorgänger. Den zweiten Anlauf, eine erneute Relance Européenne, machte 1960 die Fünfte Französische Republik unter ihrem Präsidenten de Gaulle nach dem Scheitern der Pariser Gipfelkonferenz zwischen den Vereinigten Staaten und der Sowjetunion. Das in seinem nationalen Selbstbewußtsein wieder erstarkte Frankreich erinnerte sich seiner alten politischen Führungs- und Vermittlungsrolle

---

nationales Ordnungsprinzip, Veröffentl. der Vereinigung der Deutschen Staatsrechtslehrer, Heft 21 (1964), S. 1 ff., S. 21 ff.

[13] Noël, Le projet d'union franco-britannique de juin 1940, Revue d'Histoire de la Deuxième Guerre Mondiale, Bd. 6 (1956), S. 21 ff., S. 25.

[14] Art. 38 Abs. 1 des Entwurfs einer Europäischen Verteidigungsgemeinschaft.

[15] Näheres bei Ellinor von Puttkamer, Der Entwurf eines Vertrages über die Satzung der Europäischen Gemeinschaft, Ztschr. für ausl. öffentl. Recht und Völkerrecht, Bd. 15 (1953/54), S. 103 ff.

auf dem Kontinent. „Was sind" — fragte de Gaulle damals — „die Realitäten Europas und die Eckpfeiler, auf denen man weiter bauen könnte?" „In Wirklichkeit", so antwortete er, „sind es die Staaten, Staaten, die gewiß sehr verschieden sind, von denen jeder seine eigene Seele, seine Geschichte und seine Sprache, seine Mißgeschicke, seinen Ruhm und seinen Ehrgeiz hat; doch es sind Staaten, die jeder für sich eine Einheit bilden mit dem Recht, Gesetze zu verabschieden und mit dem Anspruch auf Gehorsam. Es ist eine Schimäre zu glauben, man könnte etwas Wirksames schaffen und daß die Völker etwas billigen, was außerhalb oder über dem Staat stehen würde[16]." Deshalb schlug der französische Staatspräsident eine „Union der europäischen Völker" als „Staatenunion" vor, „die auf der Achtung vor der Eigenart der Völker der Mitgliedstaaten und auf der Gleichheit ihrer Rechte und Pflichten beruht", das „Europa der Vaterländer", wie sein früherer Ministerpräsident Debré treffend formulierte[17]. Als Organe waren ein regelmäßig tagender, einstimmig beschließender Rat der Regierungschefs und Außenminister vorgesehen, eine den Rat untersützende Politische Kommission aus hohen Diplomaten und als beratendes Parlament die Gemeinsame Versammlung der Europäischen Wirtschaftsgemeinschaften. Der Vorschlag Frankreichs, im Fouchet-Ausschuß hin- und hergewendet[18], fand bei den fünf Partnerstaaten wenig Gegenliebe. Man fürchtete, daß die gemeinsame Verteidigung in der NATO und die gemeinsame Wirtschaftspolitik in der EWG, der Montanunion und Euratom geschwächt würde. Auch wünschten vor allem die Niederlande, daß erst Großbritannien — bisher of Europe, not in Europe — der EWG beitrete, ehe man mit Frankreich eine politische Union eingehe[19]. Nur die damalige Regierung der Bundesrepublik Deutschland lenkte ein. Da de Gaulle bei den anderen auf Widerstand stieß, schloß er mit ihr auf der Linie seines alten Vorschlages eine nunmehr bilateral gewordene europäische Union, den deutsch-französischen Freundschafts-

---

16 Erklärung vom 5. 9. 1960, Europa-Archiv 1960, S. D 304.

17 Text des Planes im Europa-Archiv 1964, S. D 463 ff. Die Wendung Debré's in seiner Regierungserklärung vom 13. 10. 1960 vor der Nationalversammlung: „Man entgegnet uns: ‚Ihr wollt ein Europa der Vaterländer, der Staaten.' Aber was ist denn Europa anderes als Vaterländer, als Staaten?" Europa-Archiv 1960, S. D 297.

18 Europäisches Parlament, Politischer Ausschuß, Die Politische Union, Synoptische Dokumentensammlung von Battista, Januar 1964. Entwürfe auch im Europa-Archiv 1964, S. D 466 ff.

19 Vgl. die Erklärung des niederländischen Außenministers Luns. Western European Union. Assembly. General Affairs Committee, 1961. A retrospective view of the political year in Europe, 1962, S. 16 und Ch. Johnson, De Gaulle's Europe, Journal of Common Market Studies, Bd. 1 (1963), S. 168. Diese Politik hat über dreihundertjährige Wurzeln im europäischen Staatensystem. Vgl. Hahlfeld, Barriere — Gleichgewicht — Sicherheit, Hist. Zeitschr., Bd. 187 (1959), S. 54 ff.

vertrag von 1963. Der Deutsche Bundestag schickte indes dem Vertrag eine besondere Erklärung voraus, in der er erstens den Anspruch des deutschen Volkes auf nationale Selbstbestimmung, zweitens die gemeinsame Verteidigung im nordatlantischen Bündnis und drittens die Stärkung der Europäischen Wirtschaftsgemeinschaften und ihre Erweiterung durch Großbritannien hervorhob[20].

So endete die Politische Union Westeuropas in der Macht und Ohnmacht des alten europäischen Staatensystems, in dem, was man bis heute seine Freiheit nennt[21]. Hegemonien und damit Gefolgspflichten lassen sich offenbar nur begründen und aufrecht erhalten, wenn zum ersten elementare Schutzbedürfnisse und nationale Existenzansprüche der Gefolgsstaaten gesichert sind — oder wenigstens, wie man im Blick auf andere Hegemone hinzufügen muß, gesichert erscheinen — und zum zweiten schon vorhandenen funktionalen Föderationen mit unitarischen Ansätzen, wie den Europäischen Wirtschaftsgemeinschaften, hinreichend Rechnung getragen wird. Darüber hat uns aus der dreitausendjährigen Geschichte Europas Heinrich Triepel belehrt[22]. Vermutlich wird die Zukunft seine Einsichten ebenso bestätigen, wie es das Scheitern einer Europäischen Politischen Union schon jetzt getan hat.

Die geschilderten Mißerfolge in der politischen Einigung Westeuropas sind im Grunde das Ergebnis verdeckter Machtpolitik und nationalen Sendungsbewußtseins, die zumeist Hand in Hand gehen[23], auch mit

---

[20] Zustimmungsgesetz vom 15. 6. 1963, BGBl. II S. 705.

[21] Über das „Europa der Interpretationen" vgl. die realistische Analyse von Alting von Geusau, European Political Integration. A record of Confusion and Failure, Annuaire Européen, Bd. 11 (1963), 1965, S. 135 ff. und Erler, Die Krise der Europäischen Gemeinschaften — Europäischer Bundesstaat oder Europa der Vaterländer?, 1966.

Trotz allem werden aus dem Unbehagen gegenüber der bloß ökonomisch-funktionellen Integration immer wieder politische Entwürfe nach konstitutionellem Bundesstaatsmuster vorgelegt, vgl. Imboden, Die Verfassung einer Europäischen Gemeinschaft, Festgabe zum Schweizerischen Juristentag 1963, S. 127 ff. So begreiflich die Motive zur „Schaffung eines bewußten Kontrastbildes" auch sind, so ist dieses Bild (vgl. jüngst etwa Denis de Rougemont, Die Schweiz Modell Europas, 1965) zu sehr an der Einmaligkeit bestimmter politisch-historischer Situationen ausgerichtet: der Eidgenossenschaft, der USA seit dem Bürgerkrieg, des Dominion of Canada, der Bundesrepublik des Nachkriegsdeutschlands usw. Ein konstitutionell-föderatives Kontrastbild kann für ein überwiegend nationalstaatlich-unitarisch gewachsenes Europa schwerlich allgemeinere Gültigkeit beanspruchen. Kritisch besonders auch der angelsächsische Theoretiker des Föderalismus Wheare, Federalism, 1955, S. 28 ff., 40 ff.

[22] Die Hegemonie. Ein Buch von führenden Staaten, 1938.

[23] Für Frankreich vgl. Talmon, Political Messianism, 1960, S. 242 ff.; deutsch 1963. Für die Vereinigten Staaten und ihren „militant pacifism" vgl. Osgood, Ideals and Self-Interest in America's Foreign Relations, 1953, bes. S. 86 ff. Für die frühere deutsche Macht und die heutige Sowjetmacht sind Nachweise

ihrem Gegenteil: politischer Ohnmacht und kosmopolitischer Schwärmerei. Soweit diese Einigungsbemühungen durch den zweiten Weltkrieg und die nationalsozialistischen Gewalttaten ausgelöst wurden, waren sie politisch vernünftig. Sie wurden deshalb auch wirklich, d. h. wirksam und sind es bisher auch geblieben. Die in solcher Vernünftigkeit gründende Institution ist der Europarat von 1949. Er beruht weder auf der Vormacht eines Staates noch auf dem ephemeren Willen eines nur demokratischen und nicht mehr nationalstaatlichen Europas. Seine Mitglieder, alle europäischen Staaten westlich des Eisernen Vorhangs und sogar die neutrale Schweiz, wollen, wie es im Gründungsvertrag heißt, „das gemeinsame Erbe ihrer Völker bewahren und fortbilden, das von jeher die Quelle der persönlichen Freiheit, der politischen Freiheit und der Herrschaft des Rechts“ gewesen ist. Seine Grundlage also ist das überlieferte Europa, von dem auch de Gaulle ausgeht, wenngleich mit anderer Zielsetzung. Die Mitgliedstaaten begegnen und vereinen sich als „politisch-historische Individualitäten“, wie sie im alten Österreich hießen, in der Einheit ihrer kulturell-nationalen Vielfalt. Dieser Aufgabe entspricht Aufbau und Erfolg des Europarats.

Sein Hauptorgan ist der Ministerrat, in dem die Außenminister der 18 Mitgliedstaaten nach den Regeln des klassischen Völkerrechts Verträge abschließen, die der Ratifikation der nationalen Volksvertretungen bedürfen. Unterstützt und beraten wird der Ministerrat nicht nur von einem auch sonst üblichen Sekretariat, sondern von einer Beratenden Versammlung, die aus Abgeordneten der nationalen Parlamente besteht. Eine solche mittelbare Repräsentation des nationaldemokratischen Prinzips, das damit internationale Züge annimmt, ist im zwischenstaatlichen Organisationsrecht erstmalig und offenbar epochemachend. Diese Tendenz wird dadurch verstärkt, daß die Abgeordneten, deren Zahl nach der Bevölkerungsgröße der Mitgliedstaaten differenziert ist — Deutschland z. B. 18 und Luxemburg 3 —, sich zu parteipolitischen Fraktionen, den Konservativen, Christlich-Demokraten, Liberalen und Sozialisten von ungefähr gleicher Stärke gruppiert haben. Freilich ist es in dieser Richtung noch nicht zu einem Umschlag des National-Staatlichen in das Europäisch-Nationale gekommen. Die Satzung des Europarats sieht nicht einmal eine unmittelbare europäische Wahl vor, anders als die Wirtschaftsgemeinschaften der Sechs, bei denen es aber bisher auch nicht zu mehr als Vorschlägen dieser Art gekommen ist[24]. Auch ist das politisch-demokratische Prinzip in

wohl nicht nötig. Vgl. immerhin Hildegard Schaeder, Moskau. Das dritte Rom, 2. Aufl. 1957.

[24] Europäisches Parlament, Direkte Wahlen für das Europäische Parlament, Oktober 1960.

Westeuropa noch nicht so harmonisiert wie in der Bundesrepublik. Doch vermeiden es die Regierungsfraktionen des französischen und italienischen Parlaments Abgeordnete aus den kommunistischen Parteien ihrer Länder in die Beratende Versammlung zu entsenden. Seinen Sitz hat der Europarat im deutsch-französischen Straßburg. Diese Verortung soll die Überwindung der alten und überlebten „Erbfeindschaft" symbolisieren — als pars pro toto; denn nach einem halben Jahrhundert europäischer Selbstzerstörung weist der Name Europa nicht mehr so sehr auf die Vielheit in stillschweigender Einheit hin als vielmehr — ähnlich wie das Wort Abendland — auf die ausdrückliche Einheit in der Vielheit seiner Völker und Staaten[25].

In diesem geschichtlich-kulturellen Sinne hat der Europarat Maß gehalten. Von „Fragen der nationalen Verteidigung" ist er ohnehin kraft Satzung ausgeschlossen. Im übrigen hat er sich — nach einigen vergeblichen Anläufen zu einer politischen Union sogar unter seinen fast 20 Mitgliedern[26] — mit der ihm gebührenden, durchaus wichtigen Rolle abgefunden, den „allgemeinen Rahmen der europäischen Politik" abzugeben, wie die diplomatische Formel lautet, d. h. so weit wie möglich zwischen seinen Mitgliedstaaten und denen der Europäischen Wirtschaftsgemeinschaften zu vermitteln[27]. Seine große Leistung in der Bewahrung des gemeinsamen europäischen Erbes ist die Menschenrechtskonvention, die die persönlichen Freiheitsrechte des einzelnen

[25] Europa ist grammatisch doppeldeutig; es ist zugleich Mehrzahl und Einzahl. So schreibt z. B. Nelson 1796: „England wird bei Kriegsende fast ganz Europa zu *seinen* Feinden haben." Die Mehrzahl war jedem, der von Europa hörte, sofort gegenwärtig; aber die Einzahl, eben Europa, wurde stillschweigend vorausgesetzt. Bei dem von Spengler neu betonten Wort Abendland scheint alles Einheit, aber auch hier werden Kaiser und Papst, Nationen und Königreiche mit vorausgesetzt. Vgl. Rosenstock, Die Europäischen Revolutionen, 1931, S. 32 ff.

Diese Doppeldeutigkeit fängt an, mit der regional-ideologischen Tendenz des heutigen bipolaren Weltstaatensystems diesseits des Eisernen Vorhangs in dem oben bezeichneten Sinne einseitig zu werden, der sich freilich gleichzeitig im Gegenlauf wieder zu seiner alten Bedeutung zurückwendet. Denn das „europäische Europa", das man als politische Tautologie jenseits des Eisernen Vorhangs vermuten möchte, soll künftig ohne diesen als das „Europa der Europäer" zu finden sein. Vgl. z. B. die Erwartung de Gaulle's vom 31. 5. 1960, „daß es einmal möglich sein werde, eine europäische Entente vom Atlantik bis zum Ural zu begründen". Siegler, Dokumentation der Europäischen Integration, 1961, S. 366.

[26] Über den Bidault-Ausschuß, den Mackay-Plan, die Eden-Vorschläge usw. Robertson, The Council of Europe, 1956, S. 84 ff.

[27] Im näheren Carstens, Das Recht des Europarats, 1956, S. 59 ff. und Robertson, a.a.O., S. 105 ff. Vgl. neuestens die Erklärung des Generalsekretärs des Europarats Smithers vom 4. 5. 1965 entsprechend der Entschließung (57) 26 des Ministerrats; Council of Europe, Consultative Assembly, 17th Ord. Session, Vol. I, S. 47 ff., deutsche Übersetzung unter dem Titel: Die Europäische Zusammenarbeit, Neue Zielsetzung für den Europarat, Broschüre des Rats, 1965.

gegenüber seinem eigenen Staat schützt, Gewissens- und Religionsfreiheit, Freiheit der Meinungsäußerung, Schutz vor willkürlicher Verhaftung usw. und über deren Einhaltung eine Kommission und ein Gerichtshof wachen[28]. Die politischen Staatsbürgerrechte sind bis auf die Gewährleistung des freien Wahlrechts als nationalstaatliches Reservat ausgenommen, wie denn auch sonst Vorbehalts- und Notstandsklauseln die politische Existenz der Staaten garantieren. Die ökonomischen Freiheitsrechte bleiben im Zeichen nationaler Wirtschaftslenkung mit Ausnahme des Eigentums, das als primäres Grundrecht nachträglich gesichert worden ist, der unbeschränkten Disposition des staatlichen Gesetzgebers überlassen. Im Unterschied zu den Kodifikationsversuchen der Vereinten Nationen genießen also die liberalen Wirtschaftsrechte der Inländer keinen zwischenstaatlichen Schutz gegenüber ihrem eigenen Staat. Doch sollen die Angehörigen der anderen Europarats-Staaten den Inländern berufs- und gewerberechtlich gleichgestellt werden. Diese Inländerparität, die bisher in zweiseitigen Handels- und Niederlassungsverträgen festgelegt ist[29], faßt das Europäische Niederlassungsabkommen von 1955 für alle Mitgliedstaaten zusammen, mit nationalen Schutzklauseln üblicher Entscheidungsfreiheit. Es ist nach 10 Jahren durch die Ratifikation der Bundesrepublik in Kraft getreten[30].

Wenn somit auch die Mitglieder ihren liberal-ökonomischen Verfassungsstandard nicht gegenüber sich selbst zwischenstaatlich gebunden haben, so wollen sie dies aber, wenigstens in gewissen Ansätzen, mit ihrem ökonomisch-sozialen Standard tun. Denn die Europäische Sozialcharta von 1961, die mit den nötigen 5 Ratifikationen inzwischen auch in Kraft getreten ist[31], verpflichtet sie, die verschiedenen Sozialrechte wie Gesundheitsschutz, Recht auf Arbeit, bezahlten Urlaub, Sozialversicherung usw. nicht nur den fremden, sondern auch ihren eigenen Bürgern zu garantieren. Freilich handelt es sich überwiegend um konkretisierungsbedürftige Programmsätze, ähnlich wie im Entwurf des zweiten Teils der Allgemeinen Menschenrechtskonvention[32]. Gleich-

---

[28] Text des in Kraft stehenden Abkommens vom 4. 11. 1950 und des Zusatzprotokolls vom 20. 3. 1952 in: Verträge der Bundesrepublik Deutschland, Bd. 2 (1956), A 20 bzw. Bd. 11 (1959), A 117. Im näheren Golsong, Die europäische Konvention zum Schutz der Menschenrechte und Grundfreiheiten, Jahrbuch d. öffentl. Rechts, Bd. 10 (1961), S. 123 ff. und Partsch, Die Rechte und Freiheiten der europäischen Menschenrechtskonvention, in: Bettermann-Neumann-Nipperdey, Die Grundrechte, Bd. I/1, 1966, S. 235 ff.

[29] z. B. Deutsch-französischer Niederlassungs- und Schiffahrtsvertrag vom 27. 10. 1956, BGBl. 1957 II, S. 1661.

[30] BGBl. 1959 II, S. 997; in Kraft getreten am 30. 7. 1965, BGBl. II, S. 1099.

[31] BGBl. 1964 II, S. 1261; in Kraft getreten am 9. 8. 1965, BGBl. II, S. 1122.

[32] Im näheren Harris, The European Social Charter, The Intern. and Comparative Law Quarterly, Bd. 13 (1964), S. 1076 ff.

wohl wird, wenn auch mit differenzierter Verbindlichkeit (Art. 20), im ökonomisch-sozialen Bereich anders als im ökonomisch-liberalen nicht nur die Parität der Ausländer mit den Inländern gesichert, sondern die Souveränität der Staaten den eigenen Angehörigen gegenüber gebunden. Über die Inländerparität hinaus wird Gemeinschaftsparität angestrebt, wobei es den Mitgliedstaaten vorbehalten bleibt, ob sie soweit gehen wollen wie Norwegen und Schweden, die die Europäische Sozialcharta als erste und fast ihrem ganzen Inhalt nach ratifiziert haben. Der tiefere Grund für die jedenfalls im Prinzip verschiedene Behandlung liegt darin, daß die Inländer- und noch stärker die Ausländerparität die Staaten als nationalwirtschaftliche Handlungseinheiten für den politisch-ökonomischen Existenzkampf im europäischen und Welt-Staatensystem intakt lassen.

Dieses traditionell-fortschrittliche Schutzwerk des Europarats wird durch kulturelle Vereinbarungen ergänzt: ein besonderes Kulturabkommen, die Anerkennung von Schul- und Universitätszeugnissen, Reiseerleichterungen, Empfehlungen über die Erhaltung von Bau- und Kunstdenkmälern, über die Vergleichung und Angleichung grundlegender Rechtsbegriffe, wie die der Frist, des Aufenthaltsorts und des Wohnsitzes — bezeichnenderweise solche des Raumes und der Zeit — und ähnliches mehr[33]. Sie sollen die Berührung und das wechselseitige Verständnis der europäischen Nationalkulturen in einer neuen Einheit aufheben. Die Zusammenarbeit im Europarat geht dafür nicht so sehr in die übernationale „Höhe", als vielmehr in die nationale „Tiefe". So will die 1961 vom Ministerrat eingesetzte Europäische Gemeindekonferenz (pouvoirs locaux, local authorities) das territorial-politische Primärsystem infranational organisieren[34], wie sich denn der Europarat auch des Schutzes der nationalen Minderheiten, z. B. in Südtirol annimmt[35].

---

[33] Übersicht über die Europarats-Abkommen und den Ratifikationsstand in: Council of Europe, Consultative Assembly, 17th Ord. Sess. 1965, Doc. 1908. Im näheren Kunzmann, Die Abkommen der Europarats-Staaten, Archiv des Völkerrechts, Bd. 10 (1962/63), S. 273 ff.

Die Empfehlung 365 über den Denkmalsschutz in: European Yearbook, Bd. 11 (1963), 1965, S. 345 ff. Dazu den Bericht von Weiss von 1965, Council of Europe, Consultative Assembly, 17th Ord. Sess., Doc. 1957. Über das Rechtsprogramm vgl. Resolution (63) 29, European Yearbook, a.a.O., S. 363 ff., sowie Golsong, Action accomplie en 1964 par le Conseil de l'Europe dans le domaine du droit, Revue de droit international et de droit comparé, Bd. 42 (1965), S. 189 ff. und Muller, L'évolution de la coopération en matière juridique dans le cadre du Conseil de l'Europe, European Yearbook, Bd. 12 (1964), 1966, S. 26 ff.

[34] Resolution (61) 20, European Yearbook, Bd. 9 (1962), S. 310 ff.

[35] Report on the position of national minorities in Europe, Council of Europe, Consultative Assembly, 11th Ord. Sess., Doc. 1002.

Doch sind dies nur Ansätze. Nicht einmal die Europäische Menschenrechtskonvention ist von allen Mitgliedstaaten ratifiziert. Frankreich, die Mutter der Menschenrechte, hat sich ausgenommen, schon unter der Vierten Republik. Die Gründe sind nicht näher bekannt. Franzosen werden auf französischem Boden ebenso wie Ausländer nach französischem Menschenrecht behandelt.

Was in dem ersten Teil meines Vortrags geschildert wurde, kann man mit einem Bonmot der Jahrhundertwende zusammenfassen, das allerdings inzwischen auf einem Beine lahmt: Europa ist der Papst in Rom, die Sorbonne in Paris, das Parlament in London und der preußische Generalstab in Berlin. Es ist, um wieder in die akademischen Höhen aufzusteigen, das national-territoriale Primärsystem der europäischen Staaten, das in der Mitte gebrochen ist und sich nicht nur auf der westlichen Hälfte des Kontinents, sondern auch auf diesem selbst neu oder wieder zu ordnen versucht. Das geht langsam, braucht Zeit und vor allem Geduld.

II.

Ganz anders das, was sich seit der Jahrhundertwende über die staatlich-politische Ordnung Europas hinwegschiebt, sie umbildet und sich zusammen mit ihr zu neuen Ordnungsformen wieder verbindet. Das ist die Rationalisierung der Produktion, Distribution und Konsumtion der technisch-industriellen Gesellschaft, jener Prozeß, den man den organisierten Fortschritt nennt. Er äußert sich rechtlich als Aufgliederung und Wiederzusammenfassung der staatlich gebundenen Nationalwirtschaften in internationalen und supranationalen Organisationen, um den Bedürfnissen der modernen Industriegesellschaften über die national-territorialen Grenzen hinweg gerecht zu werden. Damit überlagert sich der in Jahrhunderten gewachsenen, durch bedachte Tat und unbedachten Zufall geschichtlich gewordenen Staatenordnung Europas mit immer größerer Schnelligkeit ein geplantes, d. h. berechnetes und vorausberechnetes Organisationsgefüge. Die gewachsene Ordnung des überkommenen Primärsystems wird durch eine gemachte Ordnung, die geordnete Machbarkeit des Sekundärsystems ergänzt. Auch dieser Prozeß reicht in die Geschichte Europas und *nur* in die Europas zurück[36]. Es sind die demokratisch-industriellen Revolutionen

[36] Er wird zuerst 1537 von dem italienischen Mathematiker Tartaglia der Sache und dem Ausdruck nach als „nuova scienza" reflektiert, d. h. als Neubewertung des mathematisch-technischen Denkens (in einem Buch über Artilleristik, daher wohl heute die „gezielten" Maßnahmen). Über die Ursprünge des Scientifismus, der die vorherrschende Denkweise im Sekundärsystem ist, vgl. im näheren Voegelin, Wissenschaft als Aberglaube, Wort

des ausgehenden 18. Jahrhunderts in England und Frankreich, die den okzidentalen Rationalismus mit seiner technisch-wissenschaftlichen Zivilisation im 19. Jahrhundert als Hochkapitalismus zur Entfaltung und in unserem Jahrhundert als organisierten oder, wie Schumpeter sagt, gebändigten Kapitalismus zu vorläufiger Reife gebracht haben.

Die Aufgliederung und Zusammenfassung der heutigen, sich räumlich, fachlich und zeitlich über die staatlichen Grenzen hinweg organisierenden Wirtschaftsgesellschaft läßt sich auch im Recht an ihren drei sozial-ökonomischen Hauptfunktionen deutlich machen: der Produktion, der Distribution und der Konsumtion. Produktion und Distribution, um mich auf diese zu beschränken, sind bis heute in den Volks- oder Nationalwirtschaften der Staaten zu einer arbeitsteiligen Einheit verbunden. Sie gliedern sich in drei Produktions- und drei Verteilungssektoren[37]. Der erste Produktionssektor umfaßt die sogenannte Ur- oder Primärproduktion: Landwirtschaft, Fischerei und Bergbau. Zum zweiten gehören Industrie und Handwerk, und zum dritten: Handel, Verkehr, Banken, Versicherungen und alle sonstigen Dienstleistungen[38]. Die Verteilungssektoren, gewöhnlich Märkte genannt, gliedern sich ebenfalls dreifach in Warenmärkte, Kapitalmärkte und Arbeitsmärkte. Auf ihnen steuerte in der liberalen Wirtschaft des 19. Jahrhunderts der Preis nach dem Gesetz von Angebot und Nachfrage als Bodenrente, Kapitalzins, Unternehmerprofit oder Lohn die Produktion der Güter und die Verteilung der Einkommen. So suchten Ware und Kapital den Ort des größten Profits, die Arbeit die Stelle des höchsten Lohns. Diese Prinzipien der Produktions- oder Arbeitsteilung und der Einkommens*ver*teilung, auf denen die bürgerliche Drei- oder Vierklassengesellschaft beruhte, galten auch für den Verkehr der nationalstaatlich gebundenen

und Wahrheit, Bd. 6 (1951), S. 341 ff. Für die Verbindung der Mathematik mit der Wirtschaft bei John Collins (1652) und Sir William Petty, Political Arithmetick, 1671/90, dem Vater der Statistik: "To express myself in terms of number, weight or measure", wie seine epochemachende Wendung lautet, vgl. jetzt W. Letwin, The Origin of Scientific Economics, London 1963, S. 99 ff. und S. 114 ff., 129.

[37] Die Aufgliederung des volkswirtschaftlichen Prozesses in die drei Faktoren Boden, Kapital und Arbeit, diese „trinitarische Formel", wie Marx polemisch bemerkte, stammt von dem Wegbereiter der modernen Produktions- und Verteilungstheorie: J. B. Say, Traité d'économie politique, ou simple exposition de la manière dont se forment, se distribuent et se consomment les richesses, 1803, der die in Leistungseinkommen gründende Industriegesellschaft auf einen ersten Begriff brachte, — zur gleichen Zeit, als Graf von Soden, Wort und Begriff der Nazional-Oekonomie, 1805, erstmals in die Wissenschaft einführte, in durchaus weltbürgerlicher Absicht, in Herderschem Sinne: „so wie ein allgemeines Völker-Recht überhaupt", so existiere „auch ein Staats-Wirthschaftliches Völker-Recht, ein Staats-Wirthschaftliches Natur-Recht der Nazionen", Bd. 1, S. VIII.

[38] Vgl. C. Clark, The Conditions of Economic Progress, 3. ed., London 1957, S. 253 ff.

Volkswirtschaften untereinander. Sie schlossen sich nach dem Gesetz der komparativen Kosten von Ricardo zu einem arbeitsteilenden und damit auch einkommensverteilenden System zusammen, besonders die europäischen Industriestaaten mit den überseeischen Rohstoffländern[39]. Seine rechtliche Ordnung beruhte auf der Goldwährung und einem engmaschigen Netz von zweiseitigen Handels- und Schiffahrtsverträgen, von Zoll- und Meistbegünstigungsabreden, von Niederlassungs- und Freizügigkeitsversprechen, durch die auf den Warenmärkten in Zoll- und Abgabesachen Ausländerparität und auf den Kapital- und Arbeitsmärkten Inländerparität gewährt wurde. Das war die liberale Weltwirtschaft, die aus untereinander konkurrierenden Nationalwirtschaften bestehende internationale Erwerbsgesellschaft des 19. Jahrhunderts, das ökonomisch-internationalrechtliche Gegenstück des politisch-völkerrechtlichen Weltstaatensystems.

Die so strukturierte Weltwirtschaft, mit der sich die Anfänge des industriellen Sekundärsystems abzeichneten, befindet sich seit der Jahrhundertwende ebenso wie das politische Weltstaatensystem in einem Prozeß differenzierender Aufgliederung und organisierender Wiederzusammenfassung. Monopol, ruinöse Konkurrenz und inflationistische Zerstörung des dritten Standes auf der gesellschaftlichen Seite, nationalistisch-autarke Schutz- und Förderungsmaßnahmen der eigenen Volkswirtschaft durch Hochschutzzölle, Einfuhrkontingente, Ausfuhrsubventionen, Beschränkungen der Niederlassungs- und Kapitalfreiheit sowie der Freizügigkeit der Arbeit auf der staatlichen, führten in Verbindung mit der politischen Auflösung des Primärsystems durch einen falschen Krieg und einen ebenso falschen Frieden zum Zusammenbruch der Weltwirtschaft in der großen Krise von 1929 bis 1931[40]. Seither wird die weltwirtschaftliche Produktion und Distribution nicht mehr allein durch den Preismechanismus der Märkte gesteuert, sondern gleichzeitig durch die nationale Wirtschafts- und Sozialpolitik der Staaten, die dafür zum Teil inter- und supranational zusammenwirken. Vollbeschäftigung, Preisstabilität und ständiges Wachstum der Volkswirtschaften bei ausgeglichenen Zahlungsbilanzen sind im Zeichen des sozialen „Wirtschaftsstaates" und seiner zwischen- und überstaatlichen Entsprechungen das Hauptziel aller liberalisierenden und dirigierenden Wirtschaftspolitik geworden[41].

---

39 Vgl. Harms, Volkswirtschaft und Weltwirtschaft, 1912, S. 109 ff.

40 Den prinzipiellen Umschlag der liberalen Weltwirtschaft reflektierte als erster Keynes, The General Theory of Employment, Interest and Money, 1936, der damit die Makroökonomik, die Gesamtwirtschaftspolitik, theoretisch heraufführte. Vgl. denselben, The Economic Consequences of the Peace, 1919; deutsch 1920.

41 Predöhl, Das Ende der Weltwirtschaftskrise, 1962, Rowohlts Deutsche Enzyklopädie Nr. 161.

Besonders nach dem zweiten Weltkrieg bilden die Staaten der westlichen Welt und der westlichen Hälfte Europas unter der hegemonialen Führung der freihändlerischen USA eine Vielzahl von sozialökonomischen Organisationen, die den Produktions- und Verteilungsprozeß zwischen ihren Wirtschaften ordnen und steuern. Das geschieht nicht nur zeitlich, indem z. B. die EWG in drei Zeitstufen von je vier Jahren, also in drei Vierjahresplänen von 1958 bis 1970 aufgebaut werden soll, sondern auch räumlich-regional[42] und vor allem, worum es mir hier zu tun ist[43], fachlich-funktional. Denn die zwischen- und überstaatliche Organisation der westlichen Industriegesellschaften ist ein wirtschaftsadministratives Problem ersten Ranges.

Doch zunächst einen Blick auf die regionale Gliederung und Zusammenfassung. Die große Zahl der Staatsräume, besonders in Westeuropa, wird durch wenige Wirtschaftsräume ausgeglichen und ergänzt. Den umfassendsten bildet das GATT, das Allgemeine Zoll- und Handelsabkommen, das General Agreement on Tariffs and Trade, mit Sitz in Genf, an dem unter der Führung der angelsächsischen Mächte fast alle Handelsnationen der Freien Welt beteiligt sind. Den als nordatlantische Gemeinschaft militärisch-politisch organisierten Bereich deckt die OECD in Paris, die Organisation for Economic Cooperation and Development, die Organisation für wirtschaftliche Zusammenarbeit und Entwicklung, die aus der mit dem Marshall-Plan entstandenen Europäischen Organisation für wirtschaftliche Zusammenarbeit, der OEEC, hervorgegangen ist. In ihr wirken außer allen westeuropäischen Staaten auch die USA und Kanada mit. Der regionale Kreis verengt sich dann auf Westeuropa. Der Versuch, aus der OEEC eine alle westeuropäischen Staaten umfassende Freihandelszone zu bilden, ist seit der Mitte der 50er Jahre an dem britisch-französischen Handels- und Machtgegensatz gescheitert[44]. Statt dessen gliederte sich die westliche Halbregion auch ökonomisch weiter auf. Unter der Führung Frankreichs entstand die Europäische Wirtschaftsgemeinschaft, die EWG, die Europäische Atomgemeinschaft und schon früher die Montanunion, die Europäische Gemein-

---

[42] Vgl. Bülck, Raum und Zeit im Europarecht, Archiv des Völkerrechts, Bd. 12 (1964/65), S. 399 ff.

[43] Für die organisations- und verfahrensrechtliche Seite vgl. neuerdings die Berichte von Kaiser und Badura, Bewahrung und Veränderung demokratischer und rechtsstaatlicher Verfassungsstruktur in den internationalen Gemeinschaften, Veröffentl. Vereinig. Dt. Staatsrechtslehrer, Bd. 23 (1966) S. 1 ff. und Mosler, National- und Gemeinschaftsinteressen im Verfahren des EWG-Ministerrats. Die Beschlüsse vom 29. Januar 1966, Ztschr. f. ausl. öffentl. Recht und Völkerrecht, Bd. 26 (1966), S. 1 ff. sowie den Beitrag von Meiboms im vorliegenden Sammelband.

[44] Vgl. Negotiations for an European Free Trade Area, Documents Relating to the Negotiations from July 1956 to December 1958, Stationary Office, Cmnd. 641.

schaft für Kohle und Stahl. In ihnen arbeiten Frankreich, die Bundesrepublik, Italien und die drei kleinen Staaten Belgien, die Niederlande und Luxemburg zusammen, die ihrerseits schon in einer Wirtschaftsunion, der Benelux, verbunden waren. Unter der Führung Großbritanniens folgte 1960 der handelspolitische Gegenschlag mit der EFTA, der European Free Trade Association, der kleinen Europäischen Freihandelsvereinigung, an der die drei skandinavischen Staaten und Portugal — alte politische und wirtschaftliche Freunde Englands — beteiligt sind sowie die Schweiz samt Österreich mit Rücksicht auf ihren Neutralitätsstatus, den sie in der primärpolitisch ambitionierten EWG gefährdet sehen. Soweit die räumlich-regionale Gliederung[45].

Die fachlich-funktionale ist verwickelter. Hier sind es zwei Richtungen, die die volkswirtschaftliche Aufgliederung des Produktions- und Verteilungsprozesses und seine Wiederzusammenfassung zu zwischen- und überstaatlichen Organisationen bestimmen. Die Wirtschaftspolitik der organisierten Mitgliedstaaten richtet sich, mit durchaus unterschiedlicher Intensität, auf zwei Ziele: ein ordnungspolitisches und ein prozeßpolitisches, d. h. ein auf den Ablauf des Wirtschaftsprozesses gerichtetes.

Zunächst die *Ordnungspolitik*. Sie geht auf einen markt- und sektorenweisen Abbau aller jener Beschränkungen des zwischenstaatlichen Wirtschaftsverkehrs, die die protektionistische Handelspolitik der Staaten und die monopolistische Kartell- und Konzernpolitik der Unternehmen seit der Jahrhundertwende eingeführt haben, ein organisierter Abbau, der allerdings an der national-territorialen Substanz der Staaten, ihrer existenziellen Primärpolitik deutliche Grenzen findet. Gleichzeitig mit dem Abbau der nationalen Märkte werden neue, inter- und übernationale Märkte wieder aufgebaut, gemeinsame Märkte, die nicht nur räumlich und zeitlich verschieden sind, sondern vor allem auch in den drei verschiedenen Produktionssektoren mit ihren in sich wiederum differenzierten Strukturen durchaus verschieden.

Die Märkte für die Urproduktion der Landwirtschaft und des Kohle- und Erzbergbaus werden übernational organisiert. Zwar geschieht dies nicht im GATT, der OECD und der EFTA, die die Liberalisierung der Industriemärkte bezwecken, wohl aber in der Landwirtschaftsorganisation der EWG als Teil des allgemeinen EWG-Vertrags und in der durch besonderen Vertrag organisierten Montanunion, die ebenso wie die Agrarmärkte auch die Produkte der ersten Verarbeitungsstufe ne-

---

[45] Über den vorläufig gescheiterten Versuch, eine westeuropäische Wirtschaftsgemeinschaft durch Beitritt Großbritanniens zu schaffen, dem andere EFTA-Mitglieder folgen würden, vgl. EWG-Kommission (Hrsg.), Bericht an das Europäische Parlament über den Stand der Verhandlungen mit dem Vereinigten Königreich, 1958.

ben Kohle und Erz, also Stahl- und Walzwerkerzeugnisse einbezogen hat[46]. Die rechtliche Struktur der Warenmärkte des primären Sektors ist dadurch gekennzeichnet, daß sie die sozialrechtliche Bindung beibehalten, die sie in ihrer staatlichen Organisation hatten, auf den Kohle- und besonders den Stahlmärkten freilich weniger als in den seit 1962 geschaffenen, wenn auch zeitlich noch nicht vollendeten Marktordnungen der EWG für Getreide, Schweine- und Rindfleisch, Eier, Geflügel, Obst, Gemüse, Milch, Reis und einige andere Grund- und Veredelungsprodukte.

Die europäischen *Agrarmarktordnungen*, nach den genannten Produktionszweigen vielfach differenziert[47], verfolgen den Zweck, die landwirtschaftliche Produktion und das Einkommen der Landwirte zu heben, um die Parität zur Industrie und die Versorgung der Verbraucher auf einem möglichst einheitlichen Preisniveau in den sechs Mitgliedstaaten zu erreichen. Das geschieht unter gleichzeitiger Aufhebung der zwischenstaatlichen Zölle und Kontingente mit den verschiedensten Mitteln: durch Mindest-, Richt- und Interventionspreise, Subventionen für Erzeugerpreise, Anbauflächen und Düngemittel, durch Ausgleichsabgaben und staatliche Vorratshaltung, vor allem aber durch die Fernhaltung billigerer Auslandskonkurrenz und die Subventionierung der eigenen Agrarexporte in Form von Einfuhr- und Ausfuhrschleusen. Mit dem Schleusensystem werden die Agrareinfuhren aus Drittländern und während der Übergangszeit auch aus den EWG-Staaten selbst auf das höhere Preisniveau des Inlands heraufgeschleust oder die Ausfuhren nach EWG- oder Drittstaaten auf das niedrigere des Auslandes

---

[46] Über die „Gemeinsame Organisation der Agrarmärkte" Art. 40 ff. EWG. Die von ihr nach Art. 38 erfaßten Ur- und Verarbeitungsprodukte sind im Anhang II des Vertrags nach dem Tarifschema des Brüsseler Zollrats aufgeführt, neben Schweinen und Kabeljau also auch Margarine und Kunsthonig. Die Montanunion bestimmt in 3 Vertrags-Anlagen die von ihr organisierten Erzeugnisse nach der alten OEEC-Nomenklatur, z. B. Feinstähle, deren Kohlenstoffgehalt zwischen 0,6 und 1,6 % liegt.

Über die internationalen Ansätze einer Landwirtschaftsorganisation im GATT vgl. Art. XI Ziff. 2 Buchst. c; in der OEEC: Liberalisierungskodex vom 5. 3. 1959, Beilage zum BAnz. Nr. 78 vom 24. 4. 1959 Anhang A, Abschnitt II, Ziff. 2 Buchst. a; in der EFTA Art. 21—28. Im übrigen ist die europäische Wirtschaft in die internationalen Abkommen für landwirtschaftliche Stapelgüter einbezogen, wie Weizen, Zucker usw. Unter dem Gesichtspunkt der rechtsgeschichtlichen Kontinuität der Landwirtschaftsorganisation immer noch grundlegend Schiller, Marktregulierung und Marktordnung in der Weltagrarwirtschaft, 1940; neuerdings OEEC (Hrsg.), Agrarstruktur, Marktregelung, Preisstützung in Europa und Nordamerika, 1959 und die EWG-Studie (Reihe Landwirtschaft) Nr. 15, Die Organisation der Weltagrarmärkte, 1964.

[47] Einen Überblick gibt Wächter, Entwicklung und Gestaltung der gemeinsamen Organisation der Agrarmärkte in der Europäischen Wirtschaftsgemeinschaft, Berichte über Landwirtschaft, Bd. 40 (1962), S. 709 ff.

hinabgeschleust. Die Preisdifferenz behalten die Mitgliedstaaten bei den Einfuhren von den Importeuren als „Abschöpfung" ein, bei den Ausfuhren zahlen sie sie den Exporteuren als „Erstattung" zurück[48]. Die Abschöpfungsbeträge sollen zusammen mit staatlichen Haushaltsbeiträgen einem gemeinsamen Agrarfinanzierungsfonds in Brüssel zugeleitet werden[49]. Dieser hat eine doppelte Funktion und damit auch eine doppelte Struktur. Als „Garantiefonds" hat er die gemeinsamen Regu-

[48] Vgl. z. B. für Weizen als Hauptbrotgetreide und für Futtergetreide, von dem die Preise für die tierischen Veredelungsprodukte abhängen, die Grundverordnung Nr. 19 vom 4. 4. 1962 über die schrittweise Errichtung einer Gemeinsamen Marktorganisation für Getreide, ABl. S. 933 ff. mit 4 Änderungen und 21 Ergänzungsverordnungen. Die Abschöpfung für die Grund- und Verarbeitungserzeugnisse der Getreidewirtschaft wird durch 59 Verordnungen, Beschlüsse und Entscheidungen geregelt, z. B. VO Nr. 37 vom 20. 6. 1962 über die Kriterien für die Festsetzung der Schwellenpreise (die die Außen- mit den Binnenpreisen verbinden) für bestimmte Arten von Mehl, Grobgrieß und Feingrieß, ABl. S. 1553 ff. Die Ausfuhrerstattungen und Beihilfen erfordern für den Getreidesektor 33 Verordnungen. Im deutschen Recht wird die „Handelsschleuse", wie sie schon zur Weimarer Zeit genannt wurde, um das anstößige Wort „Getreidemonopol" zu vermeiden, durch 45 Gesetze, Verordnungen, Richtlinien und Bekanntmachungen bedient. Alles nach dem Stand vom 1. Januar 1966: Bülow-Langner, Fundstellennachweis für das Recht der Europäischen Gemeinschaften, 4. Aufl., Beil. zum BAnz. Nr. 16 vom 25. 1. 1966. Für die anderen Agrarmarktordnungen gelten entsprechende Zahlen — im ganzen viele Hunderte von Rechtsvorschriften. Im einzelnen Rohr und Cordts, EWG-Abschöpfungen und Ausfuhrerstattungen, Kommentar und Texte (Loseblattsammlung), 1965 ff. Für Getreide im besonderen Rusche und Grupe, Agrarmarktgesetze und Verordnungen für die EWG und die Bundesrepublik Deutschland, Texte und Kommentare (Loseblattsammlung), 1962 ff. Dort auch die laufende Einfügung in das deutsche Recht. Für Frankreich vgl. Krebs, Neuordnungen der Gesetzesgrundlagen der französischen Agrarpolitik, Berichte über Landwirtschaft, Bd. 39 (1961), S. 499 ff. und 858 ff. Für die ökonomische Seite vgl. den 4. Bericht des Bundesernährungsministers über „Die Auswirkungen der EWG-Marktorganisation auf dem Agrargebiet" für die Zeit vom 1. 7. 1964 bis 30. 6. 1965, Deutscher Bundestag, 5. Wahlperiode, Drucks. V/29 vom 9. 11. 1965.

Die für die Agrarorganisation vom EWG-Vertrag selbst vorgesehenen Rechtsformen sind durch den schnellen und tatkräftigen Aufbau der Marktordnungen weitgehend überholt worden, z. B. die Mindestpreissysteme und die langfristigen Lieferabkommen der Art. 44, 45 EWG. Auch halten sich die jetzigen Marktordnungen im Unterschied zu den anfänglichen Vorschlägen der Kommission nicht mehr an die Unterscheidung von „bindender Koordinierung der verschiedenen einzelstaatlichen Marktordnungen" und „Europäischer Marktordnung" (Art. 40 Abs. 2 Buchst. b und c). Doch kannte schon der französische Vertragstext keinen Unterschied zwischen „Marktordnung" und „Organisation der Agrarmärkte". So hat sich denn der Rat an das französische Wort „Organisation" gehalten und damit der Sache, wenn auch vielleicht nicht dem Recht gedient.

[49] VO Nr. 25 vom 4. 4. 1962 über die Finanzierung der gemeinsamen Agrarpolitik, ABl. S. 991 ff. gestützt auf Art. 40 Abs. 4 EWG. Vgl. Hartig, EWG-Agrarfinanzierung, Bulletin des Presse- und Informationsamts, 1965, S. 1150 ff. Über staatliche Vorläufer vgl. Schiller, a.a.O., S. 220 ff.; über zwischenstaatliche Stabilisierungsfonds Wenzel, Das Recht der internationalen Rohstoffabkommen, 1961.

lierungen der sechs Mitgliedstaaten auf ihren Agrarmärkten zu finanzieren, das sind die „Interventionen auf dem Binnenmarkt“, und darüber hinaus ihre Agrarausfuhren nach Drittländern zu subventionieren, das sind „die Erstattungen bei der Ausfuhr nach dritten Ländern“. Als „Ausrichtungsfonds“ obliegt ihm die Verbesserung der landwirtschaftlichen Produktions- und Verteilungsstruktur in den Mitgliedstaaten, ähnlich wie dem Grünen Plan in der Bundesrepublik[50]. Insgesamt handelt es sich bei dieser Einkommenssicherung und Strukturverbesserung der europäischen Landwirtschaft um eine sekundäre Stabilisierung der Primärproduktion[51]. Die gegenüber dem Ausland nur noch beschränkt wettbewerbsfähige Urproduktion wird aus primärpolitischen Gründen, aus Gründen der Bevölkerungs-, Kultur- und Verteidigungspolitik gegen ihre Zerstörung durch das industrielle Sekundärsystem von diesem selbst geschützt. Das macht auf den Agrarmärkten eine enge Verbindung von Ordnungspolitik und Prozeßpolitik nötig, eine ständige Steuerung des Marktverkehrs, die damit starke verwaltungswirtschaftliche und deshalb auch hoch differenzierte verwaltungsrechtliche Formen ausprägt[52]. Das „Brüsseler Agrarchinesisch“ verstehen

---

[50] Art. 5 bzw. 2 der VO Nr. 17/64, ABl. S. 586 ff., die die Grundsätze für das „Garantieren“ und „Ausrichten“ enthalten, d. h. den Verteilungsschlüssel der Fondsmittel im Sinne distributiver Gerechtigkeit festlegen, wobei Berechnungsmethoden mit Koeffizienten verschiedenster Art verwendet werden und ein besonderer Fondsausschuß der Mitgliedstaaten unter dem (neutralisierenden) Vorsitz der Kommission mit funktionalem Stimmgewicht das Verhältnis der Mittel zum Zweck bestimmen soll. Denn die austeilende Gerechtigkeit, der soziale Verteiler, ist anders als die ausgleichende nicht arithmetisch meßbar, sondern nur als richtiges Verhältnis, als geometrische Relation kraft politisch-ökonomischer Macht feststellbar, — was schon Aristoteles wußte.

Über „Staatliche Strukturhilfen im nationalen und übernationalen Recht“, siehe den gleichnamigen Aufsatz von Roth in diesem Sammelband.

[51] Dazu neuestens etwa C. Clark und Haswell, The Economics of Subsistence Agriculture, London 1964 und Heidhues, Ziel — Mittel — Systeme in der Agrarpolitik, Zeitschr. f. d. gesamte Staatswissenschaft, Bd. 122 (1966), S. 87 ff.

[52] Deutlich bei Jaenicke, Das Verhältnis zwischen Gemeinschaftsrecht und nationalem Recht in der Agrarmarktorganisation der Europäischen Wirtschaftsgemeinschaft, Ztschr. f. ausl. öffentl. Recht und Völkerrecht, Bd. 23 (1963), S. 485 ff. Vgl. auch den wegen des zeitlichen Steuerungsdrucks interessanten Bericht von Ehlermann, Die Preis-Entscheidungen der EWG-Kommission im Rahmen der Gemeinsamen Agrarpoltitik, Außenwirtschaftsdienst des Betriebs-Beraters, Bd. 12 (1966), S. 67 ff., z. B. Einfuhr- und Marktpreis „Rindfleisch“. Eingang der Berechnungsunterlagen: Mittwoch 12 Uhr bis Donnerstag 12 Uhr; Berechnung durch Generaldirektion bis Donnerstag 14 Uhr; Information an Mitgliedstaaten, Vorschlag an Kommission: Do. 14 Uhr; Bekanntgabe an Ständige Vertretungen: Do. 18—19 Uhr, die ihn an die Behörden ihres Staates weiterleiten. Doch wird nicht nur die Gegenwart, sondern auch die Zukunft, freilich unverbindlich, gesteuert. Vgl. den „Bericht der Kommission an den Rat über die voraussichtliche Entwicklung der Erzeugung und der Absatzmöglichkeiten einiger wichtiger landwirtschaftlicher Erzeugnisse“, Sonderbeilage zum EWG-Bulletin, 5—1966.

nur noch wenige Spezialisten, Juristen nur dann, wenn sie wissen, daß zum Rechtsverstand auch Sachverstand gehört.

Die stabilisierende Ordnung und Steuerung der Agrarmärkte auf supranationaler Ebene bereitet gerade wegen ihrer Verbindung zum nationalen Primärsystem besondere politische Schwierigkeiten. Denn die Verteilung der Agrarprodukte vollzieht sich nicht durch einen freien Wettbewerbspreis automatisch, sondern wird durch politische Preise gesteuert, für die deshalb auch politische Preise gezahlt werden. Frankreich, immer noch ein großes Weizenland[53], hat Ende 1961 den Übergang zur zweiten Stufe der EWG von der Verabschiedung der wichtigsten Marktordnungen, besonders für Getreide abhängig gemacht[54]. Die EWG-Krise im vorigen Jahr ist wesentlich über die Finanzierung des Agrarfonds ausgebrochen, genauer über die Subventionierung der französischen Weizenexporte an Drittländer durch Abschöpfungsbeiträge der anderen Mitgliedstaaten[55]. Die Bundesregierung hat im Dezember 1964 die Angleichung der europäischen Getreidepreise,

---

[53] Frankreich ist ausweichlich des Internationalen Weizenabkommens von 1956 der viertgrößte Weizenlieferant nach den USA, Kanada und Australien, während die Bundesrepublik von 44 Einfuhrländern der größte Importeur ist. Verträge der Bundesrepublik Deutschland, Bd. 10 (1958), A 104, S. 369 und 371.

[54] Rechtlich ist dazu zweierlei festzustellen:

1. Die gemeinsame Agrarorganisation, sei es auch nur in Teilen, gehört nicht zu den „für die erste Stufe ausdrücklich festgelegten Zielen", von deren Erreichen Art. 8 Abs. 2 EWG den Übergang zur zweiten Stufe abhängig macht.
2. Der Übergang mußte nach Art. 8 Abs. 3 EWG bis zum Ablauf des 31. 12. 1961, dem Ende der ersten Stufe, festgestellt werden. Da der Rat die Feststellung mit Einstimmigkeit nicht termingerecht treffen konnte, ihm dies vielmehr erst am 14. 1. 1962 nach dem Erlaß der fraglichen Markt- und Agrarfonds-Verordnungen gelang, datierte er seine Sitzungsperiode vom 1. 1. bis 14. 1. 1962 betr. den Übergang zur zweiten Stufe der Übergangszeit, ABl. S. 164.
   Die geplante EWG-Zeit wurde nicht beschleunigt, was verkündet wird, sie blieb auch nicht zurück, was man verschweigt, sie wurde angehalten: Organisations-Uhren gehen anders. Das hätten sie nicht tun dürfen; denn in diesem Falle synchronisiert der Vertrag selbst die Planzeit mit der Geschichtszeit, wenn auch gleich auf ein ganzes Jahr (Art. 8 Abs. 3 Unterabs. 2 letzter Satz).

[55] Vgl. Erklärung der französischen Regierung vom 1. 7. 1965 zum Abbruch der Verhandlungen im EWG-Rat, Le Monde, Nr. 6365 vom 2. 7. 1965 und Fernseh-Interview des Premierministers Pompidou am 27. 7. 1965, La Nation vom 28. 7. 1965; beide Quellen im Europa-Archiv, Bd. 20 (1965), S. D 428 und D 437. Im näheren Verges, Le financement de la politique agricole commune et ses perspectives, Revue trimestrielle de droit européen, Bd. 1 (1965), S. 181 ff. und 321 f. sowie Stein, Die französische Agrarmarktpolitik in der Europäischen Wirtschaftsgemeinschaft, Berichte über Landwirtschaft, Bd. 52 (1964), S. 393 ff. Vgl. demgegenüber die Stellungnahme des Deutschen Bundestages vom 30. 6. 1965 (4. Wahlperiode, Drucks. IV/3665, Europa-Archiv, a.a.O., S. D 427), der „gleichgewichtige und gleichzeitige Fortschritte" auf dem Agrar- und

die für die deutsche Landwirtschaft und den deutschen Fiskus von entscheidender Bedeutung ist, im Hinblick auf die Europäische Politische Union konzediert[56]. Sie scheint bei den jetzigen Verhandlungen nicht mehr geneigt zu sein, diesen politischen Wechsel ökonomisch weiter zu honorieren. Trotzdem trägt sie nach neuesten Meldungen fast ein Drittel der Ausgaben des Brüsseler Finanzierungsfonds[57].

Auf dem europäischen *Kohlenmarkt*, dem aus politisch-ökonomischen Gründen der *Stahlmarkt* zugeordnet ist, sind Ordnungspolitik und Prozeßpolitik ähnlich, wenn auch dem Prinzip nach lockerer als im Agrarsektor, miteinander verbunden. Beide Märkte wurden 1952, zusammen mit dem schwerindustriellen Produktionssektor selbst, als Europäische Montanunion organisiert, um den besatzungs- und reparationsrechtlichen Status der westdeutschen Montanindustrie abzulösen, Frankreich in föderativer Form den für seine Stahlwerke wichtigen Zugang zur deutschen Ruhrkohle zu sichern und, wie die Vertragsstaaten in der Präambel sagten, „an die Stelle der jahrhundertealten Rivalitäten einen Zusammenschluß ihrer wesentlichen Interessen zu setzen"[58]. Gleichzeitig wurde die oligopolistische Macht der großen Ruhrkonzerne durch Dekartellierung gebrochen und die Zölle, Einfuhrkontingente und Subventionen der Mitgliedstaaten mit den gebotenen regionalen und sektoralen Ausnahmen, z. B. für Belgien, in einem Fünf-

---

dem Industriesektor fordert und die Fianzierung von Ausfuhren durch den Fonds nur dann für angemessen hält, wenn diese „gemeinschaftsorientiert" sind.

[56] Vgl. Einigung des Rats über das gemeinsame Getreidepreisniveau vom 15. 12. 1964, EWG-Bulletin, Bd. 8 (1965), S. 5 ff.; S. 8 ff.: Deutsche und italienische Vorschläge zur politischen Einigung Europas.

[57] Über den nunmehr erreichten Kompromiß bei der Agrarfinanzierung vgl. FAZ Nr. 110 vom 12. 5. 1966 und Le Monde Nr. 6634 vom 12. 5. 1966, wobei zu bemerken ist, daß die französische Tagespresse über EWG-Fragen ausführlich und mit Gründlichkeit handelt, während die deutsche Presse, selbst die wirtschaftlich orientierte, im ganzen nur dürftig informiert.

Nach einer Meldung der Welt Nr. 237 vom 10. 10. 1966 beträgt der Anteil der Bundesrepublik an den Ausgaben des Agrarfonds nach dem Haushaltsvoranschlag für die Wirtschaftsjahre 1964/65 und 1965/66 650 Mill. DM von denen sie 100 Mill. DM zur Hauptsache für die Subventionierung der Milch- und Geflügelpreise zurückerhält. Die Differenz zwischen deutschen Ausgaben und Einnahmen beträgt also rund 550 Mill. DM. Als Gesamtetat des Fonds sind 2,1 Mrd. DM vorgesehen. Davon werden rund 865 Mill. DM für die Subventionierung von Getreideexporten nach Drittländern, vor allem also zugunsten Frankreichs, ausgegeben.

[58] Vgl. Klein, Das (internationale) Ruhrstatut, Recht und Wirtschaft, 1950, S. 233 ff.; Harmssen, Am Abend der Demontage, 1951; Mosler, Der Vertrag über die Europäische Gemeinschaft für Kohle und Stahl; Entstehung und Qualifizierung, Ztschr. f. ausl. öffentl. Recht und Völkerrecht, Bd. 14 (1951/52), S. 1 ff. und neuerdings Gutmann, Hochstrate und Schlüter, Die Wirtschaftsverfassung der Bundesrepublik Deutschland, 1964, S. 286 ff.

jahresplan von 1953—1958, der sogenannten Übergangszeit, abgeschafft[59]. Die Rechtsordnung der Montanunion wurde also konkurrenzwirtschaftlich orientiert. Doch sind die Märkte für Kohle, Eisenerz, Schrott und Stahl keine freien Wettbewerbsmärkte geworden. Dafür ist ihre sozialrechtliche Bindung, wie sie sich seit der Jahrhundertwende in allen Mitgliedstaaten entwickelt hat, viel zu stark, vor allem im Kohlebergbau wegen seiner großen Teufen (im Gegensatz zum amerikanischen Bergbau) und der unterschiedlichen „Intelligenz der Flöze", wie man scherzhaft sagt[60]. Diese Bindung macht zum ersten eine anti-monopolistische Ordnungspolitik mit Preisüberwachung und privatem Diskriminierungsverbot nötig, das heißt sowohl Ordnung *durch* Wettbewerb wie Ordnung *des* Wettbewerbs. Die Ordnung durch Wettbewerb ist freilich einer starken, von der Sache her, besonders von der Verbundwirtschaft, notwendigen Gegenläufigkeit durch Rückverflechtungen und Neuverflechtungen ausgesetzt. Dies zeigt der Streit um die Ruhrkohlen-Verkaufsgesellschaften, von denen nunmehr zwei genehmigt sind[61], und die Praxis der Hohen Behörde „gesunde und produktionstechnisch erwünschte Zusammenschlüsse" nicht zu behindern[62]. Statt der sieben alten Montankonzerne an der Ruhr sind es jetzt acht, die zwei Drittel der westdeutschen Stahlproduktion und ein Drittel der Kohleförderung auf sich konzentrieren[63], freilich mit einem großen Unterschied zu früher: in Konkurrenz mit den privaten oder verstaatlichten Konzernen

---

59 Europäisches Parlament (Hrsg.), Die Anwendung des Vertrages über die Gründung der EGKS während der Übergangszeit, 1958.

60 Über das 1893 als gemeinsame Verkaufsgesellschaft der Ruhrzechen gegründete Rheinisch-Westfälische Kohlensyndikat siehe die gleichnamige Schrift von Lüthgen, 1926; für die Stahlkartelle vgl. Rieben, Des ententes de maîtres de forges au Plan Schuman, 1954 und von der staatlichen Seite her Boldt, Staat und Bergbau. Der Einfluß des Staates auf die rechtliche Gestaltung und wirtschaftliche Struktur des westdeutschen Bergbaus, 1950, S. 56 ff.

61 Nämlich die Gesellschaften Geitling und Präsident: Entsch. Nr. 17 und 18/65 vom 15. 12. 1965, ABl. S. 3249 ff. und S. 3255 ff. mit eingehender Begründung.

62 3. Gesamtbericht über die Tätigkeit der Gemeinschaft, 1955, S. 127. Die Ausführungsvorschriften zu Art. 66 EGKS über den Zusammenschluß von Unternehmen geben die Entsch. der Hohen Behörde Nr. 24, 25 (ergänzt durch die Entsch. Nr. 28 vom 26. 5. 1954, ABl. S. 381) und Nr. 26 vom 6. 5. 1954, ABl. S. 345, 346, 350. Vgl. jetzt auch die Entsch. vom 25. 4. 1962 über die Zulässigkeit von Gemeinschaftsgründungen (in diesem Falle der Sidmar, einer Vereinigung belgischer, luxemburgischer und französischer Stahlwerke) sowie die neuen Grundsätze über die Gruppenkontrolle, 11. Gesamtbericht, 1963, S. 345 ff., 348 ff.

63 Vgl. Rekonzentration der eisenschaffenden Industrie Westdeutschlands. Vorkriegsverhältnisse sind im wesentlichen wieder hergestellt, Bergbau und Wirtschaft, 1958, S. 157 ff. Für die Konzernierung der französischen Stahlindustrie seit dem Monnet-Plan vgl. Briard, La sidérurgie française, 1958. Allgemein Lister, Europe's Coal and Steel Community, 1960, S. 123 ff. Über die Kartellpolitik der Hohen Behörde, ebenda S. 177 ff., S. 251 ff.

Frankreichs, Belgiens, der Niederlande und Italiens auf einem gemeinsamen Markt. Die oligopolistische Struktur der Montanmärkte, auf denen die Produktion und Verteilung bei einer kleinen Zahl von Unternehmen (rund 900) liegt, von denen einige über verhältnismäßig große Marktanteile verfügen[64], erfordert eine starke Ordnung *des* Wettbewerbs. Sie sieht schon der Vertrag vor mit der Pflicht der Montangesellschaften, Preislisten und Verkaufsbedingungen, wie Mengen- und Handelsrabatte, Verladekosten, Qualitätsprämien usw. zu veröffentlichen[65] und bei ihrer Anwendung nicht zwischen den Käufern, insbesondere nicht nach ihrer Nationalität, zu diskriminieren[66]. Die Bedeutung dieser Form der Ordnungspolitik, die nicht so sehr kontrollierende als vielmehr regulierende Funktionen hat, ist im Lauf der Jahre gewachsen, da die oligopolistische Marktstruktur, die unvollkommene Konkurrenz, im wesentlichen festliegt und es statt ihrer Änderung mehr und mehr darauf ankommt, das Marktverhalten der Beteiligten zu beeinflussen, das sehr verschieden sein kann und von Verhandlungsstrategien zu Kampfstrategien reicht[67].

Dem „organisierten Wettbewerb“ auf den Montanmärkten verbindet sich die gemeinsame Prozeßpolitik der Mitgliedstaaten und der Hohen Behörde, die der Vertrag in klaren Rechtsformen ausprägt: gemeinsame Lenkung der Investitionen und des Verbrauchs sowie Festsetzung von Höchst- und Mindestpreisen, die sich zu gemeinsamer Gütersteuerung steigern kann: bei Absatzkrisen durch Zuteilung von Erzeugungsquoten,

---

[64] Eine rege Genehmigungspraxis der Hohen Behörde nach Art. 66, besonders seit den 60er Jahren (freilich mit speziellen Investitionskontrollen) hat diese Tendenz noch verstärkt. 12. Gesamtbericht, 1964, S. 212 ff. mit Rückblick bis 1953, 13. Bericht 1965, S. 186 ff. und 14. Bericht, 1966, S. 195 ff.

[65] Art. 60 EGKS mit den Durchführungsentscheidungen Nr. 4/53 vom 12. 2. 1953, ABl. S. 21, 32, geändert durch Entsch. Nr. 22/63, Neufassung: ABl. S. 2986/63 für die Kohlen- und Eisenerzindustrie; Entsch. Nr. 31/53, 2/54, 32/56, 20/63, Neufassung: ABl. S. 2982/63 für die Stahlindustrie.

[66] Art. 60 § 1 EGKS mit Entsch. Nr. 30/53 vom 2. 5. 1953, ABl. S. 109, geändert durch Entsch Nr. 1/54, 19/63, Neufassung ABl. S. 2980/63, die die diskriminierenden Praktiken festlegt.

[67] Über diesen Wandel und die praktischen Schwierigkeiten solcher Wettbewerbspolitik vgl. Hohe Behörde (Hrsg.), Die EGKS 1952—1962. Ergebnisse — Grenzen — Perspektiven, 1963, der sogenannte Wagenführ-Bericht, S. 383 f. sowie G. von Beckerath, Ordnungspolitik in der Montanunion, erläutert am Beispiel der Kohlenwirtschaft, 1960. Über den Ad-hoc-Ausschuß „Preisinformation und Preiskontrolle“ des Ministerrats und seine abweisende Stellungnahme gegenüber Vorschlägen der Hohen Behörde zu einer Zusammenarbeit mit den nationalen Verwaltungen, vgl. 14. Gesamtbericht, 1966, S. 207 f.

Über die oligopolistische Struktur der Montanmärkte vgl. auch die Entscheidungen des Gerichtshofes der Europäischen Gemeinschaft in den Rechtssachen 13/60 und 66/63, Bd. 8, S. 226 f. bzw. Bd. 10, S. 1179 f. der Sammlung der Rechtsprechung.

bei Mangellage durch Kontingentierung der Verteilung. Das Lenkungssystem dient der Produktion und der Produktivität durch die „Allgemeinen Ziele", die lang- und kurzfristigen Vorausschauen[68], die Information, Stellungnahme und finanzielle Hilfe bei den Investitionen[69] und durch die Förderung der technischen Forschung[70]. Das Zuteilungssystem durch Erzeugungsquoten ist hinter den normativen Erwartungen des Vertrages zurückgeblieben. 1958, als die Übergangszeit zu Ende ging, fing die Krise der Gemeinschaft an. Der Absatz der Steinkohle litt immer stärker unter der Konkurrenz des Erdöls und der Importkohle aus den Vereinigten Staaten, die durch die gesunkenen Ozeanfrachten billiger geworden war. Vor allem in Belgien und der Bundesrepublik führte die Überproduktion zu Feierschichten, Stillegungen von Zechen, sozialen Unruhen und riesigen Haldenbeständen. Ein sogenannter Antikrisen-Plan mit einem schmiegsamen System von Erzeugungsquoten und Einfuhrbeschränkungen nach den Art. 58, 74 EGKS, den die Hohe Behörde vorlegte[71], fand nicht die notwendige Zustimmung des Ministerrats, weil zum sekundären Ausnahmezustand die absolute Mehrheit der Stimmen einschließlich der Stimme des Mitgliedstaates notwendig ist, „der mindestens 20 % des Gesamtwertes der Kohle- und Stahlproduktion in der Gemeinschaft umfaßt", wie der Vertrag in Art. 28 mit funktionaler Sachlichkeit das ökonomisch-politische Stimmgewicht der beiden großen Montanstaaten umschreibt. Das setzte die ultima ratio regum frei, besonders im Königreich Belgien, das Schutz- und Hilfsmaßnahmen wegen „tiefgreifender und anhaltender Störungen in seiner Wirtschaft" nach Art. 37 EGKS forderte. Darauf beschloß die Hohe Behörde ein Sanierungsprogramm für den belgischen Kohlenbergbau, zu dem auch „gezielte Maßnahmen auf dem Sektor

---

68 Für den Begriff der Allgemeinen Ziele „Kohle und Stahl" als Perspektivplan vgl. 5. Gesamtbericht, 1957, S. 261 ff. und seine Korrektur mit Rücksicht auf die Bindungen der Industriebereiche Kohle und Stahl an die anderen Industriesektoren, die Gesamtwirtschaft und vor allem an eine „bestimmte Energiewirtschaftspolitik" vgl. den 9. Gesamtbericht, 1961, S. 217 ff. und 10. Gesamtbericht, 1962, S. 369 ff. Als Beispiel: Hohe Behörde (Hrsg.), Allgemeine Ziele „Stahl" Nr. 1, 1962 (Ziele für 1965, angewandte Methode), Nr. 2, 1964 (Stand der Durchführung für 1965).

Über die statistisch-mathematischen „Methoden zur Vorausschätzung der Wirtschaftsentwicklung auf lange Sicht", vgl. Statistische Informationen der Europäischen Wirtschaftsgemeinschaften 1960, S. 569 ff. sowie Tintner, Handbuch der Oekonometrie, 1960, S. 71 ff.

69 14. Gesamtbericht, 1966, S. 223 ff.

70 Zum ganzen Hohe Behörde (Hrsg.), Die EGKS 1952—1962, a.a.O., S. 507 ff. Für die Forschungsförderung im besonderen 10. Gesamtbericht, 1962, S. 285 ff., 14. Gesamtbericht, 1966, S. 250 ff.

Wegen der inzwischen überflüssig gewordenen Festsetzung von Höchstpreisen für Kohle vgl. die Entsch. Nr. 6/53, ABl. S. 63 und Nr. 20/55, ABl. S. 737.

71 Hohe Behörde (Hrsg.), Sonderbericht über die Kohlenfrage, Juni 1959.

Lieferung aus der Gemeinschaft" gehörten, genauer: Einfuhrkontingente gegenüber den anderen Mitgliedsländern nach bestimmten Maßstäben, womit die alte beggar-my-neighbour-Politik unter das Zeichen distributiver Gerechtigkeit trat[72]. Die Ausweich- oder Notstandsklausel des Art. 37 ist so die supranationalisierte Endform der „Mexiko-Klausel", wie sie sich im Zuge der Hull'schen Reziprozitätsverträge aus der Weltwirtschaftskrise unter dem hegemonialen Einfluß der freihändlerischen USA in allen Wirtschaftsabkommen der Freien Welt vom GATT bis zur EWG findet[73]. Auch die Bundesrepublik wich aus, zwar nicht über Art. 37, sondern über staatliche Beihilfen zum „Rationalisierungsverband Steinkohlenbergbau" von 1963, die, wie ähnliche Maßnahmen in Frankreich und den Niederlanden, durch das Subventionsverbot des Vertrages ins rechtliche Zwielicht gerieten[74]. Um diese einzelstaatlichen Maßnahmen überstaatlich zu koordinieren, hat die Hohe Behörde 1965 ein „gemeinschaftliches System von Maßnahmen der Mitgliedstaaten zugunsten des Steinkohlenbergbaus" beschlossen, wobei die Gemeinschaftlichkeit nicht darin besteht, daß die Beihilfen aus gemeinschaftlicher Quelle fließen (wie beim Agrarfinanzierungsfonds), sondern von den Mitgliedstaaten nach gemeinschaftsorientierten Maßstäben verteilt werden mit Billigung und Überwachung durch die Hohe Behörde[75]. Zu den beihilfefähigen Maßnahmen gehören für die Unternehmen die „positive Rationalisierung", z. B. stärkere Mechanisierung des Abbaus und die „negative Rationalisierung", vor allem Stillegung von unrentablen Zechen, und für die Bergarbeiter und Angestellten Übergangs-, Umschulungs- und Sozialbeihilfen aller Art, wobei der Gemeinschaftspegel mit mathematischen Formeln berechenbar gemacht wird[76]. Dieses

---

[72] Entsch. Nr. 46/59 vom 23. 12. 1959, ABl. S. 1327. Vgl. weiter 8. Gesamtbericht, 1960, S. 143 ff.

[73] Die Ausweichklausel erscheint erstmalig in dem Handelsvertrag der USA mit Mexiko von 1942. Im EWG-Vertrag findet sie sich z. B. in den Art. 73, 109, 226. Vgl. im weiteren Piquet, The Trade Agreements Act and the National Interest, 1958 und Bülck, Zur Systematik der Europäischen Wirtschaftsgemeinschaften, Berichte der Deutschen Gesellschaft für Völkerrecht, Heft 3 (1959), S. 66 ff., 76 ff.

[74] 12. Gesamtbericht, 1964, S. 137 ff. und S. 141 ff.

[75] Entsch. Nr. 3/65 vom 17. 2. 1965, ABl. S. 480 ff. Entsch. Nr. 5/66, ABl. S. 789; 6/66, ABl. S. 792; 7/66, ABl. S. 794, alle vom 16. 3. 1966 über die Genehmigung von Beihilfen der Bundesrepublik, bzw. Belgiens und Frankreichs zugunsten der Unternehmen des Steinkohlebergbaus für das Jahr 1965.

[76] 14. Gesamtbericht, 1966, S. 91. Im näheren Bandemer und Ilgen, Probleme des Steinkohlenbergbaus. Die Arbeiter- und Förderverlagerung in den Revieren der Borinage und Ruhr, 1963; Zydek, Rationalisierungsverband, Steuerliche Maßnahmen zur Rationalisierung, Finanzierungshilfe und Bergrecht, Ztschr. f. Bergrecht, Bd. 105 (1964), S. 34 ff. und 291 ff.; Bennecke, Die Subventionspolitik der Hohen Behörde der Europäischen Gemeinschaft für Kohle und Stahl und ihre Auswirkungen auf den Kohlenbergbau dieser Gemeinschaft, 1965 sowie Hohe Behörde (Hrsg.), Maßnahmen zur erleich-

supranational gelenkte System von nationalen Umstellungs- und Anpassungshilfen ist durch Revision des vertraglichen Subventionsverbots rechtlich einwandfrei zustande gekommen[77]. Es fügt sich mit seiner Absicht, den europäischen Steinkohlenbergbau durch Strukturverbesserung konkurrenzfähig zu machen, in das 1964 aus langen Verhandlungen hervorgegangene Programm eines gemeinsamen Energiemarktes und einer gemeinsamen Energiewirtschaftspolitik[78]. Es soll den Kernenergiesektor einschließen, der heute als Europäische Atomgemeinschaft organisiert und vorwiegend der Forschung gewidmet ist[79], und dann einen besonderen Sektor des „Allgemeinen Gemeinsamen Marktes" bilden, wie das Programm sagt. Doch liegt das alles, besonders ein europäischer Energiepreis und eine zureichende Versorgung mit Kernenergie, in weiter Ferne[80]. Aufs ganze gesehen handelt es sich auch bei den Schutz- und Hilfsmaßnahmen für den Bergbau um eine sekundäre Stabilisierung der Primärproduktion, aus ähnlichen Gründen wie in der Landwirtschaft[81].

Neben die sozialrechtliche Verteilung der Urprodukte des ersten Sektors tritt die liberalrechtliche Distribution der verarbeiteten Pro-

---

terten Beschaffung neuer Betätigungsmöglichkeiten (in den Mitgliedstaaten und Großbritannien), 1959, S. 69 f.; dieselbe, 13 Jahre soziale Tätigkeit der Hohen Behörde der EGKS, 1966 und Anpassungsmaßnahmen in der Bundesrepublik Deutschland, in Belgien und Frankreich, Bilanz und Ergebnisse 1960—1965, 1966.

77 Protokoll eines Abkommens betreffend die Energiefragen, vereinbart zwischen den Regierungen der Mitgliedstaaten der Europäischen Gemeinschaften gelegentlich der 94. Tagung des Besonderen Ministerrats der Europäischen Gemeinschaft für Kohle und Stahl vom 21. 4. 1964, ABl. S. 1099 ff.

78 Protokoll, a.a.O., Ziff. 1, das das Programm enthält. Dies stützt sich seinerseits auf die „Untersuchung über die langfristigen energiewirtschaftlichen Aussichten der Europäischen Gemeinschaft", Dok. Nr. 3365/1/64/1, abgedruckt in von der Groeben und von Boeckh, Handbuch für Europäische Wirtschaft, 1958 ff., IV A 22, die sogenannten „Aussichten", jetzt in 2. Aufl. („vollständige und endgültige Fassung"), 1966.

79 Über die sektoralen Grenzen der Atomgemeinschaft, die mit ihren kerntechnischen Wissenschaftssymbolen, wie Lithium 6 und 7, Bor 10, Thermofluide usw. für einen Juristen nicht mehr erkennbar sind, vgl. die Anhänge zum Vertrag. Für den Stand der Organisationsarbeiten vgl. Euratom-Kommission (Hrsg.), 9. Gesamtbericht, 1966. Die Atomgemeinschaft hat bisher ungefähr 3000 wissenschaftliche und technische Berichte veröffentlicht, deren Erscheinen in der monatlichen Zeitschrift Euratom-Information bekanntgegeben wird. Vgl. auch das jetzt im 6. Jahr stehende Transatom Bulletin, das Übersetzungen von kerntechnischen Veröffentlichungen aus schwer zugänglichen Sprachen (z. B. russisch, japanisch) in westliche Sprachen nachweist.

80 Dazu 13. EWG-Gesamtbericht, 1965, S. 65 ff., 14. Gesamtbericht, 1966, S. 67 ff. und OEEC (Hrsg.), Europas neue Energiestruktur im Werden, 1960, der sogenannte Robinson-Bericht, bes. S. 58 ff.

81 Eine Darstellung unter dem Gesichtspunkt dreifacher Planung durch die Montanunternehmen, den Staat und die Hohe Behörde gibt im Monnetschen Geist Saint Marc, La France dans la C.E.C.A., une expérience de

dukte des zweiten Sektors, des industriellen, nach dem die moderne Wirtschaft ihren Namen als Industriegesellschaft hat. Die *handwerklich-industriellen Warenmärkte* sollen als liberaler Verteiler kraft Wettbewerbs wieder eingesetzt werden. Sie werden marktwirtschaftlich organisiert oder liberalisiert, wie man gewöhnlich sagt. Das war und ist ein Hauptanliegen des GATTs: Herabsetzung der Hochschutzzölle aus den dreißiger Jahren und der noch älteren Einfuhrkontingente, besonders auch auf seiner jetzt stattfindenden Zollkonferenz, der sogenannten Kennedy-Runde. Herabsetzungen und Bindung der Zölle sind dem GATT in den letzten 20 Jahren in großem Umfang gelungen[82]. Mit der Beseitigung der Kontingente, das sind mengenmäßige Einfuhrbeschränkungen, die nicht wie die Zölle an der Preis-, sondern unmittelbar an der Warenseite ansetzen, ist es im Zeichen der autonom bleibenden Wirtschaftspolitik der GATT-Partner und ihrer sehr unterschiedlichen Wirtschafts- und Sozialstrukturen schlechter bestellt gewesen[83]. Hier hat die OEEC auf dem engeren westeuropäischen Raum mit Hilfe der Marshall-Plan-Milliarden größere Erfolge gehabt[84]. Es ist eigentlich ihr Haupterfolg, kraft dessen sie sich selbst aufgehoben und in die OECD verwandelt hat, die sich neben der für die USA weltpolitisch wichtigen Entwicklungshilfe weiterhin der Liberalisierung der Dienstleistungsmärkte im europäisch-atlantischen Raum annimmt[85]. Noch weiter geht die Herstellung freier Industriemärkte in der EFTA und in den Sechsergemeinschaften. Die EFTA ist eine Freihandelszone, d. h. alle Zölle und Kontingente zwischen ihren Mitgliedern sollen beseitigt werden. Dagegen behalten die Mitglieder gegenüber Drittländern ihre zoll- und handelspolitische Souveränität[86]. Dies im Unter-

---

planifications multiples du charbon et de l'acier, 1961. Die Fehlplanung, die zur Kohlenkrise führte, erklärt er mit einer Verwechslung von „prévision conjecture" und „prévision objective", S. 143.

[82] GATT (Hrsg.), Protocol to the General Agreement on Tariffs and Trade Embodying Results of the 1960—61 Tariff Conference, 1962 mit Protocol Supplementary to the Protocol, 1963.

[83] GATT (Hrsg.), Review of Import Restrictions under Articles XII : 4 (b) and XVIII : 12 (b), 1959. Die ordnungs- und prozeßpolitische Souveränität der Mitglieder legt Art. XII Ziff. 3 Buchst. d des Vertrages ausdrücklich fest.

[84] Bundesministerium für Wirtschaft (Hrsg.), OEEC-Handbuch 1959, 1959. Über die bis in die Völkerbundszeit zurückreichenden Liberalisierungsbemühungen vgl. neuerdings Keltsch, Völkerrechtliche Schranken der Einfuhrkontingentierung, 1965.

[85] Vgl. Hahn, Die Organisation für wirtschaftliche Zusammenarbeit und Entwicklung (OECD), Jahrb. des öffentl. Rechts, Bd. 12 (1963), S. 1 ff. Für die wirtschaftliche Bedeutung der 21 Mitglieder, die 66 % der Welteinfuhren und 75 % der Weltindustrieproduktion auf sich vereinen, vgl. jetzt OECD (Hrsg.), Main Economic Indicators, 1966.

[86] Vgl. Lambrinidis, The Structure, Function, and Law of a Free Trade Area, 1965 und den 6. Bericht 1965/66, hrsg. von der EFTA. Zum wirtschaftlichen Stand vgl. Europäische Freihandelsassoziation (Hrsg.), EFTA-Handel, 1964.

schied zur EWG, die nicht nur die Zölle und Kontingente zwischen den Sechs beseitigen, sondern auch einen gemeinsamen Außentarif für alle Mitgliedstaaten schaffen will, einen EWG-Zolltarif mit gemeinsamer Kontingentsliste und gemeinsamer Außenhandelspolitik. Das ist das, was man eine Zollunion nennt. Sie ist in den beiden ersten Vierjahresstufen, bis zu Beginn dieses Jahres also, ziemlich weit fortgeschritten. Die vom GATT übriggelassenen Zölle wurden, freilich unter starker Rücksicht auf schutzbedürftige nationale Industriezweige, z. B. die deutsche Textilindustrie, kraft vertraglicher Vereinbarung oder besonderer Ratsbeschlüsse um 80 % der Ausgangszollsätze von 1957 abgebaut[87]. Einen ähnlich hohen Stand erreichte der Abbau der seinerzeit durch Art. 31 EWG nach dem Liberalisierungsergebnis der OEEC gestoppten Kontingente[88]. Beim Abbau der zoll- und kontingentspolitischen Autonomie und dem Aufbau des gemeinsamen Industriemarktes, d. h. der Schaffung und Behandlung der sogenannten Gemeinschaftswaren[89] mit einheitlichem Zoll- und Kontingentsschutz gegenüber Drittländern, worüber unten zu reden ist[90], werden die nationalen Industriezweige, die konkurrenzschwach sind, durch die Verbindung der linearen mit der selektiven Zollsenkung und eine ähnlich differenzierte Kontingentsaufstockung geschützt[91]. Doch bewegt sich das alles noch im sozialökonomischen Sekundärsystem. Unberührt von der Liberalisierungsbalance bleiben dagegen die staatlichen Ein-, Aus- und Durchfuhrbeschränkungen, die, wie Art. 36 EWG sagt, „aus Gründen der öffentlichen Sittlichkeit, Ordnung und Sicherheit, zum Schutz der Gesundheit und des Lebens von Menschen, Tieren oder Pflanzen, des nationalen Kulturguts von künstlerischem, geschichtlichem oder archäologischem Wert ... gerechtfertigt sind". Hiermit behaupten die Mitgliedstaaten ihre primärpolitische Existenz; sie bewahren als politisch-historische Individuali-

---

87 Vgl. Laubereau, Rechte und Pflichten der Mitgliedstaaten bei der Herstellung des Gemeinsamen Marktes — am Beispiel der Zollunion, im vorliegenden Sammelband. Für die Einfügung in das deutsche Recht vgl. Zolltarifordnung vom 10. 12. 1965, BGBl. II, S. 1605 mit Anlageband Deutscher Zolltarif 1966. Dazu die für die Entwicklung des EWG-Zolltarifs instruktive Begründung: Dt. Bundestag, Drucksache V/133 vom 20. 12. 1965.

88 EWG-Kommission (Hrsg.), 7. Gesamtbericht, 1964, S. 38 ff. Für die durch Aufstockung, d. h. durch negative Lenkung aufgehobenen Kontingente, vgl. z. B. die Entscheidungen der Kommission vom 4. 3. 1964, daß „die Einfuhr während zweier aufeinander folgender Jahre geringer war als das eröffnete Kontingent" (Art. 33 Abs. 4 EWG) bei Seefischen in die Benelux-Staaten, bei verzuckerten Früchten in die Bundesrepublik usw., ABl. S. 833 ff.

89 Über den Begriff der Gemeinschaftswaren und ihre Vorzugsbehandlung in der Gemeinschaft vgl. Art. 9 Abs. 2 und 10 EWG und die Kommissions-Entsch. vom 5. 12. 1960 über die Methoden der Zusammenarbeit der Verwaltungen, ABl. S. 29/61 (Warenverkehrsbescheinigung).

90 S. 47 ff.

91 Art. 14 und 33 EWG.

täten die Besonderheiten ihres gemeinsamen national-kulturellen Erbes[92].

Mit dem Abbau der staatlichen Handelsbeschränkungen geht — freilich nur in der EWG und EFTA — die Beseitigung der privaten Wettbewerbsbeschränkungen Hand in Hand, jener Kartell- und Monopolpraktiken, die den Handel zwischen den Mitgliedstaaten, etwa in Form nationaler Absatzkontingentierungen derart beeinträchtigen können, daß der staatliche Abbau der Zölle dadurch wieder aufgehoben würde. Hierfür hat die EWG-Verordnung Nr. 17 in Ausführung des Vertrages Meldepflichten und Überwachungsrechte gegenüber den Wirtschaftsunternehmen der Gemeinschaft geschaffen[93].

Mit den geschilderten Maßnahmen wird also auf den industriellen Warenmärkten nicht nur eine marktwirtschaftliche Ordnung im aktiven Sinne geschaffen, sondern diese auch im reaktiven Sinn gegen neue staatliche und private Verfälschungen aufrechterhalten. Die Staaten treiben gemeinsam Ordnungspolitik, um das Handelsoptimum zwischen ihren Mitgliedswirtschaften zu erreichen[94].

Der Gemeinsame Markt, von dem der EWG-Vertrag spricht, ist indes nicht nur ein agrarischer und industrieller Warenmarkt, sondern auch ein *Kapitalmarkt*. Auf ihm geht es um den Kapitalverkehr, den sogenannten Kapitaltransfer von Deviseninländern der Mitgliedstaaten untereinander. Er ist vom Zahlungsverkehr, d. h. der Bezahlung der Waren-, Kapital- und Dienstleistungsgeschäfte zu unterscheiden trotz gewisser funktioneller Zusammenhänge, etwa bei Zahlungskrediten. Der Zahlungs- oder Geldverkehr, der zusammen mit dem Kapitalverkehr den gemeinsamen Devisenmarkt der EWG bildet, wird seit 1958, nach dem die (äußere) Konvertibilität der Mitgliedswährungen erreicht

---

[92] Dieser Souveränitätsvorbehalt zieht sich durch alle zwei- und mehrseitigen Handelsverträge, z. B. Art. XX GATT. Vgl. Oppenheim, La clause de la nation la plus favorisée dans la pratique internationale de la Suisse, 1948, S. 171 ff. Doch wird in der EWG auch hier eine Annäherung durch gemeinsame Vorschriften gesucht, z. B. Rats-Richtlinie vom 26. 6. 1964 (64/432), ABl. S. 1977, berichtigt S. 2799 zur Regelung viehseuchenrechtlicher Fragen beim innergemeinschaftlichen Handelsverkehr mit Rindern und Schweinen.

[93] Rats-VO vom 6. 2. 1962, ABl. S. 204, geändert durch VO Nr. 59 vom 3. 7. 1962, ABl. S. 1655 mit Ausführungsverordnung der Kommission. Vgl. Schlochauer, Die Anwendung von Wettbewerbsregeln der Europäischen Wirtschaftsgemeinschaft, Juristenzeitung, Bd. 18 (1963), S. 105 ff.; Steindorff, Das Wettbewerbsrecht der Europäischen Gemeinschaften und das nationale Recht, in: Institut für ausländisches und internationales Wirtschaftsrecht Frankfurt a. M. (Hrsg.), Kartelle und Monopole im modernen Recht. Beiträge zum übernationalen und nationalen europäischen und amerikanischen Recht, 1961, Bd. 1, S. 147 ff.

[94] Vgl. von der Groeben, Wettbewerbspolitik in der Europäischen Wirtschaftsgemeinschaft, Wirtschaft und Wettbewerb, Bd. 11 (1961), S. 373 ff.

wurde, durch das Europäische Währungsabkommen der OECD getragen, ein mehrseitiges Verrechnungssystem mit kurzfristiger Zwischenkreditierung von Zahlungsbilanzdefiziten, das seinerseits in das ähnliche System des Internationalen Währungsfonds, das monetäre Gegenstück zum GATT, eingegliedert ist[95]. Auf dem Kapitalmarkt hat die EWG die schon von der OEEC weitgehend erreichte Liberalisierung übernommen und fortgeführt[96]. So hat besonders die maßgebende Richtlinie ihres Ministerrats von 1960 jeden Kapitaltransfer zwischen den Mitgliedstaaten liberalisiert, der industrielle Direktinvestitionen und den Handel mit börsengängigen Wertpapieren betrifft. Reine Finanzgeschäfte dagegen, wie die Emission von Wertpapieren am ausländischen Kapitalmarkt, brauchen die Mitgliedstaaten, besonders Frankreich und Italien, nur zu genehmigen, wenn ihre Wirtschaftspolitik dadurch nicht gestört wird. Kurzfristige Devisenverschiebungen, d. h. der Transfer von vagabundierendem Geld oder hot-money sind mit Rücksicht auf die Stabilität der inländischen Kapitalmärkte nicht liberalisiert[97]. Außer diesem sekundären Genehmigungs- und Verbotsschutz bleiben die Mitgliedstaaten in ihrer primären Substanz, soweit sie nämlich als Fiskus tätig sind, außerhalb des gemeinsam organisierten Kapitalmarktes. Die Emission von Staats- und Kommunalanleihen auf den Kapitalmärkten der anderen Mitgliedstaaten bedarf weiterhin der Vereinbarung nach den gewöhnlichen Regeln des Völkerrechts[98].

Als letztes schließlich die *Arbeitsmärkte,* die die Verteilung der Arbeit für alle drei Produktionssektoren leisten, für den dritten Sektor, den tertiären, aber besonders wichtig sind, weil die Bedeutung der

---

95 Die Abgrenzung des Kapital- vom Zahlungssektor wird, wie bei den anderen Wirtschaftssektoren, listenmäßig vorgenommen. Vgl. die von der OEEC stammende Nomenklatur für den Kapitalverkehr in Anlage II zur ersten Richtlinie des Rats vom 11. 5. 1960, ABl. S. 921, geringfügig geändert durch die zweite Richtlinie vom 18. 12. 1962 (63/21), ABl. S. 62/63. Für den gegenwärtigen Stand des Zahlungsverkehrs vgl. OECD (Hrsg.), Accord Monétaire Européen 6ième Rapport 1964, 1965; für 1966 den 36. Jahresbericht der Bank für Internationalen Zahlungsausgleich, S. 169 ff. und den Seventeenth Annual Report on Exchange Restrictions, International Monetary Fund, 1966.

96 OECD (Hrsg.), Kodex der Liberalisierung des Kapitalverkehrs, 1965.

97 Rats-Richtlinie vom 11. 5. 1960, ABl. S. 921. Bei der Liberalisierung des langfristigen Kapitalverkehrs sind „auch in diesem Jahr ... keine wesentlichen Fortschritte erzielt worden". 8. Jahresbericht über die Tätigkeit des Währungsausschusses (66/286/EWG), ABl. 1966, S. 1373 ff., S. 1377. Zum ganzen Börner, Die fünfte Freiheit des Gemeinsamen Marktes: Der freie Zahlungsverkehr, Festschrift für Carl Friedrich Ophüls, 1965, S. 19 ff.; Dagon, Regulation of capital influx: Recent Developments in France, Germany and Switzerland, American Journal of Comparative Law, Bd. 14 (1965), S. 38 ff. und Krämer, Wirtschaftliche und rechtliche Probleme der monetären Integration in der Europäischen Wirtschaftsgemeinschaft, 1966.

98 Art. 68 Abs. 3 EWG.

Dienstleistungen für das industrielle System immer größer wird[99]. Der Arbeitsmarkt gliedert sich funktionell in die selbständigen Tätigkeiten, besonders des mit eigenem Kapital arbeitenden Unternehmers, und ist insoweit mit dem Kapitalmarkt verknüpft, und in die Tätigkeiten der Unselbständigen, also der Arbeiter und Angestellten, zu denen auch die leitenden Angestellten gehören, die sogenannten Manager, bei denen Kapital und unternehmerische Funktion auseinandertreten. Dieser durch die Arbeitsteilung bewirkte Unterschied erscheint im Europarecht als Niederlassungs- und Dienstleistungsfreiheit der Unternehmer auf der einen Seite und als Freizügigkeit der Arbeitnehmer auf der anderen.

Die Niederlassungsfreiheit inländischer Unternehmer im Ausland wird in der europäisch-atlantischen Region den zweiseitigen Handels- und Niederlassungsverträgen überlassen, die das erwähnte Europaratsabkommen multilateralisieren soll[100]. In EFTA und EWG werden dann die Beschränkungen der Niederlassungsfreiheit weiter abgebaut. Die EWG verstärkt den überlieferten Grundsatz der Inländerparität, der berufs- und gewerberechtlichen Gleichstellung der Ausländer mit den Inländern zum Prinzip der Angleichungsparität, der Behandlung aller EWG-Angehörigen nach koordiniertem oder angeglichenem Berufs- und Gewerberecht. Hierfür hat der Ministerrat ein nach Berufszweigen differenziertes Programm aufgestellt[101], nach dem zunächst der Großhandel, wichtige Zweige der Industrie, besonders auch die Bauindustrie, und das Bankgewerbe liberalisiert werden sollen. In einem zweiten Abschnitt folgen der Einzelhandel, die Nahrungsmittelindustrie und die pharmazeutische Fabrikation sowie schließlich die freien Berufe und alle nicht schon genannten Gewerbe. Das alles ist sachlich und zeitlich so gestaffelt, daß der Gemeinsame Markt möglichst bald funktionieren kann und die nationalen Berufsregelungen mög-

---

[99] Vgl. Fourastié, Le Grand Espoir du XXe Siècle, 3. éd. 1952, deutsch 1954, S. 139 ff. In diese Richtung weist auch der OECD-Bericht, Resources of Scientific and Technical Personnel in the OECD Area, 1963. Für die Bundesrepublik vgl. Fürstenberg, Das Aufstiegsproblem in der modernen Gesellschaft, 1962, S. 94 ff.

Ein Rangverhältnis zwischen den drei Produktionssektoren im Sinne der Lebenswichtigkeit der in ihnen erzeugten Güter hat Fisher, Production: Primary, Secondary and Tertiary, The Economic Record, Bd. 15 (1939), S. 24 ff. herauszuarbeiten versucht. Es findet sich rechtlich bei den Kontingenten für „essentials“ und „non-essentials“ wieder, vgl. z. B. Art. XII Ziff. 3 Buchst. b GATT.

[100] Vgl. oben Anm. 30.

[101] Beschluß des Rates vom 18. 12. 1961, ABl. S. 36/62, berichtigt S. 167/62. Die funktionale Nomenklatur liefert die Classification internationale type, par industrie, de toutes les branches d'activité économique, die sogenannte CITI des Statistischen Amts der Vereinten Nationen, Etudes Statistiques, Série M, Nr. 4, Rev. 1, 1958.

lichst geschont werden. Inzwischen hat der Rat auch eine Reihe von Richtlinien an die Mitgliedstaaten erlassen, die der Durchsetzung der Inländerparität und dem Übergang zur Angleichungsparität dienen[102]. Doch bleibt die Masse der Berufe noch national oder bilateral gebunden. Die Dienstleistungsfreiheit, deren sich schon die OEEC angenommen hatte und die wegen der Wichtigkeit des tertiären Sektors in der OECD weiter liberalisiert wird[103], ist in der EWG gleichfalls unter ein fachlich und zeitlich differenziertes Programm gestellt worden[104]. Das EWG-Recht versteht unter Dienstleistungen alle handwerklichen und gewerblichen, kaufmännischen und freiberuflichen Tätigkeiten, die ein selbständiger Unternehmer über die staatliche Grenze hinweg in einem anderen Mitgliedstaat verrichtet, ohne sich dort dauernd niederzulassen. Diese Dienstleistungen — opérations invisibles, unsichtbare Leistungen, wie die französische Fachsprache sie treffend nennt — können in der Urproduktion, in der Industrie oder auf dem Dienstleistungssektor selbst, d. h. in Handel und Verkehr, durch Banken,

[102] Am wichtigsten bisher für Zweige des Großhandels und des Vermittlergewerbes am 25. 2. 1964 (64/223), ABl. S. 863; 164 (224), ABl. S. 869, mit den vorläufig angleichenden Übergangsmaßnahmen vom selben Tage (64/222), ABl. S. 857 — dazu die Kommissionsempfehlung vom 12. 1. 1965 (65/77), ABl. S. 413 ff. —; für selbständige Tätigkeiten der be- und verarbeitenden Gewerbe der CITI-Hauptgruppen 23—40 (Industrie und Handwerk) am 7. 7. 1964 (64/429), ABl. S. 1880 mit den Übergangsmaßnahmen vom selben Tage (64/427), ABl. S. 1863 und für selbständige Tätigkeiten der Zweige Elektrizität, Gas, Wasser und sanitäre Dienste (CITI-Gruppe 5) am 28. 2. 1966 (66/162/EWG), ABl. S. 584. Für die rechtliche Eingliederung der EWG-Staatsangehörigen als „privilegierter Ausländer“ durch das neue Ausländergesetz der Bundesrepublik von 1965 vgl. den Kommentar von Kanein, 1966, zu Art. 2, Abs. 2, Nr. 3.

Für den Begriff der Inländerparität vgl. Doehring, Die allgemeinen Regeln des völkerrechtlichen Fremdenrechts und das deutsche Verfassungsrecht, 1963, S. 93 ff.; für Art. 57 EWG, der das Prinzip der Angleichungsparität enthält, im näheren Everling, Die Rechtsangleichung in der Europäischen Wirtschaftsgemeinschaft auf dem Gebiete des Niederlassungsrechts, in: Aktuelle Fragen des europäischen Gemeinschaftsrechts, 1964, S. 60 ff. und Bülow, Die Ausbildung von Rechten und Pflichten des Einzelnen im Gemeinsamen Markt am Beispiel von Freizügigkeit und Niederlassungsfreiheit, in diesem Sammelband.

Die listenmäßige Festlegung der verschiedenen Berufszweige im Niederlassungsrecht ist ebenso wie das differenzierte Zolltarifschema und die Nomenklatur im Waren- und Kapitalverkehrsrecht ein Mittel der Rechtsangleichung und Rechtsvereinheitlichung. Die Frage, ob der Begriff der „selbständigen Tätigkeit“ im Sinne von Art. 57 EWG nach der lex fori, loci oder causae zu qualifizieren ist, wird damit überholt. Der Sektor des Europarechts tendiert als supranationaler Konvergenzbegriff zur Aufhebung des internationalen Qualifikationskonflikts, wie ihn Kahn und Bartin um die Jahrhundertwende als Ergebnis der nationalstaatlicher werdenden Rechtsordnungen entdeckt haben.

[103] OECD (Hrsg.), Kodex der Liberalisierung der laufenden unsichtbaren Transaktionen, 1964.

[104] Ratsbeschluß vom 18. 12. 1961, ABl. S. 32/62, berichtigt S. 167/62.

Versicherungen usw. erbracht werden. Auch hier sind eine Reihe von Richtlinien zur Liberalisierung ergangen[105].

Ebenso wichtig wie die Freiheit der selbständig Erwerbstätigen ist die Freizügigkeit der Unselbständigen, der Arbeiter und Angestellten. Im Zeichen der allgemeinen Massenarbeitslosigkeit während der weltwirtschaftlichen Krisenjahre wurden zum Schutz der nationalen Arbeitsmärkte Aufenthalt und Einwanderung von Ausländern weitgehend gesperrt. Schon die OEEC hat sich bemüht, diese Beschränkungen aufzuheben[106]. EFTA und EWG ist es wegen des seit Jahren starken Arbeitsmangels gelungen, die Beschränkungen in großem Umfang zu beseitigen. Zwei EWG-Verordnungen begründeten unmittelbare Aufenthalts- und Arbeitsrechte für ausländische Gastarbeiter, die in bezug auf Beschäftigung, Entlohnung und sonstige Arbeitsbedingungen wie Inländer zu behandeln sind. Auch ihre Familienangehörigen erhielten Reise- und Aufenthaltsrechte[107]. Die Arbeitsverwaltungen der Mitgliedstaaten wirken hierfür unter sich und mit der EWG-Kommission eng zusammen[108].

Gegenüber den Gemeinsamen Märkten für selbständige und unselbständige Arbeit wird die öffentliche Sicherheit, Ordnung oder Gesundheit in den Mitgliedstaaten ähnlich wie auf den Warenmärkten von Vertrags wegen geschützt[109]. Doch versucht auch hier der Ministerrat den nationalen ordre public, z. B. für Krankheiten, die zur Abweisung von Gastarbeitern berechtigen, zu einer gemeinsamen öffentlichen Ordnung zu koordinieren[110]. Dagegen bleibt die primärpolitische Sub-

---

105 In denselben Richtlinien und für dieselben Zweige wie bei der Niederlassungsfreiheit.

106 Ratsbeschluß vom 30. 10. 1953, letzte Fassung vom 7. 12. 1956, BAnz. Nr. 75 vom 17. 4. 1957, den die OECD übernommen hat.

107 VO Nr. 15 vom 16. 8. 1961, ABl. S. 1073, überholt durch VO Nr. 38/64 vom 25. 3. 1964, ABl. S. 965, die die bisherige, auf drei Wochen begrenzte Priorität des einheimischen Arbeitsmarktes aufhebt. Sie kann jedoch bei Arbeitslosigkeit kraft nationaler Schutzklausel regions- und sektorenweise wiedereingeführt werden. Für die Reise- und Aufenthaltsrechte der Gastarbeiter und ihrer Familienangehörigen vgl. die Richtlinie vom 25. 3. 1964 (64/240), ABl. S. 981. Die Freizügigkeit im Montansektor regeln die Beschlüsse der Regierungsvertreter vom 8. 12. 1954, ABl. S. 367/57 und vom 16. 5. 1961, ABl. S. 780/61, 1637/63. Über den letzten Stand vgl. EWG-Kommission (Hrsg.), Die Freizügigkeit der Arbeitskräfte und die Arbeitsmärkte in der EWG, 1966; im besonderen Schill, Das Recht der ausländischen Arbeitnehmer in Deutschland, 1965.

108 Vgl. den II. und III. Teil der VO Nr. 38/64 über die Pflichten der staatlichen Arbeitsverwaltungen, das Europäische Koordinierungsbüro, den Beratenden Ausschuß und den (technischen) Fachausschuß.

109 Art. 56 Abs. 1, 66 und 48 Abs. 3 EWG.

110 Richtlinie vom 25. 2. 1964 (64/221), ABl. S. 850, zur Koordinierung der Sondervorschriften für die Einreise und den Aufenthalt von Ausländern, soweit sie aus Gründen der öffentlchen Ordnung, Sicherheit oder Gesundheit gerechtfertigt sind.

stanz der Mitglieder unberührt. Die öffentliche Verwaltung, gleich ob sie durch Beamte, Angestellte oder Arbeiter ausgeübt wird, ist von der Liberalisierung grundsätzlich ausgenommen, obwohl auch sie zum tertiären Sektor gehört, jedenfalls soweit sie nichthoheitlich tätig wird[111]. Es braucht eben seine Zeit, bis ein Deutscher Conseiller d'Etat werden kann. Ebenso hat der EWG-Vertrag jedem Mitgliedstaat die Entscheidung über seine politische und militärische Sicherheit ausdrücklich vorbehalten, z. B. Auskünfte aus geheimen Staatsakten oder die Produktion von Kriegsmaterial[112]. Dasselbe gilt für politische Notstandsmaßnahmen[113], soweit die Mitglieder überhaupt in einen politischen Notstand geraten können. So viel zur Ordnungspolitik. Sie schafft und sichert zum ersten Wettbewerb auf den industriellen Warenmärkten kraft Gemeinschaftsparität und strebt damit das Handelsoptimum zwischen den Mitgliedswirtschaften an. Zum zweiten ist sie auf die konkurrenzwirtschaftliche Mobilität der Produktionsfaktoren Kapital und Arbeit kraft Inländer- und Angleichungsparität gerichtet und damit auf das (absolute) Produktionsmaximum der in den EWG-Märkten verbundenen Volkswirtschaften.

Beide Ziele, sowohl das bestmögliche einer Zoll- und Handelsunion wie das höchstmögliche einer Kapital und Arbeit einschließenden Wirtschaftsunion[114], erfordern außer der ordnenden Wettbewerbspolitik eine den Wirtschaftsablauf steuernde *Prozeßpolitik*. Denn trotz aller Selbststeuerung der Märkte kraft privatrechtlichen Wettbewerbs, wie ihn die Liberalisierung freisetzt, bedarf es ihrer laufenden Beeinflussung und Stabilisierung kraft öffentlichrechtlicher Entscheidung der Staaten. So normiert dann auch der EWG-Vertrag sowohl für den *Binnenmarkt* wie auch für die Außenwirtschaft der Gemeinschaft die verschiedenen Formen moderner Wirtschaftspolitik für die miteinander verbundenen Waren-, Kapital- und Arbeitsmärkte, wenngleich mit verschiedener Intensität und unterschiedlichem Erfolg. Von den bereits im Zusammenhang mit der Ordnungspolitik behandelten, besonders lenkungsintensiven Rechtsformen der Agrar- und Energiepolitik abgesehen[115], betrachten die Mitgliedstaaten zunächst und allgemein (also unter Einschluß

---

[111] Art. 55 Abs. 1, 66 und 48 Abs. 4 EWG.

[112] Art. 223 Abs. 1 EWG. Die in Abs. 2 schon bis zum 31. Dezember 1958 vorgesehene gemeinsame Liste von Waffen, Munition und Kriegsmaterial, deren Produktion und Distribution „die Wettbewerbsbedingungen der nicht eigens für militärische Zwecke bestimmten Waren nicht beeinträchtigen" darf, ist bisher nicht zustande gekommen. Die Berührungsflächen des primären und sekundären Systems sind rauh.

[113] Art. 224 EWG.

[114] Über ihre wirtschaftstheoretischen Unterschiede J. E. Meade, Problems of Economic Union, 1953, dt. unter dem Titel: Probleme nationaler und internationaler Wirtschaftsordnung, 1955, S. 127 ff.

[115] Vgl. oben S. 25 ff., 32 ff.

des primären Sektors) ihre *Konjunkturpolitik* „als eine Angelegenheit von gemeinsamem Interesse“ (Art. 103 Abs. 1 EWG). Ihr Schwergewicht liegt seit der großen Arbeitslosigkeit während der Weltwirtschaftskrise in einer antizyklischen Beschäftigungspolitik[116]; in den letzten Jahren verlagert es sich jedoch mehr und mehr auf eine anti-inflationistische Preis- und Kostenpolitik. Die Ratsempfehlung von 1960 über die Koordinierung der staatlichen Konjunkturpolitik, für die ein besonderer Ausschuß eingesetzt wurde, laufende Berichte aller Art zur Beeinflussung der privaten und öffentlichen Wirtschaftsentscheidungen[117] und die Empfehlungen des Rats an die Mitgliedstaaten von 1964 und 1965 „zur Wiederherstellung des inneren und äußeren Gleichgewichts der Wirtschaftsentwicklung der Gemeinschaft“, besonders in Italien und Frankreich, sind nicht ohne Wirkung geblieben[118]. Mit der Empfehlung, „das Wachstum der Kassenausgaben auf jährlich 5 v. H. zu begrenzen“, Defizite im Budget nur mit langfristigen Mitteln, nicht mit Bankkrediten auszugleichen und ähnlichen Ratschlägen wird die öffentliche Haushaltspolitik[119] und damit die primärpolitische Substanz der Staaten, ihre Verteidigungs-, Kultur- und Innenpolitik, in die Gemeinschaft hineingezogen. Die Ergebnisse waren deshalb gerade hier gering[120]: „as defence, however, is of much more importance than opulence", wie selbst der liberale Urvater Adam Smith wußte[121].

Mit der Konjunkturpolitik ist die *Wirtschafts- und Währungspolitik* vielfältig verbunden, deren Koordinierung sich die Mitgliedstaaten im Hinblick auf das „magische Dreieck“ von Vollbeschäftigung, Preisstabi-

---

116 Über die Entwicklung im internationalen Recht vgl. United Nations (Hrsg.), National and International Measures for Full Employment, 1949; International Labour Organisation (Hrsg.), The International Labour Code 1951, Bd. 2, App. S. 83 ff.

117 EWG-Kommission (Hrsg.), Schaubilder und Kurzkommentare zur Konjunktur in der Gemeinschaft, monatlich; Die Wirtschaftslage in der Gemeinschaft, vierteljährlich; Ergebnisse der gemeinsamen Konjunkturbefragung bei den Unternehmen in der Gemeinschaft, dreimal jährlich.

118 Empfehlungen vom 15. 4. 1964 (64/246), ABl. S. 1029 und vom 8. 4. 1965 (65/192), ABl. S. 985. Über die Ergebnisse vgl. den 8. Gesamtbericht, 1965, S. 134 ff. Für die früheren Bemühungen Schöllhorn, Europäische Konjunkturpolitik, Festschrift für Müller-Armack, 1961, S. 255 ff.; für die neueren Orth, Die Koordinierung der Europäischen Konjunkturpolitik, Diss. Mainz 1965.

119 Ziff. 5 und 6 der Empfehlung vom 15. 4 1964.

120 9. Gesamtbericht, 1966, S. 138 ff., S. 139: „Alles in allem ist Frankreich das einzige Land, wo 1965 die Entwicklung der öffentlichen Haushalte insgesamt der Empfehlung entsprochen hat“ — gerade im Jahre 1965 schwerlich mit Rücksicht auf die EWG-Empfehlung.

121 Smith, An Inquiry into the Nature and Causes of the Wealth of Nations, zit. nach der Ausgabe in den World Classics, Bd. 2, 1904, S. 43, im Hinblick auf die merkantilistische Navigationsakte, die eine starke englische Flotte schaffen sollte — „perhaps, the wisest of all the commercial regulations of England“. Dazu Cropsey, Polity and Economy. An Interpretation of the Principles of Adam Smith, 1957.

lität und ausgeglichener Zahlungsbilanz versprochen haben (Art. 104 EWG)[122]. Das ist die Magie des organisierten Fortschritts als Stabilisierungsbedürfnis der säkularisierten Industriegesellschaft[123]. Die so gebannte Koordinierung geschieht in erster Linie zur Balance der Zahlungen zwischen den Mitgliedstaaten, wie dies auch die Systematik des Vertrages richtig zum Ausdruck bringt (Titel II, Kapitel 2). Denn die Mitgliedswirtschaften tendieren zwar auf gemeinsame Märkte, diese sind jedoch nach Paritätsgraden rechtlich abgestuft, von den Warenmärkten bis zu den Kapital- und Arbeitsmärkten, so daß die staatlichen Volkswirtschaften, von ihren Austauschbeziehungen zu Drittländern ganz abgesehen, keineswegs in einer überstaatlichen Europawirtschaft aufgehoben sind, sondern miteinander in einem „binnenmarktähnlichen Verhältnis" stehen, wie man unter sachlicher und sprachlicher Verkürzung die differenzierte Rechtsstruktur der EWG-Wirtschaft gewöhnlich nennt. Die Zahlungsbilanzen der Mitgliedswirtschaften auszugleichen, ist den Vertragsstaaten zusammen mit dem Währungsausschuß von Anfang an gelungen, wobei sie das OEEC-Verfahren der sogenannten Länderexamen mit entsprechenden Empfehlungen für die Wirtschaftspolitik der Mitgliedstaaten übernommen haben[124]. Auf die vom GATT und der OEEC her verstärkt fortgeführten Notstandsvorschriften der Art. 108 und 109 EWG in Form von Kontingenten und langfristigen Bilanzkrediten brauchten sie deshalb nicht zurückzugreifen. Ob diese im Vergleich zur OEEC stabile Bilanzpolitik[125] ebenso wie die ordnungspolitische Liberalisierung der Märkte tatsächlich ein Erfolg der EWG-Organisation ist, und nicht etwa umgekehrt die EWG erst durch den allgemeinen Wirtschaftsaufschwung in Westeuropa möglich wurde[126],

---

[122] Vgl. auch die Beschreibung des „unbequemen Dreiecks" durch den Wissenschaftlichen Beirat beim Bundeswirtschaftsministerium, Bd. 4 (1957), S. 34/35. Das Dreieck ist „unbequem", weil die drei zu verwirklichenden Ziele nicht gleichzeitig, sondern nur jeweils zwei auf Kosten des dritten erreicht werden können. Vgl. Predöhl, Außenwirtschaft, 1949, S. 225 ff. und Hoffmann, Vollbeschäftigung und europäische Wirtschaftspolitik, Ztschr. f. Nationalökonomie, Bd. 13 (1952), S. 494 ff.

[123] Vgl. Bülck, Raum und Zeit im Europarecht, a.a.O. (oben Anm. 42), S. 424 f.

[124] Vgl. den 8. Jahresbericht des Währungsausschusses, 1966, a.a.O. (Anm. 97), S. 1378 ff. Der Bundesrepublik wird ein wirksamerer „policy mix" zwischen der öffentlichen Finanzpolitik und der Geld- und Kreditpolitik empfohlen. Für die OECD vgl. den Bericht ihres Wirtschaftspolitischen Ausschusses: Der Prozeß zum Ausgleich der Zahlungsbilanzen, 1966.

[125] Zur deutschen Zahlungsbilanzkrise von 1951 und der seinerzeitigen gemeinsamen Kontingentsverteilung (Entliberalisierung) vgl. Möller, Handelspolitik zwischen Bilateralismus und Multilateralismus, Weltwirtschaftliches Archiv, Bd. 68 (1952), S. 251 ff.; zu den späteren französischen Krisen vgl. den 24. Jahresbericht der Bank für internationalen Zahlungsausgleich, 1954, S. 110 ff. und den 28. Jahresbericht, 1958, S. 157 ff.

[126] Lamfallussy, Europe's Progress: due to the Common Market? in: Lloyds Bank Review, Bd. 62 (1961), S. 1: "There seem to be no obvious figures

diese für „gutwillige Europäer“ ketzerische Frage muß hier von der ökonomischen Seite offenbleiben[127]. Für den Juristen jedenfalls, auch und gerade dann, wenn er sich nicht durch die normative Effektivität staatlichen Rechts bei der Beurteilung des Europarechts blenden läßt, kann es, im Rückblick auf die über dreißigjährigen Bemühungen der Staaten, ihre Außenwirtschaftspolitik durch zwei- und mehrseitige Verträge aufeinander abzustimmen, nicht zweifelhaft sein, daß das schnelle Wachstum der EWG-Mitgliedswirtschaften durch die organisatorisch-administrativen Leistungen kraft fortentwickelten Völkerrechts wesentlich mitbestimmt worden ist. Auf diesem Grunde stehend hat dann vor allem die Kommission versucht, für die zweite Stufe der Gemeinschaft von 1962—1965 das unbequeme Dreieck der Wirtschafts- und Währungspolitik auf eine gemeinsame Wachstums- und Strukturpolitik hin zu harmonisieren. Dieses „Aktionsprogramm“[128] stand im Zwielicht der französischen Planification und stieß deshalb bei den marktwirtschaftlich orientierten Partnerstaaten, besonders der Bundesrepublik, auf Widerstand. Die wechselseitige Annäherung der Standpunkte[129] führte über den schon vertraglich vorgesehenen Währungsausschuß (Art. 105 Abs. 2 EWG) zu weiteren Ausschüssen für die Koordinierung der Zentralbank- und Haushaltspolitik[130], einer Erklärung über vorherige Konsultationen bei Wechselkursänderungen[131] und schließlich zu dem ersten Programm für mittelfristige Wirtschaftspolitik auf Grund „einer Entwicklungsperspektive für 1965—1970“, samt einem dazu gehörigen Lenkungs- und Beratungsausschuß[132]. Diese mittel-

---

which would point to a causal relationship between the establishment of the Common Market and the rapid growth of its members. It seems, in fact, quite possible to argue the other way round and to suggest that it is the ‚inherently‘ high rate of growth of Continental Europe which stimulated trade between members of the E.E.C. and made it possible to set up the Common Market, not vice versa.“... Ähnlich C. Clark, British Trade in the Common Market, 1962, S. 18 ff.

[127] Kritisch demgegenüber für die Montanunion der erwähnte Wagenführ-Bericht (oben Anm. 67), S. 601 ff.

[128] Memorandum der Kommission über das Aktionsprogramm der Gemeinschaft für die zweite Stufe, 1962, S. 57 ff.

[129] Kommissionsempfehlung an den Rat vom 26. 7. 1963, EWG-Bulletin 1963, Nr. 8, Sonderbeilage S. 13 ff. Dazu den Bericht des Wirtschafts- und Finanzausschusses des Europäischen Parlaments, vorgelegt vom Abg. Dichgans, vom 14. 1. 1964, Dok. 115.

[130] Ratsbeschlüsse vom 8. 5. 1964 (64/300), ABl. S. 1206 und (64/299), ABl. S. 1205.

[131] Erklärung der im Rat vereinigten Vertreter vom 8. 5. 1964 (64/306), ABl. S. 1226.

[132] Das Programm ist veröffentlicht in der Drucksache V/629 vom 20. 5. 1966 des Deutschen Bundestages. Vgl. weiter den 9. Gesamtbericht, 1966, S. 115 ff. und Ratsbeschluß über die Einsetzung eines Ausschusses für mittelfristige Wirtschaftspolitik, ABl. S. 1031, dazu den Bericht der Bundesregierung vom 19. 6. 1964, BAnz. Nr. 154. Zum ganzen Everling, Die Koordi-

fristige Wirtschaftspolitik, bei der die Grenze zwischen der Vorausschau der Entwicklung und der Programmierung der Ziele wegen der „konkreten Leitlinien zur Koordinierung" (zunächst der Beschäftigungs-, Haushalts- und Regionalpolitik) nach wie vor flüssig zu sein scheint[133], wird durch die *Strukturpolitik* ergänzt. Sie hat neben ihrem hauptsächlich regionalen Aspekt auch einen sektoralen, der besonders in der Agrar- und Montanwirtschaft rechtlich stark ausgeprägt ist. Doch kennt die EWG auch eine Strukturpolitik im industriellen Sektor, eine „Industriestrukturpolitik", die dem Schiffbau, der Textilindustrie, der Papierfabrikation usw. Hilfe und Ausgleich gewährt[134]. Die *Sozialpolitik* zwischen den EWG-Staaten schließlich ist von normativer Strittigkeit[135]; doch zeichnen sich auch hier unter der vagen Formel von der „sozialen Harmonisierung" effektive Ansätze rechtlicher Koordinierung ab. So wurden zur sozialen Sicherheit der Wanderarbeiter und Grenzgänger in Verbindung mit der Freizügigkeit die ausländischen Erwerbszeiten auf die heimische Sozialversicherung angerechnet[136]; Erhebungen über Struktur und Verteilung der Löhne in Industrie und Handwerk durchgeführt[137]; Grundsätze für eine gemeinsame Politik der Berufsausbildung festgelegt[138] und durch den Europäischen Sozialfonds Beihilfen zur Berufsumschulung und zur Umsiedlung gewährt[139].

---

nierung der Wirtschaftspolitik in der Europäischen Wirtschaftsgemeinschaft als Rechtsproblem, 1964. Über die Fortentwicklung der Frage, besonders über das erste Programm berichtet Everling im vorliegenden Sammelband.

133 Vgl. oben Anm. 81 für dasselbe Problem in der Montanunion.

134 Vgl. 9. Gesamtbericht, 1966, S. 167 ff., 81 ff.

135 Kritisch gegenüber einer Einbeziehung der Sozialpolitik in die EWG Knolle, Die Sozialpolitik in der Europäischen Wirtschaftsgemeinschaft, Bundesarbeitsblatt 1965, S. 856 ff. und Schmidt, Zur Frage einer etwaigen Harmonisierung der gesetzlichen Krankenversicherung innerhalb der Europäischen Wirtschaftsgemeinschaft, Versicherungsrecht, Bd. 15 (1964), S. 545 ff. Dafür Feuilly, Harmonisierung der europäischen Sozialgesetzgebung, Soziale Sicherheit, Bd. 13 (1964), S. 161 ff. Vermittelnd Miller, Die Koordinierung der Sozialpolitik der Mitgliedstaaten in der Europäischen Wirtschaftsgemeinschaft, in diesem Sammelband.

136 VO Nr. 3 vom 25. 9. 1958 über die soziale Sicherheit der Wanderarbeiter, ABl. S. 561/58, 37/59, 581/59, 831/61 mit zahlreichen Änderungs- und Ergänzungsverordnungen, zuletzt VO Nr. 109/65 vom 30. 6. 1965, S. 2124, sowie Art. 43 ff. VO Nr. 3 über die Verwaltungskommission für die soziale Sicherheit der Gast- oder Wanderarbeiter mit bisher 57 Beschlüssen der Kommission. Vgl. dazu auch die besonderen Jahresberichte über die Durchführung der sozialen Sicherheit der Wanderarbeiter.

137 Rats-VO Nr. 188/64 vom 12. 12. 1964, ABl. S. 3634.

138 Rats-Beschluß vom 2. 4. 1963 (63/266), ABl. S. 1338.

139 Rats-VO vom 25. 8. 1960, ABl. S. 1189 mit Berichtigungen und Änderung durch VO Nr. 47/63 vom 31. 5. 1963, ABl. S. 1605. Über die Tätigkeit des Sozialfonds vgl. den 9. EWG-Gesamtbericht, 1966, S. 264 ff. und allgemein den jährlichen „Bericht über die Entwicklung der sozialen Lage in der Gemeinschaft".

Neben die Binnenmarktpolitik tritt in enger Wechselbeziehung die *Außenwirtschaftspolitik* der Gemeinschaft. Auch sie reicht von der Gemeinsamkeit der Zoll- und Handelspolitik bis zur Koordinierung der Devisen- und Beschäftigungspolitik. Diese Politik der Mitgliedstaaten ist mehr noch als die auf ihre innere Gemeinsamkeit gerichtete, in vielfältige, historisch gewachsene Zusammenhänge eingeordnet: politisch-ökonomische und nicht zuletzt rechtliche Bindungen zu europäischen und überseeischen Drittländern, zu Staatshandels- und Entwicklungsländern, zu organisierten Wirtschafts- und Währungsgruppen, dem GATT, der OECD und EFTA, dem COMECON, den Rohstoffgemeinschaften, der Sterlingzone, dem Zehner-Klub usw. Nach außen sind deshalb die Erfolge der EWG im ganzen erheblich geringer. Die Mitgliedstaaten entlassen ihre Nationalwirtschaften aus diesen Bindungen, auf denen ihre ökonomisch-politische Existenz, ihr Reichtum und ihre Macht zu einem wesentlichen Teil beruhen, nur zögernd und mit Widerstreben[140]. Wenn darüber hinaus die national-territoriale Primärexistenz eines Mitgliedstaates durch Spaltung bedroht ist, wie im deutschen Falle, bedarf es eines besonderen Protokolls, das die Angleichungspflicht der Mitglieder an ältere Verträge mit Drittländern (Art. 234 EWG) gegenstandslos macht. „Die Anwendung dieses Vertrages in Deutschland erfordert keinerlei Änderung des bestehenden Systems" des Interzonenhandels[141]. Trotz dieser Verklammerungen jedes EWG-Staates mit dem politischen und ökonomischen Staatensystem in Europa und der Welt, ist es der Gemeinschaft gelungen, ihr erstes Anliegen, sich als Zollunion und nicht bloß als Freihandelszone zu begründen, im wesentlichen durchzusetzen. Der gemeinsame „Zolltarif der europäischen Gemeinschaften", den der Vertrag vornormiert (Art. 19 ff. EWG) und den der Rat durch eine Reihe von Entscheidungen vervollständigt hat, ist 1963 verkündet und mit seiner letzten Lücke durch Festlegung der Zollsätze für Erdölerzeugnisse der Liste G geschlossen

---

[140] 65,1 % der westdeutschen Gesamteinfuhren stammten 1964 aus der EFTA (18,1 %), den USA (13,8 %) und der übrigen Welt (33,2 %); nur 34,9 % kamen aus der EWG. Die Ausfuhren betrugen 63,5 %, davon gingen in die EFTA 27,2 %, in die USA 7,4 % und in die übrige Welt 28,9 %; auf die EWG-Partner entfielen 36,5 %. Für Frankreich und Italien bewegen sich die Prozentsätze etwa in der gleichen Größe. Vgl. Statistisches Amt der Europäischen Gemeinschaften (Hrsg.), Statistische Grundzahlen der Gemeinschaft, 1965, S. 116, 118. Im besonderen vgl. die EFTA-Berichte Nr. 1 und 2, Die Bedeutung des EFTA-Marktes für die EWG-Länder, 1965; umgekehrt, 1966.

Die rechtliche Grundlage des Wirtschaftsverkehrs der Mitgliedstaaten mit Drittländern besteht aus rund 800 zweiseitigen Abkommen. Bisher ist es noch nicht gelungen, sie auf ihre Vereinbarkeit mit einer gemeinsamen EWG-Handelspolitik zu prüfen, geschweige denn sie zu koordinieren. Vgl. 9. Gesamtbericht, 1966, S. 337.

[141] Protokoll über den innerdeutschen Handel und die damit zusammenhängenden Fragen, Anhang IV zum EWG-Vertrag.

worden[142]. Er wird durch Lose-Blatt-Lieferungen fortgeführt[143]. Die Angleichung der staatlichen (Außen-) Zollsätze an die Sätze des EWG-Tarifs wurde zweimal vorzeitig, d. h. beschleunigt durchgeführt im Hinblick auf die Dillon-Runde (1960/61) und die jetzige Kennedy-Runde des GATT, wobei der Abstand zwischen den nationalen und supranationalen Zöllen jeweils um 30 % verkürzt und das zweite Mal, gleichfalls im Hinblick auf die GATT-Konferenzen, um 20 % gesenkt wurde[144]. Dagegen ist es zu der koordinierten Liberalisierungsliste nach Art. 111 EWG, die systemgerecht Kontingentierungsliste heißen müßte, noch nicht gekommen. Doch haben die EWG-Staaten bisher von den 1097 Zollpositionen des gemeinsamen Tarifs rund 900 gegenüber den OEEC-Ländern und 800 gegenüber den GATT-Partnern vollständig liberalisiert[145]. Auch haben sie vereinbart, die Laufzeit ihrer Kontingentsabkommen einheitlich auf ein Jahr zu verkürzen, um der Gemeinschaft die nötige Handlungsfreiheit für die aufs Ende vorgesehene gemeinsame Liberalisierungsliste (Art. 113 EWG) zu geben[146]. Im übrigen konsultieren sich die Mitglieder nur wegen ihrer Kontingentierungen gegenüber Drittländern, um Verkehrsverlagerungen zu vermeiden[147]. Notfalls schützt sie hiergegen die Ausweichklausel des Art. 115 EWG[148]. Eine nationale Schutzklausel mildert auch die Strenge des supranationalen Zolltarifs; Art. 25 EWG gestattet Zollkontingente zu ermäßigtem Tarif, z. B. für wichtige Rohstoffe, etwa Rohblei für die Bundesrepublik[149]. Doch verringern sich langsam die staatlichen Aus-

---

142 Ratsentscheidung vom 8. 5. 1964 (64/303), ABl. S. 1209. Dem EWG-Tarif liegt die Nomenklatur des Brüsseler Zollrats von 1955 zugrunde, die die Waren nach den Produktionszweigen, dem sogenannten Produktionsprinzip gliedert und nicht nach dem in einigen Staaten noch üblichen „naturkundlichen Prinzip", das besondere Abschnitte für Waren aus dem Tier-, Pflanzen- und Mineralreich kennt, und damit die geschichtlichen Wurzeln des europäischen Zollrechts im Primärsystem aufzeigt.

143 Vgl. 8. Gesamtbericht, 1965, S. 31. Diese Form der Gesetzes-Sammlung ist als amtliche Publikation neuartig, aber zeitgerecht, insofern sie die Gesetzes-Zerstreuung in der Zeit, die laufende Steuerung sachgerecht zum Ausdruck bringt. Von ähnlicher Art, wenn auch in ihrer funktionalen Bedeutung begrenzter, sind die „Fortschreibungen" nach dem Gesetz über die Sammlung von Bundesrecht vom 10. 7. 1958, BGBl. I S. 437.

144 Beschlüsse der Regierungsvertreter vom 12. 5. 1960, ABl. S. 1217, vom 15. 5. 1962, ABl. S. 1284 und vom 22. 5. 1963, ABl. S. 1561. Über den letzten Stand der GATT-Verhandlungen vgl. de Schacht, Les négociations multilatérales de Genève à la suite des accords de Luxembourg, Revue du Marché Commun, 1966, S. 57 ff.

145 Vgl. 8. Gesamtbericht, 1965, S. 274.

146 Ratsentscheidungen vom 9. 10. 1961, ABl. S. 1274 und vom 29. 12. 1965, ABl. S. 3275.

147 Ratsentscheidung vom 9. 10. 1961, ABl. S. 1273.

148 Vgl. Oppermann, Die Schutzklausel des Artikels 115 des EWG-Vertrages, Außenwirtschaftsdienst des Betriebs-Beraters, Bd. 10 (1964), S. 97 ff.

149 Kommissionsentscheidung vom 16. 2. 1965, ABl. S. 666 mit eingehender Begründung. Vgl. weiter die Liste bei Bülow-Langner, a.a.O., E 2111—1.

nahmeanträge gegenüber dem gemeinsamen Tarif durch den Übergang zu Gemeinschaftskontingenten und gemeinschaftlichen Zollaussetzungen[150]. Aufs ganze gesehen steckt „das Arbeitsprogramm auf dem Gebiet der gemeinsamen Handelspolitik", das der Rat 1962 verabschiedet hat, noch in den ersten Anfängen[151].

Die Währungspolitik der Mitgliedstaaten gegenüber Drittländern und besonders gegenüber dem Internationalen Währungsfonds versucht der genannte Währungsausschuß zu koordinieren[152]. Das stößt auf Schwierigkeiten[153]. Dagegen ist die gemeinsame Devisenpolitik für den Kapitalverkehr, die Art. 70 EWG vorsieht — im Unterschied zur gemeinsamen Agrarpolitik — durch die (Ausländer-)Konvertibilität der Mitgliedswährungen „rechts" überholt worden.

Auf den Arbeitsmärkten bleibt die Niederlassungspolitik gegenüber Drittländern Sache der Mitgliedstaaten. Dagegen wird die Beschäftigungspolitik gegenüber Arbeitnehmern aus dem EWG-Ausland, besonders aus Spanien und der Türkei, koordiniert. Hierbei ist das Prinzip der Inländerparität mit dem der Meistbegünstigung verkoppelt; die von einigen Mitgliedstaaten und der Kommission gewünschte „Priorität des europäischen Arbeitsmarktes" besteht rechtlich nicht[154]. Auch und besonders die Außenwirtschaftspolitik der EWG-Staaten ist in ihrem Zusammenwirken nach den verschiedenen ordnungspolitischen Rechtsstrukturen der Waren-, Kapital- und Arbeitsmärkte stark differenziert.

Die drei Hauptfunktionen des Industriesystems, von denen hier die Produktion und Distribution in ihrer sektorenweisen Aufgliederung und Wiederzusammenfassung geschildert wurden, tendieren trotz aller

---

150 Vgl. die Übersicht im 8. Gesamtbericht, 1965, S. 38 f. Als Beispiel einer Zollaussetzung vgl. die Ratsentscheidung vom 15. 6. 1965 (65/314), ABl. S. 1870 für „bestimmte Waren der Tarifnummern 14.02 B I, ex 38.19 Q und ex 48.01 E II" (letzteres: Japanpapier zum Herstellen von Kunstdärmen).

151 Entscheidung vom 25. 9. 1962, ABl. S. 2353. Dazu die realistische Analyse von Everling, Rechtsprobleme der gemeinsamen Handelspolitik in der Europäischen Wirtschaftsgemeinschaft, 1965.

152 Ratsbeschluß vom 6. 5. 1964 (64/301), ABl. S. 1207.

153 Vgl. den letzten Jahresbericht des Ausschusses, 1966, a.a.O. (Anm. 97). Kritisch Hahn, Monetäre Integration — Illusion oder Realität? in: Internationale Währungs- und Finanzpolitik, Festgabe für Adolf Weber, 1961, S. 99 ff. Vermittelnder Schmölders, Geldpolitik, 1962, S. 282 ff. Der Weg zu einer „Bank europäischer Länder" ist jedenfalls weit. Vgl. Pfleiderer, Währungsordnung und europäische Integration, 1964.

154 Vgl. die Abschwächung der Absichtserklärungen in Art. 43 VO Nr. 15 und Art. 29 Abs. 2 VO Nr. 38, a.a.O. (Anm. 107). Die einschlägigen Ausführungen der EWG-Kommission im 7. Gesamtbericht 1964, S. 51 sind nicht haltbar; wenn Art. 48 EWG Inländerparität fordert, so schließt das Ausländerparität nicht aus.

nationalwirtschaftlichen Bindung auf ein neues zwischen- und überstaatlich organisiertes Gleichgewicht der gesellschaftlichen Gruppen oder Schichten, in die sich seit der Jahrhundertwende die sozialen Klassen im Zeichen der technisch-industriellen Gesellschaft verwandelt haben. Damit wird das national-territoriale Gleichgewicht der staatlichen Mächte durch ein neues, funktional-föderatives Gleichgewicht der gesellschaftlichen Kräfte ergänzt und balanciert[155].

III.

Nach dieser beschreibenden Bestandsaufnahme verbleibt mir nur eine kurze theoretische Schlußbemerkung. Integration bedeutet, wie auf induktive Weise zu zeigen versucht wurde, die Wiederzusammenfassung des sich aufgliedernden Systems der Staaten und ihrer Gesellschaften zu zwischen- und überstaatlichen Organisationen. Aufgliederung und Zusammenfassung, Differenzierung und Integrierung sind nur zwei Seiten desselben Prozesses. Die politisch-staatliche Seite dieses Vorgangs ist freilich weniger fortgeschritten als die ökonomisch-soziale. Der Staat verharrt als politischer Herrschaftsverband weithin im national-territorialen Primärsystem. Das macht seinen auf Ordnung und Sicherheit gerichteten Sinn aus; er ruht in sich und seiner Freiheit, zu deren Wahrung er sich allerdings auch mit seinesgleichen zusammenschließen muß. Die ökonomisch-soziale Seite des Prozesses dagegen ist fortgeschrittener, weil die Differenzierung und Integrierung der Gesellschaft seit zweihundert Jahren der „Fortschritt" selbst sind. Adam Smith und Ricardo brachten ihn als erste auf den ökonomischen Begriff der Arbeitsteilung, der Teilung der Arbeit und ihrer Wiederzusammenfassung durch die unsichtbare Hand des Marktes[156]. Durch den Grafen von Saint-Simon, den Seigneur-Sansculottes, wurde die Sache sichtbar und machbar; er sprach als erster von „Organisation", von der Organisation des Industriesystems, an dem unter Ausschluß der alten Herrschaftsschichten alle Erwerbstätigen, insofern sie eine der Gesellschaft nützliche Funktion ausüben, besonders aber die Unter-

---

155 Das betonen mit Recht Wagner, Grundbegriffe des Beschlußrechts der Europäischen Gemeinschaften, 1965, S. 9 ff. und Steiger, Staatlichkeit und Überstaatlichkeit, 1966, bes. S. 182 ff.

„Das Verhältnis des Rechts der Europäischen Wirtschaftsgemeinschaft zu den nationalen Rechtsordnungen der Mitgliedstaaten" behandeln allgemein Schlochauer in seinem gleichnamigen Aufsatz im Archiv des Völkerrechts, Bd. 11 (1963) S. 1 ff. sowie die Beiträge von Ipsen und Bülow, in: Aktuelle Fragen des europäischen Gemeinschaftsrechts, 1965, S. 1 ff. und S. 28 ff.

156 Smith, a.a.O. (Anm. 121), Bd. 1, S. 5 ff.; Ricardo, Principles of Political Economy and Taxation, 1817, deutsche Ausgabe von Waentig, 1921, S. 119 ff. Vgl. schon Ferguson, Essay on the History of Civil Society, 1767, Waentig, 2. Aufl. 1923, S. 192 ff.

nehmer, die „savants d'application" und die Wissenschaftler, die „industriels de théorie" beteiligt sein sollten[157]. Gegen Ende des Jahrhunderts wurde dann der Prozeß im Zeichen der hochkapitalistischen Industrialisierung und der positivistischen Denktechniken in „realen Kategorien" der Biologie reflektiert, besonders von Spencer und in Deutschland von Schäffle. „Den Fortschritt des Stufenganges beherrscht stets das allgemeine Gesetz zunehmender Differenzierung und korrelater Reintegrierung: Spaltung auf der tieferen Stufe und Wiederzusammenfassung verschiedener Sondergebilde der niedrigeren Stufe zu einer höheren Einheit als nächster Stufe[158]." Nach diesem Prinzip entwickelte Schäffle eine Stufentheorie der Verfassungen — vom „Neuzeitstaat" über „Unter- oder Vorstufen" hinweg zum Weltstaat —, wie sie ihren Vorläufer in dem Dreistadiengesetz von Comte hatte, dem Vater des französischen Soziologismus[159]. Dieser Theorie entsprach in fortschrittsgemäßer Weise, wenn auch aus anderer geistiger Wurzel, die Lehre von den Wirtschaftsstufen, wie sie zu jener Zeit Schmoller und Bücher vertraten mit eingehender Begründung der „Arbeitsgliederung und Arbeitsvereinigung"[160]. Mit der Jahrhundertwende teilte sich dann der übermächtig gewordene Strom. In die eine Richtung floß der französisch-englische Soziologismus mit Durkheims Betonung

---

[157] L'Organisateur, 1819, aus der Zusammenarbeit mit seinem Bewunderer Auguste Comte hervorgegangen. Vgl. statt vieler Leroy, Henri de Saint-Simon. Le Socialisme des Producteurs, 1924. Saint-Simon verfaßte auch zusammen mit Thierry eine Denkschrift für den Wiener Kongreß: De la réorganisation de la société européenne, ou de la nécessité et des moyens de rassembler les peuples de l'Europe en un seul corps politique, en conservant à chacun son indépendance nationale, 1814.

[158] Schäffle, Bau und Leben des socialen Körpers. Encyclopädischer Entwurf einer realen Anatomie, Physiologie und Psychologie der menschlichen Gesellschaft mit besonderer Rücksicht auf die Volkswirtschaft als socialen Stoffwechsel, 2. Aufl. 2. Bd. 1896, S. 556. Das vorangehende Zitat im 1. Bd. (1. Aufl. 1875), S. VII.

[159] a.a.O., S. 557 ff., bes. S. 587 ff. Über die Stufenlehre als historisiertes Symbol der göttlichen Trinität, die erstmals bei Joachim von Flora im Bruch mit der augustinischen Auffassung der christlichen Gesellschaft erscheint, vgl. Voegelin, Die neue Wissenschaft von der Politik, 2. Aufl. 1965, S. 158 ff.

[160] Schmoller, Die Tatsachen der Arbeitsteilung, Jahrb. f. Gesetzgebung, Verwaltung und Volkswirtschaft, Bd. 13 (1889), S. 1003 ff. und Bücher, Die Entstehung der Volkswirtschaft, 1893 (S. 261 ff. der 10. Aufl. 1917). Der Gedanke der Arbeitsvereinigung geht über Roscher auf List zurück: Der internationale Handel, die Handelspolitik und der deutsche Zollverein, 1. Bd. des nationalen Systems der politischen Oekonomie, 1841, deutsch von Waentig, 1910, S. 222 ff.

Der von ihnen, aber auch von dem mathematischen Ökonomen Cournot beeinflußte erste Vertreter der neoklassischen Nationalökonomie Marshall, Principles of Economics, 1890, deutsch 1905, machte die Organisation sogar zum selbständigen Produktionsfaktor neben Boden, Kapital und Arbeit. Über Cournot vgl. Schnur, Ein Prophet der verwalteten Welt. A. A. Cournot's Prognose des posthistorischen Zeitalters, Wort und Wahrheit, Bd. 16 (1961), S. 743 ff.

der sozialen, statt der bloß ökonomischen Arbeitsteilung, die sich als Solidarität wieder zusammenfaßt[161]. Er findet heute in der strukturell-funktionalen Gesellschaftstheorie, dem sogenannten Funktionalismus, seinen repräsentativen Ausdruck[162]. Rechtlich und besonders völkerrechtlich haben Duguit und Scelle diesen Gedanken als objektivistische Theorie weiterentwickelt[163]; er versucht von hier, aber auch von der funktionalistischen Schule Amerikas aus, das Recht der internationalen und europäischen Organisationen theoretisch zu durchdringen[164]. Die zweite Richtung des großen Stromes, mit der sich in jener epochemachenden Zeit nicht das Sein gegenüber dem Sollen, sondern in kantischer Übersteigerung das Sollen gegenüber dem Sein verselbständigte[165], ist die Stufentheorie von Merkl und Kelsen[166]. Sie reicht kraft

---

161 Durkheim, De la division du travail social, 1893. Vgl. auch Simmel, Über soziale Differenzierung, 1890. Dazu jetzt Tartler, Georg Simmels Beitrag zur Integrations- und Konflikttheorie der Gesellschaft, Jahrb. f. Sozialwissenschaft, Bd. 16 (1965), S. 1 ff.

162 Parsons, The Structure of Social Action, 1937; ders., Die jüngsten Entwicklungen in der strukturell-funktionalen Theorie, Kölner Ztschr. für Soziologie und Sozialpsychologie, Bd. 16 (1964), S. 45 ff. Weiterführend Luhmann, Funktionen und Folgen formaler Organisation, 1964; ders., Grundrechte als Institution, 1965, bes. S. 186 ff. Für die Steigerung in der neopositivistischen Wissenschaftstheorie vgl. Nagel, A Formalization of Functionalism, in: ders., Logic without Metaphysics, 1957.

163 Duguit, L'Etat, le droit objectif et la loi positive, 1901; Scelle, Précis de Droit des Gens, 1932/34.

164 z. B. Dendias, Les Principaux services internationaux administratifs, Recueil des Cours, Bd. 63 (1938/I), S. 247 ff.; Castanos, Les tendances juridiques de l'intégration européenne, 1957; ders., Les nouveaux principes du Fonctionnalisme dans la CECA, Revue Hellénique de Droit International, Bd. 13 (1960), S. 213 ff., S. 214: Supranationalität bedeutet „l'inversion du dédoublement fonctionnel ou le fonctionalisme parfait". Zur Praxis dieses Gedankens vgl. Monnet, Les Etats-Unis d'Europe ont commencés, La Communauté Européenne du Charbon et de l'Acier, 1955 und den aufschlußreichen Bericht von Yondorf, Monnet and the Action Committee: The Formative Period of the European Communities, International Organization, Bd. 19 (1965), S. 885 ff.

Von amerikanischer Seite Mitrany, A Working Peace System. An Argument for the Functional Development of International Organisation, 1943 (dank der „virtue of technical self-determination", S. 43) und Haas, The Uniting of Europe, 1958; ders., Beyond the Nation-State. Functionalism and International Organisation, 1964. Mitrany hat seine funktionalistische Idee bezeichnenderweise auch auf dem International Congress of Mental Health, 1948, Proceedings, Bd. 4, S. 75 ff. vorgetragen. Vgl. neuestens seinen Beitrag The Prospect of Integration: Federal or Functional, Journal of Common Market Studies, Bd. 4 (1965), S. 119 ff.

165 Smends Integrationslehre (Verfassung und Verfassungsrecht, 1928) versucht den Gegensatz von den Voraussetzungen der Wertphilosophie her aufzuheben. Für das Europarecht vgl. in dieser Richtung Meyer - Cording, Die europäische Integration als geistiger Entwicklungsprozeß, Festgabe für Alfred Müller-Armack, 1961, S. 291 ff.

166 Merkl, Die Lehre von der Rechtskraft, 1923, S. 207 ff. mit Hinweis auf frühere einschlägige Veröffentlichungen; Kelsen, Das Problem der Souve-

normativen Delegationszusammenhanges, des Gesetzes funktioneller Verdoppelung, wie es bei Scelle heißt[167], von der Ursprungs- oder Grundnorm, die die Weltrechtsgemeinschaft hypothetisch begründet, über die Rechtsordnungen der Staaten bis hinunter zu den Individuen der Gesellschaft. Den stufenweisen funktionell-normativen Rechtserzeugungsprozeß systematisierten dann Guggenheim für das Völkerrecht und Bindschedler für das Europarecht[168]. Damit ist diese Lehre das normativistische Gegenstück zu den soziologischen Stufentheorien und ebenso wie diese das metaphysikfreie Rechts- und Selbstverständnis der wissenschaftlich-technischen Weltzivilisation.

An dieser doppelten, jeweils das Sein oder Sollen überbetonenden Reflexion des sich aufgliedernden und wieder zusammenfassenden Organisationsprozesses sind zwei Aspekte von besonderem Interesse. Zum ersten gewinnt in diesem Vorgang das Moment der Integration den Vorrang vor dem der Differentiation sowohl in den soziologischen wie in den normativistischen Theorien. Das Allgemeine, so scheint es die Sach- und Rechtsgesetzlichkeit besonders seit der Jahrhundertwende zu wollen, erfaßt stets von neuem das Besondere, ordnet es sich ein und unter, um es aufs Ende zu beseitigen. Die Begriffe Koordinierung, Harmonisierung, Kooperation, Solidarität, Rechtsvereinheitlichung, Gemeinsamer Markt, Europäische Gemeinschaft werden so zu einseitigen Leitbildern, zum „image" unserer Zeit. Solche Einseitigkeit führt zu Konformismus, Egalisierung und einem Objektivismus, der das Recht des einzelnen und seines Staates zur „Rollenerwartung" macht, einer Erwartung, der sie dann als Funktions- oder Grundrechtsträger mit bloß vermittelter Subjektivität entsprechen. Am Ende der funktionalen Reduzierung steht oder richtiger liegt das „Detailindividuum", um mit Marx zu sprechen und der „Detailstaat", um gegen ihn zu sprechen[169].

---

ränität und die Theorie des Völkerrechts, 1920, S. 118 f. Ansätze zu einer juristischen Stufentheorie finden sich durchaus zeitgerecht schon bei dem Theoretiker der Allgemeinen Rechtslehre Bierling, Zur Kritik der juristischen Grundbegriffe, Bd. 1, 1877, S. 17 ff.; ders., Juristische Prinzipienlehre, 1894, S. 107 ff.

167 a.a.O., Bd. 2, S. 10 ff.

168 Guggenheim, Lehrbuch des Völkerrechts, 1948 und Bindschedler, Rechtsfragen der europäischen Einigung, 1954.

169 Die Kritik am harmonisierenden Funktionalismus nimmt zu, vgl. die Nachweise amerikanischer Autoren bei Parsons, Beiträge zur soziologischen Theorie, hrsg. von Rüschemeyer, 1964. Das gilt auch für Deutschland, selbst bei solchen Schriftstellern, die ihn hier eingeführt haben, vgl. Dahrendorf, Gesellschaft und Freiheit, 1961, S. 85 ff.: Pfade aus Utopia; ders., Über den Ursprung der Ungleichheit unter den Menschen, 1961.

In der Theorie des Völkerrechts und der internationalen Beziehungen war die Kritik an der Einseitigkeit funktionaler Betrachtung von Anfang an stark im realistischen Blick auf die durch herrschaftliche Macht in Krieg und Frieden geordnete Staatengemeinschaft, vgl. Morgenthau, Positivism,

Integration bedeutet deshalb auch und gerade im Europarecht nicht nur gleichmachende Vereinheitlichung, sondern ebenso sehr konkretisierende Besonderung, Differentiation. Integrierung heißt, dialektisch zugespitzt, gleichzeitig Differenzierung[170]. Der gemeinsame Markt der westeuropäischen Wirtschaft ebenso wie der „Gemeinsame Markt" der EWG ist nicht nur ein räumlich und zeitlich, sondern vor allem auch ein fachlich vielfältig differenziertes Gebilde. Neben die Region und Planzeit, die im Sekundärsystem das staatliche Territorium und die Geschichtszeit transzendieren, tritt als weiterer Grundbegriff des Europarechts der Sektor: der selbständig oder verbunden organisierte Wirtschafts- und Berufszweig, der gesellschaftliche Fachbereich oder, wie es unter egalisierender Perspektive heißt, die partielle Integration. Der Sektor verbindet zwar das staatliche und überstaatliche Recht zu neuer fachlicher Gemeinsamkeit, die nach ihrer jeweils verschiedenen Funktion liberal- und sozialrechtlich abgestuft ist. Indem der Sektor verbindet, trennt er jedoch gleichzeitig; er setzt fachliche Grenzen zwischen den neuen Gemeinsamkeiten. Die national-rechtlich als Volkswirtschaft verbundenen Produktions- und Verteilungssektoren gliedern sich europarechtlich auf und fügen sich dadurch zu Organisationssektoren oder sektoralen Organisationen wieder zusammen. Diese sind ihrerseits durch Fachgrenzen voneinander getrennt und gleichzeitig miteinander verbunden, Grenzen, die durch Nomenklaturen aller Art gezogen werden, die in sich selbst wiederum einen hohen Grad von Differenziertheit enthalten. Integration bedeutet also gleichzeitig Aufhebung alter, staat-

---

Functionalism and International Law, American Journal of International Law, Bd. 34 (1940), S. 260 ff.; Claude, Swords into Plowshares. The Problems and Progress of International Organization, 1956, S. 373 ff.; Schwarzenberger, Power Politics, 2. Aufl. 1951, S. 565 ff. (Power Politics in Disguise) und neuestens denselben, The Inductive Approach to International Law, 1965, S. 115 ff. in einer Auseinandersetzung mit Jenks, der die englische Variante des französischen Objektivismus vertritt (The Common Law of Mankind, 1958 und ähnliche Schriften). Schwarzenbergers Kritik an Jenks Kritik seiner Methode ist nach Form und Inhalt das, was man früher eine glänzende Polemik nannte und was im heutigen, harmonisierten Wissenschaftsbetrieb selten geworden ist.

Die neueste Interpretation von Parsons' strukturell-funktionaler Lehre durch Jonas, Zur Aufgabenstellung der modernen Soziologie, Arch. f. Rechts- und Sozialphilosophie, Bd. 52 (1966), S. 349 ff. als einer analytischen Theorie, die nicht nach einer bestimmten, in der Erfahrung vorkommenden Gesellschaft fragt, sondern nur nach den Bedingungen der Möglichkeit von Gesellschaft überhaupt, eine Wendung, die für die ökonomische Theorie Schumpeters Methodenbuch von 1908 vollzieht, dürfte von juristischer Seite durch Kelsens Reine Rechtslehre, zuerst in seinen Hauptproblemen der Staatsrechtslehre, 1911, ebenso wie durch Hohfelds analytische Theorie: Fundamental Legal Conceptions as applied in Judicial Reasoning, 1923, bestätigt werden. Zu beiden und den modernen logistischen Rechtstheorien vgl. Stone, Legal System and Lawyers' Reasoning, 1964. Hier eröffnet sich ein weites Feld interdisziplinärer Methodenkritik.

170 Vgl. Hegel, Logik, Bd. 4 der Jubiläumsausgabe, S. 361 f.

licher Grenzen und Festlegung neuer, überstaatlicher Rechtsgrenzen. Die Entwicklung eines solchen Integrationsbegriffs gehört zu den Aufgaben differenzierender Rechtsforschung; sie ist weniger Sache der harmonisierenden industriels de théorie.

Gleiches gilt, wenn man die Integration nicht unter dem Gesichtspunkt prozeßhafter Ordnung, sondern unter dem ordnender Prozeßhaftigkeit sieht. Das ist der zweite Aspekt unserer theoretischen Schlußbemerkung. Auch hier sind die soziologischen und normativistischen Lehren einseitig. Sie gehen vom Vorrang der organisierten Gesellschaft gegenüber der staatlichen Herrschaft aus. Die Zurückdrängung der politischen, angeblich auf Agressivität angelegten Staatsgewalt durch die auf Friedfertigkeit gestimmte Gesellschaft, ist das Leitmotiv. Von der Herrschaft über Menschen zur Verwaltung von Sachen, von der Subordination unter die staatliche Gewalt zur Koordination der gesellschaftlichen Interessen, heißt die Formel, deren technokratischer Vater Saint-Simon und deren kommunistischer Karl Marx und seine „unwissenschaftlichen" Vorgänger sind[171]. Die Staats- und Völkerrechtslehre

---

171 Vgl. statt vieler Wolin, Politics and Vision, 1960, S. 352 ff. (The Age of Organisation and the Sublimation of Politics). Die Entwicklung von der kriegerischen political society zur friedlichen industrial society ist auch die Grundidee von Spencer's „synthetischer (Stufen-) Philosophie" (vgl. oben S. 52.). Spencer, Principles of Sociology, 1882, deutsch von Vetter, Bd. 2, 1887, S. 120 ff. Spencer's Unterschied zwischen Organisation als Zustand und Integration als Vorgang (a.a.O., Bd. 3, 1889, S. 293 ff. und S. 317 ff.) findet sich mit einer gewissen Entsprechung bei seinem Zeitgenossen und Landsmann, dem Völkerrechtler Lorimer, der wohl als erster von „Internationaler Organisation" sprach: On the Application of the Principle of Relative, or Proportional Equality to International Organisation, Transactions of the Royal Society of Edinburgh, Bd. 24 (1867), S. 557 ff. Vgl. dazu Jenks, The Significance today of Lorimer's Ultimate Problem of International Jurisprudence, Transactions of the Grotius Society, Bd. 26 (1940), S. 35 ff. Um die Jahrhundertwende brachte dann Fried in seinem Handbuch der Friedensbewegung, 1911 die Sache auf klare Begriffe: „Die Föderation ist immer ein Ergebnis der Gewalt", deshalb war die bisherige Forderung nach den „Vereinigten Staaten von Europa" eine Utopie; „der zwischenstaatlichen Organisation (dagegen) liegt nicht die Gewalt zugrunde, sondern das wohlverstandene Interesse an der Vergesellschaftung; ... sie ist nicht erst zu schaffen, sie geht auf natürlichem Wege vor sich", (S. 114/16), womit Fried den Frieden und seine Organisation zu einer Wissenschaft machte.

Doch ist auch das eine Utopie nicht nur im Rückblick auf die seither vergangenen 50 Jahre. Anthropologen und Soziologen sehen gerade in der organisierten und scheinbar gut funktionierenden Wohlstandsgesellschaft unserer Tage neue und gefährlichere Formen von Agressivität als sie sich in den völkerrechtsmäßig geführten Staatenkriegen des 19. Jahrhunderts äußerten. Vgl. Gehlen, Die Seele im technischen Zeitalter. Sozialpsychologische Probleme in der industriellen Gesellschaft, Rowohlts deutsche Enzyclopädie, Nr. 53. Vgl. auch von Haselberg, Funktionalismus und Irrationalität, 1962, der in Veblen's Theory of the Leisure Class, in der das technokratische Denken Amerikas gründet, ein Stück verdeckter Agression sieht. Zum ganzen jetzt Freyer, Papalekas, Weippert (Hrsg.), Technik im technischen Zeitalter, Stellungnahmen zur geschichtlichen Situation, 1965.

brachte diese Tendenz in den Angriffen auf den personalen Souveränitätsbegriff durch den Objektivismus Duguits und den Normativismus Kelsens zum Ausdruck. Die funktionalistische Theorie relativiert den Gegensatz von staatlicher Herrschaft und gesellschaftlicher Ordnung in dem Begriff der formalen Organisation, in der durch sozialökonomische Sachgesetzlichkeiten ein ständiges „spill-over" von politischen Souveränitäten in administrative Funktionen stattfindet[172]. Diese Theorien geben zwar die Wahrheit, aber nur die halbe. Sie reflektieren unter einseitig gesellschaftlichem Aspekt einen Strukturwandel der Politik, wie er sich in und zwischen den Staaten abzeichnet[173]. Seither verdoppelt sich der Begriff der Politik. Sie ist nicht mehr allein und in erster Linie Staatspolitik. Sie wird gleichzeitig Gesellschaftspolitik; sie wendet sich in zunehmendem Maße der Gesellschaft, den sozialökonomischen Bedürfnissen der „sekundären Gruppen" (Durkheim) zu. Die primären Formen der Politik, die Außen- und Militärpolitik, die Innen-, Justiz- und Finanzpolitik differenzieren und integrieren sich mit wachsender Verflechtung von Staat und Gesellschaft zu neuen Formen des Politischen. Die Gewerbe- und Handelspolitik wird zur Wirtschafts- und Sozialpolitik, die sich mit der Bildung von Wirtschaftssektoren und -organisationen als Ordnungs-, Beschäftigungs- und Wachstumspolitik, als Regional- und Strukturpolitik, als Agrar-, Energie- und Industriepolitik weiter ausfächert, sowohl infranational wie supranational. Neben die Primärpolitik der Staaten, die ihren Bürgern kraft herrschaftlicher Gewalt nach innen und außen Schutz und Ordnung sichern und sich dafür auch miteinander organisieren, tritt heute ergänzend und in enger Wechselwirkung die Sekundärpolitik der „Wirtschafts"-Staaten und Wirtschaftsorganisationen. Sie gewährt den Staats- und Organisationsangehörigen jene Ordnung und Freiheit, die sie sich kraft privater Autonomie nicht mehr selbst schaffen und sichern können[174].

Diesen doppelten Begriff des Politischen gilt es festzuhalten. Er bringt den substanziellen Unterschied zwischen politischem Staat und industrieller Gesellschaft zum Ausdruck und verhütet damit technokratische Machtansprüche[175]. Politische Entscheidungen sowohl primärer

---

[172] Vgl. die einflußreiche Mary Parker Follett, Freedom and Coordination, 1949. Im besonderen Haas, The Unity of Europe, a.a.O., S. 283 ff. Kritisch zu Haas Nye, Patterns and Catalysts in Regional Integration, International Organization, Bd. 19 (1965), S. 870 ff.

[173] Die umgekehrte Einseitigkeit findet sich bei Rosenstiel, Le Principe de „supranationalité", 1962, deutsch unter dem Titel: Supranationalität. Eine Politik des Unpolitischen, 1964.

[174] Vgl. Bülck, Abhängigkeit und Selbständigkeit der Verwaltung, in: Morstein Marx (Hrsg.), Verwaltung, 1965, S. 52 ff., S. 60 ff.

[175] Vgl. Bendix, Max Weber. An Intellectual Portrait, 1960, deutsch 1964,

wie sekundärer Art sind Sache der Politiker, die demokratisch legitimiert und verantwortlich sein müssen. Ihnen obliegt es, die alten und die neuen Differenzen zu integrieren, die politischen und wirtschaftlichen Verschiedenheiten Europas in neuen Einheiten voll innerer Gliederung und nur dadurch in Freiheit aufzuheben. Den Politikern hierbei zu helfen, ihre Entscheidungen mit Sach- und Rechtsverstand vorzubereiten und auszuführen, ist Aufgabe der Verwaltung, der staatlichen sowohl wie der überstaatlichen. Darüber hinaus gewinnt sie im sozialökonomischen Sekundärsystem — gerade auch in der Auseinandersetzung und dem Zusammenwirken mit den organisierten Gruppen der Gesellschaft — eine weitere Aufgabe, nämlich die gleichgewichtige Erhaltung des Ganzen und die gleichberechtigte Freiheit seiner Glieder zu vermitteln. Gleichzeitig werden damit Zukunft und Vergangenheit stets von neuem miteinander verbunden. Dies darf aber nicht allein im Geiste jener „alliance intellectuelle franco-allemande" geschehen, die vor hundert Jahren Arnold Ruge zwischen deutschem Hegelianismus und französischem Soziologismus schließen wollte, hoffend, daß in ihr die Freiheit wirklich würde, die die Französische Revolution in die Welt gebracht hat[176]. Denn ist erst einmal mit dieser Allianz die Einheit des Endlichen und des Unendlichen bewiesen, „dessen Differenz die Hauptqual der Franzosen" ist, „so ist die Vornehmheit des

bes. S. 360 ff.; Lübbe, Zur politischen Theorie der Technokratie, Der Staat, Bd. 1 (1962), S. 19 ff. und neuestens Köttgen, Struktur und politische Funktion öffentlicher Verwaltung, Festschrift für Gerhard Leibholz, 1966, Bd. 2, S. 771 ff. Auch die EWG-Kommission hält an dem doppelten Begriff des Politischen fest, vgl. Aktionsprogramm, a.a.O. (Anm. 128), S. 8, obwohl in der Formulierung der Gedanke durchscheint, daß die sekundäre Politik die primäre nachziehen werde. Von der seit langem sogenannten Hohen oder Großen Politik, wie sie auch die EWG-Staaten nach wie vor praktizieren, die Handelspolitik abzuziehen und dann von dem „verbleibenden Teil der Außenpolitik" zu sprechen, der „noch in den Händen der einzelnen Mitgliedstaaten liegt", entspricht schwerlich der Sach- und Rechtslage. Mit Recht betont daher auch Ipsen, daß es verfehlt sei, die Gemeinschaften „unter postulierendem Vorgriff auf politisch erhoffte Einigungsfortschritte als bündische oder bundesstaatsähnliche, präföderale Gebilde von Teilstaatlichkeit zu begreifen, die die Automatik progressiver Bundesstaatlichkeit in sich trügen". Der deutsche Jurist und das europäische Gemeinschaftsrecht, Verhandlungen des 45. Deutschen Juristentages, 1964, Bd. II, S. L 5 ff., L 14.

[176] Ruges Programm findet sich in seinem Vorwort zur Übersetzung von Louis Blanc's Geschichte der zehn Jahre: Zur Verständigung der Deutschen und Franzosen. Von einem deutschen Publizisten in der Fremde, 1843. Es sollte der Vorbereitung der von ihm und Marx in Paris herausgegebenen Deutsch-Französischen Jahrbücher dienen, die nach den beiden ersten Lieferungen 1844 ihr Erscheinen einstellten, wie denn auch Ruges Allianzplan in Frankreich auf Ablehnung stieß. Vgl. Bouglé, Chez les Prophètes Socialistes, 1918, S. 111 ff.; neuestens Beatrix Mesmer-Strupp, Arnold Ruges Plan einer Alliance Intellectuelle zwischen Deutschen und Franzosen, Bern 1963, S. 91 ff., S. 101 ff. Zur Kritik vgl. vor allem Hayek, The Counter-Revolution of Science, deutsch unter dem Titel: Mißbrauch und Verfall der Vernunft, 1959, S. 265 ff. (Comte und Hegel).

Unendlichen kein Hindernis mehr für die Wissenschaft"[177]. Dann bleibt nur noch die umgekehrte Qual für einige Deutsche übrig, so für Nietzsche, der zu Beginn unserer Epoche auch von „übernational" sprach, freilich ähnlich einseitig. Doch mag es uns nachdenklich stimmen, wenn er sagt: „Schritt vor Schritt umfänglicher werden, übernationaler, europäischer, übereuropäischer, morgenländischer, endlich griechischer — denn das Griechische war die erste große Bindung und Synthesis alles Morgenländischen und eben damit der Anfang der europäischen Seele, die Entdeckung unserer ‚neuen Welt' —: wer unter solchen Imperativen lebt, wer weiß, was Dem eines Tages begegnen kann? Vielleicht eben — ein neuer Tag!"

---

[177] Ruge, Unsere letzten zehn Jahre, 1845 in: Löwith (Hrsg.), Die Hegelsche Linke, 1962 S. 41 ff., S. 45.

Rechte und Pflichten der Mitgliedstaaten bei der Herstellung des Gemeinsamen Marktes – am Beispiel der Zollunion –

Von Horst Laubereau

I.

Die Zollunion ist das Kernstück des Gemeinsamen Marktes und gleichsam der Kristallisationskern und der Beweger der europäischen Integration. Ihre Bedeutung rechtfertigt es daher, sie einer Betrachtung der Rechte und Pflichten der Mitgliedstaaten bei der Herstellung des Gemeinsamen Marktes zugrunde zu legen. Der EWG-Vertrag faßt den *Begriff der Zollunion* enger als Artikel XXIV des GATT[1]. Er knüpft an die herkömmlichen Vorstellungen an, die in einer Zeit geprägt wurden, als die wirtschaftlichen Verhältnisse noch wesentlich einfacher lagen als heute und die Beseitigung der Binnenzölle mit der Beseitigung aller Handelsschranken gleichzusetzen war. Er verwendet den Begriff „Zollunion" in dem im Schrifttum gebräuchlichen Sinn und regelt unter ihm demgemäß nur die Abschaffung der Zölle zwischen den Mitgliedstaaten (Zweiter Teil, Titel I, Kapitel 1, Abschnitt 1) und die Aufstellung des Gemeinsamen Zolltarifs (Abschnitt 2). Demgegenüber erläutert das GATT die Zollunion in Artikel XXIV Absatz 8 Buchstabe a als „die Ersetzung von zwei oder mehr Zollgebieten durch ein einziges Zollgebiet", wobei die Zölle und andere beschränkte Handelsvorschriften (mit Ausnahme der nach Art. XI bis XV und XX des GATT erforderlichenfalls erlaubten) zwischen den Gebieten der Unionsmitglieder im wesentlichen beseitigt und im Außenhandel der Unionsländer ein gemeinsamer Außenzolltarif und im wesentlichen dieselben Handelsvorschriften angewendet werden. Obwohl auch das GATT den Ausdruck „Zollunion" verwendet, hat es jedoch seinen Inhalt der Entwicklung angepaßt, die nach der Weltwirtschaftskrise von 1929 den Zoll als klassisches Mittel der Handelspolitik in eine Nebenrolle verdrängte und mengenmäßige Beschränkungen und andere antiliberale Handelsschranken als Mittel zur Beeinflussung des zwischenstaatlichen

---

[1] Allgemeines Zoll- und Handelsabkommen von Genf vom 30. 10. 1947, Deutsches Handels-Archiv 1955, S. 2301.

Warenverkehrs in den Vordergrund schob. Die sechs EWG-Mitgliedstaaten (die Bundesrepublik, Frankreich, Italien und die drei Beneluxstaaten) haben sich als Vertragsparteien des GATT jedoch nicht über die Vorschriften dieses Abkommens hinweggesetzt. Sie haben sie vielmehr im Rahmen der Gesamtregelung der Europäischen Wirtschaftsgemeinschaft berücksichtigt. So enthält z. B. das an die Vorschriften über die Zollunion anschließende Kapitel 2 als eine für die GATT-Konformität notwendige Ergänzung der Zollunion im Sinne des Artikels XXIV des GATT die Vorschriften über die Beseitigung der mengenmäßigen Beschränkungen zwischen den Mitgliedstaaten.

II.

Dem Kapitel „Die Zollunion", dessen Vorschriften die Herstellung der Zollunion regeln, sind die Artikel 9 bis 11 vorangestellt. Artikel 9 stellt die erhöhte *Bedeutung der Zollunion* für die Gemeinschaft dadurch heraus, daß nur sie — im Gegensatz zu den anderen „Grundlagen der Gemeinschaft" (Überschrift des Zweiten Vertragsteiles) — expressis verbis als „Grundlage der Gemeinschaft" im Vertragstext bezeichnet wird. Schon diese Tatsache verleiht der Durchführung der Zollunion erhöhte Bedeutung und besondere Aufmerksamkeit. Die Berechtigung hierzu ergibt sich daraus, daß die Errichtung und das Funktionieren der Zollunion die einzige motorische Möglichkeit bietet, die eigenständig gewachsenen Volkswirtschaften der sechs Mitgliedstaaten zu einem gemeinsamen Markt mit binnenmarktähnlichen Verhältnissen zusammenwachsen zu lassen. Artikel 9 nennt als Grundprinzip für die Herstellung der Zollunion den Abbau der inneren Zollschranken und die Einführung eines Gemeinschafts-Zolltarifs. Er legt außerdem den sachlichen Geltungsbereich der Bestimmungen über den freien Warenverkehr fest. Artikel 9 Absatz 1 ist eine Grundnorm des Vertrags. Alle anderen Vertragsnormen — soweit sie die Errichtung und das Funktionieren der Zollunion regeln — lassen sich aus ihr ableiten und sind ihr gegenüber relativ und sekundär. Demgemäß hat diese Grundnorm auch während der Übergangszeit (Art. 8) Vorrang und normative Kraft.

Nach Beendigung der Übergangszeit (Art. 8) gibt es zwischen den Mitgliedstaaten keine Zollgrenzen mehr. Drittlandswaren werden beim Eintritt in den Wirtschaftsraum der Gemeinschaft nach dem Gemeinsamen Zolltarif verzollt. An diesen Zustand führt die Übergangszeit schrittweise über die Bildung eines Präferenzraumes heran. Damit dieser Präferenzraum entstehen kann, stellt Artikel 10 sicher, daß durch die Abschaffung der Zölle und durch die Beseitigung der mengenmäßigen Beschränkungen zwischen den Mitgliedstaaten — von den ersten dementsprechenden Maßnahmen an — nur die aus den Mitgliedstaaten stammenden sowie die im freien Verkehr eines Mitgliedstaates befindlichen Waren begünstigt werden (Gemeinschaftsbehandlung). Hierzu sieht Artikel 10 Absatz 2 eine Koordinierung der Verfahren der nationalen Zollverwaltungen vor. Diese Bestimmung führt im Rahmen der Zollunion zu einer ersten notwendigen Gemeinschaftsregelung auf dem Gebiet des Zollwesens.

Artikel 11 verpflichtet die Mitgliedstaaten, ihre Regierungen instand zu setzen, die auf dem Gebiet der Zölle übernommenen Verpflichtungen fristgerecht erfüllen zu können. Diese Bestimmung ergänzt als Spezialvorschrift hinsichtlich der fristgerechten Durchführung aller notwendigen Maßnahmen für den Aufbau der Zollunion die allgemeine Grundsatzvorschrift des Artikels 5, die bereits die Mitgliedstaaten verpflichtet, alle geeigneten Maßnahmen zur Vertragserfüllung zu treffen. Verzögerungen bei der Durchführung gemeinsamer vertraglicher Zolltarifmaßnahmen durch einzelne Mitgliedstaaten würden sofort zu Störungen des Warenverkehrs in Form von Wettbewerbsverzerrungen und Verkehrsverlagerungen führen.

Die Bestimmungen über die *Abschaffung der Zölle zwischen den Mitgliedstaaten* (Art. 12 bis 17) berücksichtigen, daß der Abbau von Zöllen und sonstigen Handelshemmnissen zwischen eigenständig gewachsenen Volkswirtschaften behutsam vorgenommen werden muß, um den dadurch hervorgerufenen Prozeß der Anpassung und des Zusammenwachsens der Märkte ohne Erschütterungen vor sich gehen zu lassen. Sie halten sich dabei an das Ziel des Vertrags, nämlich daß die Mitgliedstaaten die zwischen ihnen geltenden Einfuhrzölle bis zum Ende der Übergangszeit (Art. 8) schrittweise abgeschafft haben müssen. Um die Verwirklichung dieses Zieles nicht durch einzelstaatliche Maßnahmen zu erschweren und den späteren Bestand der Zollunion in der Endphase sicherzustellen, verpflichtet Artikel 12 die Mitgliedstaaten zu einem *Standstill der Zölle*, d. h. die Mitgliedstaaten dürfen untereinander weder neue Zölle oder Abgaben gleicher Wirkung einführen, noch die in ihren gegenseitigen Handelsbeziehungen angewandten erhöhen. Eine entsprechende Verpflichtung der Mitgliedstaaten, innerhalb der Gemeinschaft keine neuen mengenmäßigen Beschränkungen des Warenverkehrs oder Maßnahmen gleicher Wirkung einzuführen, enthält Artikel 31. Ein Stichtag für den Beginn der Stillhalteverpflichtung ist nicht ausdrücklich genannt. Da aber die „gegenseitigen Handelsbeziehungen der Mitgliedstaaten“ im Sinne des Vertrags frühestens am 1. 1. 1958 mit dem Inkrafttreten des Vertragswerks begannen und spätestens in diesem Zeitpunkt die Zölle der Mitgliedstaaten gleichzeitig die in „ihren gegenseitigen Handelsbeziehungen angewandten“ Zölle waren, wurde auch die Stillhalteverpflichtung am 1. 1. 1958 wirksam. Daß Artikel 14 Absatz 2 Buchstabe a die erste Herabsetzung der zwischen den Mitgliedstaaten geltenden Einfuhrzölle erst ein Jahr danach vorschreibt, läßt keine andere Auslegung zu. Im Gegenteil: Es sollen dadurch Störungen während der Anlaufzeit des Vertrags durch Einführung neuer Zölle und Erhöhung der am 1. 1. 1958 angewandten Zölle ausgeschlossen werden. Die Bestimmung des Artikels 12 ist wegen ihrer Bedeutung vorrangig. Sie schafft unmittelbar anwendbares Recht und ist extensiv auszulegen. Nach dem Urteil des Gerichtshofs vom 5. 2. 1963 in der Rechtssache 26/62[2] erzeugt Artikel 12 unmittelbare Wirkungen in den Rechtsbeziehungen zwischen den Mitgliedstaaten und ihren Normadressaten, so daß diese sich vor ihren nationalen Gerichten auf diese Vorschrift berufen können. Artikel 12 kann nur ausnahmsweise durch Vertragsbestimmungen derogiert werden, die den Mitgliedstaaten ein sachliches und zeitliches Ausnahmerecht gewähren. Aus der Bedeutung dieser Vorschrift folgt jedoch, daß ihn derogierende Vertragsbestimmungen restriktiv auszulegen sind; soweit es sich hierbei um Schutzklauseln handelt, folgt deren enge Auslegung auch schon aus dem systemwidrigen Charakter dieser Bestimmungen. Werden aber einem Mitgliedstaat Schutzmaßnahmen — z. B. Erhebung von Ausgleichsabgaben gemäß Artikel 46 — erlaubt, so kann ihre rechtmäßige Inanspruchnahme nicht etwa unter Berufung auf Artikel 12 bezweifelt werden, weil der ermächtigte Staat sie national als Zölle erhebt.

Artikel 13 Absatz 1 verpflichtet die Mitgliedstaaten, die geltenden Einfuhrzölle, das sind die für jede Ware tatsächlich angewandten Zollsätze, *im Warenverkehr untereinander* während der Übergangszeit nach Maßgabe des Artikel 14 schrittweise *abzuschaffen*. Artikel 14 regelt die Zeitfolge und den Umfang der jeweiligen Abbau-Schritte. Die Regelung des Umfanges der Abbau-Maßnahmen ist ein gelungener Kompromiß. Ihm lag die Erkenntnis zugrunde, daß die lineare Methode wegen der ausnahmslosen Uniformität der jeweiligen Zollsatzsenkungen dem spezifischen Schutzbedürfnis bestimmter Wirtschaftszweige während des Anpassungsvorganges in der Übergangszeit nicht gerecht werde. Es wurde deshalb im sogenannten Spaak-Bericht[3] dem selektiven Zollabbau der Vorzug gegeben, weil dieser eine zeitweilige Schonung besonders schutzbedürftiger Waren zuläßt. Letztlich einigten sich die vertragschließenden Parteien auf ein teils lineares, teils selektives (semilineares) Verfahren. Danach wendet jeder Mitgliedstaat nach der ersten Herabsetzung *Binnenzollsätze* an, die für jede Ware um 10 % unter den

[2] RsprGH Bd. IX S. 5, 2 G — Tariefcommissie.

[3] Ausschuß-Bericht v. 21. 4. 1956 auf der Außenminister-Konferenz in Messina an die Außenminister.

entsprechenden Ausgangszollsätzen vom 1. 1. 1957 (Art. 14 Abs. 1) liegen (lineare Senkung). Bei jeder folgenden Herabsetzung muß die Gesamtzollbelastung (Art. 14 Abs. 4) um 10 % verringert werden (selektives Prinzip). Dabei muß jeder Zollsatz, der noch 30 % des Wertes einer Ware überschreitet, um mindestens 10 % des Ausganszollsatzes gesenkt werden. Bei den übrigen Waren muß jeder Ausgangszollsatz zunächst um mindestens 5 % herabgesetzt werden. Soweit dieser Mindestsatz nicht überschritten wird, müssen bei anderen Waren entsprechend größere Zollherabsetzungen vorgenommen werden, damit insgesamt 10 % der Gesamtzollbelastung erreicht werden. Der Mindestverpflichtung, die einzelnen Zollsätze am Ende der ersten Stufe um 20 % und am Ende der zweiten Stufe um 35 % ihrer Ausgangshöhe am 1. 1. 1957 zu senken, steht die Verpflichtung gegenüber, die Gesamtzollbelastung um 30 % und 60 % zu senken. In diesem Rahmen ist es den Mitgliedstaaten überlassen, wie sie ihre Binnenzölle abbauen wollen. Sie haben damit in gewissem Umfang die Möglichkeit und das Recht, die vertraglichen Zollsenkungen den Bedürfnissen einzelner Wirtschaftszweige anzupassen. Die selektive Zollabbau-Methode gibt den Mitgliedstaaten auch gewisse einzelstaatliche Einwirkungsmöglichkeiten gegenüber drohenden Verkehrsverlagerungen während der Übergangszeit. Solche Verkehrsverlagerungen sind denkbar, wenn die Außenzollbelastung einer Ware in einem Mitgliedstaat höher ist als ihre Gesamtzollbelastung aufgrund des Binnenzollsatzes dieses Mitgliedstaates und des Außenzollsatzes eines anderen Mitgliedstaates. Der Vertrag hat zwar, um u. a. diese Gefahr zu bannen, den Abbau der Binnenzölle und die Angleichung der Außenzölle aufeinander abgestimmt, indem bei jeweils 30 % Zollabbau eine Angleichung der Außenzölle um ebenfalls 30 % durchzuführen ist. Aber diese doch globale Abstimmung im Zuge der Herstellung der Zollunion kann wegen der erheblichen Verschiedenheiten der nationalen Außenzölle zu Beginn der Angleichungen nicht jede Verkehrsverlagerung ausschließen. Die Möglichkeit, beim Binnenzollabbau flexibel vorzugehen, erspart den Mitgliedstaaten unter Umständen die Inanspruchnahme einer besonderen vertraglichen Schutzklausel.

Ergeben sich im Rahmen des in Artikel 14 Absatz 1 bis 4 geregelten *Zollabbauverfahrens* besondere Probleme, die die Mitgliedstaaten nicht selbst überwinden können, so regelt diese der Rat verbindlich durch Richtlinien (Art. 14 Abs. 5). Es handelt sich hierbei insbesondere um zolltechnische Schwierigkeiten, die z. B. aus der Bestimmung des Ausgangszollsatzes dort entstehen können, wo nach dem 1. 1. 1957 Änderungen des Zolltarifschemas zu Raffungen von Zollinien geführt haben, d. h. wenn mehrere Zollinien mit unterschiedlichen Zollsätzen in einer einheitlichen Zollinie mit einem neuen Zollsatz untergegangen sind.

Ergeben sich generelle Schwierigkeiten aus der Anwendung des in Artikel 14 geregelten Verfahrens für die schrittweise Abschaffung der Binnenzölle, so ermöglicht sein Absatz 7 die Änderung dieses Verfahrens durch Ratsentscheidung. Der Grundsatz, daß die Binnenzölle spätestens bis zum Ende der Übergangszeit abzuschaffen sind, ist allerdings unantastbar.

Soweit Artikel 14 Absatz 6 den Mitgliedstaaten nahelegt, über die Mindestverpflichtung des Absatzes 3 hinaus die Binnenzölle abzubauen, liegt keine Verpflichtung vor.

Ungeachtet der in Artikel 14 festgelegten Zollabbauregeln betrifft die Bestimmung des Artikels 15 einmal die Befugnis der Mitgliedstaaten, Binnenzölle auszusetzen und zum anderen ihre Bereitschaft, die Binnenzölle unter bestimmten Voraussetzungen vorzeitig abzubauen. Die Befugnis der Mitgliedstaaten, ihre Binnenzölle unter die aus dem vertraglichen Abbaurhythmus sich ergebende Höhe teilweise oder ganz auszusetzen, folgt an sich schon aus der vom Vertrag während der Übergangszeit insoweit noch nicht eingeschränkten nationalen Zolltarifhoheit. Gäbe es diese Bestimmung aber nicht, so könnte es zweifelhaft sein, ob solche einzelstaatlichen autonomen Zollaussetzungen im Hinblick auf das Stillhaltegebot des Artikels 12 bis zu der aus Artikel 14 sich ergebenden Zollsatzhöhe wieder rückgängig gemacht werden könnten. Artikel 15 stellt dieses Recht der Mitgliedstaaten klar, wenn sie ihre Zollaussetzungen der Kommission notifiziert haben. Die Mitgliedstaaten haben hierdurch eine weitere Möglichkeit, bis zur vollständigen Errichtung der Zollunion eigenständige Binnenzollmaßnahmen zu ergreifen. Natürlich wird der Spielraum für sie mit dem fortschreitenden vertraglichen Binnenzollabbau immer unbedeutender. Die Bereitschaft der Mitgliedstaaten zur vorzeitigen Herabsetzung der Binnenzölle wird zu einer vertraglichen Verpflichtung, wenn die wirtschaftliche Gesamtlage und die Lage des betreffenden Wirtschaftszweiges eine vorzeitige Zollherabsetzung zulassen. Die Verpflichtung geht über die Abbaupflichten nach Artikel 14 hinaus. Ihr Wert ist aber mehr platonischer Art. Der Ermessensspielraum der Mitgliedstaaten ist naturgemäß so weit, daß ein Verstoß eines Mitgliedstaates gegen diese Verpflichtung nur ausnahmsweise nachzuweisen sein wird (Art. 169). Eine Zollherabsetzung nach dieser Bestimmung kann nicht wie eine notifizierte Zollaussetzung wieder rückgängig gemacht werden. Der vorzeitig herabgesetzte Zollsatz kann jedoch so lange unverändert aufrechterhalten bleiben, bis die Herabsetzung nach Artikel 14 Absatz 3 ihn überrollt und weiter senkt.

Abweichend von dem (Zeitfolge-) Grundsatz des Artikels 13 Absatz 1 gelten Sonderregelungen über die schrittweise Abschaffung der Finanzzölle (Art. 17), der Binnenzölle für die in dem Protokoll über die Mineralöle und einige Mineralölerzeugnisse aufgeführten Waren, der Abgaben mit gleicher Wirkung wie Einfuhrzölle (Art. 13 Abs. 2) sowie der Ausfuhrzölle und Abgaben gleicher Wirkung (Art. 16).

Die *Finanzzölle* sind Einfuhrzölle, die den Wirtschaftszöllen gegenüberstehen. Während die Wirtschaftszölle die einheimische Wirtschaft gegen den Wettbewerb des Auslandes schützen sollen, also eine wirtschaftspolitische Zielsetzung haben, sind Finanzzölle in erster Linie eine staatliche Einnahmequelle. Sie werden vorwiegend auf Waren des Massenverbrauchs erhoben, die entweder im Inland nicht erzeugt werden oder einer hohen inneren Besteuerung unterliegen. Weil es nicht möglich ist, Finanzzölle mit Sicherheit als solche zu erkennen, müssen sie der Kommission mitgeteilt werden. Bei der semi-linearen Zollsenkung und somit auch bei der Berechnung der Gesamtzollbelastung dürfen diese mitgeteilten Finanzzölle nicht berücksichtigt werden, weil ihre außerordentliche Höhe zu gewissen Mißbräuchen führen könnte. Es muß verhindert werden, daß ein Mitgliedstaat im Rahmen eines semi-linearen Abbauschrittes die hohen Finanzzölle stark herabsetzt, um die Schutzzölle zu schonen. Jede Herabsetzung eines Finanzzolles ist linear vorzunehmen und hat mindestens 10 % seiner am 1. 1. 1957 angewandten Höhe (Ausgangszollsatz) zu betragen. Die Einbeziehung der Finanzzölle in den allgemeinen Zollabbau rief bei einigen Mitgliedstaaten aus haushaltsmäßigen Überlegungen zunächst Bedenken hervor. Artikel 17 hat diesen Bedenken dadurch Rechnung getragen, daß die Mitgliedstaaten ihre Finanzzölle durch inländische Abgaben ersetzen können, die allerdings den Bestimmungen des Artikels 95 entsprechen müssen, also nicht Abgaben gleicher Wirkung wie Einfuhrzölle sein dürfen. Wenn bei der schrittweisen Ersetzung eines Finanzzolles durch eine inländische Abgabe sich ernstliche Schwierigkeiten ergeben — z. B. gesetzgeberischer oder verwaltungstechnischer Art —, so kann die Kommission den betreffenden Mitgliedstaat auf Antrag ermächtigen, den Finanzzoll zunächst beizubehalten. Der diese Schutzklausel in Anspruch nehmende Mitgliedstaat ist jedoch verpflichtet, abweichend von Artikel 13 Absatz 1, den beibehaltenen Finanzzoll binnen sechs Jahren nach dem Inkraftreten des Vertrags vollständig abzuschaffen.

Das *Protokoll über die Mineralöle und einige Mineralölerzeugnisse* enthielt für Rohöl und die wichtigsten Mineralölerzeugnisse ein Sonderrecht für die Mitgliedstaaten. Es erlaubte ihnen, um Schwierigkeiten auf dem Mineralölgebiet zu vermeiden, entgegen den allgemeinen Bestimmungen des Vertrags gegenüber den anderen Mitgliedstaaten und dritten Ländern ihre nationalen Zölle bis zum 31. 12. 1963 beizubehalten. Mit Ablauf des 31. 12. 1963 mußten diese Zölle im Warenverkehr zwischen den Mitgliedstaaten vollständig aufgehoben und gegenüber dritten Ländern der Gemeinsame Zolltarif angewendet werden. Einer Ermächtigung für die Inanspruchnahme dieser sechsjährigen Schutzfrist — wie bei den Finanzzöllen — bedurften die Mitgliedstaaten hier nicht.

Obwohl der EWG-Vertrag die *Abgaben gleicher Wirkung wie Einfuhrzölle* den letzteren gleichstellt, bedurfte es für sie einer Sonderregelung. Ihre ausdrückliche Bezeichnung neben den Einfuhrzöllen (und Ausfuhrzöllen) ist wegen der gleichmäßigen Anwendung des Vertrags in den sechs Mitgliedstaaten notwendig. Es soll verhindert werden, daß unterschiedliche nationale Auffassungen unter Berufung auf das Wort „Zölle" zur Umgehung der Bestimmungen führen könnten. Gemeint sind Abgaben, die den materiellrechtlichen Inhalt von Zöllen haben, ganz gleich wie auch immer sie bezeichnet sind und unabhängig davon, ob sie im Zolltarif aufgeführt sind. Demnach fallen hierunter alle Abgaben von der Warenbewegung über die Zollgrenze[4], also Abgaben, die gleichartige Waren im Inland nicht treffen. Artikel 13 Absatz 2 nimmt den Abbau dieser Abgaben von den Regeln der Artikel 14 und 15 aus, ohne andere feste Regeln zu schaffen. Vielmehr bestimmt die Kommission die Zeitfolge ihrer Aufhebung durch Richtlinien (Art. 189 Abs. 3). Die Aufhebung einer im nationalen Rechtssystem mehr oder weniger eng verflochtenen Abgabe kann deshalb jeder Mitgliedstaat nach seinen rechtlichen Möglichkeiten durchführen. Denn die Richtlinie ist zwar für den Mitgliedstaat, an den sie gerichtet wird, hinsichtlich des zu erreichenden Ziels verbindlich, überläßt ihm jedoch die Wahl der Form und der Mittel.

Die praktische Bedeutungslosigkeit der *Ausfuhrzölle* und Abgaben gleicher Wirkung im innergemeinschaftlichen Warenaustausch — nur in der Bundesrepublik und in Frankreich gab es welche — rechtfertigt die Anordnung ihrer schnellen Beseitigung; Artikel 16 verpflichtet deshalb die Mitgliedstaaten, sie spätestens am Ende der ersten Stufe, also am 31. 12. 1961, abzuschaffen. Ein bestimmtes Verfahren (Zeitfolge, Umfang) ist nicht vorgesehen. Die Aufhebung kann deshalb uno actu oder schrittweise vorgenommen werden.

Wegen der Abschaffung der Einfuhrzölle und Abgaben gleicher Wirkung für *Waren aus den überseeischen Ländern und Hoheitsgebieten* wird auf die Artikel 133 und 134, das Durchführungsabkommen zu Artikel 136, das Protokoll über die Waren aus bestimmten Ursprungs- und Herkunftsländern und das Protokoll über die Anwendung des Vertrags auf die außereuropäischen Teile des Königreichs der Niederlande hingewiesen.

---

[4] BVerfG Beschluß v. 29. 10. 1958 — 2 BvL 19/56, BVerfGE Bd. 8, S. 260 f.

Die Beseitigung der mengenmäßigen Beschränkungen im innergemeinschaftlichen Warenaustausch (Art. 30 bis 37) ist im Hinblick auf die Pflichten und Rechte der Mitgliedstaaten eng an die Vorschriften über die Abschaffung der Zölle angelehnt.

Eine Zollunion liegt nicht schon vor, wenn zwischen einer Gruppe von zwei oder mehreren Zollgebieten die Zölle und die anderen den Außenhandel beschränkenden Bestimmungen beseitigt sind. Es muß vielmehr, entsprechend dem weiteren Wesenszug der Zollunion, auch ein einheitlicher gemeinsamer Zolltarif im Warenverkehr mit Ländern, die nicht Unionsländer sind (dritte Länder), angewendet werden. Die notwendigen Vorschriften über den *Gemeinsamen Zolltarif der Europäischen Wirtschaftsgemeinschaft* sind in Abschnitt 2 des Kapitels über die „Zollunion" enthalten. Sie regeln die Aufstellung des Gemeinsamen Zolltarifs (Art. 18 bis 22), seine Einführung (Art. 23, 24 und 26), die Beseitigung von Härten bei und nach seiner Einführung (Art. 25) und seine Handhabung (Art. 28, 110 bis 116, 27).

Es sei zunächst ein kurzer Blick auf die *zolltarifliche Ausgangslage* der Gemeinschaft geworfen. Die Zollunion der EWG erfaßt 4 Zollgebiete: Deutschland, Frankreich, Italien und Benelux. Entsprechend den eigenständig gewachsenen Volkswirtschaften der Mitgliedstaaten standen sich sehr unterschiedliche Zolltarife gegenüber, die die Handels- und Zollpolitik Italiens und Frankreichs als Hochzollschutz-Länder sowie der Benelux-Länder und der Bundesrepublik als Niedrigzollschutz-Länder widerspiegelten. Von den Unterschieden der Zolltarife in ihrem jeweiligen Zollniveau abgesehen, hatten sie auch recht unterschiedliche Umfänge (Tarifstellen am 1. 1. 1957: Bundesrepublik 3360, Frankreich 5230, Italien 7620, Benelux 2520). Gemeinsam war den 4 Zolltarifen lediglich das ihnen zugrunde liegende Brüsseler Zolltarifschema[5]. Dieses hatte dazu geführt, daß in den 4 Zolltarifen die Warenbereiche in gleiche Abschnitte, Kapitel und Tarifnummern (Hauptpositionen) aufgeteilt waren und daß die Vertragspartner die durch das Brüsseler Zolltarifschema geprägte gemeinsame internationale Zolltarifsprache führten. Förderlich für die Erstellung des Gemeinsamen Zolltarifs war auch, daß die Vertragspartner mit der Brüsseler Nomenklatur überwiegend den Wertzoll[6] als Bemessungsart der Zölle übernommen hatten. — Bei der Aufstellung des Gemeinsamen Zolltarifs waren die zollsatzmäßigen Interessen der Mitgliedstaaten zu berücksichtigen, obwohl ein neuer handlicher Zolltarif erstellt werden

---

[5] Abkommen über das Zolltarifschema für die Einreichung der Waren in die Zolltarife vom 15. Dezember 1950 (BGBl. 1952 II S. 1).

[6] Abkommen über den Zollwert der Waren vom 15. Dezember 1950 (BGBl. 1952 II S. 1).

mußte. Man konnte deshalb die 4 Zolltarife nicht ungeschmälert in einem neuen Zolltarif mit rund 19 000 Zollinien aufgehen lassen.

Für die *Aufstellung des Gemeinsamen Zolltarifs* und für die Gestaltung der künftigen Zollpolitik der Gemeinschaft gilt Artikel 18 als Richtlinie. Die Bereitschaftserklärung der Mitgliedstaaten entspricht der in der Präambel und in Artikel 110 ausgedrückten Zielsetzung, nämlich eine liberale Zollpolitik zu führen. Ihre Formulierung lehnt sich an die Präambel des Allgemeinen Zoll- und Handelsabkommens (GATT) an. Den allgemeinen Grundsatz für die Berechnung der Zollsätze des Gemeinsamen Zolltarifs legt Artikel 19 fest. Demnach ist hierbei von dem einfachen (arithmetischen) Mittel der am 1. 1. 1957 tatsächlich angewandten Zollsätze der Mitgliedstaaten auszugehen. Mit Rücksicht auf die unterschiedlichen Interessen der Mitgliedstaaten sind von diesem Grundsatz abweichende Bestimmungen in den dem Vertrag beigefügten Listen A bis G zusammengefaßt. Für die besonders empfindlichen Waren der Liste G enthält Artikel 20 eine Sonderregelung. Die Finanzzölle werden abweichend von der Regelung des Abbaus der Binnenzölle nicht unmittelbar in Artikel 19 einbezogen. Für ihre Behandlung gilt die Sonderregelung des Artikels 22. Danach werden sie in Höhe ihrer etwaigen Schutzwirkung in die Berechnung des einfachen Mittels einbezogen. Soweit ihnen nur fiskalische Bedeutung zukommt, steht es den Mitgliedstaaten frei, sie durch Verbrauchssteuern zu ersetzen.

Der Vertrag hat in Artikel 19 für die *Festsetzung der Zölle des Gemeinsamen Zolltarifs* die Methode des arithmetischen Mittels aus den in den vier Zollgebieten angewandten Zollsätzen insbesondere aus Gründen der Vereinfachung gewählt. Denn an eine Festlegung der „richtigen“ Zollsätze, die Ware für Ware eine Prüfung des Schutzbedürfnisses im Hinblick auf die volkswirtschaftlichen Interessen erfordert hätte, war wegen des unverhältnismäßigen Arbeitsaufwandes und nicht zuletzt mangels brauchbarer statistischer Unterlagen nicht zu denken; selbst die etwas einfachere Errechnung der Zollsätze nach dem gewogenen Mittel (Verhältnis der Einfuhrwerte zur Zollbelastung), die dem „richtigen“ Zollsatz auch noch ziemlich nahe gekommen wäre, mußte wegen des Aufwandes verworfen werden. Außerdem waren die Zollsätze des Gemeinsamen Zolltarifs gemäß Artikel XXIV Absatz 5 a des GATT derart zu bemessen, daß sie die Gesamteinfuhr der Mitgliedstaaten aus allen übrigen GATT-Staaten nicht höher belasten würden, als es die früheren einzelstaatlichen Zollsätze der Mitgliedstaaten taten. Die Gewähr für die Erfüllung dieser GATT-Forderung bot am zuverlässigsten die im Vertrag gewählte Methode. Danach waren der Errechnung des einfachen Mittels die am 1. 1. 1957 tatsächlich angewandten Zollsätze, ohne Rücksicht darauf, ob es sich um autonome, vertragliche oder zeitlich ganz oder teilweise ausgesetzte Zollsätze handelte, zugrunde zu legen. Die Wahl dieses zurückliegenden Stichtages (wie auch in Art. 14 Abs. 1 für den Binnenzollabbau) sollte eine nachträgliche Beeinflussung des Niveaus des Gemeinsamen Zolltarifs durch einzelstaatliche Änderung der Zolltarife in der Zeit bis zum Inkrafttreten des Vertrags am 1. 1. 1958 verhindern. Gleichzeitig haben die Mitgliedstaaten durch diese Regelung darauf verzichtet, ihre am 1. 1. 1957 tatsächlich angewandten niedrigeren Zollsätze vor Inkrafttreten des Vertrags auf die Höhe z. B. der im Rahmen des GATT ausgehandelten Vertragszollsätze anzuheben oder ihre autonomen Zollsätze vor diesem Zeitpunkt zu erhöhen. Solche Maßnahmen wären nach Artikel XXIV des GATT durchaus zulässig gewesen. In dieser Regelung liegt also eine freiwillige Beschränkung der Höhe des Zollniveaus des Gemeinsamen Zolltarifs.

Die Aufstellung der Nomenklatur und die Festsetzung der Zollsätze des Gemeinsamen Zolltarifs hatten die Mitgliedstaaten durchzuführen. Trotz der Vereinheitlichung des Zolltarifschemas und des Zollsystems (Bemessungsart) und trotz des automatischen Verfahrens nach dem einfachen Mittel ergaben sich mannigfache Schwierigkeiten. So waren Raffungen von Unterpositionen notwendig, die in ihrer Zollsatzhöhe und in ihrer wirtschaftlichen Bedeutung etwa gleich waren. Die Zollsätze der durch die Raffung entstandenen neuen Zolltarifstellen mußten durch Gewichtung (6 verschiedene Interessenlagen!) der Grundzölle mit dem Einfuhrwert errechnet werden. Weitere Hauptschwierigkeiten bereiteten die Saisonzölle, die Mischzölle, die Optionszölle und die Zollkontingente. Die Aufstellung des Gemeinsamen Zolltarifs konnte deshalb auch nicht in einem Zuge erfolgen.

Der Gemeinsame Zolltarif wurde in drei Teilen erstellt. Der erste Teil, der Hauptteil, wurde am 13. 2. 1960 vom Rat beschlossen[7]. Er umfaßt im wesentlichen die Waren, deren Zollsätze im automatischen Verfahren nach Artikel 19 Absatz 1 bis 3 als einfaches Mittel der vier Zolltarife der Mitgliedsländer durch eine ad-hoc-Gruppe nationaler Zollsachverständiger unter Leitung der EWG-Kommission ermittelt worden waren. Der zweite Teil umfaßt die Waren der Liste G (Verhandlungsliste). Es handelt sich um wirtschaftlich empfindliche Waren von besonderem Interesse für einzelne oder mehrere Mitgliedsländer, bei denen die Verhandlungen vor Unterzeichnung des Vertrags zu keinem Ergebnis geführt hatten, um sie in die Liste F (Art. 19 Abs. 4) aufzunehmen; entweder war noch eine Klärung technischer oder eine eingehende Prüfung wirtschaftlicher Verhältnisse erforderlich. Die Son-

---

7 Entscheidung über die Genehmigung eines Teiles des Gemeinsamen Zolltarifs, Amtsblatt 1960 S. 1537, ber. S. 708/61.

derregelung für die Festsetzung dieser Zollsätze enthält Artikel 20. Während Artikel 19 die Sätze des Gemeinsamen Zolltarifs für die nicht in der Verhandlungsliste aufgeführten Waren bestimmt oder bestimmbar macht, sagt Artikel 20 nichts über die Höhe der im Verhandlungswege festzusetzenden Zollsätze. Die Mitgliedstaaten sind jedoch gehalten, sie entsprechend der allgemeinen Zielsetzung des Vertrags festzusetzen (Präambel, Art. 18 und Art. 110). Die Mitgliedstaaten werden ferner ermächtigt, erst später erkannten Unzulänglichkeiten des automatisch (Art. 19) berechneten Zollschutzes durch Ergänzung der Liste G individuell gerecht zu werden. Es liegt auf der Hand, daß diese einseitigen Vertragsänderungsbefugnisse nur in einem Rahmen gebilligt sind (Art. 20 Abs. 1 und Art. 22 Abs. 2), der das Ziel des Vertrags nicht gefährdet. Nach Überwindung größerer Schwierigkeiten wurde das Ergebnis der Verhandlungen durch das „Abkommen über die Aufstellung eines Teiles des Gemeinsamen Zolltarifs betreffend die Waren der Liste G im Anhang I des Vertrags zur Gründung der Europäischen Wirtschaftsgemeinschaft" vom 2. 3. 1960 festgelegt[8]. Das Abkommen bedurfte der Ratifizierung[9] durch die Mitgliedstaaten. Um gewissen traditionellen Wirtschafts- und Handelsstrukturen in einzelnen Mitgliedstaaten gerecht zu werden, — was durch die Festsetzung von Zollsätzen allein nicht möglich war —, ist in den dem Abkommen beigefügten Protokollen und in der Schlußakte zum Abkommen für bestimmte Waren die Möglichkeit zur Eröffnung von Zollkontingenten geschaffen worden. Bei bestimmten Industrien, deren Zollsätze verhandelt wurden, sind soziale Maßnahmen geplant worden, die die Modernisierung bzw. Umstellung in dem betreffenden Mitgliedstaat ermöglichen. Der dritte Teil des Gemeinsamen Zolltarifs, der noch vorhandene Lücken schließt und Änderungen des ersten Teils enthält, die wegen des Ergebnisses des zweiten Teiles notwendig geworden waren, wurde am 20. 7. 1960 beschlossen[10]. Bis auf wenige Einzelfälle, die durch Ratsentscheidungen vom 19. 12. 1960, vom 6. 2. 1962 und 8. 5. 1964 geregelt wurden[11], war der Gemeinsame Zolltarif also prak-

---

[8] Amtsblatt 1960 S. 1825, BGBl. 1961 II S. 318.

[9] Die Bundesrepublik hat dem Abkommen durch Gesetz vom 7. 4. 1961 zugestimmt (BGBl. II S. 317). Das Abkommen ist am 7. 12. 1962 in Kraft getreten (BGBl. 1963 II S. 913).

[10] Entscheidung des Rates über die Festsetzung bestimmter Zollsätze des Gemeinsamen Zolltarifs, Amtsblatt 1960 S. 1873.

[11] Entscheidung über die Festlegung der Gemeinsamen Zollsätze für Zeitungsdruckpapier und Papier für periodische Druckschriften (ex Tarifnr. 48.01), Amtsblatt 1960 S. 1973;
Entscheidung über die Festsetzung der Zollsätze des Gemeinsamen Zolltarifs für verarbeiteten Tabak (Tarifnr. 24.02), Amtsblatt 1962 S. 264;
Entscheidung über die Festsetzung des Gemeinsamen Zolltarifs für die in der Liste G aufgeführten Erdölerzeugnisse (Tarifnr. 27.10, 27.11, 27.12, 27.13 B), Amtsblatt 1964 S. 1209.

tisch am 20. 7. 1960 erstellt. Im Januar 1961 wurden erstmals die bis dahin nur getrennt veröffentlichten Teile des Gemeinsamen Zolltarifs unter Einbeziehung der Zolltarife der Europäischen Atomgemeinschaft (EAG) und der Europäischen Gemeinschaft für Kohle und Stahl (EGKS) als „Zolltarif der Europäischen Gemeinschaften" herausgegeben.

Die Bestimmungen für die *Einführung des Gemeinsamen Zolltarifs* sind in den Artikeln 23, 24 und 26 getroffen. Entsprechend Artikel 14, der den schrittweisen Abbau der Binnenzölle regelt, legt Artikel 23 den Zeitplan und den Umfang für die Angleichung der einzelstaatlichen Zollsätze (Außenzollsätze) an die Sätze des Gemeinsamen Zolltarifs fest. Beide Artikel stehen in einem inneren Zusammenhang, um die Errichtung der Zollunion harmonisch verlaufen zu lassen: Der Abbau der Binnenzölle und die Angleichung der Außenzölle sind zeitlich und nach dem Umfang aufeinander abgestimmt. Bei jeweils 30 % Binnenzollabbau ist eine Angleichung der Außenzollsätze um ebenfalls 30 % durchzuführen. Während jedoch Artikel 14 durch den semi-linearen Zollabbau den Mitgliedstaaten individuelle Steuerungsmöglichkeiten zugunsten nationaler Wirtschaftsinteressen und gegebenenfalls zur Verhütung von Verkehrsverlagerungen gibt, verpflichtet Artikel 23 die Mitgliedstaaten, ihre nationalen Zollsätze linear in drei Stufen an die Sätze des Gemeinsamen Zolltarifs heranzuführen. Die erste Angleichung war zum 1. 1. 1962 (vier Jahre nach Inkrafttreten des Vertrags) vorzunehmen. Dabei waren alle nationalen Zollsätze, die um höchstens 15 % von den Sätzen des Gemeinsamen Zolltarifs abwichen, in einem Zuge an diese Sätze anzugleichen; in anderen Fällen war ein Zollsatz anzuwenden, durch den der Abstand zwischen dem am 1. 1. 1957 tatsächlich angewandten Zollsatz und dem Satz des Gemeinsamen Zolltarifs um 30 % verringert worden war. Am Ende der zweiten Stufe (1. 1. 1966) war dieser Abstand abermals um 30 % zu verringern. Spätestens am Ende der Übergangszeit ist der Gemeinsame Zolltarif in vollem Umfang anzuwenden. Die während der Übergangszeit schrumpfende Zolltarifhoheit der Mitgliedstaaten ist dann ausnahmslos auf die Gemeinschaft übergegangen (Art. 24 Abs. 1 des Grundgesetzes). Für die Finanzzölle sieht Artikel 23 Absatz 2 als notwendige Ergänzung zu Artikel 17 Absatz 4 eine Ausnahme von der regelmäßigen Angleichungspflicht vor, weil die Binnenzölle nicht höher als die Außenzölle sein dürfen. Jedoch muß der ermächtigte Mitgliedstaat gleichzeitig mit der Abschaffung seiner Finanzzölle die ausgesetzten vertraglichen Angleichungsverpflichtungen nachholen. Artikel 24 stellt es den Mitgliedstaaten frei, ihre Außenzollsätze vorzeitig an den Gemeinsamen Zolltarif heranzuführen. Diese Vorschrift entspricht dem Artikel 15 Absatz 2, der das raschere Vorgehen beim Abbau der Binnenzölle regelt. Beiden Bestimmungen ist gemein, daß die auf sie gestützten Zollsatzänderungen nicht rückgängig gemacht werden dürfen.

Erwachsen aus dem starren Rhythmus für die schrittweise Einführung des Gemeinsamen Zolltarifs *besondere Schwierigkeiten* — also andere als solche, die schon in gewissem Umfang durch die vertraglichen Zollmaßnahmen allgemein zu erwarten sind und die auch nicht durch Zollkontingente, Zollaussetzungen, Ausgleichsabgaben oder sonstige handelspolitische Maßnahmen auf Grund anderer Vertragsnormen als Artikel 26 behoben werden können —, so kann die Kommission den betroffenen Mitgliedstaat auf Antrag ermächtigen (Art. 26, 29), die nach Artikel 23 vorzunehmende Angleichungsmaßnahme für einzelne Positionen seines Zolltarifs aufzuschieben. Unter den Entpflichtungsklauseln des Vertrags ist Artikel 26 eine Spezialvorschrift. Als solche schließt sie jede weitere Ausnahme von den Angleichungsverpflichtungen (Herabsetzung oder Erhöhung der nationalen Zollsätze) auf Grund anderer Schutzklauseln (z. B. Art. 115 und 226) aus. Führen die Sätze des bereits ganz oder teilweise eingeführten Gemeinsamen Zolltarifs zu gewissen *Härten*, die sich u. a. im Hinblick auf die herkömmliche Versorgung aus dritten Ländern so lange ergeben können, wie die entsprechende Versorgung aus der Gemeinschaft nicht ausreicht, so ermöglicht Artikel 25 zugunsten einzelner betroffener Mitgliedstaaten materielle Abweichungen vom Gemeinsamen Zolltarif. Diese können in der Gewährung von Zollkontingenten oder Zollaussetzungen bestehen. Für Bananen und ungebrannten Kaffee wurden bereits bei der Unterzeichnung des Vertrags Zollkontingente in Protokollen festgelegt.

Können bei der Einführung des Gemeinsamen Zolltarifs *Verkehrsverlagerungen* oder *Anpassungsschwierigkeiten* weder durch Maßnahmen der Mitgliedstaaten noch der Gemeinschaft abgewendet werden, so können die Schutzklauseln der Artikel 115 und 226 in Anspruch genommen werden.

Für die *Handhabung des Gemeinsamen Zolltarifs*, dem wichtigsten Instrument der Zollpolitik, gelten neben den Artikeln 28 und 27 die Bestimmungen über die Handelspolitik der Gemeinschaft (Art. 110 bis 116). Auf die letzteren kann im Rahmen dieser Abhandlung nicht eingegangen werden.

Die zentrale Vorschrift über die Handhabung des Gemeinsamen Zolltarifs ist Artikel 28. Sie begründet die Zuständigkeit des Rates, alle autonomen Änderungen des Gemeinsamen Zolltarifs oder Zollaussetzungen mit Wirkung für alle Mitgliedstaaten zu beschließen. Während der Übergangszeit allerdings, solange die Mitgliedstaaten den Gemeinsamen Zolltarif gemäß Artikel 23 noch einführen, wirken sich Änderungen oder Aussetzungen von Sätzen des Gemeinsamen Zolltarifs wegen der noch unterschiedlichen Zollsätze in den einzelstaatlichen Zolltarifen selbstverständlich verschieden aus. Soweit die Mitgliedstaaten ihre nationalen Zollsätze schon völlig an die Sätze des Gemeinsamen Zolltarifs angeglichen haben, müssen sie jede Änderung der Sätze dieses Zolltarifs in ihre nationalen Zolltarife unverändert übernehmen. In anderen Fällen müssen sie die sich aus Artikel 23 ergebenden Angleichungen durchführen; dabei können sie — ihrer wirtschaftlichen Interessenlage Rechnung tragend — auch rascher angleichen. In diesem Zusammenhang sei darauf hingewiesen, daß im Zuge der Angleichung der nationalen Zolltarife an den Gemeinsamen Zolltarif für die Mitgliedstaaten Pflichten aus Artikel 234 Absatz 2 entstehen können. Nach dieser Vorschrift sollen die Mitgliedstaaten sich bemühen, Verpflichtungen aus bilateralen oder multilateralen Abkommen, die im Widerspruch zu dem EWG-Vertrag stehen, mit diesen Bestimmungen in Einklang zu bringen. Bestehen also vertragliche Zollvereinbarungen, die der Erfüllung der Angleichungsverpflichtungen aus Artikel 23 entgegenstehen — wie z. B. Zollbindungen, die das Überschreiten einer vereinbarten Zollsatzhöhe verbieten — so müssen die Mitgliedstaaten mit ihren Vertragspartnern über die Änderung dieser Verträge verhandeln oder sie gegebenenfalls kündigen (Art. 111 Abs. 4). Die Mitgliedstaaten sind in diesen Fällen verpflichtet, sich gegenseitig Hilfe zu leisten, die besonders in einem gemeinsamen Vorgehen bestehen kann.

Zur Handhabung des Gemeinsamen Zolltarifs gehört aber nicht nur die Gestaltung dieses Instruments, sondern auch eine einheitliche Anwendung als unbedingte Voraussetzung für das Funktionieren der Zollunion. Es muß die gleiche Ware in allen Unionsländern in die gleiche Tarifnummer eingeordnet werden. Das aber ist nur möglich, wenn die Zollnomenklatur einheitlich ausgelegt wird. Zum anderen müssen die Zölle durch alle Zollstellen in der Gemeinschaft nach gleichen Bemessungsgrundlagen und unter gleichen Voraussetzungen erhoben werden. Es müssen weiter die unterschiedlichen nationalen außertariflichen Zollvorschriften der Mitgliedstaaten einander angeglichen werden, soweit sie die Zollbelastung beeinflussen oder administrativ die Wettbewerbslage zwischen den Migliedstaaten beeinträchtigen könnten. Schon während der Übergangszeit ist es deshalb für die Errichtung der Zollunion und ihr Funktionieren zwingend notwendig, daß diese Ziele möglichst schnell erreicht werden. Die einzige Vorschrift, die die *Zollrechtsangleichung* ausdrücklich anspricht, ist Artikel 27. Sie verpflichtet die Mitgliedstaaten, vor dem Ende der ersten Stufe, soweit erforderlich, eine Angleichung ihrer Rechts- und Verwaltungsvorschriften auf dem Gebiet des Zollwesens vorzunehmen. Die Kommission hat hierzu Empfehlungen an die Mitgliedstaaten zu richten. Weitere Vorschriften, die für die Angleichung des Zollrechts herangezogen werden können, stellt der EWG-Vertrag in den Artikeln 155 und 100 auf.

III.

Die *Verwirklichung der Europäischen Zollunion* ist schneller vorangeschritten als der Vertrag es vorsieht. Schon am 26. 2. 1960 hat die Kommission eine Beschleunigung der Zeitfolge des Vertrags empfohlen. Gestützt auf den Vertrag und auf diese Empfehlung haben die im Rat vereinigten Vertreter der Regierungen der Mitgliedstaaten der Europäischen Wirtschaftsgemeinschaft am 12. Mai 1960 den „Beschluß über die beschleunigte Verwirklichung der Vertragsziele“[12] und am 15. Mai 1962 den „Beschluß über die zusätzliche Beschleunigung der Verwirklichung der Vertragsziele“[13] gefaßt. Zur Durchführung der Beschleunigung auf Grund des Beschlusses vom 12. Mai 1960 ist sodann noch der Beschluß der im Rat vereinigten Regierungsvertreter der EWG-Mitgliedstaaten „über die zweite Angleichung der Zollsätze der einzelstaatlichen Zolltarife an den Gemeinsamen Zolltarif für die Erzeugnisse, die nicht in Anhang II zum Vertrag aufgeführt sind“[14] vom 22. Mai 1963 ergangen. Bei diesen Beschlüssen handelt es sich um einvernehmliche außervertragliche Verpflichtungen, die die im Rat vereinigten Regierungsvertreter im Rahmen der Kompetenz der Mitgliedsregierungen eingegangen sind. Sie haben den Charakter von zwischenstaatlichen Verwaltungsabkommen und bedürfen insoweit nicht der Ratifikation.

Nach Artikel 14 wäre erst am 1. Januar 1966 die sechste Herabsetzung der *Binnenzollsätze* fällig gewesen. Die Mitgliedstaaten hätten dementsprechend von diesem Zeitpunkt an untereinander für jede Ware einen um 60 % unter dem Ausgangszollsatz (am 1. Januar 1957 tatsächlich angewandter Zollsatz) liegenden Zollsatz in Kraft setzen müssen. Tatsächlich hatten sie das bei den *gewerblichen Waren* in Durchführung der Beschleunigungsbeschlüsse aber bereits am 1. Juli 1963 durch zusätzliche Zollsenkungen getan. Diese zusätzlichen Zollsenkungen berührten nicht die vertraglich vorgeschriebenen Abbauverpflichtungen um je weitere 10 % der Ausgangszollsätze am 1. Januar 1965 und 1966, d. h. sie durften nicht auf sie angerechnet werden. Die Binnenzollsätze für diese Waren hatten deshalb am 1. Januar 1966 einen Abbau um insgesamt 80 % der Ausgangszollsätze erfahren. Bei den *Waren des Agrarsektors* (Anhang II zum Vertrag) hatten die Binnenzollsätze am 1. Januar 1966 zum Teil (bei nicht liberalisierten

[12] Amtsblatt 1960 S. 1217.
[13] Amtsblatt 1962 S. 1284.
[14] Amtsblatt 1963 S. 1561.

Agrarwaren) eine Herabsetzung um insgesamt 65 % und zum anderen Teil (bei liberalisierten Agrarwaren) um insgesamt 60 % unter die Ausgangszollsätze erfahren. Für die Angleichung der einzelstaatlichen *Außenzollsätze* an den Gemeinsamen Zolltarif hat die Beschleunigung bei den *gewerblichen Waren* die am 1. Januar 1962 vertraglich fällige erste Stufe auf den 1. Januar 1961 vorgezogen. Die zweite — ebenfalls beschleunigte — Angleichung der Zölle dieser Waren um weitere 30 % auf 60 % des Abstandes zwischen den Ausgangszollsätzen und den entsprechenden Sätzen des Gemeinsamen Zolltarifs wurde am 1. Juli 1963, also zweieinhalb Jahre vor dem im Vertrag festgesetzten Termin für die zweite Stufe (1. Januar 1966) vollzogen. Bei den gewerblichen Waren hat sich demnach trotz der Beschleunigung die stufenweise Angleichung der nationalen Zolltarife an die Sätze des Gemeinsamen Zolltarifs gleichlaufend mit dem schrittweisen Abbau der Binnenzölle, also optimal harmonisch vollzogen. Die *Waren des Agrarsektors* (Anhang II des Vertrags) waren von den Beschleunigungsbeschlüssen nicht betroffen; die beiden Angleichungen ihrer Außenzollsätze an die Sätze des Gemeinsamen Zolltarifs wurden deshalb nach der vertraglichen Zeitfolge am 1. Januar 1962 und am 1. Januar 1966 durchgeführt. Auf die im Hinblick auf die GATT-Zollkonferenzen in der Dillon-Runde (1961) und in der Kennedy-Runde (Beginn 1964) für die erste und zweite Angleichung besonders festgelegte Bemessungsgrundlage (rechnerische Kürzung der Sätze des Gemeinsamen Zolltarifs um 20 %) sei in diesem Zusammenhang nur hingewiesen.

Je weiter der Abbau der Binnenzölle und die Angleichung der Außenzölle in der Sechsergemeinschaft fortschreiten, desto dringender werden Maßnahmen erforderlich, die gegenüber dritten Ländern die einheitliche Anwendung des Gemeinsamen Zolltarifs gewährleisten. Andernfalls wird der auf dem Gebiet der Zölle verwirklichte freie Warenverkehr durch unterschiedliche Anwendung des Gemeinsamen Zolltarifs verfälscht und Verkehrsverlagerungen und Produktionsverlagerungen sind unvermeidbar. Die Kommission der Europäischen Wirtschaftsgemeinschaft hat deshalb in ihrem Arbeitsprogramm vom Juli 1963 die Bedeutung der Harmonisierung auf dem Gebiete des Zollrechts hervorgehoben; sie hat darauf hingewiesen, daß die Zollrechtsangleichung für die Herstellung des Gemeinsamen Marktes und für sein reibungsloses Funktionieren entscheidend sei. Welchen großen Wert auch die Verfasser des EWG-Vertrags einer möglichst reibungslos funktionierenden Zollunion beigemessen haben, erhellt aus Artikel 27; es wird hier — wie an anderer Stelle bereits gesagt — eine gewisse Harmonisierung der einzelstaatlichen Rechts- und Verwaltungsvorschriften auf dem Gebiet des Zollwesens schon vor Ende der ersten Stufe vorgeschrieben. Diese Verpflichtungen wurden allerdings wegen ihrer unzulänglichen Regelung nicht erfüllt. Es kommt deshalb jetzt darauf an, durch aktive Zusammenarbeit zwischen Mitgliedstaaten und Kommission die Zollrechtsangleichung auf der Grundlage anderer Vertragsvorschriften schnell voranzutreiben. Abgesehen von Artikel 28 stehen zunächst Artikel 100 und 155 als Rechtsgrundlage hierfür zur Verfügung; ob im Einzelfall auch die Artikel 110 ff. herangezogen werden, bleibt abzuwarten. Sollten die vom Vertrag zur Verfügung gestellten Rechtsformen in besonderen Fällen eine ausreichende Rechtsangleichung auf dem Gebiet des Zollwesens nicht ermöglichen, so wäre gegebenenfalls eine Vertragsänderung nach Artikel 236 ins Auge zu fassen.

Die geringsten Schwierigkeiten im Zuge der Zollrechtsangleichung im weiteren Sinne bereiten die einzelstaatlichen Zolltarife. Sie sind bereits Produkte jahrzehntelanger internationaler Zusammenarbeit. Ihre Verwalter in den Mitgliedstaaten und die Beamten der Kommission sprechen seit langem schon die gleiche Tarifsprache. Außerdem ist die Einführung und Anwendung des Gemeinsamen Zolltarifs im EWG-Vertrag umfassend geregelt. So ist die Angleichung der einzelstaatlichen Zollsätze an den Gemeinsamen Zolltarif nach dem in Artikel 23 festgelegten Rhythmus vorzunehmen. Änderungen der Sätze des Gemeinsamen Zolltarifs werden vom Rat bereits seit der ersten Außenzollangleichung nach Artikel 28 beschlossen. Das gleiche gilt für Änderungen der gemeinsamen Zollnomenklatur. Unterschiedliche Tarifierungsauffassungen in den Mitgliedstaaten können also jederzeit durch Klarstellungen in der Nomenklatur, soweit für sie nicht der Brüsseler Zollrat zuständig ist, ausgeräumt werden. Sehr häufig mußte hiervon allerdings noch nicht Gebrauch gemacht werden. In den meisten Fällen wurde Einigung über ungleiche Tarifierungen in den zuständigen Arbeitsgruppen erzielt. Für die einheitliche Anwendung der betroffenen Tarifstellen in den Mitgliedstaaten genügte sodann ein dementsprechendes Schreiben der Kommission (Tarifierungs-Avis). Im übrigen erarbeiten seit fast zwei Jahren Zollsachverständige der Mitgliedstaaten gemeinsam mit den Diensten der Kommission in regelmäßigen Sitzungen *Zusätzliche Erläuterungen* zum Gemeinsamen Zolltarif. Es handelt sich hierbei um Erläuterungen, die künftig neben den für die Hauptposition geltenden Brüsseler Erläuterungen zur einheitlichen Auslegung und Anwendung der Unterpositionen des Gemeinsamen Zolltarifs heranzuziehen sind. Sie sollen bei Eintritt in die Endphase der Zollunion erstellt sein. Soweit die einzelstaatlichen Zolltarife in ihren Unterpositionen bisher noch weiter aufgefächert sind als der Gemeinsame Zolltarif, müssen sie mit der vollständigen Errichtung der Zollunion auf die gemeinsame Nomenklatur vereinheitlicht werden. Schwierigkeiten ergeben sich hieraus nicht, weil mit der vollen Angleichung der Zollsätze die vom Gemeinsamen Zolltarif noch abweichenden nationalen Unterpositionen als Tarifstellen ihren Sinn verlieren. Die nationalen Gliederungen der Außenhandelsstatistiken sind bereits nach der harmonisierten Nomenklatur für die Außenhandelsstatistik der EWG-Länder ausgerichtet.

Die *ersten Gemeinschaftsregelungen* auf dem Gebiet des Zollwesens wurden auf Grund des Artikels 10 zur Bildung des EWG-Präferenzraumes notwendig. Es mußte mit dem Beginn des Zollabbaus und der Beseitigung der mengenmäßigen Beschränkungen zwischen den Mitgliedstaaten sichergestellt sein, daß die Gemeinschaftsbehandlung nur Gemeinschaftswaren zugute kommen würde. Ebenso mußten zum gleichen Zeitpunkt für den zollrechtlichen Veredelungsverkehr besondere Regelungen geschaffen sein, die während der Übergangszeit im innergemeinschaftlichen Austausch von unter Verwendung unverzollter Drittlandswaren hergestellten Gemeinschaftswaren den schrittweisen Binnenzollabbau ausgleichen würden. Eine lange Reihe von Kommissionsentscheidungen und auf diesen beruhenden einzelstaatlichen Bestimmungen haben ein gut funktionierendes Präferenz-Verfahren durch ein System von Warenverkehrsbescheinigungen und durch eine Anteilzollregelung geschaffen.

Auf dem *Gebiet des Zollrechts* hat die Kommission bis jetzt 10 Empfehlungen unterschiedlicher Bedeutung auf der Grundlage der Artikel 27 und 155 erlassen. Obwohl diese Bestimmungen nicht verbindlich sind (Art. 189) werden sie überwiegend uneingeschränkt oder teilweise angewendet. Die Empfehlungen über Begriffsbestimmungen für das Zollgewicht[15], über die Zollbehandlung gefüllt eingehender Umschließungen[16] und über die Verzollung von Waren, die nach Veredelung im Ausland wieder eingeführt werden[17], wenden alle Mitgliedstaaten uneingeschränkt an. Die Empfehlungen über die Anwendung pauschaler Zollsätze auf Waren, die in Kleinsendungen an natürliche Personen eingehen oder von Reisenden in ihrem persönlichen Gepäck mitgeführt werden[18], über den maßgebenden Zeitpunkt für die Bestimmung des Zollsatzes bei der Abfertigung zum freien Verkehr[19] und über die ab 1. Januar 1965 zollfreie Einfuhr der „Gemeinschaftswaren", die in Kleinsendungen an natürliche Personen eingeführt werden oder von Reisenden in ihrem persönlichen Gepäck mitgeführt werden[20], wenden ebenfalls alle Mitgliedstaaten — allerdings teilweise

---

15 13. März 1961, Amtsblatt 1961 S. 880.
16 13. März 1961, Amtsblatt 1961 S. 880.
17 29. November 1961, Amtsblatt 1962 S. 79.
18 23. Februar 1962, Amtsblatt 1962 S. 724.
19 25. Mai 1962, Amtsblatt 1962 S. 1545.
20 18. Dezember 1964, Amtsblatt 1965 S. 71.

eingeschränkt — an. Die restlichen vier Empfehlungen[21] werden nur von einzelnen Mitgliedstaaten noch nicht angewendet.

Eine ganze Reihe von bedeutungsvollen zollrechtlichen Bestimmungen werden von der Kommission mit den Zollsachverständigen der Mitgliedsländer seit längerer Zeit geprüft. Es handelt sich insbesondere um Zollbefreiungen, gemeinsame Abfertigungsregeln und -verfahren, gemeinsame Regeln für die Festsetzung des Zollwerts, die Verwaltung gemeinschaftlicher Zollkontingente, die Zollager und Freihäfen, den aktiven Veredelungsverkehr und den Transitverkehr. Lösungen für diese grundsätzlichen Fragen liegen aber noch nicht vor. Gründe hierfür mögen in der Schwierigkeit der auf wirtschaftlichen Grundlagen beruhenden Sachgebiete sowie in der teilweise engen Verknüpfung der einzelstaatlichen Zollrechtsbestimmungen mit der jeweils übrigen nationalen Gesetzgebung zu suchen sein. Die von Land zu Land unterschiedlichen wirtschafts- und handelspolitischen Ziele in bestimmten Bereichen der Gesetzgebung haben verständlicherweise zu erheblichen Abweichungen der Zollrechtsregelungen in den Mitgliedstaaten geführt. Zum anderen scheinen die Auffassungen über den formellen und sachlichen Umfang der Zollrechtsangleichung bei den Mitgliedstaaten und der Kommission noch nicht immer einheitlich zu sein.

Der politische Beschluß des EWG-Ministerrats auf seiner Sitzung vom 9./10. Mai 1966, die Zollunion mit dem 1. Juli 1968 zu verwirklichen, läßt es dringend notwendig erscheinen, sich bald abzustimmen und die Arbeiten energisch voranzutreiben. Hierzu bedarf es der aktiven Zusammenarbeit zwischen den Mitgliedstaaten und der Kommission sowie der Initiative der sechs Zollverwaltungen. Nur eine echte Zollunion mit einer durch Zolltarif und Zollrecht gewährleisteten einheitlichen Zollgrenze und einem damit einheitlichen Zollgebiet kann als Grundlage der Gemeinschaft für den Erfolg der weitergehenden Zielsetzungen des Vertrags ausschlaggebend sein.

---

[21] a) Zollverfahren für Werkzeuge, die vorübergehend aus einem Mitgliedstaat in einen anderen eingeführt werden (8. November 1962), Amtsblatt 1962 S. 2767.

b) Begriffsbestimmung „gewöhnlicher Wohnsitz“ für die vorübergehende Einfuhr privater Kraftfahrzeuge innerhalb der Gemeinschaft (6. Februar 1963), Amtsblatt 1963 S. 370.

c) Erlaß oder Erstattung von Zöllen und Abgaben bei Waren, die vom Importeur als mangelhaft zurückgewiesen werden (10. Dezember 1963), Amtsblatt 1963 S. 2959.

d) Zollbehandlung von aus einem Mitgliedstaat in einen anderen vorübergehend eingeführtem Unterrichtsmaterial (29. Juni 1964), Amtsblatt 1964 S. 1814.

Die Rechtsstellung des Einzelnen in der EWG — am Beispiel der Freizügigkeit —

Von Erich Bülow

I.

Das Inkrafttreten des EWG-Vertrags hat zunächst keinen grundlegenden Wandel auf dem Gebiet der Freizügigkeit zwischen den Mitgliedstaaten bewirkt. Gerade auf diesem Sektor bestand bereits vor Abschluß des EWG-Vertrags ein ganzes Netz von bi- und multilateralen Abkommen, insbesondere zwischen den Mitgliedern der OEEC und des Europarats[1]. Diese vertragliche Verbundenheit bildete die Grundlage für den engeren Zusammenschluß im Rahmen der EWG. Die Abkommen verlieren, soweit sie die Freizügigkeit der Arbeitnehmer und Selbständigen betreffen, zwischen den Mitgliedstaaten der EWG erst dann an Bedeutung, wenn im Laufe der Übergangszeit (Art. 8) die wesentlich weitergehenden Regelungen der EWG in Form von Verordnungen und Richtlinien erlassen sind. Auf dem Gebiet der Arbeitnehmerfreizügigkeit hat die EWG das Niveau der bisherigen Abkommen größtenteils bereits überflügelt. Weniger weit ist dagegen die Entwicklung des freien Niederlassungs- und Dienstleistungsrechts gediehen. Dennoch lassen sich schon jetzt vor allem drei Unterschiede zwischen den EWG-Regelungen und den bestehenden bi- und multilateralen Abkommen feststellen.

Zwar enthalten die angeführten Abkommen schon den Nichtdiskriminierungsgrundsatz, der zu einem der Leitgedanken des EWG-Vertrags erhoben wurde. Aber gerade die Arbeiten im Niederlassungs- und Dienstleistungsrecht der EWG haben gezeigt, daß die reine Gleich-

---

[1] Vgl. vor allem: Das Europäische Niederlassungsabkommen vom 13. 12. 1955 (BGBl. 1959 II S. 997); der deutsch-französische Niederlassungs- und Schiffahrtsvertrag vom 27. 10. 1956 (BGBl. 1957 II S. 1662); der deutsch-italienische Freundschafts-, Handels- und Schiffahrtsvertrag vom 21. 11. 1957 (BGBl. 1959 II S. 950). Ferner: Zahlreiche Abkommen über Gastarbeitnehmer und Grenzgänger (z. B. deutsch-niederländische Vereinbarung vom 30. 6. 1958, BGBl. 1960 II S. 2311 und deutsch-italienische Vereinbarung über die Anwerbung und Vermittlung italienischer Arbeitskräfte, BAnz vom 1. 4. 1965). Bezüglich Abkommen zwischen anderen Mitgliedstaaten s. Everling: „Das Niederlassungsrecht im Gemeinsamen Markt“, 1963, S. 22, Anm. 24.

behandlung der Ausländer mit dem Inländer der Freizügigkeit vielfach noch keine hinreichende Effektivität verschafft. Sie muß ergänzt werden durch weitere Maßnahmen, insbesondere durch eine Koordinierung der Aufenthaltsbedingungen und eine Harmonisierung der Rechts- und Verwaltungsvorschriften über die Berufszulassung und Berufsausübung, wie dies der Vertrag vorsieht (vgl. Art. 56 und 57).

Hinzu kommt, daß das Netz der bisherigen Abkommen in mannigfacher Weise durchbrochen ist. Nicht selten werden gerade die multilateralen Abkommen von wichtigen Staaten entweder nicht oder nur unter erheblichen Vorbehalten ratifiziert. Der Artikel 26 des Europäischen Niederlassungsabkommens sieht z. B. vor, daß jedes Mitglied bei der Unterzeichnung des Abkommens oder bei der Hinterlegung der Ratifikationsurkunde Vorbehalte zu einer bestimmten Vorschrift machen kann, soweit ein in seinem Gebiet geltendes Gesetz mit dieser Vorschrift nicht übereinstimmt[2]. Neben der Möglichkeit, einseitige Vorbehalte anzubringen, enthalten derartige Abkommen aber auch allgemeine Vorbehaltsklauseln, die — wie z. B. Artikel 2 des vorgenannten Abkommens — die Verpflichtung zur Erleichterung eines längeren oder dauernden Aufenthalts für die Staatsangehörigen der anderen Vertragsstaaten davon abhängig machen, daß die wirtschaftlichen und sozialen Verhältnisse dies gestatten. In der EWG sollen sich die wirtschaftlichen und sozialen Verhältnisse dagegen infolge des Integrationsprozesses so angleichen, daß derartige Schutzmaßnahmen entbehrlich sind. Nach Ablauf der Übergangszeit sind Schutzmaßnahmen aus wirtschaftlichen Gründen gänzlich ausgeschlossen (Art. 226). Die Ausnahmebestimmungen aus Gründen des ordre public, die den Staaten in den bisherigen bi- und multilateralen Abkommen einen weiten Ermessensspielraum geben, sind in der EWG stark eingeschränkt. Durch die in Artikel 56 Absatz 2 vorgesehene Koordinierung der Sonderregelungen, die in den Mitgliedstaaten für Ausländer bestehen, wird ausgeschlossen, daß der ordre public für Maßnahmen mit wirtschaftlicher Zweckbestimmung herangezogen werden kann.

Schließlich darf nicht übersehen werden, daß die Kündigungsmöglichkeiten der bi- und multilateralen Abkommen ein Element der Unsicherheit — namentlich im Niederlassungsrecht — darstellen. Dieser Unsicherheitsfaktor wird durch die auf die Dauer angelegte europäische Integration, die in der grundsätzlichen Unkündbarkeit des EWG-Vertrags (Art. 240) ihren Ausdruck findet, weitgehend ausgeschaltet.

---

[2] Die zum Europäischen Niederlassungsabkommen vom 13. 12. 1955 gemachten Vorbehalte ergeben sich aus der Bekanntmachung vom 30. 7. 1965 (BGBl. 1965 II S. 1099).

II.

Der EWG- Vertrag verwendet den *Begriff der „Freizügigkeit"* nur in Zusammenhang mit den Arbeitskräften (Art. 48 Abs. 1 und 123). Er hat dort eine — wie dies auch in Artikel 123 zum Ausdruck kommt — berufliche und örtliche Komponente. *Die Freizügigkeit der Arbeitnehmer* umfaßt danach die Abschaffung aller auf der Staatsangehörigkeit beruhenden unterschiedlichen Behandlung der Arbeitnehmer der Mitgliedstaaten in bezug auf die — im weitesten Sinne zu verstehenden — Arbeitsbedingungen (Art. 48 Abs. 2 u. 3).

Es fragt sich, ob der Begriff auch entsprechend für die Selbständigen herangezogen werden kann.

Wenn man den Text der einschlägigen Bestimmungen (Art. 48, 52 und 59) vergleicht, so scheint es, als ob die in Artikel 48 statuierte Arbeitnehmer-Freizügigkeit am striktesten formuliert wäre: nämlich im Sinne eines absoluten Verbots jeglicher unterschiedlicher Behandlung der Arbeitnehmer der Mitgliedstaaten — gleich welcher Staatsangehörigkeit. Die Artikel 52 und 59 sehen dagegen scheinbar nur die Aufhebung der Beschränkungen, und zwar nur der Beschränkungen für die Staatsangehörigen der anderen Mitgliedstaaten, vor. Will also Artikel 48 alle Arbeitnehmer erfassen, und nicht nur — wie die Niederlassungs- und Dienstleistungsbestimmungen (Art. 52 ff.) — die Staatsangehörigen der Mitgliedstaaten? Besteht ein Unterschied zwischen „der Abschaffung jeder unterschiedlichen Behandlung" in Artikel 48 und der „Aufhebung der Beschränkungen" in den Artikeln 52 ff.? Verbietet der Artikel 48 auch die Schlechterbehandlung der eigenen Staatsangehörigen, während die Artikel 52 ff. nur die Staatsangehörigen der anderen Mitgliedstaaten betreffen?

Aus dem Sinnzusammenhang der Bestimmungen und aus der bisherigen Praxis dürfte sich ergeben, daß derartige Interpretationsunterschiede nicht angebracht sind. Die Arbeitnehmerfreizügigkeit gilt ebenso wie die Niederlassungs- und Dienstleistungsfreiheit der Selbständigen grundsätzlich nur für die Staatsangehörigen der Mitgliedstaaten. Die Andersbehandlung der anderen Staatsangehörigen wird bei Arbeitnehmern und Selbständigen in gleicher Weise als Beschränkung angesehen und es ist auch kein vernünftiger Grund ersichtlich, weshalb der Vertrag in bezug auf die Behandlung der eigenen Staatsangehörigen einen Unterschied gemacht haben sollte.

Dementsprechend sind auch die Durchführungsbestimmungen für Arbeitnehmer und Selbständige in ähnlicher Weise formuliert. Das Allgemeine Programm zur Aufhebung der Beschränkungen der Niederlassungsfreiheit[3] bestimmt in Abschnitt III A als aufzuhebende Beschränkung:

„Jedes Verbot oder jede Behinderung der selbständigen Tätigkeiten der Staatsangehörigen anderer Mitgliedstaaten, die darin bestehen, daß Staatsangehörige anderer Mitgliedstaaten auf Grund einer Rechts- oder Verwaltungsvorschrift eines Mitgliedstaats, auf Grund der Anwendung einer solchen Vorschrift oder auf Grund von Verwaltungspraktiken anders behandelt werden als die eigenen Staatsangehörigen."

Die „selbständigen" Tätigkeiten brauchten nur durch „unselbständige" ersetzt zu werden, und schon würde die Bestimmung auch für die Arbeitnehmerfreizügigkeit passen. Umgekehrt würde der Artikel 9 Absatz 1 Satz 1 der Verordnung Nr. 38/64[4], der wie folgt lautet:

„Ein Arbeitnehmer, der Staatsangehöriger eines Mitgliedstaats ist, darf auf Grund seiner Staatsangehörigkeit im Hoheitsgebiet der anderen Mitgliedstaaten nicht anders behandelt werden als die inländischen Arbeitnehmer"

auch für die Niederlassungs- und Dienstleistungsfreiheit passen, wenn man das Wort „Arbeitnehmer" durch das Wort „Selbständiger" ersetzen würde.

Die Freizügigkeit der Selbständigen umfaßt danach die Abschaffung aller auf der Staatsangehörigkeit beruhenden unterschiedlichen Behandlung der Angehörigen der anderen Mitgliedstaaten bei der Aufnahme und Ausübung selbständiger Erwerbstätigkeiten, sowie bei der Gründung und Leitung von Unternehmen.

Soll zum Zwecke der Erwerbstätigkeit eine Niederlassung, bzw. ein ständiger Aufenthalt, begründet werden, so spricht man von *Niederlassungsfreiheit.* Ist die Erwerbstätigkeit im anderen Land dagegen nur vorübergehend, so fällt sie unter den Begriff der *Dienstleistungsfreiheit.* In den Genuß der Dienstleistungsfreiheit gelangt nicht nur der Dienstleistungserbringer, der sich in das Land des Dienstleistungsempfängers begibt, oder der die Dienstleistung ohne persönlichen Ortswechsel über die Grenze erbringt, sondern auch der Dienstleistungsempfänger, der in das Land des Dienstleistungserbringers kommt.

Da somit die Niederlassungs- und Dienstleistungsbestimmungen des Vertrags und die Vorschriften über die Freizügigkeit der Arbeitnehmer im wesentlichen auf dasselbe abzielen, nämlich auf die Gleichstellung mit dem Inländer, erscheint es gerechtfertigt, beide Komplexe unter dem Oberbegriff der EWG-Freizügigkeit zu subsumieren[5].

---

[3] Amtsblatt 1962 S. 36 berichtigt S. 167; Bundesanzeiger 1962 Nr. 28.

[4] Amtsblatt 1964 S. 965.

[5] Dies geschieht auch in dem in Vorbereitung befindlichen Bundesgesetz über die Einreise und den Aufenthalt von Staatsangehörigen der EWG (Aufenthalts-Gesetz / EWG).

Den deutschen Freizügigkeits-Begriff in seiner geschichtlichen Entwicklung hier nachzuzeichnen, ist nicht möglich. Die Freizügigkeit in Deutschland reicht vom „freien Zug“ im Tübinger Vertrag von 1514 über die Bundesakte von 1815 (Art. 18) und über die Frankfurter Reichsverfassung von 1849 (§ 133) zum noch heute in Kraft befindlichen Gesetz des Norddeutschen Bundes über die Freizügigkeit vom 1. 11. 1867[6], zur Weimarer Verfassung (Art. 111) und zum Grundgesetz[7]. Dabei dürfte auch für das Gemeinschaftsrecht wichtig sein, daß die Freizügigkeit ihren Ursprung im „freien Abzug“ hat[8]. Der freie Abzug wird um so wichtiger, je mehr sich die Gemeinschaft dem Zustand der Vollbeschäftigung nähert. Es ist jedoch kaum vorstellbar, daß der Abzug von Einzelpersonen in Staaten mit freiheitlicher Lebensordnung zu besonderen Problemen führen kann. Strukturell bedingten Abwanderungsbewegungen müßte gegebenenfalls durch Strukturhilfen für die benachteiligten Gebiete begegnet werden. Problematisch ist jedoch in der Gemeinschaft der „freie Zug“ der Gesellschaften. Denn die Hindernisse, die sich in früheren Zeiten dem Abzug des Einzelnen, durch Erhebung von Nachsteuern etc., entgegenstellten, bestehen heute in ähnlicher Weise auf dem Gebiet der Gesellschaften.

Bemerkenswert ist ferner, daß zwischen der Freizügigkeit, der freien Berufs- und Arbeitsplatzwahl und dem Wohnrecht bzw. Grundstückserwerbsrecht historisch eine enge Konnexität besteht. Sie ist auch in der EWG erkennbar. Die Freizügigkeit im Sinne des Grundgesetzes (Art. 11 GG) hat sich dagegen von der freien Berufswahl (Art. 12 GG) losgelöst und bedeutet lediglich das Recht, unbehindert durch die deutsche Staatsgewalt an jedem Ort des Bundesgebiets Aufenthalt und Wohnsitz zu nehmen. Ob die Ausreisefreiheit von Artikel 11 GG erfaßt wird, ist sehr zweifelhaft. Das Bundesverfassungsgericht hat die Ausreisefreiheit unter das Auffangrecht des Artikels 2 GG eingeordnet.

Die EWG-Freizügigkeit ist somit begrifflich einerseits enger, andererseits weiter als die Freizügigkeit des Artikels 11 GG: *Enger*, weil das Aufenthaltsrecht grundsätzlich — vorbehaltlich einer Regelung gemäß Artikel 48 Absatz 3 Buchstabe d — nur gewährt wird zum Zwecke der Berufs- oder Gewerbeausübung, bzw. Arbeitsaufnahme; *weiter*, weil sie das Recht auf Arbeitsaufnahme und Berufsausübung einschließt, weil sie den freien Abzug wesensmäßig mitumfaßt und weil sie außerdem den freien Zuzug für alle EWG-Angehörigen gewährleistet.

---

[6] Vgl. Gesetzblatt des Nordd. Bundes 1867 S. 55 § 1.

[7] Vgl. hierzu auch Maunz-Dürig, Kommentar zum Grundgesetz, Anm. 13 ff. zu Art. 11.

[8] Daß der „freie Abzug“ auch heute noch oder wieder hochaktuell ist, zeigen Mauer und Stacheldraht an der Zonengrenze.

Wenn es sich auch bei der EWG-Freizügigkeit um keine Freizügigkeit schlechthin, sondern um eine Freizügigkeit „um-zu", d. h. vorwiegend zum Zwecke der Arbeits- und Berufstätigkeit handelt, so enthält die EWG-Freizügigkeit doch Wesensmerkmale der echten Freizügigkeit.

III.

Der *Grundsatz der Nichtdiskriminierung*[9] durchzieht den ganzen Vertrag wie ein roter Faden. Auch die EWG-Freizügigkeit wird von diesem Grundsatz beherrscht. Unter Diskriminierung versteht man die unterschiedliche Behandlung dessen, was nach dem Vertrage gleich behandelt werden soll. Das Diskriminierungsverbot ist also nur die andere Seite des Gleichbehandlungsgebots. Gleich behandelt soll werden, was wesensmäßig gleich ist, aber u. U. auch das, was verschieden ist, wenn die Verschiedenheit (etwa der Staatsangehörigkeit oder des Geschlechts) nach dem Vertrage keine Rolle mehr spielen soll.

Im einzelnen sind die Diskriminierungsverbote des Vertrags so vielgestaltig wie die Formen der Diskriminierung. Der EWG-Vertrag kennt eine Diskriminierung von Personen ebenso wie eine Diskriminierung von Sachen. Er verbietet je nach dem Anwendungsbereich eine Diskriminierung aus Gründen der Staatsangehörigkeit (vgl. Art. 7, 37 Abs. 1, 48 Abs. 1, 52 Abs. 2, 60 Abs. 2, 67, 68 Abs. 2, 90, 220, 221) oder eine Diskriminierung aus Gründen des Geschlechts (Art. 119) oder des Aufenthalts und Wohnsitzes (Art. 67, 68, 76). Er untersagt im Kartellrecht Absprachen, die zur Diskriminierung von Handelspartnern — etwa durch unterschiedliche Preisgestaltung für dieselbe Ware — führen (Art. 85 Abs. 1 Buchst. d und 86 Buchst. c). Im Agrarbereich verbietet er die Diskriminierung zwischen Erzeugern und Verbrauchern (Art. 40 Abs. 3 Unterabs. 1) und auf dem Verkehrssektor die Frachtendiskriminierung (Art. 79 Abs. 1 und Abs. 4). In einigen Bereichen des Vertrags soll die Diskriminierung nach dem Ursprung oder der Herkunft der Ware unterbunden (Art. 92 Abs. 2, 95 Abs. 1, 133 Abs. 5) und in dem für die Niederlassungs- und Dienstleistungsfreiheit wichtigen öffentlichen Auftragswesen soll die Gleichbehandlung der Anbieter bei der Auftragsvergabe sichergestellt werden.

Zur Herstellung der Freizügigkeit sind vor allem die Schranken zu beseitigen, die sich aus der unterschiedlichen Behandlung der Staatsangehörigen der anderen Mitgliedstaaten ergeben. Ziel des Ver-

---

[9] Zum Begriff im Montan-Union-Vertrag vgl. insbes. Börner in: Zehn Jahre Rechtsprechung des Gerichtshofs der Europäischen Gemeinschaften, 1965, S. 216 ff.; zum Begriff allgemein: Jaenicke, Artikel „Diskriminierung" in: Strupp-Schlochauer, Wörterbuch des Völkerrechts, Bd. I, 1960, S. 391.

trags ist jedoch nicht die Ausländergleichbehandlung, sondern die Inländerbehandlung.

Die *Ausländergleichbehandlung*, die sich in zahlreichen Meistbegünstigungsklauseln internationaler Verträge findet[10], würde lediglich bewirken, daß die Staatsangehörigen der anderen Mitgliedstaaten im Aufnahmestaat untereinander gleichgestellt werden. Bis zur Herstellung einer vollen Dienstleistungsfreiheit schreibt auch Artikel 65 des Vertrags eine solche Ausländergleichbehandlung vor. Die *Inländerbehandlung* erfordert dagegen die Gleichbehandlung der Staatsangehörigen der anderen EWG-Staaten mit den eigenen Staatsangehörigen. Die Staatsangehörigkeit der EWG-Staaten soll im Anwendungsbereich des Vertrags kein relevantes Unterscheidungskriterium mehr sein.

Die *Grundsatznorm der Nichtdiskriminierung* aus Gründen der Staatsangehörigkeit ist *Artikel 7*. Er findet zwar nur subsidiär Anwendung, d. h. nur wenn die Spezialbestimmungen, z. B. über die Freizügigkeit, nicht eingreifen. Dennoch wird Artikel 7 voraussichtlich als Grundsatznorm und Auffangrecht bei fortschreitender Integration und insbesondere nach Ablauf der Übergangszeit immer größere Bedeutung erlangen.

Im Zusammenhang mit Artikel 7 stellen sich vor allem drei Fragen: Ist Artikel 7 aktuell anwendbares Recht oder nur Programmsatz, der erst noch durch Ausführungsbestimmungen gemäß Absatz 2 aktualisiert werden muß? Begründet Artikel 7 nur Staatenverpflichtungen oder verschafft er auch subjektive Rechte der Einzelnen gegenüber den Staaten? Hat Artikel 7 auch „Drittwirkung" in den Beziehungen der Einzelnen untereinander?

Gegen eine *unmittelbare Anwendbarkeit des Artikels 7* könnte sprechen, daß besondere Regelungen für das Verbot von Diskriminierungen, wie sie der Absatz 2 der Bestimmung vorsieht, überflüssig wären, wenn ein absolutes Diskriminierungsverbot bestünde. Andererseits spricht gerade das Wort „kann" dafür, daß Absatz 1 sofort und unmittelbar gilt. Denn wenn Absatz 1 nur ein Programmsatz wäre, hätte es in Absatz 2 nicht in das Ermessen des Rats gestellt werden dürfen, Diskriminierungen abzuschaffen, sondern dann hätte eine Verpflichtung hierzu begründet werden müssen. Absatz 2 des Artikels 7 kann daher wohl nur so ausgelegt werden, daß er eine Befugnis zur Regelung der zahlreichen denkbaren Grenz- und Zweifelsfälle gibt, die durch das

---

[10] Vgl. z. B. Art. 29 und 30 des Abkommens vom 20. 7. 1963 über die Assoziation zwischen der EWG und den mit der Gemeinschaft assoziierten afrikanischen Staaten und Madagaskar, Amtsblatt 1964 S. 1431; BGBl. 1964 II S. 291.

schlichte Verbot nicht ohne weiteres erfaßt sind[11]. Das Verbot muß auch so klar und eindeutig anwendbar sein, daß es keines Tätigwerdens des nationalen Gesetzgebers mehr bedarf. Der Absatz 1 des Artikels 7 dürfte deshalb insbesondere auch eine Stand-still-Verpflichtung beinhalten.

Nach der Rechtsprechung des Gerichtshofs der Gemeinschaften zu anderen Artikeln des Vertrages, z. B. zu den Artikeln 12, 37, 53 und 95[12], dürfte kaum zweifelhaft sein, daß Artikel 7 nicht nur Staatenverpflichtungen schafft, sondern zugunsten der Einzelnen auch *subjektive Rechte auf Nichtdiskriminierung* begründet, die sie gegen die Mitgliedstaaten und gegebenenfalls auch gegen die Gemeinschaft geltend machen können.

Ob der Nichtdiskriminierungsgrundsatz nur die Mitgliedstaaten und die Gemeinschaft — jeweils für ihren Zuständigkeitsbereich — verpflichtet, oder ob er auch in die Vertragsgestaltung der Privatpersonen eingreift, ist ein ähnliches Problem, wie es sich innerstaatlich bei einigen Grundrechten stellt (z. B. bei Art. 3 Abs. 2 und 3 und Art. 9 Abs. 3 GG). Meines Erachtens wird man die Drittwirkung in ähnlicher Weise, wie bei Artikel 3 des Grundgesetzes, bejahen müssen. Nach der Bedeutung des Diskriminierungsverbots aus Gründen der Staatsangehörigkeit für die Gemeinschaft kann es in seiner Auswirkung nicht auf das Verhältnis des Staats oder der Gemeinschaft zum Einzelnen beschränkt bleiben. Das Diskriminierungsverbot wäre unvollkommen, wenn es im Bereich der privatrechtlichen Vertragsgestaltung unterlaufen werden könnte. Auf dem Gebiet des Arbeitsvertragsrechts wirkt das Diskriminierungsverbot durch Artikel 9 Absatz 3 der Verordnung Nr. 38/64 bereits unmittelbar auf den Einzelarbeitsvertrag ein. Für andere Vertragsbeziehungen zwischen Privatpersonen könnte eine solche Einwirkung gegebenenfalls aus Artikel 7 hergeleitet werden. Allerdings besagt dies nicht, daß damit der in allen Mitgliedstaaten geltende Grundsatz der Vertragsabschlußfreiheit außer Kraft gesetzt wäre. Das Diskriminierungsverbot darf grundsätzlich nicht zum Kontrahierungszwang führen. Niemand ist daher gezwungen, mit einem Ausländer in Geschäftsbeziehung zu treten, es sei denn, ein solcher Kontrahierungszwang besteht auch gegenüber dem Inländer (z. B. bei Monopolunternehmen, § 26 Abs. 2 GWB). Wird jedoch ein Vertrag geschlossen, so dürfte es gegen Artikel 7 verstoßen, wenn die Vertragsbedingungen bei sonst gleichen Voraussetzungen nur deshalb unterschiedlich sind,

---

[11] Vgl. Wohlfarth-Everling-Glaesner-Sprung, Kommentar zum EWG-Vertrag, 1960, Anm. 15 zu Art. 7.

[12] Vgl. Urteile vom 5. 2. 1963 — Rechtssache 26/62 RsprGH Bd. IX, S. 25/26, vom 15. 7. 1964 — Rechtssache 6/64, RsprGH Bd. X S. 1251 und vom 16. 6. 1966 — Rechtssache 57/65, noch nicht veröffentlicht.

weil es sich nicht um einen eigenen Staatsangehörigen, sondern um den Angehörigen eines anderen Mitgliedstaats handelt.

Wesentlich ist auch das Problem der *Diskriminierung der eigenen Staatsangehörigen.* Ist jede unterschiedliche Behandlung der Staatsangehörigen der anderen Mitgliedstaaten eine Diskriminierung oder gehört zum Tatbestand der Diskriminierung die Benachteiligung des Ausländers? Könnte sich ein Mitgliedstaat, dem eine unterschiedliche Behandlung von Inländern und EWG-Ausländern vorgeworfen wird, mit dem Nachweis rechtfertigen, in Wirklichkeit würden die Staatsangehörigen der anderen Mitgliedstaaten besser behandelt?

Die Fragen spitzen sich letztlich darauf zu, ob der Vertrag für Ausländer die Gleichbehandlung und nichts als die Gleichbehandlung verlangt, oder ob er für sie mindestens die Gleichbehandlung fordert und es im übrigen dem Eigeninteresse des jeweiligen Mitgliedstaats überläßt, dafür zu sorgen, daß seine eigenen Staatsangehörigen nicht schlechter stehen. Man kann sich fragen, ob denn die Inländerdiskriminierung überhaupt praktisch werden kann, wenn die Staaten selbst daran interessiert sind, sie zu vermeiden. Die Erfahrung zeigt jedoch, daß es sich bei der Inländerdiskriminierung durchaus nicht nur um ein theoretisches Problem handelt. Gerade im Rahmen der Arbeiten zur Herstellung der Freizügigkeit in der EWG fällt das Stichwort „Inländerdiskriminierung" gar nicht so selten, wie dies bisweilen angenommen wird[13].

Häufig handelt es sich um Fälle, bei denen gegenüber dem EWG-Ausländer auf Nachweise aller Art verzichtet wird, die vom Inländer verlangt werden. Zu denken wäre etwa daran, daß an den Inländer für die selbständige Ausübung des Handwerksberufs wesentlich höhere Anforderungen gestellt werden als an den EWG-Ausländer, der im Inland tätig wird, oder daß an inländische Gesellschaften hinsichtlich der Erfüllung der Gläubigerschutzbestimmungen wesentlich strengere Maßstäbe angelegt werden als an Gesellschaften aus anderen Mitgliedstaaten. Eine Inländerdiskriminierung läge wohl z. B. auch dann vor, wenn Gesellschaften mit Sitz in einem anderen Mitgliedstaat eine Berufsausübung gestattet werden würde, die inländischen Gesellschaften verschlossen ist.

Es fragt sich, auf welche Bestimmungen des Vertrags sich der Inländer berufen kann, wenn er sich diskriminiert fühlt. Die Bestimmungen über die Niederlassungs- und Dienstleistungsfreiheit sind nur auf die Abschaffung der Ausländerdiskriminierung zugeschnitten und auch Artikel 9 der Verordnung Nr. 38/64 stellt — trotz der allgemein

---

[13] Vgl. Wohlfarth-Everling-Glaesner-Sprung a.a.O. Anm. 5 zu Art. 7.

formulierten Bestimmung des Artikels 48 Absatz 2 — nur auf die Gleichstellung der Arbeitnehmer aus den anderen Mitgliedstaaten ab. Daher dürfte zur Zeit wohl nur Artikel 7 als einschlägige Verbotsnorm für die Inländerdiskriminierung in Betracht kommen.

Was das Verhältnis des Diskriminierungsverbots zu den Grundrechten anlangt, so schließt der Artikel 3 GG im Gegensatz zu Artikel 7 des EWG-Vertrags eine Diskriminierung aus Gründen der Staatsangehörigkeit jedenfalls dann nicht aus[14], wenn für die Andersbehandlung des Ausländers sachliche Gründe maßgebend sind und die Menschenrechte des Ausländers unangetastet bleiben. Das Recht auf Freizügigkeit und freie Berufswahl steht nach dem Grundgesetz als Grundrecht nur den Deutschen zu. Es fragt sich, ob die Angehörigen der anderen Mitgliedstaaten dadurch diskriminiert werden, daß ihnen diese Grundrechte nicht zustehen. Verwandeln sich die Artikel 11 und 12 GG nach Herstellung der vollen Freizügigkeit in der EWG von Deutschen-Rechten in grundgesetzlich geschützte EWG-Rechte?

Selbst wenn im Rahmen eines internationalen Vertrags Ausländern Rechte zuerkannt werden, die inhaltlich völlig den Artikeln 11 und 12 entsprächen, so würde dies noch keineswegs bedeuten, daß sie diese Rechte als Grundrechte in Anspruch nehmen und bei deren Verletzung die Verfassungsbeschwerde (§ 90 BVerfGG) erheben könnten. Zweifelhaft ist dies jedoch auch bei den den EWG-Angehörigen zuerkannten Rechten, die sich mit den Grundrechten der Artikel 11 und 12 GG wie oben dargestellt — nicht decken. Der Artikel 7 des EWG-Vertrags schreibt die Gleichbehandlung nur im Anwendungsbereich des Vertrags vor. Der Vertrag dürfte wohl nicht fordern, daß vertragliche Rechte mit der Bestandsgarantie von nationalen Grundrechten ausgestattet werden. Im übrigen ist auch eine Änderung des Grundgesetzes gemäß Artikel 79 Absatz 1 GG nicht erfolgt.

Die *Diskriminierung der Angehörigen von Drittstaaten* ist nicht verboten. Der EWG-Vertrag gebietet in seinem Anwendungsbereich nur die Nichtdiskriminierung der Angehörigen der Mitgliedstaaten. Die Ausländerbeschränkungen für Angehörige von Drittstaaten brauchen auch dann nicht abgeschafft zu werden, wenn die Drittstaatsangehörigen ihren Wohnsitz oder Arbeitsplatz in der Gemeinschaft haben. Obwohl Artikel 48 Absatz 2 nur von den Arbeitnehmern der Mitgliedstaaten spricht, ist doch unstreitig, daß damit nur die Staatsangehörigen der Mitgliedstaaten gemeint sind. Das kommt auch in Artikel 9 der Verordnung Nr. 38/64 zum Ausdruck.

---

[14] Vgl. Ipsen, „Gleichheit", in: Neumann-Nipperdey-Scheuner, Die Grundrechte, Bd. 2 S. 146.

Die Niederlassungs- und Dienstleistungsfreiheit des Vertrags gilt nur für die Staatsangehörigen der Mitgliedstaaten. Artikel 59 Absatz 2 sieht zwar vor, daß die Dienstleistungsfreiheit auf die Staatsangehörigen von Drittstaaten ausgedehnt werden kann, die im Gebiet der Gemeinschaft ansässig sind. In den Richtlinien der EWG ist jedoch bisher — soweit ersichtlich — von dieser Möglichkeit noch kein Gebrauch gemacht worden. Die in internationalen Verträgen vereinbarte Meistbegünstigung findet auf die Sondervergünstigungen, die die EWG-Staaten ihren Angehörigen gegenseitig gewähren, keine Anwendung. Auch hieran wird deutlich, daß es sich bei der EWG um mehr handelt, als um eine Zollunion, denn der Ausschluß der Drittstaatsangehörigen von der Meistbegünstigung läßt sich nicht — wie bei den Zöllen — mit der Herstellung der Zollunion rechtfertigen.

Andererseits besteht — im Gegensatz zur Zollbehandlung der Drittlandsware — aber auch keine vertragliche Verpflichtung zur Anders- und Schlechterbehandlung der Drittstaatsangehörigen. Die Mitgliedstaaten werden aber wohl kaum geneigt sein, diesen so weitgehende Rechte einzuräumen, wie den EWG-Angehörigen, ohne daß die Gegenseitigkeit verbürgt ist.

Das Problem der Diskriminierung der Drittstaatsangehörigen gegenüber den EWG-Angehörigen tritt bisher wohl am stärksten im Arbeitsmarktsektor hervor. Zwar besitzen in der Bundesrepublik Deutschland alle ausländischen Arbeitnehmer arbeitsrechtlich dieselben Rechte und Pflichten, wie die deutschen Arbeitnehmer[15]. Dennoch bestehen hinsichtlich der Einreise- und Aufenthaltsvoraussetzungen und der Arbeitsbedingungen im weiteren Sinne deutliche Unterschiede zwischen EWG-Angehörigen einerseits und Drittstaatsangehörigen andererseits. Spanier, Griechen und Türken sind z. B. zum Betriebsrat nicht wählbar, wohl aber — unter den im Gemeinschaftsrecht geltenden Voraussetzungen — die Angehörigen der EWG-Staaten[16]. Daß derartige Diskriminierungen arbeitspsychologisch zu Schwierigkeiten führen können, braucht wohl nicht besonders betont zu werden. Auf der Ausschließlichkeitsidee, die den meisten menschlichen Gemeinschaften zugrundeliegt, dürfte es wohl beruhen, daß mit der Abschaffung von Diskriminierungen durch Zusammenschlüsse gleichzeitig neue Diskriminierungen entstehen.

---

[15] Vgl. hierzu insbes. Schill, Das Recht der ausländischen Arbeitnehmer in Deutschland, 1965.

[16] Vgl. unten S. 93.

IV.

Die Arbeitnehmerfreizügigkeit[17] ist nach Artikel 48 spätestens bis zum Ende der Übergangszeit (1. Januar 1970) herzustellen. Alle auf der Staatsangehörigkeit beruhenden unterschiedlichen Regelungen über die Arbeitsbedingungen (Art. 48 Abs. 2) sind abzuschaffen. Mit der Durchführung der Freizügigkeit ist vor allem der Rat der EWG beauftragt (Art. 49). Er hat durch Verordnungen oder Richtlinien die erforderlichen Maßnahmen zu treffen, wobei er mit einfacher Mehrheit beschließt (vgl. Art. 148 Abs. 1). Der Rat hat mit der Verordnung Nr. 15[18] vom 16. 8. 1961 die erste Phase der Freizügigkeit eingeleitet. Die Verordnung Nr. 15 wurde in der zweiten Phase durch die Verordnung Nr. 38/64 vom 25. März 1964 abgelöst, die zur Zeit gilt. Im Jahre 1968 wird die Herstellung der Arbeitnehmerfreizügigkeit voraussichtlich in ihre Endphase eintreten (vgl. Art. 60 VO Nr. 38/64).

Wer ist nach dem Vertrag und nach der Verordnung berechtigt? Berechtigt sind die in abhängiger Stellung, d. h. in einem Lohn- oder Gehaltsverhältnis (vgl. Art. 1 der VO Nr. 38/64) beschäftigten Staatsangehörigen der Mitgliedstaaten. Bei manchen Tätigkeiten erweist es sich als schwierig, sie eindeutig der Gruppe der selbständigen oder der unselbständigen Tätigkeiten zuzuordnen. Hinzu kommt, daß die Zuordnungskriterien in den einzelnen Mitgliedstaaten durchaus unterschiedlich sind. Aus diesem Grunde wurden z. B. in die Richtlinie des Rats vom 25. 2. 1964 (64/224) über die Verwirklichung der Niederlassungsfreiheit und des freien Dienstleistungsverkehrs für Vermittlertätigkeiten[19] auch die unselbständigen Vermittler (Handlungsgehilfen, Handlungsreisende) einbezogen, soweit Dienstleistungen in Frage stehen (Art. 2 Abs. 2 der vorbezeichneten Richtlinie). Insoweit ist eine Arbeitserlaubnis nicht erforderlich, wohl aber gegebenenfalls ein Zuverlässigkeitsnachweis, wie er von Selbständigen gefordert werden kann (vgl. Art. 8 der vorbezeichneten Richtlinie). Diese Regelung ändert jedoch nichts daran, daß die Bestimmungen über die Arbeitnehmerfreizügigkeit grundsätzlich auch dann Anwendung finden, wenn das Unternehmen, das den Arbeitnehmer beschäftigt, im Herkunftsland ansässig ist.

Der Anspruch des Arbeitnehmers auf Freizügigkeit richtet sich gegen die zuständigen Behörden des Aufnahmestaats. Die Normen der Verordnung Nr. 38/64 verpflichten zum Teil aber auch unmittelbar die Unternehmen (s. u.). Soweit sich die den Arbeitnehmer begünstigenden

---

[17] Vgl. dazu insbes. Schill, a.a.O. S. 30.

[18] Amtsblatt 1961, S. 1073; BGBl. 1961 II S. 1610.

[19] Amtsblatt 1964 S. 869.

Rechte aus einer EWG-Verordnung ergeben, kann dieser sich gegenüber seinem Arbeitgeber, den Behörden und Gerichten des Aufnahmelands direkt auf das Gemeinschaftsrecht berufen. Die Gerichte der Mitgliedstaaten haben die EWG-Verordnung anzuwenden und auszulegen. Ist in einem Rechtsstreit die Gültigkeit oder Auslegung einer Verordnungsbestimmung zweifelhaft, so kann das nationale Gericht eine Vorabentscheidung des Gerichtshofs der Gemeinschaften einholen. In letzter Instanz ist es hierzu verpflichtet (Art. 177). Wenn die den Arbeitnehmer begünstigenden Bestimmungen in einer Richtlinie der EWG enthalten sind, so ist das in Ausführung der Richtlinie ergangene nationale Recht maßgebend. Eine Vorlage an den Gerichtshof der Gemeinschaften gemäß Artikel 177 dürfte in diesem Fall allenfalls in Betracht kommen, wenn die Auslegung der Richtlinie zur Auslegung des nationalen Rechts unerläßlich ist. Eine unmittelbare Anrufung des Gerichtshofs der Gemeinschaften durch einen EWG-Angehörigen, der sich durch einen Mitgliedstaat in seinen Rechten verletzt fühlt, ist nach dem EWG-Vertrag nicht zulässig. Sofern die nationalen Gerichte dem Begünstigten nicht zu seinem Recht verhelfen können, muß die Kommission im Vertragsverletzungsverfahren gemäß Artikel 169 gegen den vertragsungetreuen Mitgliedstaat vorgehen.

Welche konkreten *Rechte* stehen nun den Arbeitnehmern der EWG-Staaten *kraft unmittelbar anwendbaren Gemeinschaftsrechts* zu? 1. Das Recht auf Bewerbung um jede freie Stelle verbunden mit dem Recht auf Arbeitsaufnahme in jedem Beruf und jedem Gebiet eines Mitgliedstaates (Art. 1 Abs. 1 der VO 38/64). 2. Daraus erfolgt ein Anspruch auf Erteilung der Arbeitserlaubnis (Art. 22 der VO), die derzeit immer noch grundsätzlich erforderlich ist. Ein Arbeitnehmer aus einem Nicht-EWG-Staat hat einen derartigen Anspruch grundsätzlich nicht. 3. Der EWG-Angehörige ist berechtigt, im Rahmen einer Dienstleistungstätigkeit seines Arbeitgebers im anderen Mitgliedstaat zu arbeiten (Art. 1 Abs. 2 der VO). 4. Der EWG-Angehörige hat einen Anspruch auf Inländerbehandlung (Art. 9 Abs. 1) hinsichtlich aller Arbeits- und Beschäftigungsbedingungen (Lohn, Arbeitszeit, Urlaub, Kündigung). Dieser Anspruch dient nicht nur dem Schutze des Ausländers gegen Ausbeutung, sondern auch dem Schutz des inländischen Arbeiters gegen Unterbietung. Die Vertragsfreiheit der Tarifvertragsparteien und der Parteien eines Einzelarbeitsvertrags wird insofern eingeschränkt, als alle Bestimmungen nichtig sind, die für Angehörige anderer Mitgliedstaaten diskriminierende Bedingungen vorsehen oder zulassen (Art. 9 Abs. 3 der VO Nr. 38/64). Selbstverständlich ist der Staatsangehörige aus anderen EWG-Staaten dem Recht des Aufnahmestaats unterworfen. Das internationale Privatrecht des Aufnahmestaats bestimmt auch, nach welchem Recht sich das einzelne Arbeitsverhältnis richtet. 5. Der

EWG-Ausländer hat in der Bundesrepublik Deutschland nicht nur ein Wahlrecht zum Betriebsrat, wie alle anderen ausländischen Arbeitnehmer, sondern er ist nach dreijähriger Tätigkeit im Betrieb auch selbst wählbar (Art. 9 Abs. 2 der VO Nr. 38/64). Durch die Gewährung des Anspruchs auf Wählbarkeit wurden der Begriff der Arbeits- und Beschäftigungsbedingungen sehr extensiv ausgelegt. Der § 7 des Betriebsverfassungsgesetzes, der für die Wählbarkeit zum Betriebsrat das Wahlrecht zum Bundestag vorsah, ist durch die EWG-Verordnung Nr. 38/64 außer Kraft gesetzt worden. Da das deutsche Betriebsverfassungsrecht dem Betriebsrat verhältnismäßig weitgehende Befugnisse einräumt — weitere als in anderen Mitgliedstaaten — wird den EWG-Angehörigen hier ein erhebliches Maß an Vertrauen entgegengebracht und Mitverantwortung übertragen. 6. Der EWG-Angehörige hat auch einen Rechtsanspruch auf Beitritt zu einer Gewerkschaft (Art. 9 Abs. 2 der VO). Ihm kann also der Beitritt nicht aus Gründen seiner Staatsangehörigkeit verweigert werden. Auch dies ist ein Eingriff in die Vertragsabschlußfreiheit. 7. Die Familienangehörigen des Arbeitnehmers haben ein Recht auf Wohnungsnahme beim Arbeitgeber, sofern eine ausreichende Wohnung vorhanden ist. Sie erwerben damit gleichzeitig die Berechtigung, im Aufnahmeland einer Beschäftigung nachzugehen (Art. 18 der VO). Die Kinder sind zum Schulbesuch und zur Lehrlings- und Berufsausbildung wie Inländer berechtigt (Art. 21 der VO). Es handelt sich hier um typische Annexrechte. In den Freizügigkeitsbestimmungen des EWG-Vertrags sind Wohnung, Familie und Schule nicht ausdrücklich angesprochen. Wenn die Freizügigkeit des Arbeitnehmers Effektivität erlangen soll, so kann die Familie des Arbeitnehmers nicht ausgeklammert werden. Schließlich wäre noch auf eine Reihe weiterer Rechte des Einzelnen hinzuweisen, wie etwa auf Benutzung von Umschulungseinrichtungen und Berufsschulen, auf Stellenvermittlungshilfe. Die bisher behandelten Rechte stehen den EWG-Angehörigen unmittelbar auf Grund von Normen des Gemeinschaftsrechts zu. Hinzu kommen aber noch eine Reihe von Rechten, zu deren Gewährung die Mitgliedstaaten durch Richtlinien verpflichtet sind. Dem Einzelnen steht ein Rechtsanspruch erst dann zu, wenn die Mitgliedstaaten ihr Recht entsprechend der Richtlinie umgestaltet haben. Der Einzelne kann sich also nicht unmittelbar auf die Richtlinien berufen, die ja nur an die Staaten gerichtet ist. Die Gerichte können, was bisweilen übersehen wird, die Richtlinien nicht unmittelbar anwenden.

Im Bereich der Arbeitnehmerfreizügigkeit sind zur Zeit folgende Richtlinien von Bedeutung: Die Richtlinie des Rats vom 25. 3. 1964 (64/240) zur Aufhebung der Reise- und Aufenthaltsbeschränkungen[20] und

---

[20] Amtsblatt 1964 S. 981.

die Richtlinie des Rats vom 25. 2. 1964 (64/221) zur Koordinierung der Sondervorschriften für die Einreise und den Aufenthalt von Ausländern[21]. Sie verpflichten die Mitgliedstaaten im wesentlichen, folgende Rechte zu gewähren: 1. Ausreiserecht (Art. 3 Richtl. 64/240); 2. Einreiserecht (Art. 3 Richtl. 64/240); 3. Aufenthaltsrecht und Erteilung einer Aufenthaltserlaubnis, sofern sich der Antragsteller ausweisen und ein Beschäftigungsverhältnis im Aufnahmeland nachweisen kann (Art. 4 Richtl. 64/240); 4. Aus- und Einreiserecht und Aufenthaltsrecht auch für Familienangehörige (Art. 2—4 Richtl. 64/240); 5. Einrichtung eines Rechtsbehelfs gegen die die Einreise und den Aufenthalt verweigernden Entscheidungen, entsprechend der für Inländer gegen Verwaltungsakte bestehenden Rechtsbehelfe (Art. 8 Richtl. 64/221).

Wichtig ist auch, daß die Verweigerung der Einreise oder der ersten Aufenthaltserlaubnis nur noch wegen der in einem Anhang zur Richtlinie 64/221 aufgeführten Krankheiten und Gebrechen zulässig ist (bei quarantänepflichtigen und anderen schwer ansteckenden oder übertragbaren Erkrankungen, wie Tuberkulose oder Syphilis; ferner bei Suchtkrankheiten und Geistesstörungen)[22].

Die Rechtsstellung des einzelnen Arbeitnehmers wäre nicht vollständig dargestellt, wenn nicht auf zwei wesentliche Ausnahmen von der Freizügigkeit hingewiesen würde: Eine *Schutzklausel* erlaubt den Mitgliedstaaten zur Zeit noch bei einem Überangebot von Arbeitskräften in bestimmten Gebieten oder Berufen die Verweigerung von Arbeitserlaubnissen (Art. 2 der VO Nr. 38/64). Für *Beschäftigte in der öffentlichen Verwaltung* finden die Vorschriften der Freizügigkeit keine Anwendung (Art. 48 Abs. 4).

V.

Ebenso wie für die Unselbständigen ist für selbständige Erwerbstätige die Freizügigkeit, d. h. die *Niederlassungs- und Dienstleistungsfreiheit* herzustellen. Dazu sind die bestehenden Beschränkungen im Laufe der Übergangszeit schrittweise aufzuheben. Der Zeitplan ergibt sich aus den Allgemeinen Programmen, die vom Rat am 18. 12. 1961 verabschiedet wurden[23]. Die Aufhebung der Beschränkungen geschieht durch an die Mitgliedstaaten gerichtete Richtlinien, die mit qualifi-

---

[21] Amtsblatt 1964 S. 850.

[22] Über die Gründe, die eine internationale Kontrolle und Zusammenarbeit auf dem Gebiete des Gesundheitswesens erforderlich machen vgl. Bülck, Artikel „Gesundheitswesen, internationales", in Strupp-Schlochauer a.a.O. Bd. I.

[23] Amtsblatt 1962 S. 32, 36.

zierter Mehrheit (Art. 248 Abs. 2) verabschiedet werden können (Art. 54 Abs. 2 und Art. 63 Abs. 2). Im Gegensatz zur Freizügigkeit der Arbeitnehmer steht der Gemeinschaft kein Verordnungsrecht zu.

Zur Durchführung der Allgemeinen Programme wurden bisher 16 Richtlinien vom Rat erlassen, davon 3 Richtlinien, die ausschließlich den Dienstleistungsverkehr betreffen[24]. Der Rat ist mit der Erfüllung des Zeitplans erheblich in Rückstand geraten. Von den Richtlinien erfaßt wurden bisher vor allem die selbständigen Tätigkeiten auf den Gebieten der Landwirtschaft, des Großhandels und der Vermittlertätigkeiten, der Rückversicherung und Retrozession, der Industrie einschließlich der Zweige Elektrizität, Gas, Wasser und sanitäre Dienste sowie des Handwerks und des Filmwesens.

Innerstaatlich wurde den EWG-Richtlinien in der Bundesrepublik Deutschland vor allem durch das Gesetz vom 2. 4. 1964 zur Aufhebung von Erwerbsbeschränkungen für Staatsangehörige und Gesellschaften der Mitgliedstaaten der EWG[25] und durch das Gesetz vom 13. 8. 1965 zur Durchführung von Richtlinien der EWG über die Niederlassungsfreiheit und den freien Dienstleistungsverkehr[26] Rechnung getragen. Das Erfordernis der Reisegewerbekarte für Ausländer gemäß § 55 d der Gewerbe-Ordnung und das Erfordernis einer besonderen Genehmigung für die Zulassung ausländischer juristischer Personen zum Gewerbebetrieb im Inland (§ 12 GewO und § 292 AktG) wurden abgeschafft. Wenn eine besondere Genehmigung zum Gewerbebetrieb im Inland nicht von allen ausländischen juristischen Personen gefordert worden wäre, sondern nur von denen, die den Anforderungen des deutschen Rechts hinsichtlich des Gläubigerschutzes nicht entsprechen, so wäre das in den Richtlinien enthaltene Aufhebungsverlangen wohl nicht gerechtfertigt gewesen. Von Frankreich wird in den Richtlinien vor allem die Beseitigung des Erfordernisses der carte d'identité d'étranger commerçant und die Abschaffung der Vorschriften verlangt, die an die Zusammensetzung der Leitungs- und Überwachungsorgane der Gesellschaften besondere Anforderungen etwa in der Weise stellen, daß der Vorsitzende des Aufsichtsrats, der Generaldirektor und 2/3 der Aufsichtsratsmitglieder einer Aktiengesellschaft Franzosen sein müssen.

Auf dem Sektor der freien Berufe sind bislang noch keine Richtlinien ergangen[27] und auch die Koordinierung der gesellschafts-

---

[24] Vgl. die Übersicht in dem Fundstellennachweis für das Recht der Europäischen Gemeinschaften von Bülow und Langner, 4. Aufl., Beilage zum Bundesanzeiger Nr. 16 vom 25. 1. 1966 mit Nachtrag vom 21. 7. 1966, Bundesanzeiger Nr. 133.

[25] BGBl. 1964 I S. 248.

[26] BGBl. 1965 I S. 849.

[27] Schwierigkeiten bestehen hier vor allem bei den Berufen, die in einigen

rechtlichen Schutzbestimmungen, die nach dem Allgemeinen Programm bis Ende 1963 erfolgt sein sollte, ist noch nicht durchgeführt.

Im Gegensatz zur Freizügigkeit der Arbeitnehmer ist die Niederlassungs- und Dienstleistungsfreiheit der Selbständigen in der Gemeinschaft mit dem spezifischen *Problem der Koordinierung* der Berufszulassungs- und Ausübungsbedingungen mit der gegenseitigen Anerkennung der Befähigungsnachweise belastet[28]. Zwar besteht ein Junktim zwischen der Aufhebung der Niederlassungs- und Dienstleistungsbeschränkungen für Ausländer und der Koordinierung nur für wenige Berufszweige[29], dennoch sind die faktischen Hemmnisse unverkennbar, die sich aus den unterschiedlichen Berufs- und Gewerbeordnungen für die freie Niederlassung und Dienstleistung ergeben. Durch die unterschiedlichen Anforderungen, die die Mitgliedstaaten an die Aufnahme und Ausübung eines selbständigen Berufs oder Gewerbes stellen, wird der Zugang zu den fraglichen Tätigkeiten für Ausländer oft unangemessen erschwert. Der Ausländer zeigt im allgemeinen wenig Neigung, eine Befähigung, die er bereits im Heimatstaat besitzt, im Aufnahmestaat nochmals unter erschwerten Bedingungen unter Beweis zu stellen. Unter solchen Bedingungen wird er vielfach lieber auf einen Ortswechsel verzichten. Auf der anderen Seite kann bei unterschiedlicher Reglementierung eines Berufs auch ein bedenkliches Zuwanderungsgefälle in Richtung auf die liberalste Regelung entstehen. Die strenge Berufsregelung hält erfahrungsgemäß den Ausländer ab, die liberale zieht ihn an. Die Chancengleichheit und Wettbewerbsgleichheit der Marktbeteiligten wird dadurch gefährdet. Denn auch hinsichtlich des Berufszugangs und der Berufsausübung muß sich die Gemeinschaft am Leitbild des Binnenmarkts orientieren.

Soweit auf dem Binnenmarkt unterschiedliche Anforderungen als tragbar angesehen werden, können sie erst recht im Gemeinsamen Markt hingenommen werden. Wo dagegen unterschiedliche Anforderungen im Binnenmarkt unerträglich wären, da können sie auch im Gemeinsamen Markt auf die Dauer schwerlich Bestand haben, sondern müssen durch eine Koordinierung überwunden werden.

Mitgliedstaaten strikten berufsordnenden Regelungen unterworfen sind oder deren Tätigkeit mit der öffentlichen Gewalt verbunden ist (Art. 55). Auf die umstrittene Auslegung des Art. 55 kann in diesem Zusammenhang nicht eingegangen werden.

[28] Zum Thema Niederlassungsrecht und Rechtsangleichung, s. insbesondere Everling und Nicolaysen in Aktuelle Fragen des europäischen Gemeinschaftsrechts — Heft 29 der Beihefte der „Zeitschrift für das gesamte Handels- und Wirtschaftsrecht", S. 60 bzw. 91 ff.

[29] Für die ärztlichen, arztähnlichen und pharmazeutischen Berufe gemäß Art. 57 Abs. 3 des Vertrags und für die Versicherungsunternehmen auf Grund der Allgemeinen Programme.

Zwei Beispiele mögen die Problematik verdeutlichen:

In Deutschland und Luxemburg wird für die selbständige Ausübung des Handwerksberufs ein besonderer Befähigungsnachweis verlangt. In den anderen Mitgliedstaaten herrscht dagegen völlige Gewerbefreiheit. Die deutschen und luxemburgischen Handwerker könnten daher frei in den anderen Mitgliedstaaten tätig werden und sich dort niederlassen. Die Handwerker der anderen Staaten müßten dagegen hier erst ihre Befähigung in einem Prüfungsverfahren nachweisen. Die Gemeinschaft versucht das Ungleichgewicht der Berufsordnungen zunächst im Wege von Übergangsmaßnahmen dadurch auszugleichen, daß sie den stark reglementierenden Staaten eine Auflockerung ihrer Zulassungsbedingungen zugunsten der EWG-Ausländer vorschreibt und gleichzeitig den liberalen Staaten für den Fall ernsthafter Schwierigkeiten eine Ermächtigung in Aussicht stellt, von den zuwandernden deutschen und luxemburgischen Staatsangehörigen den heimischen Befähigungsnachweis zu verlangen[30]. Für den EWG-Ausländer wird in der Bundesrepublik Deutschland nicht mehr der große Befähigungsnachweis verlangt, wenn sie die in der Richtlinie bezeichneten Nachweise (z. B. ununterbrochene sechsjährige Tätigkeit im anderen Land) erbringen können.

Ein anderes Beispiel bilden die in allen anderen Mitgliedstaaten bestehenden geographischen bzw. auf die jeweilige Einwohnerzahl abgestellten Zulassungsbeschränkungen für Apotheken, während in Deutschland der numerus clausus durch die Rechtsprechung des Bundesverfassungsgerichts aufgehoben wurde[31]. Im Falle der Einführung der Niederlassungsfreiheit ohne die in Artikel 57 Absatz 3 vorgesehene Koordinierung könnten sich die auf Verselbständigung wartenden Apotheker des anderen Mitgliedstaats in Deutschland ohne weiteres niederlassen, während deutsche Apotheker in diesen Staaten mit einem Platz auf der Warteliste vorlieb nehmen müßten.

Die angeführten Fälle dürften zu Genüge zeigen, welche Schwierigkeiten im Bereich der Koordinierung gemäß Artikel 57 noch überwunden werden müssen. Hier steht die Gemeinschaft noch am Anfang. Es wurden bisher erst zwei Übergangsrichtlinien, die das Problem der Koordinierung anpacken, erlassen. Mit raschen Erfolgen dürfte auf diesem Gebiet auch in naher Zukunft noch nicht zu rechnen sein.

---

[30] Vgl. Art. 3 bis 5 der Richtlinie des Rats vom 7. 7. 1964 über Einzelheiten der Übergangsmaßnahmen auf den Gebieten der selbständigen Tätigkeiten der be- und verarbeitenden Gewerbe der CITI-Hauptgruppen 23—40 — Industrie und Handwerk — (64/427/EWG), Amtsblatt 1964 S. 1863. Art. 5 ist ein Beispiel für eine Ausländerdiskriminierung in einem Gemeinschaftsbeschluß, Art. 3 ein Beispiel für eine Inländerdiskriminierung. Beide müssen wohl als Übergangsmaßnahmen hingenommen werden.

[31] BVerfGE Bd. 7 S. 377.

Die Anwendung von Diskriminierungsverboten im Gemeinsamen Verkehrsmarkt

Von Werner Klaer

Dem kontinentalen Rechtsdenken des 19. Jahrhunderts ist die „Diskriminierung" als Rechtsbegriff noch unbekannt. Erst das beginnende 20. Jahrhundert nahm ihn nach dem Ende des ersten Weltkrieges in eine Reihe völkerrechtlicher Verträge, vorzüglich solche des internationalen Verkehrsrechts zögernd, ohne größere praktische Wirkung und auch nur bezüglich eines besonderen, dem Gegenstande völkerrechtlicher Beziehungen angemessenen Falles auf, nämlich der Diskriminierung „nach der Nationalität" des Beförderungsmittels und des Beförderungsgutes. Sie wird seither auch als Diskriminierung „nach Herkunft und Bestimmung der Güter" bezeichnet und ihr Verbot hat insbesondere die Freiheit des Transitverkehrs zur Folge. Beispiele hierfür bilden Artikel 4 der Mannheimer Akte von 1868, die jedoch als Vorläufer den Begriff der Diskriminierung, etwa von Flaggen, noch nicht ausdrücklich verwendet; ferner Teil XII, Artikel 321 ff. des Friedensvertrages von Versailles von 1919, der den deutschen Eisenbahnen vorübergehend und ohne Gewährleistung der Gegenseitigkeit die Beachtung einer Art Meistbegünstigungsklausel bei der nationalen und internationalen Frachtenbildung auferlegte; weiter Konvention und Statut über die Freiheit des Transitverkehrs vom 20. April 1921, (Barcelona-Statut) und Konvention und Statut über den internationalen Eisenbahnverkehr vom 9. Dezember 1923 (Genfer Statut)[1]; schließlich die Schlußakte der Konferenz der Vereinten Nationen in Havanna vom 21. November 1947 bis 24. März 1948 (Havanna-Charter), die nicht nur für die Frachten und Beförderungsbedingungen der Verkehrsträger, sondern in ihren allgemeinen Zielen die Beseitigung von Diskriminierungen im gesamten internationalen Warenverkehr vorsah.

Die europäischen Integrationsverträge, und zwar der Vertrag über die Gründung der Europäischen Gemeinschaft für Kohle und Stahl vom 18. April 1951 (EGKS-Vertrag) in seinen Artikeln 60 § 1, 69 § 4 und 70 Absatz 2, ebenso der Vertrag zur Gründung der Europäischen Wirt-

---

[1] Texte beider Konventionen bei Haustein-Pschirrer, Internationales Eisenbahnrecht, Quellensammlung, 1956, S. 85 ff., 539 ff.

schaftsgemeinschaft vom 17. April 1957 (EWG-Vertrag, hier Art. 7 und 79 Abs. 1) übernehmen das Diskriminierungsverbot nach der Staatsangehörigkeit bzw. nach dem Herkunfts- oder Bestimmungsland als ein bereits anerkanntes Prinzip des internationalen Zusammenlebens in einer Gemeinschaft. Beide Verträge gehen aber, zweifellos nicht in Entwicklung der wirkungslos gebliebenen europäischen Vorläufer, sondern vielmehr in Anknüpfung an die Jahrzehnte früher einsetzende und weiter fortgeschrittene nordamerikanische Rechtsentwicklung (Sherman Act von 1880, Clayton Act von 1914, Interstate Commerce Act von 1887) erheblich weiter. Sie führen allgemeine Diskriminierungsverbote ein[2], bei denen die verbotene unterschiedliche Behandlung nicht lediglich auf die „Staatsangehörigkeit" beschränkt bleibt, sondern auf materielle Kriterien allgemeiner Art bis zur völligen Gleichbehandlung vergleichbarer Fälle ausgedehnt wird. Dies ist in den Artikeln 4 Buchstabe b, 60 § 1 und 70 Absatz 1 des EGKS-Vertrages und in den Artikeln 85 Buchstabe d und 86 Absatz 2 Buchstabe c des EWG-Vertrages geschehen, sowie nach dessen Artikel 79 Absatz 2 im Rahmen der allgemeinen Verkehrspolitik der EWG künftig möglich.

Im Gegensatz zu den Konventionen von Barcelona und Genf, die sich auf die Aufstellung eines Grundsatzes beschränkten, keine Kontrollorgane und keine Rechtsgarantien für die Beachtung des Verbots schufen, stellen die allgemeinen Diskriminierungsverbote der Integrationsverträge unmittelbar anwendbares Recht dar, dessen Erzwingbarkeit durch Exekutive und Gerichtshof gesichert ist. Ihre Durchführung wirft neuartige, einer befriedigenden Lösung noch harrende Fragen auf. Die systematische Forschung steht noch in ihren Anfängen; die Verwaltungserfahrungen der Kontrollorgane — Hohe Behörde und EWG-Kommission — beruhen auf einer Praxis von nur wenigen Jahren. Einige Urteile des Gerichtshofes der Europäischen Gemeinschaften befassen sich im wesentlichen mit Fragen des Eisenbahnverkehrs, besonders zur Anwendung und Auslegung des Artikels 70 Absatz 1 und 4 EGKS-Vertrag[3]. Vor allem lehrt die bisherige Praxis, daß sich die Feststellung unterschiedlicher Behandlung, d. h. der Anwendung unvergleichbarer Bedingungen auf vergleichbare Geschäfte, so wie es Artikel 60 § 1 und Artikel 70 Absatz 1 EGKS-Vertrag definieren, nicht mit einer formalen Gleichheitsprüfung begnügen kann. Sie muß vielmehr in eine abwägende Auswahl der Gleichheit oder Ungleichheit

---

[2] Die hier gewählte Terminologie „spezielle" und „allgemeine" Diskriminierungsverbote ist mit Vorsicht zu verwerten; Zimmermann, Die Preisdiskriminierung im Recht der EGKS, 1962, S. 76, 77 bezeichnet Art. 60 und 70 EGKS-Vertrag als spezielles und lediglich dessen Art. 4 b als allgemeines Diskriminierungsverbot.

[3] RSprGH Bd. VI/1 S. 373 ff., 513 ff.; Bd. VI/2 S. 591 ff.

qualifizierenden Umstände eintreten; die Elemente der Prüfung tragen, wie bei der Anwendung des verfassungsrechtlichen Gleichheitssatzes, in hohem Maße Wertentscheidungen in sich[4].

Beispiele mögen die Notwendigkeit und die Problematik wertender Beurteilung verdeutlichen. Der Fall des Negers, der einen höheren Fahrpreis zahlen muß, ist simpel. Aber schon der Fall des Negers, dem ein ermäßigter Preis angeboten wird, erfordert Überlegungen, die weit über die gewöhnliche juristische Subsumtion und Deduktion hinausgehen. Ist es wirklich seine Hautfarbe oder nicht vielmehr seine Armut, in der Ausdrucksweise der Wirtschaftswissenschaft seine geringe Nachfrageelastizität, die möglicherweise die Vergleichbarkeit und damit die Diskriminierung ausschließt? In der Preispolitik der großen Unternehmen, z. B. der Unternehmen des Artikels 80 EGKS-Vertrag, zeigen sich ferner Preisdifferenzierungen nach der Art der Ware, der Menge (Verkauf en gros oder en détail), dem Zeitpunkt oder dem Ort der Lieferung und schließlich und vor allem Differenzierungen, die sich aus der Marktsituation ergeben. Hier führt eine rein formale Prüfung zu nichts. — Noch größere Schwierigkeiten ergeben sich, wenn Frachten und Transportbedingungen verglichen werden. Wenn Erzeuger ihre Preise, z. B. nach Verkaufszonen, vorzüglich nach bestrittenen und unbestrittenen Gebieten differenzieren (vgl. die Anwendung der Section 2 des Clayton Act im Fall Standard Oil durch den USA Supreme Court), so sind die Fakten jedenfalls leicht festzustellen. Der konkrete Transportpreis ist aber die Funktion nicht einer, sondern einer ganzen Reihe variabler Größen, nämlich der Entfernung (Entfernungsstaffel), der Güterart (Klassen- oder Wertstaffel), der Beförderungsart (Frachtgut, Eilgut, Expressgut), der Beförderungsmenge (Stückgut, Wagenladungen, Zuggruppen, geschlossene Züge) und schließlich der Verkehrsdichte und der technischen Beschaffenheit der befahrenen Strecke (sog. Intensitätsstaffel im Gegensatz zur sog. Tarifgleichheit im Raum). Es ist daher im Bereich der Transportpreise unvergleichlich viel schwieriger, im wertenden Urteil gerechtfertigte und ungerechtfertigte Differenzierungen zu trennen oder, wie es der Europäische Gerichtshof einmal ausgedrückt hat, zu unterscheiden zwischen dem Anschein formeller Diskriminierung ohne rechtliche Folgen und echter materieller Diskriminierung, die allein Objekt von Verboten sein kann[5]. Zu der Rechtskunde des Verwaltungsjuristen muß daher die Sachkunde hinzutreten. Das ist wahrscheinlich auch der Grund dafür, daß die Anwendung von Diskriminierungsverboten gerade die Verwaltungswissen-

---

[4] Ipsen, „Gleichheit", in: Handbuch der Theorie und Praxis der Grundrechte, hrsg. v. Neumann-Nipperdey-Scheuner, 1954—62, Bd. 2 S. 111 ff., 178.

[5] RsprGH Bd. IX/2 S. 357 ff., 361, 384.

schaft interessiert und rechtssystematisch dem Wirtschaftsverwaltungsrecht zuzurechnen ist. In den folgenden Ausführungen sollen, soweit möglich, Verwaltungserfahrungen mitgeteilt werden, wie es wohl auch der beschränkten Kompetenz eines „schreibenden Praktikers" entspricht.

I.

Der Begriff der Diskriminierung stellt der Ermittlung seines formalen Inhalts erfreulicherweise keine besonderen Schwierigkeiten entgegen. Abgeleitet aus dem Lateinischen (cernere, discrimen), ist die reine Wortbedeutung in der deutschen, französischen, italienischen, niederländischen und auch in der englischen Sprache dieselbe. Sprachprobleme, wie sie sich aus der Abfassung der Integrationsverträge in vier Sprachen zuweilen stellen, vgl. zum Beispiel „unbeschränkte Ermessensnachprüfung — uneingeschränktes Nachprüfungsrecht — pleine juridiction — appréciation du bien-fondé" in Artikel 172 EWG-Vertrag und Artikel 37 EGKS-Vertrag[6] und „mesures intérieures spéciales — Ausnahmetarife im Binnenverkehr" in Artikel 70 Absatz 4 EGKS-Vertrag[7], bestehen nicht. Ebenso ist es unstreitig, weil aus der Notwendigkeit des Vergleichs mehrerer, zumindest zweier Fälle folgend, daß es keine „discrimination en soi" geben kann. Die zu vergleichenden Preise (Frachten) müssen ferner Preise *eines* Unternehmens sein. Diskriminierungen durch verschiedene, unabhängig voneinander handelnde Personen — z. B. regionale Unterschiede in den Hafengebühren, nationale Steuerunterschiede — sind begrifflich unmöglich[8]. Die Integrationsverträge verwenden, insoweit solche Tatbestände dem Gemeinsamen Markt schädlich sind, korrekterweise den Begriff und die Verpflichtung zur Harmonisierung, zum Beispiel § 10 Absatz 3 Nr. 3 des Abkommens über die Übergangsbestimmungen zum EGKS-Vertrag: Angleichung der Frachten und Beförderungsbedingungen; ferner Artikel 99 EWG-Vertrag: Steuerharmonisierung; Artikel 100 ff. EWG-Vertrag: Angleichung der Rechtsvorschriften.

---

6 Vgl. die Anmerkung von Ottmann zu Lagrange, Les pouvoirs de la Haute Autorité et l'application du Traité de Paris, in: Revue du Droit Public et de la Science Politique en France et à l'Etranger 1961 No. 1;

ferner Klaer, Verpflichtungen der Mitgliedstaaten der Europäischen Gemeinschaft für Kohle und Stahl auf dem Gebiete des Transportwesens — Rechtsetzungsbefugnis der Hohen Behörde, in: Archiv für Eisenbahnwesen 1962 S. 31 ff., 37.

7 Vgl. Klaer, Der Verkehr im Gemeinsamen Markt für Kohle und Stahl, 1961, S. 74.

8 Vgl. RsprGH Bd. II S. 53 ff., 94 f., 113.

Wenig Beachtung gefunden hat indessen bisher, daß die Erweiterung des Verbots „nach der Nationalität" in Richtung allgemeiner Verbote nicht nur seinen Anwendungsbereich, sondern möglicherweise auch seinen Inhalt ändert. Diskriminierung nach der Nationalität ist immer unterschiedliche Behandlung, so ausdrücklich Artikel 79 Absatz 1 EWG-Vertrag: „unterschiedliche Frachten". Gleiches soll nicht ungleich behandelt werden. Bei allgemeinen Verboten stellt sich indessen die Frage, ob auch Gleichbehandlung unvergleichbarer Fälle den Tatbestand verbotener Differenzierung erfüllen kann. Die Problematik ist aus der Anwendung des Gleichheitsgrundsatzes bekannt[9]. Mit dem Wortlaut des Artikels 60 EGKS-Vertrag ist diese Erweiterung nicht leicht zu vereinbaren. Gleichwohl hat der Europäische Gerichtshof die Frage für die Diskriminierung nach den Integrationsverträgen positiv beantwortet[10].

II.

Die Komplikationen, die der Sachverhalt in tarifarischer, verkehrs- und betriebstechnischer Hinsicht und bezüglich der wirtschaftlichen und kommerziellen Hintergründe der von den Unternehmen gewählten Preisbildungssysteme der Subsumtion unter das Diskriminierungsverbot entgegenstellt, hat die amerikanische Gesetzgebung frühzeitig veranlaßt, der Interstate Commerce Commission, dem Kontrollorgan des Interstate Commerce Act, aufzuerlegen, vor ihrer Entscheidung über Tarifdiskriminierungen, insbesondere nach Part I Section 2, Part II Section 217 und Part III Section 305 (Generalklauseln), sowie nach Part I Section 4 (Long and Short Haul Clause) des Interstate Commerce Act die Sachgrundlage der Beschwerden der Verlader und der Rechtfertigungsversuche der angegriffenen Verkehrsträger in sogenannten „hearings" zu klären (vgl. auch Part. I Sections 13 u. 15). Die Exekutiven der Integrationsverträge haben ein ähnliches Verfahren übernommen, teils auf Grund ausdrücklicher Vorschrift (§ 10 der Übergangsbestimmungen zum EGKS-Vertrag), teils gehalten durch die dem Kohle- und Stahlmarkt eigentümlichen engen Wechselbeziehungen zwischen Verkehr und Markt. Den Empfehlungen der Hohen Behörde an die Regierungen der Mitgliedstaaten zur Beseitigung der Frachtdiskriminierungen nach der Nationalität (Art. 70 Abs. 2 und Art. 14 Abs. 3 EGKS-Vertrag, § 10 Abs. 3 Nr. 1 der Übergangsbestimmungen) gingen gründliche Untersuchungen unabhängiger Sachverständiger mit sorgfältig

---

[9] Vgl. Zimmermann, a.a.O. S. 76, 77 und die dort gegebenen Hinweise; nach Zimmermann gilt: „Ungleiches" darf nicht gleich behandelt werden nur für Art. 4 Buchst. b EGKS-Vertrag; vgl. auch Anm. 2.

[10] RsprGH Bd. IX/2 S. 357 ff., 385.

begründeten Vorschlägen an die Hohe Behörde voraus[11]. Die Entscheidungen der Hohen Behörde über die Aufhebung oder Genehmigung von Ausnahmetarifen im Binnenverkehr „zugunsten eines oder mehrerer Unternehmen der Kohleförderung und Stahlerzeugung" (Art. 70 Abs. 4 EGKS-Vertrag) wurden erst nach eingehender und langwieriger Beratung ihrer Dienste mit den betroffenen Eisenbahnverwaltungen, Regierungen, Produzenten und begünstigten Verbrauchern erlassen. Bei allen diesen Verhandlungen, als Vorgängen auf der Verwaltungsebene, spielt das „Warum" der geforderten Maßnahmen eine Klima und Ergebnis der Aussprache mitentscheidend beeinflussende Rolle. Die Kontrollorgane der Integrationsverträge haben auch die Aufgabe zu überzeugen (vgl. z. B. Art. 5 und 15 EGKS-Vertrag). Die Frage nach der ratio von Diskriminierungsverboten hat daher keineswegs nur rechtsphilosophische und rechtstheoretische Bedeutung, sondern geht den Verwaltungsbeamten unmittelbar an. Wertende Verwaltungsentscheidungen gewähren notwendig einen gewissen Ermessensspielraum, d. h. die Möglichkeit mehrerer richtiger Entscheidungen, der sich der späteren richterlichen Nachprüfung entzieht (vgl. z. B. Art. 33 Abs. 1, Satz 2 EGKS-Vertrag und für das deutsche Recht § 114 VwGO). Die Beurteilung durch die Exekutive ist somit wenigstens teilweise endgültig. Es sei daher der Versuch unternommen, die ratio legis im Rahmen vorwiegend verwaltungswissenschaftlicher Betrachtungen zu ergründen. Der Unterschied zwischen fas und jus oder, wenn dieser Vergleich zu gewagt erscheint, etwa der zwischen der ratio des Gesetzes gegen den unlauteren Wettbewerb (UWG) und der des Gesetzes gegen Wettbewerbsbeschränkungen (GWB) zeigt sich auch beim Diskriminierungsverbot.

So ist die ratio des Verbotes „nach der Nationalität" verhältnismäßig einfach aufzuzeigen. Das Verbot ist zwar seiner Herkunft nach öffentliches Recht (Völkerrecht, Gemeinschaftsrecht), aber seine Wirkung liegt im Privatrecht, indem es die Vertragsfreiheit der Verbotsadressaten beschränkt[12]. Es widerspricht deshalb formal dem Grundsatz der Vertragsfreiheit, so wie er im Rechtsleben als eine Art Grundrecht des Individuums anerkannt ist, zum Beispiel ausdrücklich in Artikel 152 der Weimarer Reichsverfassung. Indessen findet die Freiheit des ein-

---

[11] Vgl. Klaer, a.a.O. S. 37, 106 ff.

[12] Zimmermann a.a.O. S. 55 ff. und ebenso Loerke, Hoheitliche Gewalt und Diskriminierungsverbot nach dem Montanvertrage, 1964, gehen davon aus, daß auch die Mitgliedstaaten und die Hohe Behörde die Diskriminierungsverbote der Verträge beachten müssen. Hier erscheint, wenn auch die materielle Bedeutung gering ist, eine begriffliche Klärung erwünscht. Das Diskriminierungsverbot sollte auf privatrechtliches Handeln und auf das Völkervertragsrecht beschränkt bleiben. „Diskriminiert" die Hohe Behörde oder die EWG-Kommission in Ausübung öffentlicher Gewalt, so verletzt sie den auch für sie geltenden Gleichheitsgrundsatz.

zelnen ihre Grenze in der Freiheit der anderen; das Recht wird durch seinen Mißbrauch verzehrt[13]. Es besteht deshalb eine nicht etwa nur an zeitweilige wirtschaftspolitische Ordnungsvorstellungen gebundene, sondern eine allgemeine Rechtsüberzeugung, daß Preisdifferenzierungen, die auf unfairen, böswilligen und sittenwidrigen, d. h. in dem Sinne sachfremden Motiven beruhen, daß sie den allgemeinen Überzeugungen über Treu und Glauben im Wirtschaftsleben widersprechen, mißbräuchlich sind und daher durch Berufung auf den Grundsatz der Vertragsfreiheit nicht legalisiert werden können. Für den Bereich des deutschen Rechts kann, wenn auch nicht ohne Bedenken im einzelnen, auf die in den §§ 138, 242 und 826 BGB enthaltenen allgemeinen Rechtsgedanken hingewiesen werden[14]. Immerhin ist es noch neu, zur Bestimmung der Grenzen und des Inhalts der Leistungspflicht nach den §§ 138, 242 BGB, wie beim Diskriminierungsverbot notwendig, auch den Inhalt anderer, ähnlicher Verträge vergleichsweise heranzuziehen. Erhöhte Preise für Neger oder Flüchtlinge, willkürliche Preiserhöhungen bei regionalen Krisen oder bei Katastrophen gehören hierhin. Das klassische Beispiel der amerikanischen Verkehrsgeschichte waren die „Mitternachtstarife" der Eisenbahnen, so genannt, weil die Zeitspanne zwischen Veröffentlichung und Inkrafttreten so kurz bemessen wurde, daß nur ein kleiner Kreis Eingeweihter von ihnen profitieren konnte. Willkürlich und sachfremd ist aber auch jede Differenz von Preisen und Frachten nur nach der Nationalität des Käufers oder Verladers, da diese kein Marktelement ist. Diskriminierungsverbote nach der Nationalität stehen somit in Übereinstimmung mit allgemeingültigen Rechtsüberzeugungen[15]. Es ist deshalb nicht überraschend, daß Artikel 70 Absatz 2 EGKS-Vertrag in den Jahren 1952/53 gewissermaßen lautlos durchgeführt wurde. Im ganzen erließ die Hohe Behörde 44 Empfehlungen[16]; nur in wenigen Fällen mußten Gegenvorstellungen der Regierungen der Mitgliedstaaten ausgeräumt

---

[13] „Freiheit im Recht bedeutet nicht Freiheit vom Recht, sondern Freiheit von Rechts wegen" (Ballerstedt, Übernationale und nationale Marktordnung, eine montanrechtliche Studie, 1955, S. 52).

[14] Vgl. Raiser, Vertragsfreiheit heute, in JZ 1958 S. 1.

[15] Sie erfüllen zweifellos nicht die strengen Anforderungen, die an ein völkerrechtliches „principe général" gestellt werden; ebenso fällt auf, daß Art. 70 Abs. 2 EGKS-Vertrag und Art. 79 Abs. 1 EWG-Vertrag nur „im Verkehr innerhalb der Gemeinschaft" gelten. Es ist jedoch zu beachten, daß die Ausdehnung des Grundsatzes auf den Verkehr mit dritten Ländern nicht in die Verträge selbst aufgenommen werden konnte, sondern mit Rücksicht auf die Frage der Gegenseitigkeit in besonderen völkerrechtlichen Verträgen auszuhandeln war; vgl. z. B. Art. 4 des Abkommens über die Einführung direkter internationaler Eisenbahntarife im Verkehr mit Kohle und Stahl im Durchgang durch das schweizerische Gebiet vom 28. Juli 1957 (Amtsblatt 1957 S. 223 f.).

[16] Vgl. Klaer, a.a.O. Anhang VI, S. 364 ff.

werden. Nichtigkeitsklage vor dem Europäischen Gerichtshof wurde in keinem Fall erhoben. Die EWG-Kommission machte bezüglich der Eisenbahngütertarife für Nichtmontangüter ähnliche Erfahrungen. Schon bald nach Ratifizierung des EWG-Vertrages fand ein allgemeiner freiwilliger Hausputz bei den Eisenbahntarifen der Mitgliedstaaten statt; Empfehlungen der EWG-Kommission zu Artikel 79 Absatz 1 EWG-Vertrag sind nicht bekannt geworden. Zwar hat der Rat der EWG am 27. Juni 1960 die Verordnung Nr. 11 über die Beseitigung von Diskriminierungen auf dem Gebiet der Frachten und Beförderungsbedingungen gemäß Artikel 79 Absatz 3 des EWG-Vertrages erlassen[17]. Diese Verordnung, inhaltlich im Hinblick auf ihre Vorschriften über die Information des Kontrollorgans, die Notwendigkeit eines Beförderungspapiers für jede Beförderung innerhalb der Gemeinschaft und die Möglichkeit direkter Sanktionen gegen die Verkehrsunternehmen von grundsätzlichem Interesse, hatte daher für den Eisenbahnverkehr nur geringe praktische Bedeutung; im wesentlichen sollte sie die formalen Grundlagen für die künftige gemeinsame Verkehrspolitik, so wie sie Artikel 74 und 75 EWG-Vertrag vorsehen, auch für Schiffahrt und Kraftwagen schaffen.

III.

Auf das Diskriminierungsverbot allgemeinen Inhalts, das eine Gleichbehandlungspflicht in der Preisstellung gegenüber ganzen Gruppen von Verbrauchern und Verkehrsnutzern zur Folge hat, lassen sich die Überlegungen zur ratio der Diskriminierung nach der Nationalität indessen nicht übertragen. Das Verbot der Anwendung ungleicher Bedingungen auf vergleichbare Geschäfte (Art. 60 § 1 EGKS-Vertrag), beziehungsweise das Gebot der Anwendung vergleichbarer Preisbedingungen (Frachten) auf Verbraucher (von Verkehrsleistungen) in vergleichbarer Lage (Art. 70 Abs. 1 EGKS-Vertrag) schließen nicht nur unfaire, willkürliche oder sonst sachfremde Differenzierungen, sondern auch solche aus, die auf Unterschieden in der Nachfrageelastizität auf der Käufer- oder Verbraucherseite und insofern auf wohlbegründeten kommerziel-

[17] Amtsblatt 1960 S. 1121 ff. und dazu Ausführungsgesetz der Bundesrepublik vom 1. August 1961 (BGBl. 1961 I S. 1153 ff.). Inzwischen hat die EWG-Kommission dem Rat am 6. 7. 1965 den Vorschlag einer Verordnung über die Beseitigung von Diskriminierungen auf dem Gebiet der Frachten und Beförderungsbedingungen (gestützt auf Art. 7, 75 und 79 Abs. 2 des EWG-Vertrages) vorgelegt (Dok.KOM (65) 355 endg.). Der Entwurf behandelt in seinem Art. 1 eine Reihe von Fällen, die nach dem bisher anerkannten Inhalt des Diskriminierungsverbots „nach der Nationalität“ nicht erfaßbar waren. Das gilt besonders für Art. 1 Abs. 1 Buchst. b Nr. 2 des Entwurfs betr. Diskriminierungen in der Seehafenpolitik der Mitgliedstaaten in den Leitungs- (Wege)vorschriften der internationalen Eisenbahngütertarife; vgl. hierzu unten S. 113.

len Erwägungen beruhen. Wirtschaft und Verkehrswirtschaft, die die Beseitigung der Diskriminierungsverbote nach der Nationalität widerspruchslos hingenommen haben, sehen in dieser Erweiterung eine Last, die ihre kommerzielle Bewegungsfreiheit empfindlich einschränkt. Gelegentlich ist sogar behauptet worden, daß eine so weitgehende Beschränkung in der Freiheit der Preisbildung geradezu wettbewerbsfeindlich sei. Die amerikanische Verkehrswissenschaft scheint gleichwohl zu glauben, daß die ratio des Verbots im Gleichheitsgrundsatz liege — "Personal discrimination ... is inconsistent with the democratic ideal of a society composed of individuals with equal rights and privileges and because it destroys equality of opportunity in business"[18] — und wenigstens einige kontinentale Juristen halten eine gewisse Ausdehnung des Gleichheitsgrundsatzes auf das Privatrecht für möglich[19]. Indessen beruht die Rechtfertigung des Gleichheitsgrundsatzes letzten Endes darauf, daß der Staat Macht hat, der sich der einzelne nicht entziehen kann. Das Gegengewicht der Macht ist die Gerechtigkeitspflicht, und die typische Verletzung des Gleichheitsgrundsatzes ist die Ungerechtigkeit. Das Privatrecht dagegen kennt nur die Pflicht, anständig zu sein. Man spricht vom ehrbaren, aber nicht vom gerechten Kaufmann. Nur als Gegengewicht der Marktmacht — vgl. Artikel 86 EWG-Vertrag und § 26 GWB — ließe sich vielleicht eine Art Gerechtigkeitspflicht der Privatrechtssubjekte konstruieren. In allen übrigen Fällen erscheint die Berufung auf den Gleichheitsgrundsatz verfehlt. Die Rechtfertigung des Verbots kann nur aus den herrschenden Grundvorstellungen der Wirtschaftsverfassung und der Umfang des Verbots aus den besonderen Zwecken der Gesetze abgeleitet werden, denen sie dienen. Ein Beispiel hierfür ist das allgemeine Diskriminierungsverbot der sogenannten Long and Short Haul Clause in Part I Section 4 des Interstate Commerce Act. In ihr wird den Verkehrsunternehmen der USA untersagt, auf der gleichen Strecke und in der gleichen Richtung für eine kürzere Entfernung eine höhere Fracht zu erheben als für eine längere Entfernung. Die ratio des Verbots ist die wirtschaftspolitische Überzeugung, daß die Verfälschung der geographischen Entfernungen durch die Frachtenpolitik der Verkehrsträger nicht zugelassen werden dürfe. Dafür, daß anderenorts, zu anderen Zeiten und unter anderen politischen Bedingungen andere Vorstellungen gelten können, ist die Ostpreußen-Tarifpolitik der Deutschen Reichsbahn nach dem ersten Weltkriege ein eindrucksvolles Beispiel[20].

---

[18] Vgl. Locklin, Economics of Transportation, 4. Aufl. 1954 S. 480.

[19] Vgl. G. Hueck, Der Grundsatz der gleichmäßigen Behandlung im Privatrecht, 1958.

[20] Vgl. hierzu Wyzomirski, Wirtschaft und Verkehr in der Provinz Ostpreussen, in: Archiv f. Eisenbahnwesen 1964 S. 438 ff. , 458 ff.

IV.

Der EGKS-Vertrag schafft keinen gemeinsamen Transportmarkt. Seine Bestimmungen leisten weder einen Beitrag zur Verkehrspolitik der Mitgliedstaaten, noch zur künftigen gemeinsamen Verkehrspolitik der EWG. Sie stellen ausschließlich den Beitrag des Verkehrs zum ordnungsgemäßen Arbeiten des Gemeinsamen Marktes für Kohle und Stahl dar. Die ratio des Artikels 70 Absatz 1 kann daher weder in verkehrspolitischen Grundsätzen der Mitgliedstaaten noch solchen der Gemeinschaft (Art. 74 ff. EWG-Vertrag) gefunden werden.

Die Transportkosten für Massengüter sind im Verhältnis zum Warenwert hoch. Der Einstandspreis (franco-Preis) für Montangüter wird daher durch Transportkosten erheblich belastet. Es ist aber der Einstandspreis und nicht der Ab-Werk-Preis, der die Wettbewerbsverhältnisse auf dem Kohle- und Stahlmarkt bestimmt. Infolgedessen ist das Diskriminierungsverbot für die Ab-Werk-Preise (Art. 60 § 1 EGKS-Vertrag) unvollständig, wenn es nicht durch ein gleiches oder ähnliches Verbot für die Montanfrachten ergänzt wird. Die ratio des Artikels 70 Absatz 1 ist daher aus den wirtschaftspolitischen Marktvorstellungen abzuleiten, die der Montanvertrag enthält. Dieser Markt ist nicht ein freier Markt im Sinne des Liberalismus des 19. Jahrhunderts. Die Gemeinschaft sichert den Verbrauchern nicht den freien, sondern nur den gleichen Zugang zur Produktion zu (Art. 3 Buchst. b EGKS-Vertrag). Dementsprechend gelten nicht freie, sondern normale Wettbewerbsbedingungen (Art. 5 Abs. 2 EGKS-Vertrag). Die Gemeinschaft hat ferner die Voraussetzungen zu schaffen, die von sich aus die rationellste Verteilung der Erzeugung sichern (Art. 2 Abs. 2 EGKS-Vertrag). Hierdurch soll ein Gleichgewicht geschaffen werden; es wird gestört, wenn die Unterschiede der Produktionskosten in anderer Weise als durch Veränderung der Produktivität wesentlich vergrößert werden (Art. 67 § 2 Abs. 1 EGKS-Vertrag). Ein künstlicher Einfluß auf die Produktionskosten im Sinne dieser strengen Grundsätze ist aber die gewöhnliche Folge jeder Differenzierung der Preise und der Transportkosten und unter ihnen auch derjenigen, die auf der Marktelastizität beruhen. Für Handel im eigentlichen Sinne ist daher innerhalb der Montanwirtschaft kein Raum. De lege ferenda und unter dem Gesichtspunkt der Fortentwicklung und Anpassung theoretischer wirtschaftspolitischer Vorstellungen an die Wirklichkeit kann zwar die Frage gestellt werden, ob der gemeinsame Markt für Kohle und Stahl nicht über Gebühr auf der wirtschaftlichen Bewegungsfreiheit der seinen Regeln unterworfenen Unternehmen lastet. Wie indessen schon der Europäische Gerichtshof, zweifellos mit resignierendem Unterton, 1954 anläßlich der Frage der Zulässigkeit des sogenannten Monnet-Rabatts ausgeführt hat, enthält der EGKS-Vertrag — „à tort ou à raison" — weder Text noch Grundsätze, die es gestatten, der immer wieder gewünschten größeren Schmiegsamkeit seiner Grundsätze, hier der Einschränkung des allgemeinen Diskriminierungsverbots des Artikels 60 § 1 Raum zu geben[21].

V.

Zu den Zweifeln über die ratio kamen bei der Durchführung des Artikels 70 Absatz 1 EGKS-Vertrag die Bedenken einer Reihe von Mitgliedstaaten über die Rückwirkungen auf die nationale Verkehrs- und Wirtschaftspolitik und die mögliche Präjudizierung der künftigen gemeinsamen Verkehrspolitik des EWG-Vertrages. Zwar schlossen die Mitgliedstaaten schon 1955, drei Jahre nach Errichtung des Gemeinsamen Marktes, das Abkommen betreffend die Einführung direkter internationaler Eisenbahntarife für Kohle und Stahl[22], mit dem der sogenannte Frachtenbruch an der Grenze beseitigt und im Sinne des Artikels 70 Absatz 1 EGKS-Vertrag zwischen internationalem und Binnenverkehr vergleichbare Transportbedingungen hergestellt wurden. Auch konnte dieses Abkommen auf den Transit durch die Nicht-Mitgliedstaaten Schweiz und Österreich ausgedehnt werden[23]. Ebenso entschied die Hohe Behörde mit Ablauf der Übergangszeit (10. Februar 1958) über die sogenannten Unterstützungstarife der Eisenbahnen mit der Begründung, daß sie wegen Verstoß gegen Artikel 70 Absatz 1 EGKS-Vertrag grundsätzlich nicht genehmigungsfähig seien[24]. Diese mit Klagen der Staaten und der Betroffenen vor dem Europäischen Gerichtshof erfolglos angegriffenen Entscheidungen leisteten auch einen wichtigen Beitrag zur Auslegung des Begriffs der „vergleichbaren Lage", zweifellos eines etwas unbestimmten Rechtsbegriffes[25]. Die Exekutive war der Auffassung, daß als vergleichbare Lage im Sinne des Artikels 70 Absatz 1 EGKS-Vertrag nur die vergleichbare Lage mit Bezug auf den Verkehr, unter Ausschluß der besonderen wirtschaftlichen Lage der begünstigten Unternehmen anzusehen sei. Der Europäische Gerichtshof hat die Richtigkeit dieser Einschränkung bestätigt und ausgeführt, daß ein Vergleich zwischen mehreren Unternehmen unter sämtlichen Bedingungen, denen sie unterliegen, zu dem Ergebnis führen würde, daß „jedes Unternehmen nur mit sich selbst vergleichbar wäre; auf diese Weise würde der Begriff der Vergleichbarkeit und

---

21 Vgl. RsprGH Bd. I S. 7 ff. 32.
22 Amtsblatt 1966 S. 701 ff.
23 Vgl. oben Anm. 15; bezüglich Österreich Amtsblatt 1958 S. 58 ff.
24 Vgl. oben S. 99.
25 Vgl. RspGH Bd. II S. 53 ff., 91.

damit der Begriff der Diskriminierung seines Inhalts beraubt"[26]. Spätere Entscheidungen des Europäischen Gerichtshofs befassen sich mit der Frage der Zulässigkeit von Tarifdifferenzierungen aus Gründen des effektiven Wettbewerbs anderer Verkehrsträger oder des potentiellen Wettbewerbs geplanter neuer Verkehrswege und führen aus, daß, unbeschadet der Beachtung der formalen Bestimmungen des Artikels 70 Absatz 4 EGKS-Vertrag (vorherige Genehmigung), bei der Prüfung der Legalität der Differenzierung auch das nachgewiesene Eigeninteresse des Verkehrsträgers an der Erhaltung des Verkehrs Berücksichtigung finden könne. Für Wettbewerbstarife ist dies anerkannt[27]. Hieran hat sich aber auch die Hoffnung geknüpft, daß die sogenannte individuelle Nachfrageelastizität in der Person des Verkehrsnutzers auf dem Umwege über das „Eigeninteresse des Verkehrsträgers" in den Artikel 70 EGKS-Vertrag hineininterpretiert werden könne. In jüngeren Entscheidungen der Hohen Behörde aus den Jahren 1963 und 1964 betreffend die Beförderung von Eisenerz beziehungsweise Rohstahl und Halbzeug ist der drohende Verkehrsverlust als Eigeninteresse der französischen und der deutschen Eisenbahnen zur Begründung der Genehmigung nach Artikel 70 Absatz 4 EGKS-Vertrag herangezogen worden[28]. Immerhin handelt es sich hier um Einzelfälle ohne störenden Einfluß auf die Wettbewerbsverhältnisse im Gemeinsamen Markt.

Wesentlich schwerer wiegt, daß es der Exekutive mit den ihr zur Verfügung stehenden beschränkten Kompetenzen[29] bisher nicht gelang, die Anwendung der Grundsätze des Artikels 70 Absatz 1 EGKS-Vertrag auch im internationalen Kraftwagengüter- und Schiffahrtsverkehr, besonders im Rheinschiffahrtsverkehr durchzusetzen[30]. Dies hat mehrere Gründe: Zunächst hat das private Transportgewerbe eine andere Auffassung über den Inhalt des Artikels 70 Absatz 1 EGKS-Vertrag als die, die sich für den Bereich des Eisenbahnverkehrs mit Kohle und Stahl zunächst durchgesetzt hatte. Sie läßt sich etwa dahin zusammenfassen, daß freie Märkte, wie sie der internationale Kraftwagen- und Binnenschiffahrtsmarkt und insbeson-

---

[26] Vgl. RsprGH Bd. VI/1 S. 481 ff., 502.

[27] RSprGH Bd. VI/1 S. 373 ff., 415; S. 513 ff., 541, 583.

[28] Amtsblatt 1963 S. 2725 ff.; 1964 S. 378 ff. und S. 440 ff.

[29] Vgl. die Entscheidung der Hohen Behörde vom 18. Februar 1959 (Amtsblatt 1959 S. 287 ff.); die aufhebenden Urteile des Europäischen Gerichtshofs vom 15. Juli 1960 (RsprGH Bd. VI/2 S. 681 ff. und 743 ff. und die Besprechungen der Urteile von Lagrange und Klaer, a.a.O. oben Anm. 6.

[30] Vgl. bezüglich der Probleme, die die Mannheimer Akte der Durchführung der Integrationsverträge im Verkehr entgegensetzt: Memorandum der EWG-Kommission über die Anwendung des EWG-Vertrages auf die Rheinschiffahrt vom 13. April 1964.

dere der Rheinschiffahrtsmarkt angeblich sind, gar keine Diskriminierungen kennen können und die Anwendung des Artikels 70 Absatz 1 EGKS-Vertrag daher auf die Verkehrsträger mit Tarifzwang, d. h. mit veröffentlichten Tarifen zu beschränken ist. Dies sind die Eisenbahnen. Ferner ist die Veröffentlichung der Tarifbildungsgrundsätze der Eisenbahnen geradezu eine Einladung zur Kontrolle unzulässiger Preisdifferenzierungen. Die im internationalen Kraftwagen- und Binnenschiffahrtsverkehr angewandten Formen der Preisbildung *ad hoc* ohne öffentliche Kenntnis der Grundlagen der Frachtenbildung des Unternehmers macht die Kontrolle der Verlader bezüglich der Korrektheit des Preises im Vergleich mit den Preisen, die andere Verlader unter vergleichbaren Umständen zahlen, nahezu unmöglich. Der EGKS-Vertrag enthält aber nach zwar bestreitbarer, aber doch herrschender Auffassung keine Verpflichtung der Verkehrsträger zur Veröffentlichung von Tarifen in der Form vorheriger und für die nachfolgenden Einzelfrachtverträge verbindlicher Veröffentlichung der Frachten und Beförderungsbedingungen (vgl. für den Eisenbahngüterverkehr § 6 EVO und Artikel 9 des Internationalen Übereinkommens über den Eisenbahnfrachtverkehr [CIM]). Artikel 70 Absatz 3 EGKS-Vertrag bestimmt vielmehr, daß die Frachttafeln, Frachten und Tarifbestimmungen jeder Art zu veröffentlichen oder der Hohen Behörde zur Kenntnis zu bringen sind. Er schweigt darüber, ob in der zweiten Variante vorherige Mitteilung (communication préalable) notwendig ist oder Mitteilung a posteriori genügt, in ihrer dürftigsten Form zum Beispiel durch die sogenannten Mercurialen[31]. Andererseits hat der Europäische Gerichtshof bei Aufhebung der Entscheidung Nr. 18/59 der Hohen Behörde durch Urteil vom 15. Juli 1960[32] erklärt, daß der Vertrag mangels ausdrücklicher Bestimmung und im Gegensatz zu Artikel 60 § 2 Buchstabe a EGKS-Vertrag (Preisveröffentlichungspflicht der Unternehmen im Sinne des Art. 80 EGKS-Vertrag) keine Rechtssetzungsbefugnisse der Hohen Behörde zum Erlaß von Ausführungsbestimmungen zu Artikel 70 Absatz 3 EGKS-Vertrag vorsehe[33]. Bei dieser Lage ist Artikel 70 Absatz 1 EGKS-Vertrag im Bereich des internationalen Schiffahrts- und Kraftwagenverkehrs „lettre morte“ geblieben. Über die Ergebnisse einer weiteren Initiative der Hohen Behörde — Empfehlung Nr. 1/61 über die Veröffentlichung oder Bekanntgabe von Frachttafeln, Frachten und Tarifbestimmungen für die Beförderung von Kohle und Stahl vom 1. März 1961[34] — liegen praktische Erfahrungen bisher nicht vor[35].

[31] Vgl. betr. Zweck und Aufbau von Mercurialen, Klaer a.a.O. S. 99 ff.

[32] Vgl. oben Anm. 29.

[33] RsprGH Bd. VI/2 S. 743 ff., 780 f.

[34] Amtsblatt 1961 S. 469 ff.

[35] Vgl. 12. Gesamtbericht der Hohen Behörde S. 230 ff. und 13. Gesamtbericht S. 205 ff.

VI.

Schließlich hat die weitere Entwicklung im Zusammenhang mit der Ratifizierung des EWG-Vertrages die Auffassungen über Nutzen und Zweck allgemeiner Diskriminierungsverbote im Verkehr geändert. Das Verbot von Diskriminierungen „nach der Nationalität" ist zwar ein allgemeines Prinzip des EWG-Vertrages (Art. 7) und für den Bereich des Verkehrs wird dieses Verbot in Artikel 79 Absatz 1 explicite wiederholt. Indessen enthält der EWG-Vertrag weder in seinen allgemeinen Grundsätzen noch in seinen Einzelbestimmungen allgemeine Diskriminierungsverbote und besonders kein solches für die Produktions- und Verkehrsunternehmen (Art. 60 und 70 EGKS-Vertrag). Die einzige Ausnahme bilden die Artikel 85 und 86 EWG-Vertrag für Unternehmensvereinigungen und marktbeherrschende Unternehmen[36]. Die Anwendung unterschiedlicher Bedingungen bei gleichwertigen Leistungen gegenüber Handelspartnern ist aber nur insoweit mit dem Gemeinsamen Markt unvereinbar und verboten, als sie den Handel „zwischen" den Mitgliedstaaten zu beeinträchtigen geeignet ist. Es handelt sich demnach um Verbote sui generis, eher mit dem Diskriminierungsverbot nach der Nationalität verwandt.

Da aber der EWG-Vertrag in weiten Teilen nur ein Rahmenvertrag ist — vgl. die bisher wenig beachtete Überschrift „Vertrag zur Gründung" im Gegensatz zum „über" des EGKS-Vertrages — wäre es an sich durchaus möglich, allgemeine Diskriminierungsverbote im Verkehr im Rahmen der Artikel 74, 75 EWG-Vertrag als Bestandteile der künftigen gemeinsamen Verkehrspolitik einzuführen. Acht Jahre nach Inkrafttreten des EWG-Vertrages sind indessen keine Anzeichen in dieser Richtung erkennbar. Dies liegt zum Teil an den bereits dargelegten Zweifeln über die ratio, vor allem aber auch an den verschiedenen Grundauffassungen, von denen beide Verträge in dieser Frage ausgehen. Der EGKS-Vertrag bekennt sich zur rationellsten Verteilung auf der höchsten Leistungsstufe und damit zu einer statisch-mechanischen Auszeichnung der sogenannten optimalen Standorte. Der EWG-Vertrag dagegen betont bereits in seiner Präambel das Bestreben der Mitgliedstaaten, die harmonische Entwicklung ihrer Volkswirtschaften zu fördern, indem sie den Abstand zwischen einzelnen Gebieten und den Rückstand weniger begünstigter Gebiete verringert. Regionalpolitik ist demnach im Gegensatz zum EGKS-Vertrag ein Ziel des EWG-Vertrages. Die Verwaltungspraxis der EWG-Kommission beleuchtet diese Divergenz in der Grundauffassung vorzüglich auch auf dem Gebiet des Verkehrs. Zwar bedürfen entsprechend der Regelung in

---

[36] Vgl. auch § 26 Abs. 2 GWB.

Artikel 70 Absatz 4 EGKS-Vertrag, auch nach Artikel 80 Absatz 1 EWG-Vertrag die sogenannten Unterstützungstarife formell der Genehmigung der EWG-Kommission. Die materielle Prüfung erstreckt sich aber nicht auf die Vereinbarkeit der Tarife mit dem Verbot von Diskriminierungen (Art. 4 Buchst. b EGKS-Vertrag). Vielmehr hat die Kommission neben verkehrspolitischen Überlegungen nach Artikel 80 Absatz 2 EWG-Vertrag sowohl die Erfordernisse einer angemessenen Standortspolitik als auch der Bedürfnisse der unterentwickelten Gebiete zu berücksichtigen. 1961 genehmigte die EWG-Kommission daher folgerichtig eine Reihe von Ausnahmetarifen der italienischen Staatsbahnen zugunsten unterentwickelter Gebiete südlich der Linie Rom-Pescara. Diese Tarife, mit unzweifelhaft diskriminierendem Charakter gegenüber den italienischen und nichtitalienischen Verbrauchern nördlich der genannten Linie und ebenso unzweifelhaft mittelbare Subventionen enthaltend, wurden mit ausdrücklicher Bezugnahme auf Artikel 80 Absatz 2 und die Präambel des EWG-Vertrages, sowie die Bestimmungen des Protokolls betreffend Italien, Anhang II zum EWG-Vertrage genehmigt[37].

Schließlich steht der Einführung allgemeiner Diskriminierungsverbote für den Verkehr im Gemeinsamen Markt der Wunsch nach mehr Freiheit der Verkehrsunternehmungen und nach stärkerem Wettbewerb zwischen ihnen entgegen. Nach dem gegenwärtigen Stande der Vorarbeiten der EWG zur europäischen Verkehrspolitik wird der Verkehr als ein Teil der Wirtschaft angesehen, für den die gleichen Regeln gelten, wie für diese sonst. Der Wunsch nach mehr Freiheit kommt vor allem zum Ausdruck in der vorgesehenen Lockerung des Tarifzwangs für die Eisenbahnen, dem Übergang zu sogenannten Margentarifen im Verkehr, bei denen innerhalb der Marge zwischen zulässigen Höchst- und Mindestfrachten eine diskriminierungsfreie Zone geschaffen wird[38]. Auch die von der internationalen Rheinschiffahrt, unter anderem mit Hinweis auf die Mannheimer Akte von 1868, geforderte allmähliche totale Freigabe der Verkehrspreise macht allgemeine und besondere Diskriminierungsverbote nahezu gegenstandslos. In einem völlig freien Markt gibt es nach den Modellvorstellungen der wirtschaftswissenschaftlichen Theorie ex definitione nur *einen* Preis. Es erscheint zwar zweifelhaft, ob es im Hinblick auf den subsidiären, spontanen und punktuellen Charakter der Nachfrage nach Verkehrsleistungen auch bei

---

[37] Entscheidungen der EWG-Kommission vom 13. November 1961, Amtsblatt 1962 S. 1229 ff.; vgl. bezüglich weiterer Entscheidungen der Kommission zu Art. 80: Amtsblatt 1963 S. 365 ff.; 1964 S. 710 ff., 885 ff., 2083 ff.; 1965 S. 728 ff.

[38] Vgl. die Denkschrift der EWG-Kommission über die Grundausrichtung der gemeinsamen Verkehrspolitik, Brüssel, 10. April 1961 und das Aktionsprogramm für die gemeinsame Verkehrspolitik vom 23. Mai 1962.

strengster Anwendung von Antitrust-Normen auf den Verkehr jemals völlig freie Verkehrsmärkte geben kann. Die Wirklichkeit zeigt nur, daß der Übergang von der Konzeption des Verkehrs als „öffentlicher Dienst" und als „gemeinwirtschaftlicher Aufgabe" des 19. Jahrhunderts zu freier wirtschaftlicher Betätigung nach dem Slogan: „Was gut ist für Ford, ist auch gut für Amerika" in vollem Gange ist. Es handelt sich bei dieser Entwicklung um Gerechtigkeitsforderungen im Sinne bestimmter, der Korrektur durch die Zeit unterworfener wirtschaftspolitischer Vorstellungen. Das Urteil kann sich auch ändern und umkehren; diese Erkenntnis ist nicht neu: „Was dieser Zeit als eine durch innere und äußere Gründe gebotene rechtliche Verschiedenheit erscheint, darin findet eine folgende vielleicht eine schreiende Ungerechtigkeit vor dem Gesetz[39]."

Wie unsicher das allgemeine Urteil gegenwärtig noch ist, wird sich bei der Behandlung des Vorschlages der EWG-Kommission über die Beseitigung von Diskriminierungen nach Artikel 7, 75 und 79 Absatz 2 EWG-Vertrag[40] im Rate zeigen. Artikel 1 des Verordnungsvorschlages enthält jedenfalls erhebliche Erweiterungen des Diskriminierungsverbots nach der Nationalität. Solange dieses Verbot an die Voraussetzung der Beförderung „auf der gleichen Strecke" (Art. 70 Abs. 2 EGKS-Vertrag und Art. 79 Abs. 2 EWG-Vertrag) und „in der gleichen Richtung" (Art. 79 Abs. 2 EWG-Vertrag) gebunden ist, ist z. B. das Problem der Diskriminierung der Seehäfen durch die Verkehrsträger kaum zu lösen und ebensowenig die nicht minder bedeutungsvolle Frage der etwaigen Diskriminierung durch die sogenannte „Kanalisierung" des internationalen Eisenbahngüterverkehrs. Artikel 1 Absatz 2 Buchstabe b Nr. 2 des Verordnungs-Vorschlages verbietet nun aber die Beschränkung von „Frachten und Beförderungsbedingungen auf Grund einer Nullregulierung, einer Port Equalization oder eines gleichartigen Systems, wenn ein oder mehrere Häfen in einem anderen Mitgliedstaat sich in gleicher Lage befinden". Hier lebt der bereits totgesagte Begriff der „vergleichbaren Lage" des Artikels 70 Absatz 1 EGKS-Vertrag in der weniger schmiegsamen und kaum praktikablen Formulierung der „gleichen Lage" wieder auf. Der Entwurf zeigt vorerst nur, daß jedenfalls nach Auffassung der EWG-Kommission der Gemeinsame Markt nur mit dem speziellen Diskriminierungsverbot nach der Nationalität in seiner klassischen Form der Beschränkung auf Beförderungen „auf der gleichen Strecke" nicht auskommen kann. Das Schicksal des Entwurfs im Ministerrat bleibt abzuwarten.

---

[39] v. Jhering, Geist des Römischen Rechts Bd. II/1, 3. Aufl. 1874, S. 96.
[40] Vgl. oben Anm. 17.

VII.

Besondere verwaltungsrechtliche Fragen wirft die Kontrolle der Beachtung der Diskriminierungsverbote durch die Verbotsadressaten auf. Zunächst ist zu überlegen, ob die Überwachung zivilrechtlich oder öffentlich-rechtlich gestaltet sein soll.

Zivilrechtliche Kontrolle ist von zweifelhafter Wirksamkeit. Sie setzt, sofern überhaupt möglich, voraus, daß Verletzung des Verbots zugleich Verletzung des zwischen den Adressaten und den Benachteiligten[41] bestehenden Vertragsverhältnisses ist (Kauf- und Frachtverträge). Falls dies bejaht wird, fragt sich, worin der Schaden besteht. Es liegt nämlich im Wesen des Diskriminierungsverbots, daß weder der höhere noch der niedrigere Preis an und für sich illegal ist. Insbesondere begründen Diskriminierungsverbote keinen Anspruch auf den niedrigsten Preis, sondern nur auf Herstellung der Preisgleichheit. Bei der Beseitigung der Diskriminierungen nach der Nationalität (Art. 70 Abs. 2 EGKS-Vertrag) hatten die Mitgliedstaaten, wie sich formell gemäß Artikel 14 Absatz 3 EGKS-Vertrag schon aus dem Wesen einer Empfehlung ergibt, die Wahl, die Frachtdiskriminierung auf dem niedrigsten, dem höchsten oder einem frei gewählten, zum Beispiel dem mittleren Niveau zu beseitigen[42]. Die Empfehlung insbesondere ist privatrechtlich neutral und kein Schutzgesetz im Sinne von § 823 Absatz 2 BGB[43]. Ferner ist die Scheu der Verlader vor möglicherweise nur auf Feststellung oder Gestaltung gerichteten Zivilklagen zu berücksichtigen. Für § 6 EVO und Artikel 9 § 3 Absatz 1 CIM in ihrer alten, seit 1961 beziehungsweise 1965 nicht mehr geltenden Fassung[44]: „die Tarife müssen gegenüber jedermann in gleicher Weise angewendet werden" liegen

---

[41] Die Terminologie ist verwirrend; der Interstate Commerce Act spricht vom Verlader (shipper), Art. 4 EGKS-Vertrag von Erzeugern, Käufern oder Verbrauchern, Art. 70 Abs. 1 EGKS-Vertrag von Verbrauchern (nach Ansicht der Hohen Behörde im Sinne von Verbrauchern der Verkehrsleistung zu verstehen); am besten Art. 79 Abs. 3 EWG-Vertrag: „Verkehrsnutzer".

[42] Vgl. Klaer, a.a.O. S. 118 Tabelle IX Nr. 8 — die französischen Eisenbahnen beseitigten die Diskriminierung zwischen ihren Erztarifen im Binnenverkehr und der Ausfuhr nach Belgien auf mittlerem Niveau mit vollständigem finanziellen Ausgleich für sie selbst.

[43] Vgl. Ballerstedt, a.a.O. S. 23, 34; ebenso ausdrücklich Art. 4 Abs. 1 Nr. 2 der VO Nr. 11 der EWG.

[44] Für die EVO in der Fassung vom 7. November 1961 gilt der Grundsatz nach Aufhebung des strengen Tarifzwangs und der Zulässigkeit von Mindest- und Höchstfrachten nicht mehr uneingeschränkt; ebensowenig für Art. 9 CIM infolge der Zulassung von Sondervereinbarungen. Bei diesen letzteren haben Verbraucher in vergleichbarer Lage Anspruch auf vergleichbare Behandlung. Art. 9 CIM macht hier eine Anleihe bei Art. 70 Abs. 2 EGKS-Vertrag, nicht ohne für die Parallel-Konvention für den internationalen Personenverkehr (CIP) — das Ungeheuer des „Reisenden in vergleichbarer Lage" in die Welt zu setzen.

negative Erfahrungen vor. Beide enthielten implicite Diskriminierungsverbote; es gibt indessen keine Rechtsprechung zu der Frage, ob zum Beispiel § 6 EVO zur Gleichbehandlung im Gesamttarifsystem einer Eisenbahn oder nur im Rahmen der Anwendungsbedingungen eines einzelnen Tarifs verpflichtet, der seinerseits sehr wohl Mengenklauseln, Treueklauseln, An- und Abfuhrklauseln und ähnliche Differenzierungen enthalten kann. Die spärliche Literatur nimmt das letztere an[45].

Richtig gesehen ist Gegenstand des Verbots der Schutz wohl doch nicht des einzelnen Verladers, sondern einer Marktverfassung, die unrationelle Differenzierung im Sinne Pareto's als Schaden für die Gesamtheit der Marktteilnehmer ansieht. Mit Recht sehen daher die Integrationsverträge, der Interstate Commerce Act und ebenso das Kartellgesetz die öffentlich-rechtliche Kontrolle für notwendig an. Ihr Vorzug besteht zunächst darin, daß die Kontrollorgane nicht nur „upon complaint", sondern auch „upon its own initiative without complaint" tätig werden; so ausdrücklich Part I Sections 1 (14), 3 (1 a), 12, 15 und zahllose weitere Stellen des Interstate Commerce Act, ebenso Artikel 8 EGKS-Vertrag und Artikel 55 EWG-Vertrag. Die Erfahrungen der Hohen Behörde zeigen übrigens, daß die Beschwerden der Verbraucher nur spärliche und unergiebige Unterlagen für die Aktivität des Kontrollorgans bilden. Bei Durchführung des Artikels 70 Absatz 2 war der in § 10 der Übergangsbestimmungen zum EGKS-Vertrag vorgesehene Sachverständigenausschuß im wesentlichen auf Anregungen aus seiner eigenen Mitte angewiesen[46].

Die zweite Frage betrifft die Entscheidung darüber, ob die Kontrolle präventiv oder nur a posteriori erfolgt. Im ersteren Fall orientiert sie sich an den veröffentlichten Preisbildungsgrundsätzen des Unternehmens, setzt damit den sogenannten Tarifzwang voraus und erstickt die Diskriminierung im Keime, indem sie das Inkrafttreten der Tarifmaßnahme suspendiert. Die Kontrolle a posteriori ist notwendig im wesentlichen wirtschaftsstrafrechtlicher Natur; die Sanktion nach praktizierter Diskriminierung soll die Wiederholung verhindern. Im geschlossenen System der amerikanischen Verkehrspolitik gibt der Interstate Commerce Act der präventiven Kontrolle den Vorzug.

---

45 Finger, Eisenbahngesetze, 4. Aufl. München-Berlin 1962 Bem. 24 zu § 6 EVO; Nánássy, Das Internationale Eisenbahnfrachtenrecht, 1943, zu Art. 9 § 3 CIM S. 207 ff.

46 Eine Untätigkeitsklage der französischen Eisenindustrie, gerichtet auf die Feststellung, daß die deutschen Kohlenausnahmetarife der Bundesbahn ein nach Art. 70 Abs. 2 diskriminierendes „ensemble" darstellten, war unbegründet; vgl. RsprGH Bd. VI/2 S. 589 ff., 625 f.

VIII.

Das Kontrollorgan des Interstate Commerce Act[47] ist die Interstate Commerce Commission. Sie nennt sich zwar bescheiden eine „agency"; sie ist indessen eine unabhängige, nur dem Kongreß und dem Gesetz unterworfene Bundesverwaltungsbehörde, die insbesondere an Weisungen der Regierung nicht gebunden ist und deren Entscheidungen nur der Rechtskontrolle der Gerichte unterliegen. Die Mitglieder der Kommission werden durch den Präsidenten der USA nach Zustimmung des Senats ernannt; sie werden ausnahmslos aus hervorragenden Sachkennern des Verkehrswesens mit rechts-, betriebs- und finanzwissenschaftlicher Vorbildung ausgewählt.

Der Interstate Commerce Act enthält in Part I, Section 2 ein allgemeines, für alle Verkehrsträger geltendes Diskriminierungsverbot[48]. Die Verlader müssen bezüglich Frachten und Beförderungsbedingungen gleich behandelt werden, wenn folgende drei Bedingungen erfüllt sind:

a) a like and contemporaneous service

b) in the transportation of a like kind of traffic

c) under substantially similar circumstances and conditions.

Die prohibitive Wirkung des Verbots wird vorbereitet durch den Tarifzwang, dem alle Verkehrsträger mit Betriebspflicht (common carriers) unterworfen sind. Sie sind verpflichtet, ihre Frachten (Festfrachten) und Beförderungsbedingungen zu veröffentlichen und der Kommission vorzulegen, wie es Part I Section 6 (1) des Interstate Commerce Act bestimmt: "to print, keep open to public inspection and file with the Commission." Die Tarife treten erst nach Ablauf einer Frist von 30 Tagen — "upon thirty days notice" — in Kraft (vgl. Part I, sec. 6 (3) des Gesetzes). Während dieser Zeit hat die Kommission das Recht, "upon its own initiative or upon complaint" das Inkrafttreten der Maßnahme zu suspendieren (Part I, sec. 15 (7) des Gesetzes) und ihre Entscheidung durch „hearings" der Beteiligten vorzubereiten. Die schließlich zu erlassende und zu veröffentlichende Entscheidung ist mit Gründen zu versehen (Part I sec. 17 (5) des Gesetzes). Die Begründung hat regelmäßig konstruktiven Inhalt: Die Kommission gibt nicht nur an, daß und warum die vorgelegte Maßnahme ungesetzlich ist, sondern

---

[47] The Interstate Commerce Act together with Text of Supplementary Acts and Related Sections of Various Other Acts, Revised to November 1, 1951, United States Government Printing Office Washington, 1951 (Senate Document n. 72, 82 d Congress 1st Session).

[48] Bezgl. seiner Ergänzung durch die Fourth Section Clause vgl. oben S. 102 und 106.

auch unter welchen Änderungen des Frachtniveaus oder der sonstigen Bedingungen sie nicht mehr zu beanstanden wäre. Diese Entscheidungen sind deshalb ganz und gar keine Urteile, sondern haben lenkenden Charakter. Bezüglich der zulässigen Höhe etwa des Frachtenniveaus ist ihre Schmiegsamkeit hervorzuheben: Die Kommission kann Höchst- und Mindestgrenzen festsetzen, innerhalb derer das Verkehrsunternehmen in seiner kommerziellen Wahl frei bleibt (vgl. z. B. Part I sec. 13 (4) des Gesetzes)[49]. Die wirksame Präventivkontrolle der Interstate Commerce Commission macht Sanktionen unnötig; solche sind lediglich vorgesehen für den Fall der Nichtübereinstimmung zwischen rechtswirksam veröffentlichter und in Kraft getretener Tariferklärung und den wirklich abgeschlossenen Frachtverträgen, d. h. in den Fällen geheimer Preisnachlässe und anderer Sondervorteile. Sanktionen insoweit sind Teil des allgemeinen Wirtschaftsstrafrechts der USA, hier Elkins Act, Title 49 Chapter 2, US Code, Section I.

IX.

Der EGKS-Vertrag nimmt zu der Frage der Kontrolle nicht einheitlich Stellung; die Kontrolle der Diskriminierungen nach Artikel 60 § 1 ist zwar präventiv, insofern die Produktionsunternehmen verpflichtet sind, ihre Preislisten vor deren Anwendung bei der Hohen Behörde zu hinterlegen. Indessen ist kein Fall von Bedeutung bekannt geworden, in dem die Exekutive die vorgelegten Preislisten unter dem Gesichtspunkt der Diskriminierung beanstandet hätte. Für den Bereich des Verkehrs ist Artikel 70 Absatz 4 präventiv: Unterstützungstarife bedürfen der vorherigen Genehmigung der Hohen Behörde. Gleiches gilt de facto für die Kontrolle der Frachten derjenigen Verkehrsträger, die nach nationalem Recht der Mitgliedstaaten dem Tarifzwang unterliegen, vorzüglich demnach für die Überwachung der Eisenbahngütertarife für Kohle und Stahl. Wie bereits ausgeführt, kann die Verpflichtung aller Verkehrsträger zur Veröffentlichung von Festtarifen nach herrschender Meinung[50] aus den Bestimmungen des EGKS-Vertrages nicht abgeleitet werden. Wenn die Frachten und Beförderungsbedingungen der Hohen Behörde indessen lediglich bekanntgegeben werden, ist, sobald es sich nur um die Bekanntgabe von „prix pratiqués", nicht

---

[49] Zur Rechtfertigung der im Rahmen der gemeinsamen Verkehrspolitik vorgesehen gewesenen sog. Margentarife ist gelegentlich mißbräuchlich auf die Regelung des Interstate Commerce Act verwiesen worden; es versteht sich von selbst, daß die Entscheidung des Verkehrsunternehmens die Wahl einer Festfracht innerhalb der angegebenen Grenzen zum Inhalt hat.

[50] Vgl. oben S. 110.

von „prix appliqués“[51] handelt, nur eine Kontrolle a posteriori möglich. Die Wirksamkeit der Kontrolle wird ferner im EGKS-Vertrag dadurch beeinträchtigt, daß eine unmittelbare Verpflichtung der Verkehrsträger zur Beachtung der Diskriminierungsverbote des Artikels 70 Absatz 1 und 2 nicht besteht. Dementsprechend ziehen erfolglos gebliebene Empfehlungen der Exekutive nur die mittelbare Sanktion des Artikels 88 EGKS-Vertrag gegen den verantwortlichen Mitgliedstaat selbst nach sich. Was die besondere Sachkunde der Hohen Behörde, vor allem bezüglich des wertenden Teils ihrer Empfehlungen und Entscheidungen[52] zu Artikel 70 angeht, hat der Europäische Gerichtshof ihr die Sorgfalt der Untersuchungen und Gründlichkeit der wirtschaftspolitischen Überlegungen mehrfach bestätigt[53]. Die Frage der Schaffung einer besonderen Behörde, beziehungsweise die Delegation von Befugnissen etwa an ihre Verkehrsabteilung für Fälle von geringerer Bedeutung ist in der Europäischen Gemeinschaft für Kohle und Stahl nicht aufgetaucht. Man wird die unzureichende Regelung des Kontrollproblems im EGKS-Vertrag nicht überschätzen dürfen; immerhin handelt es sich um den europäischen Vertrag, in dem die Frage zum ersten Male praktisch wurde. Von größerer Bedeutung sind die Konsequenzen, die aus den Erfahrungen mit der Durchführung des EGKS-Vertrages für den EWG-Vertrag gezogen wurden.

Die Kontrolle der Diskriminierung nach der Nationalität — die einzige, die der EWG-Vertrag kennt — ist eine Kontrolle a posteriori. Zwar schafft die Verordnung Nr. 11 des Rats[54] unmittelbar anwendbares und auch für die Verkehrsunternehmen verbindliches Recht (Art. 22 EWG-Vertrag) und verbessert den Mangel des EGKS-Vertrages. Sie statuiert aber keinen Tarifzwang, sondern verpflichtet die Mitgliedstaaten nur zur Überwachung der Einhaltung des Artikels 79 Absatz 1 EWG-Vertrag durch die Verkehrsunternehmen und gibt auch der Kommission selbst lediglich das Recht zur Vornahme eigener Kontrollen (Art. 14 EWG-Vertrag). Ein Recht zur vorläufigen Suspendierung beanstandeter oder den Gegenstand von Untersuchungen der EWG-Kommission bildender Tarifmaßnahmen im Sinne der Regelung des Interstate Commerce Act sieht die Verordnung nicht vor. Sanktionsbestimmungen waren deshalb notwendig. Nach Artikel 18 der Verordnung kann die Kommission in jedem Diskriminierungsfall nach Artikel 79 Absatz 1 EWG-Vertrag gegen den verantwortlichen Verkehrsunternehmer eine Buße bis zur Höhe des zwanzigfachen Betrages des erzielten oder verlangten Beförderungsentgelts verhängen. Bleibt die Diskriminierung

[51] Vgl. betr. den Unterschied zwischen beiden: RsprGH Bd. I S. 7 ff., 27.

[52] Im Sinne der Ausführungen oben S. 102.

[53] Vgl. z. B. RsprGH Bd. VI/1 S. 373 ff., 462, 467 f.; S. 481 ff., 506.

[54] Vgl. oben S. 105.

entgegen einer Entscheidung der EWG-Kommission bestehen, so ist eine Buße bis zu einem Höchstbetrage von 10.000 Rechnungseinheiten (US $) zulässig (Art. 18, 19 der Verordnung). Andererseits wird in Artikel 19 der Verordnung ausdrücklich betont, daß die Entscheidungen auf Grund der Artikel 17 und 18 nicht strafrechtlicher Art sind.

Im Gegensatz zum EGKS-Vertrag ist für die Europäische Wirtschaftsgemeinschaft die Frage der Schaffung eines besonderen, für Verkehrsfragen zuständigen Gemeinschaftsorgans, etwa einer „Interstate Commerce Commission for Europe" erörtert worden[55]. Nachdem angenommen werden muß, daß die gemeinsame europäische Verkehrspolitik die in der „Declaration of National Transportation Policy" dem Interstate Commerce Act vorangestellten wesentlichen Grundsätze der amerikanischen Verkehrspolitik nicht übernehmen wird, ist der Gedanke einer Interstate Commerce Commission für die Gemeinschaft in der Versenkung verschwunden.

X.

Die Entscheidungen der Interstate Commerce Commission unterliegen der Nachprüfung durch die Gerichte. Diese erstreckt sich auf die richtige Anwendung des Rechts einschließlich behaupteten Ermessensmißbrauchs, nicht auf das Ermessen selbst, das wertenden Verwaltungsentscheidungen nahezu notwendig anhaftet[56]. Die Integrationsverträge gehen — wie übrigens auch das deutsche Verwaltungsrecht[57] — von der gleichen Unterscheidung aus. Bei Nichtigkeitsklagen gegen Entscheidungen und Empfehlungen der Hohen Behörde erstreckt sich das Nachprüfungsrecht des Europäischen Gerichtshofs auf die Fragen der Unzuständigkeit, der Verletzung wesentlicher Formvorschriften, der Verletzung des Vertrages und der bei seiner Durchführung anzuwendenden Rechtsnormen sowie auf Ermessensmißbrauch, aber kraft ausdrücklicher Vorschrift in Artikel 33 EGKS-Vertrag nicht „auf die Würdigung der sich nach den wirtschaftlichen Tatsachen oder Umständen ergebenden Gesamtlage ...". Artikel 173 EWG-Vertrag enthält den gleichen Grundgedanken. Die unbeschränkte Ermessensnachprüfung

[55] Vgl. Bericht des Ausschusses für Verkehrsfragen über die Koordinierung des europäischen Verkehrs vom 10. Oktober 1957 (sog. 1. Kapteyn-Bericht) und Bericht des Verkehrsausschusses über die Fragen des Verkehrs im Rahmen der EWG vom 11. Dezember 1961 (sog. 2. Kapteyn-Bericht).

[56] Ein vorzügliches Beispiel zur Weite dieses nicht nachprüfbaren Ermessens enthält die Entscheidung der Interstate Commerce Commission betr. die Übernahme der Kontrolle der Baltimore Ohio RC durch die Cheasepeak Ohio RC vom 17. Dezember 1962, ICC Finance Docket No. 21160 S. 261 ff.

[57] Vgl. § 114 VwGO.

des Europäischen Gerichtshofs nach Artikel 25 der Verordnung Nr. 11 bezieht sich lediglich auf die Sanktion, zum Beispiel die Höhe der verhängten Geldbuße; ähnlich Artikel 88 EGKS-Vertrag. Nur bezüglich der Aktivlegitimation der Kläger unterscheiden sich beide Verträge. Artikel 33 EGKS-Vertrag beschränkt sie auf die Mitgliedstaaten, den Rat, die Unternehmen im Sinne des Artikels 80 und die in Artikel 48 EGKS-Vertrag genannten Verbände. Nach Artikel 173 Absatz 2 EWG-Vertrag kann jede natürliche oder juristische Person gegen die an sie ergangenen oder sie unmittelbar und individuell betreffenden Entscheidungen klagen. Bezüglich der Verkehrsunternehmen ist dies begündet, da diese dem EWG-Vertrag unmittelbar unterworfen sind, dem EGKS-Vertrag aber nicht.

Staatliche Strukturhilfen im nationalen und übernationalen Recht

Von Georg Roth

Die staatliche Wirtschaftspolitik ist heute „strukturbewußt" geworden. In der hochindustriellen Epoche sind durch die wachsende Verflechtung von Staat und Wirtschaftsgesellschaft die Strukturen der Wirtschaft und ihre Wandlungen zu besonderer Bedeutung gelangt[1]. Auf diese Wandlungen versucht der Staat in vielfacher Weise einzuwirken. Das geschieht, neben der verbindlichen Gestaltung, besonders durch Struktur-Hilfen. Sie setzen zum Teil frühere Bemühungen fort, die den allgemeinen Umbruch zur Industriewirtschaft betreffen. Außerdem gelten die Strukturhilfen der speziellen Umstellung innerhalb der industriellen Wirtschaft im Zeichen schnellen technischen Fortschritts und wechselnder Märkte. Diese Umstellung ist der „hohe Preis der Flexibilität"[2], den das Ziel stetigen Wirtschaftswachstums fordert. Es verlangt von den Unternehmen, „den technischen Fortschritt zu nutzen und den wachstumsbedingten Wandel der Nachfragestruktur — sei es durch Umstellung oder durch Verzicht — vorzugreifen oder wenigstens zu entsprechen"[3].

Die staatlichen Strukturhilfen, die hier am Beispiel der Bundesrepublik erörtert werden[4], sollen die Leistungskraft der Wirtschaft

---

1 Vgl. Strukturwandlungen einer wachsenden Wirtschaft, Schriften des Vereins für Socialpolitik, Bd. 30/I — III, 1964, sowie besonders Jonas, Staatseingriff bei wirtschaftlichen Strukturanpassungen, in Der Staat, 2. Bd. (1963), S. 279 (295): „Es spricht für die Lebenskraft der alten Industriestaaten, daß in ihnen die staatliche Wirtschaftspolitik immer mehr den Charakter einer Strukturpolitik annimmt, die darauf gerichtet ist, die vorhandenen produktiven Potenzen zu unterstützen und ihnen größere Zusammenhänge zu eröffnen." — Und, wie man hinzufügen muß, sie in größere Zusammenhänge *einzuordnen*. Zur älteren Strukturpolitik merkantilistischer Art vgl. Herrmann, Produktionspolitik, in Handwörterbuch der Sozialwissenschaften, Bd. 8 (1964), S. 582.

2 Jahresgutachten 1965/66 des Sachverständigenrats zur Begutachtung der gesamtwirtschaftlichen Entwicklung, Bundestagsdrucksache V/123, S. 118. Das Gutachten geht besonders auf die wirtschaftlichen Strukturwandlungen ein. Siehe auch die Ausführungen zur Strukturpolitik in der EWG in dem Entwurf des Programms für die mittelfristige Wirtschaftspolitik (1966 bis 1970), abgedruckt in Bundestagsdrucksache V/629.

3 Jahresgutachten 1965/66 a.a.O. S. 118.

4 Zur Vereinfachung des komplexen Gegenstandes werden hier nur die

fördern, indem sie den Integrationsprozeß durch den Wettbewerb ergänzen. Die Selbststeuerung der Strukturwandlungen im Wege des Wettbewerbs wird nicht mehr als ausreichend angesehen. Das gilt jedenfalls in besonders schwierigen Fällen von gesamtwirtschaftlicher Bedeutung. Der Staat leistet daher in wachsendem Umfang finanzielle Hilfen für sozial und wirtschaftlich mehr oder weniger abgegrenzte Wirtschaftsgruppen, die er gleichzeitig unter strukturpolitischen Zwekken lenkt. Diese sektoralen Strukturhilfen gewährt er nicht nur an wirtschaftlich schwächere Unternehmen, etwa des gewerblichen Mittelstandes, sondern unabhängig davon auch an einzelne Wirtschaftszweige mit besonderen Strukturproblemen, wie z. B. den Bergbau. Ähnliche Tendenzen bestehen hinsichtlich der räumlichen Struktur. Regionale Strukturhilfen leistet der Staat an Unternehmen in bestimmten Gebieten, vor allem soweit die Gebiete schwach oder ungünstig entwickelt sind und eine Änderung aus eigener Kraft nicht erwarten lassen.

Diese gelenkte Integration der Wirtschaftsunternehmen spiegelt sich rechtlich in den Sozialmerkmalen der Strukturhilfe wider, die neben die individuellen Förderungsvoraussetzungen treten. Die Wirtschaftsunternehmen müssen nicht nur individuellen Anforderungen genügen, um Hilfe zu erhalten, sondern gleichzeitig Gruppen angehören und Zwecke erfüllen, die auf die gemeinsamen Strukturprobleme bezogen sind. Das heißt freilich nicht, daß Sozialmerkmale nur bei den Strukturhilfen auftreten. Die hier behandelten Merkmale bilden lediglich ein besonders instruktives Beispiel für die rechtliche Konturierung der staatlichen Hilfen. Im übrigen sind die Sozialmerkmale ein allgemeines Kennzeichen eines sozial objektivierten Wirtschaftsrechts.

Die staatlichen Strukturhilfen vermögen jedoch nicht nur die Integration bestimmter Bereiche zu lenken, sie können gleichzeitig zur Desintegration führen. Dies beruht auf dem partiellen Charakter der Lenkung. Er verlangt — mit Rücksicht auf das Ganze — neben dem Zweck auch die Folgen der Hilfe zu beachten. So kann die Strukturhilfe, die den Wettbewerb ergänzen soll, darüber hinaus wettbewerbsstörend wirken. Staatliche und private Leistung müssen daher voneinander abgegrenzt werden. Dazu genügt es nicht, die Folgen der Hilfe abzuwehren, wie es im Recht der Außenwirtschaft z. B. durch Ausgleichszölle gegenüber ausländischen Subventionen geschieht. Es geht vielmehr um die Vereinbarkeit der Hilfe im Verhältnis zur Wettbewerbsordnung. Ein Versuch, diese Vereinbarkeit im einzelnen zu regeln, zeigt sich vor allem in dem Vertrag über die Europäische Wirtschaftsgemeinschaft. Er folgt der Tendenz der Mitgliedstaaten

unmittelbaren Strukturhilfen für die Wirtschaft untersucht. Vgl. im übrigen Schmölders, Finanzpolitik, 2. Aufl., 1965, S. 255 ff., 368 ff.

zu einer gemischten Wirtschaftsordnung[5] unter dem relativen Vorrang des Wettbewerbsprinzips. „Beihilfen", und damit auch Strukturhilfen, sind hiernach nicht schlechthin verboten. Unzulässig sind lediglich solche Beihilfen, die den Wettbewerb im Gemeinsamen Markt verfälschen. Um die Verfälschung feststellen zu können, unterliegen die Beihilfen einem besonderen Prüfungsverfahren. Ein wesentlicher Teil der Freiheitsbewahrung gegenüber der modernen Wirtschaftslenkung wird so durch das Wettbewerbsrecht vermittelt. Der *objektivierten Leistungslenkung* verbindet sich ein *institutionalisierter Freiheitsschutz.*

I. Sozialmerkmale der Strukturhilfen

Die Sozialmerkmale der Strukturhilfen ergeben sich, ebenso wie die Individualmerkmale[6] zum großen Teil nur mittelbar aus Verwaltungsvorschriften[7]. Lediglich dort, wo Hilfe und Zwang miteinander verbunden sind, und in den Fällen der Steuerbefreiung[8] finden wir auch gesetzliche Regelungen. Doch zeichnen sie im Gesamtbild deutlich zwei Sozialmerkmale der Strukturhilfen ab.

---

[5] Dazu allgemein Ritschl, Wirtschaftsordnung und Wirtschaftspolitik, in Weltwirtschaftliches Archiv Bd. 65 (1950 II), S. 218; Kloten, Zur Typenlehre der Wirtschafts- und Gesellschaftsordnungen, in ORDO Bd. 7 (1955), S. 123; Seraphim, Theorie der allgemeinen Volkswirtschaftspolitik, 1955; Giersch, Allgemeine Wirtschaftspolitik, 1960. Zur Systematik der Europäischen Wirtschaftsgemeinschaften siehe den gleichnamigen Beitrag von Bülck in Berichte der Deutschen Gesellschaft für Völkerrecht, Heft 3, 1959, sowie ders., Wirtschaftsverfassungs- und Wirtschaftsverwaltungsrecht in nationaler und übernationaler Sicht, in Bd. 22 der Schriftenreihe der Hochschule Speyer, 1964. Einen Überblick über die verschiedenen „Mischungsverhältnisse" in den EWG-Ländern gibt Zijlstra, in der von der Gemeinschaft hrsg. Reihe Wettbewerb, Nr. 2, 1966.

[6] Zu den Individualmerkmalen, die hier nicht behandelt werden, vgl. z. B. die Richtlinien für das regionale Förderungsprogramm der Bundesregierung, in Bundesanzeiger Nr. 238 vom 18. 12. 1962, S. 1, Abschn. A, 2: „Die einzelnen Kreditanträge sollen bereits vor der Einplanung in die Programme bezüglich der personellen Eignung des Unternehmers, der vorhandenen Sicherheiten, der Ausnutzung der übrigen vorhandenen Finanzierungsquellen usw. so weit vorgeprüft werden, wie dies ohne Entstehung größerer Kosten möglich ist."

[7] Zur rechtlichen Beurteilung dieser Verwaltungsvorschriften vgl. Rupp, Grundfragen der heutigen Verwaltungsrechtslehre, 1965, S. 33 ff. Die Frage, ob Beihilfen einer gesetzlichen Grundlage bedürfen, erörtern insbes. Ipsen, Öffentliche Subventionierung Privater, 1956; Stern, Rechtsfragen der öffentlichen Subventionierung Privater, in JZ 1960, S. 518; Mallmann, Schranken nichthoheitlicher Verwaltung, in VVDStRL Heft 19 (1961), S. 165; Rupp, a.a.O.; Köttgen, Fondsverwaltung in der Bundesrepublik, 1965; Friauf, Bemerkungen zur verfassungsrechtlichen Problematik des Subventionswesens, in DVBl. 1966, S. 729, sowie Vogel und Herzog, Gesetzgeber und Verwaltung, in VVDStRL Heft 24 (1966), S. 125 u. S. 183. Die Gesamtproblematik der Beihilfen behandeln neuerdings die Referate von Ipsen und Zacher, Verwaltung durch Subventionen, gehalten auf der Staatsrechtslehrertagung 1966.

[8] Vgl. Anmerkung 4.

Das erste Merkmal ist die Zugehörigkeit des Leistungsempfängers zu einer *Gruppe* in einer bestimmten Wirtschaftssituation von gesamtwirtschaftlicher Bedeutung. Es geht also nicht um feste Positionen, sondern um eine grundsätzlich veränderliche Beteiligung. Hierin unterscheidet sich die situationsbedingte Gruppenzugehörigkeit von der korporativen Mitgliedschaft etwa in öffentlich-rechtlichen Marktverbänden. Die Gruppenzugehörigkeit wird vielfach vorausgesetzt, z. B. die Zugehörigkeit zu einem bestimmten Wirtschaftszweig, der sich in einer Strukturkrise befindet. Sie kann aber auch durch die Strukturhilfe gelenkt werden, namentlich bei kleineren und mittleren Wirtschaftseinheiten. So wird etwa die Bildung von Erzeugergemeinschaften landwirtschaftlicher Betriebe unterstützt. Die Variationsreihe der Gruppenzugehörigkeit reicht dementsprechend von der Leistung an Unternehmen aus der Gruppe bis zur Leistung an die Gruppe selbst. In einigen Fällen kommt es außerdem zur gemeinsamen Finanzierung der Leistung durch die Gruppe, die gleichzeitig staatlich gefördert wird. Im übrigen hat die Zugehörigkeit nicht zur Folge, daß alle Unternehmen der Gruppe auch eine Beihilfe erhalten. Ein Rechtsanspruch ist in der Regel nicht vorgesehen. Es besteht lediglich die Möglichkeit, daß die Unternehmen nach verschieden begrenztem Ermessen der Verwaltung eine Beihilfe erhalten.

Das zweite Merkmal ist der strukturpolitische *Zweck* der Hilfe, der jeweils in mehr oder weniger engem Sachzusammenhang zur Gruppenzugehörigkeit steht. Auch er ist situationsgebunden, doch ist er zugleich, durch die Auseinandersetzung mit der Situation, verdichtet und gewinnt daraus an Gestalt[9]. Die verschiedenen Zwecke kommen zunächst in der Auswahl[10] der zu fördernden Bereiche zum Ausdruck. Außerdem spiegeln sie sich im Inhalt der verschiedenen Zweckbindungen wider. Die Strukturhilfen sind nicht nur zweckgerichtet, wie alle Beihilfen, sondern zum großen Teil auch zweckgebunden. So müssen z. B. Modernisierungshilfen zu entsprechenden Investitionen verwendet werden. Darüber hinaus kann die Zweckbindung bis zur Stillegung des Unternehmens als Voraussetzung der Hilfe gesteigert sein, wenn der strukturpolitische Zweck auf eine Eliminierung von Überkapazitäten gerichtet ist. Die Zweckbindung gewährleistet also, daß die Strukturhilfen ein bestimmtes Verhalten verändern oder bestimmte Veränderungen unterstützen. Das geschieht einmal dadurch, daß man die Verwendung der Mittel bindet, z. B. durch Widerrufsvorbehalte oder Bedingungen. In anderen Fällen bleibt zwar die Verwendung frei, doch setzt die

---

[9] Die Bedeutung des konkreten Zwecks betont vor allem Ipsen (siehe die Leitsätze seines Referats auf der Staatsrechtslehrertagung 1966); vgl. außerdem Badura, Verwaltungsrecht im liberalen und sozialen Rechtsstaat, 1966.

[10] Vgl. Köttgen, a.a.O. S. 64 f.

Beihilfe die vollzogene Veränderung voraus, wie bei gewissen Prämien[11].

Die Sozialmerkmale der Strukturhilfe sind nach dem ausgewählten Sachbereich differenziert und mit unterschiedlicher Intensität geprägt. Bei den einfacheren Formen steht der strukturpolitische Anreiz im Vordergrund. Dem einzelnen ist daher mehr Spielraum gelassen. In Bereichen, die stärker gestaltet werden sollen, sind die Merkmale enger gehalten und reichen außerdem bis zur Verbindung von Hilfe und Zwang.

Einfachere Formen der Strukturhilfen finden wir bei den regionalen Maßnahmen. Die Unternehmen sind im allgemeinen regional weniger integriert als sektoral. Hierauf hat die Strukturhilfe Rücksicht zu nehmen, da sie, zumindest in einer freiheitlichen Ordnung, bereits eine gewisse Integration voraussetzt. Die Variationsreihe der Sozialmerkmale ist daher bei den regionalen Strukturhilfen weniger ausgeprägt als in den sektoralen Bereichen. Ein Beispiel für die räumlichen Strukturhilfen bietet das Regionale Förderungsprogramm des Bundes. Die Raumordnungspolitik des Bundes geht davon aus, daß die wirtschaftliche Entwicklung in der Bundesrepublik von wichtigen regionalen Anpassungsvorgängen begleitet wird[12]. Diese Entwicklung soll strukturpolitisch geregelt bzw. beeinflußt werden. Dazu gehören neben den verbindlichen Vorschriften der Raumordnung im engeren Sinne auch die finanziellen Hilfen zur Verbesserung der Raumstruktur. § 2 des Raumordnungsgesetzes[13] bestimmt: „Die räumliche Struktur der Gebiete mit gesunden Lebens- und Arbeitsbedingungen sowie ausgewogenen wirtschaftlichen, sozialen und kulturellen Verhältnissen soll gesichert und weiter entwickelt werden. — In Gebieten, in denen eine solche Struktur nicht besteht, sollen Maßnahmen zur Strukturverbesserung ergriffen werden ..." Unter diesen Zielen, die allerdings erst später im Raumordnungsgesetz formuliert worden sind, betreibt der Bund bereits seit 1951 ein regionales Förderungsprogramm, das die Wirtschaftskraft schwach strukturierter Gebiete stärken soll[14]. Die Sozialmerkmale der

---

[11] Zu den sehr unterschiedlichen Zweckbindungen vgl. Köttgen, a.a.O. S. 65, Ipsen, a.a.O. S. 81.

[12] Siehe den ersten Raumordnungsbericht der Bundesregierung, Bundestagsdrucksache IV/1492, S. 34.

[13] BGBl. 1965 I S. 306; vgl. auch Zinkahn und Bielenberg, Raumordnungsgesetz des Bundes, Kommentar unter Berücksichtigung des Landesplanungsrechts, 1965.

[14] Dazu Giel, Die Grundzüge der regionalen Wirtschaftspolitik in der Bundesrepublik, in Raumforschung und Raumordnung, 1964, S. 113. Die regionale Wirtschaftsförderung ist allerdings in erster Linie Aufgabe der Länder. Die regionalen Strukturhilfen des Bundes sind daher nur als Zusatzhilfe gedacht. Sie genügen jedoch als Beispiel für diese Untersuchung,

darin vorgesehenen Strukturhilfen sind naturgemäß vorwiegend regional geprägt. Dementsprechend sind die Empfänger der Hilfe in den Richtlinien[15] zunächst nach der Art des Gebiets gegliedert, dessen Struktur verbessert werden soll. Fördergebiete sind: das Zonenrandgebiet, die Bundesausbaugebiete, wo der Bund vor allem das Mißverhältnis zwischen Bevölkerung und Erwerbsmöglichkeit beseitigen oder ausgleichen will, und die Zentralen Orte in ländlich schwach strukturierten Gebieten (jetzt Bundesausbauorte genannt), die in ihrer Funktion als Industriestandort und allgemeines Zentrum unterstützt werden. Erst an zweiter Stelle folgt die Gliederung der Empfängergruppe nach dem Wirtschaftsbereich, die zudem weit gefaßt ist. Als Empfänger der in den Richtlinien vorgesehenen Darlehen sind allgemein die gewerblichen Unternehmer genannt, wobei kleingewerbliche und handwerkliche Betriebe gesondert behandelt werden. Die Zweckbindung der Beihilfen ist vor allem auf Investitionen zur Neuansiedlung von Betrieben oder zur Rationalisierung bereits bestehender Betriebe festgelegt.

Als weiteres Beispiel für die regionalen Strukturhilfen sind die Richtlinien für die Förderung aus dem ERP-Sondervermögen zu nennen. Auch sie enthalten einfachere Formen der Strukturhilfe. Diese nähern sich allerdings schon der sektoralen Förderung, nicht nur weil sie beide Bereiche betreffen, sondern weil sie selbst im regionalen Bereich die sektorale Gruppenzugehörigkeit stärker hervortreten lassen. Die regionalen Strukturhilfen erscheinen hier als Maßnahmen zugunsten der mittelständischen gewerblichen Wirtschaft in bestimmten Fördergebieten[16].

---

da sie den besten Überblick geben. In den Ländern sind die Strukturhilfen in der Regel mit der Verbesserung der öffentlichen Versorgungs- und Verkehrswirtschaft, also der Infrastruktur, verknüpft, was die ohnehin gegebene Vielfalt der Maßnahmen noch vermehrt. Siehe dazu z. B. die Programme und Untersuchungen des Landes Nordrhein-Westfalen: Vorschläge zur Strukturverbesserung förderungsbedürftiger Gebiete in Nordrhein-Westfalen, Strukturverbesserung des Siegerlandes, Grundlagen zur Strukturverbesserung der Steinkohlenbergbaugebiete in Nordrhein-Westfalen, sämtlich erschienen in der Schriftenreihe des Ministers für Landesplanung, Wohnungsbau und öffentliche Arbeiten des Landes Nordrhein-Westfalen, Hefte 14 (1960), 18 (1963) und 19 (1964); vgl. ferner den Großen Hessenplan, der sich allerdings nicht auf regionale Probleme beschränkt, sondern ein strukturpolitisches Gesamtprogramm ist, Schriften zum Großen Hessenplan, Heft 1, 1965.

15 Veröffentlicht in Der Bund als Finanzier, 1965, S. 74 ff.; vgl. auch die vorhergehenden Richtlinien in Bundesanzeiger Nr. 238 vom 18. 12. 1962.

16 Vgl. den Wirtschaftsplan des ERP-Sondervermögens für das Rechnungsjahr 1965, Anlage 1 zum ERP-Wirtschaftsplangesetz 1965, BGBl. II S. 225 und das Vorwort des Wirtschaftsplans, in Bundestagsdrucksache IV/2622.

Diese Maßnahmen sind ein Teil des umfangreichen Mittelstandsprogramms der Bundesregierung[17]. Sie sollen die kleineren und mittleren Unternehmen bei ihrer Auseinandersetzung mit den wirtschaftlichen und gesellschaftlichen Problemen der hochindustriellen Wirtschaft unterstützen. Das gilt besonders für die Tendenz zur wirtschaftlichen Konzentration. Die Förderung des gewerblichen Mittelstandes, als Kern der Mittelschicht, soll dazu beitragen: „die Krisenfestigkeit einer breiten Schicht gesunder, auf personeller Eigenverantwortung aufgebauter Betriebe zu stärken und das mittelständische Gewerbe durch Maßnahmen zur Leistungssteigerung gegenüber der Großwirtschaft wettbewerbsfähig zu erhalten[18].“ Gleichzeitig soll der Zugang zur Selbständigkeit erleichtert werden.

Unter diesen Zielen spielen Strukturhilfen sowohl für die Modernisierung und Rationalisierung als auch für die Neugründung mittelständischer Unternehmen eine besondere Rolle. Im regionalen Bereich gehören hierzu insbesondere die ERP-Kredite zur Wirtschaftsförderung in Fördergebieten[19]. Diese Kredite sollen das Regionale Förderungsprogramm des Bundes ergänzen. Als Empfänger sind die mittlere verarbeitende Industrie, Handwerk, Handel, Kleingewerbe sowie das Beherbungsgewerbe vorgesehen. Die Modalitäten der Kredite sind für die einzelnen Gruppen verschieden. Die Kredite sollen der Finanzierung von Auf- und Ausbauvorhaben und von Rationalisierungsmaßnahmen dienen. Sie sind an diese Zwecke gebunden. Neben dem Regionalen Förderungsprogramm des Bundes stehen ferner Kredite zur Förderung der mittelständischen gewerblichen Wirtschaft in kleinbäuerlichen und schwach strukturierten Gebieten zur Verfügung[20]. Voraussetzung ist, daß diese Gebiete zur Umgebung von zentralen Orten gehören, die nicht im Zonenrandgebiet oder in einem Bundesausbaugebiet liegen. Auf diese Weise soll das Regionale Förderungsprogramm mit Rücksicht auf die Landwirtschaft erweitert werden. Schließlich sind hier die Kredite zur Errichtung von Betrieben des gewerblichen Mittelstandes

---

[17] Vgl. den Mittelstandsbericht der Bundesregierung, Bundestagsdrucksache III/2012. Als Beispiele aus der Mittelstandsförderung der Länder seien das Landeskreditprogramm von Nordrhein-Westfalen und das Mittelstandsprogramm von Baden-Württemberg genannt. Siehe dazu auch die Artikel über Mittelstandsförderung in den Verfassungen folgender Bundesländer: Bayern (Art. 153), Bremen (Art. 40), Hessen (Art. 43), Nordrhein-Westfalen (Art. 28), Rheinland-Pfalz (Art. 65), Saarland (Art. 54).

[18] Erklärung der Bundesregierung über eine zusammenfassende Initiative zur Förderung des gewerblichen Mittelstandes und der freien Berufe gemäß Bundestagsdrucksache 2012, Bundestagsdrucksache III/2757, S. 5. Neuere Bestrebungen zielen auf eine verstärkte Kooperation der mittelständischen Unternehmen, wobei das Wettbewerbsrecht zum strukturpolitischen Lenkungsmittel wird.

[19] Vgl. Der Bund als Finanzier, 1965 S. 73.

[20] Richtlinien in Bundesanzeiger Nr. 149 vom 14. 8. 1963.

in neuen Wohnsiedlungen und neugeordneten Stadtkernen zu nennen[21]. Nach der Zweckbindung der Kredite können die Empfänger damit Bauvorhaben, Mietvorauszahlungen, den Erwerb von Betriebsgrundstücken und bei Neugründung die Ausstattung des Betriebes finanzieren.

Bei den sektoralen Strukturhilfen haben wir es zunächst ebenfalls mit einfacheren Formen zu tun. Im Rahmen der Mittelstandsförderung stehen z. B. ERP-Kredite für die Existenzgründung von Nachwuchskräften des gewerblichen Mittelstandes zur Verfügung[22], und zwar für Handel, Handwerk, Kleingewerbe und Beherbergungsgewerbe. Die Kredite können zum Aufbau und zur Veränderung von Gewerberäumen verwendet werden, ferner zum Kauf der Einrichtung und Ausstattung von Betrieben, zur Beschaffung des ersten Warenlagers sowie für Mietvorauszahlungen und ähnliche Aufwendungen.

Neben diesen sektoralen Starthilfen sind zahlreiche sektorale Umstellungshilfen zu verzeichnen. Veränderungen und Veränderungswiderstände spielen bei den wirtschaftlichen Umstellungprozessen eine besondere Rolle. Die Umstellungshilfen beschränken sich daher nicht auf einfachere Formen der Strukturhilfe. Vielmehr sind die Sozialmerkmale der Hilfe weiter ausgeprägt. Sie differenzieren sich auf speziellere Bereiche hin und sind außerdem bis zur Hilfeleistung an die Gruppe und durch die Gruppe intensiviert.

So gliedern sich die sektoralen Umstellunghilfen nicht nur nach kleineren und größeren Unternehmen[23], sondern darüber hinaus nach einzelnen Wirtschaftszweigen. Dabei können die Beihilfen wiederum für die mittelständische Gruppe eines Wirtschaftszweiges untergliedert sein. Gleichzeitig differenziert sich damit auch die Zweckbindung der Hilfe nach diesen speziellen Bereichen. Das gilt z. B. im Fall der Beihilfen für die Modernisierung der See- und Binnenschiffahrt. Neben den Neubau- und Umbauhilfen für die Seeschiffahrt[24] stehen gesondert Mittel für die Rationalisierung der mittelständischen Binnenschiffahrt[25] zur Verfügung. Die Richtlinien enthalten dazu einen ganzen Katalog von möglichen bzw. ausgeschlossenen Verwendungszwecken. Die Kredite sind u. a. vorgesehen für bestimmte Umbauten von Schleppkähnen und Motorgüterschiffen. Ferner für den Neubau von Motorgüterschiffen,

---

[21] Richtlinien in Bundesanzeiger Nr. 236 vom 17. 12. 1964.

[22] Richtlinien in Bundesanzeiger Nr. 236 vom 17. 12. 1964.

[23] Vgl. dazu die Richtlinien über ERP-Kredite für Umstellungsmaßnahmen, die durch ungleiche Verhältnisse im internationalen Wettbewerb bedingt sind, in Bundesanzeiger Nr. 236 vom 17. 12. 1964. Diese Kredite sind in erster Linie für mittelständische Betriebe bestimmt, sie können jedoch auch an größere Betriebe gewährt werden.

[24] Richtlinien in Bundesanzeiger Nr. 94 vom 20. 5. 1965.

[25] Richtlinien in Der Bund als Finanzier, 1965, S. 59.

wenn an dem Vorhaben mehrere Partikuliere beteiligt sind, die ihren veralteten Schiffsraum verschrotten. Ausgeschlossen sind dagegen Reparaturen an veraltetem Schiffsraum. Eine ähnliche Untergliederung für kleinere Unternehmen findet sich bei den Neubau- und Umbauhilfen zur Modernisierung der Seefischerei. Dort wird zwischen den Beihilfen für die Große Hochsee- und Große Heringsfischerei und für die Kleine Hochsee- und Küstenfischerei[26] unterschieden.

Unter den Umstellungshilfen für einzelne Wirtschaftszweige ist vor allem der Bereich der Landwirtschaft zu erörtern. Er stellt geradezu einen Musterfall vielfältiger finanzieller Gruppenförderung dar[27]. Das gilt auch für die Strukturhilfen, die hier ihre besondere Ausprägung in der Förderung der Gruppe selbst finden.

Die Landwirtschaft ist naturgemäß in besonderem Maße durch den Übergang von der vorwiegend statischen und wenig differenzierten Agrar- und Handwerkswirtschaft zu einer dynamischen, hochdifferenzierten Industriewirtschaft betroffen. Mit der ihr eigenen Beharrungskraft hat sie sich zwar lange in ihrer überkommenen Struktur behaupten können, jedoch zeigt sich gerade in neuerer Zeit ein tiefgreifender Wandlungsprozeß. Seine Ursprünge waren in der Vergangenheit nur in Ansätzen vorhanden und zudem vielfältig überdeckt. Nunmehr tritt das „rural-urban-continuum" im Zeichen einer umfassenden Modernisierung der Landwirtschaft in ein neues Stadium ein[28].

Den Anstoß zu der gegenwärtigen Entwicklung gab die stürmische Expansion der industriellen Wirtschaft nach dem zweiten Weltkrieg, genauer nach dem Ende der Zwangswirtschaft. Zwar profitierte auch die Landwirtschaft von dem aufgestauten Nachholbedarf, doch blieben bereits zu Beginn der 50er Jahre die landwirtschaftlichen Einkommen erstmals nachhaltig hinter den Einkommen im industriellen Bereich zurück. Dies wirkte sich um so mehr aus als die Landwirtschaft infolge der sozialen Entwicklung weit einkommensempfindlicher geworden war als in der Vergangenheit. Die Diskussion darum, wie die Schwierigkeiten der Landwirtschaft zu beheben seien, stand dementsprechend in erster Linie unter dem Gesichtspunkt der „Einkommensparität", ge-

---

[26] Richtlinien in Bundesanzeiger Nr. 106 vom 6. 6. 1962 und Ergänzung in Bundesanzeiger Nr. 66 vom 4. 4. 1963 sowie in Bundesanzeiger Nr. 1 vom 3. 1. 1963.

[27] Dazu besonders Hansmeyer, Finanzielle Staatshilfen für die Landwirtschaft, Zur Theorie einer sektoralen Finanzpolitik, 1963.

[28] Vgl. Kötter, Agrarsoziologie, in Soziologie, hrsg. von H. Schelsky und A. Gehlen, 2. Aufl. 1958, und Kötter, in Anpassung der Landwirtschaft an die veränderten ökonomischen Bedingungen, Berichte über Landwirtschaft N. F. 176. Sonderheft 1963; ferner Abel, Agrarpolitik, 2. Aufl. 1958; weitere Nachweise bei Hansmeyer, a.a.O. S. 379 ff.

nauer der „Aufwands-Ertrags-Parität“, d. h. einer gelenkten Angleichung von Einnahmen und Betriebsaufwand in der Landwirtschaft. So führte z. B. das IFO-Institut in seinem Gutachten für den Deutschen Bauernverband von 1952 aus: „Da die Landwirtschaft einem anderen Produktionsrhythmus unterliegt als die übrige Wirtschaft — insbesondere die Industrie — ordnet sie sich auch in den Marktmechanismus in anderer Weise ein; ihrem Wesen nach kann sie sich nicht ohne Schaden den Marktreaktionen in der gleichen Weise aussetzen wie die übrigen Wirtschaftszweige. Unter diesen Voraussetzungen erscheint eine Beeinflussung der Einnahmen-/Aufwandsrelation und damit des Verhältnisses zwischen Agrarpreisen und landwirtschaftlichen Produktionskosten durch ein Paritätsverfahren sowohl für die Landwirtschaft als auch für die gesamte Volkswirtschaft angebracht ...[29].“

In Zusammenhang mit der Frage des Einkommensausgleichs und darüber hinaus wurde von Anfang an auch die Strukturverbesserung der Landwirtschaft erörtert. Dabei beschränkte sich die Erörterung zunächst vorwiegend auf herkömmliche Probleme der Flächenstruktur. In der Regierungserklärung von 1953 ist dazu ausgeführt: „Eine Quelle grundlegender Schwierigkeiten ist die augenblicklich bestehende Agrarstruktur. Von insgesamt 14 Mill. Hektar landwirtschaftlicher Grundfläche sind noch 7 Mill. Hektar umlegungsbedürftig; d. h. die Hälfte unserer landwirtschaftlichen Nutzfläche ist so zersplittert, daß eine Mechanisierung zur Steigerung der Arbeitsproduktivität erfolglos bleiben muß[30].“ In der folgenden Zeit, insbesondere mit dem Entstehen des europäischen Agrarmarkts, erstreckte sich die Diskussion um die Strukturverbesserung der Landwirtschaft immer mehr auf die Gesamtheit der Produktionsbedingungen einschließlich bestimmter Absatzbedingungen. Die umfangreichen Einkommenshilfen, wie z. B. die Verbilligung der Betriebsmittel, erfahren daher eine zunehmende Ergänzung durch Strukturhilfen mit dem Ziel einer umfassenden Modernisierung des gesamten Wirtschaftszweiges.

Die Sozialmerkmale der Strukturhilfen für die Landwirtschaft sind vor allem durch die Hilfeleistung an die Gruppe selbst gekennzeichnet. Die Zweckbindung der Hilfe ist entsprechend differenziert. Allerdings bedeutet Gruppenzugehörigkeit auch bei den landwirtschaftlichen Umstellungshilfen zunächst Zugehörigkeit zu einem bestimmten Wirtschaftszweig, wobei sich die Beihilfen zum Teil für mittelständische Betriebe, hier für die bäuerlichen Familienbetriebe, weiter aufgliedern. Dies zeigen anschaulich die Richtlinien der Bundesregierung für die Förderungsmaßnahmen nach dem „Grünen Plan“. Auf den gesamten

---

[29] Vgl. Puvogel, Der Weg zum Landwirtschaftsgesetz, 1957, Anlage 2, S. 182.
[30] Puvogel, a.a.O. S. 46.

Wirtschaftszweig sind z. B. die Beihilfen im Rahmen der Flurbereinigung abgestellt[31]. Sie gehört zum klassischen Instrumentarium der landwirtschaftlichen Strukturpolitik. Dazu ist allerdings zu bemerken, daß die Maßnahmen zur Flurbereinigung auf Grund des Flurbereinigungsgesetzes angeordnet werden. Die Beihilfen auf diesem Gebiet sind daher als Ausgleichshilfen zu qualifizieren, die eine verbindlich festgelegte Strukturänderung erleichtern sollen. Eine Ausnahme machen die Darlehen zur Aufstockung von Betrieben[32], die nicht vorgeschrieben ist, und die Zuschüsse zu den Kosten des freiwilligen Landtauschs[33].

Zu den Umstellungshilfen für alle landwirtschaftlichen Betriebe gehört ferner die Zinsverbilligung von Darlehen zur Förderung vordringlicher agrar- und ernährungswirtschaftlicher Maßnahmen[34]. Nach den Richtlinien können hier u. a. Kredite verbilligt werden, die der Verbesserung der Wirtschaftlichkeit der Betriebe durch Rationalisierungsinvestitionen dienen. Außerdem kann z. B. unter dem Titel der Besitzfestigung der geschlossene Hofübergang wirtschaftlich gesunder Betriebe gefördert werden.

Für die landwirtschaftlichen Familienbetriebe[35] sind besondere Richtlinien ergangen. So können Kredite zur Aussiedlung und Aufstockung von Betrieben gewährt werden[36]. Die Zweckbindung der Kredite ist in den Richtlinien im einzelnen geregelt. Außer diesen Krediten, die in erster Linie die Verbesserung der Flächenstruktur fördern sollen, stehen Mittel zur Modernisierung von Altgehöften zur Verfügung. Ferner sind hier die Sonderrichtlinien für die Übernahme von Bürgschaften zwecks Gewährung von Krediten an bäuerliche Familienbetriebe anzuführen[37]. Sie sind dazu bestimmt, die Rationalisierung und die Steigerung der Produktion von Familienbetrieben zu fördern. Außerdem kann auch aus diesen Mitteln die Aufstockung von Betrieben erleichtert werden.

---

31 Richtlinien Grüner Plan 1965, hrsg. vom landwirtschaftlichen Auswertungs- und Informationsdienst e.V. im Auftrage des Bundesministeriums für Ernährung, Landwirtschaft und Forsten (im folgenden zitiert als Richtlinien Grüner Plan) S. 11.

32 Richtlinien Grüner Plan S. 11 (12 ff.).

33 Richtlinien Grüner Plan S. 68.

34 Richtlinien Grüner Plan S. 263.

35 Vgl. dazu die Leitbilder für bäuerliche Familienbetriebe, ausgearbeitet vom Ausschuß zur Verbesserung der Agrarstruktur beim Bundesministerium für Ernährung, Landwirtschaft und Forsten, veröffentlicht in Förderung bäuerlicher Selbsthilfe bei der Verbesserung der Agrarstruktur, Heft 2, 1958, S. 66.

36 Richtlinien Grüner Plan S. 20.

37 Richtlinien in Bundesanzeiger Nr. 141 vom 4. 8. 1964 (Mittel aus dem ERP-Fonds).

Neben diese Beihilfen für einzelne Betriebe aus der Gruppe, die noch durch zahlreiche Strukturhilfen der Länder ergänzt werden, treten die Beihilfen an die Gruppe. Die Förderung der Gruppenbildung und der Tätigkeit von Gruppen kann dabei an eine lange Tradition anknüpfen. So hat der Staat bereits im 19. Jahrhundert die landwirtschaftlichen Genossenschaften vielfach gefördert, um die Selbstbehauptung der kleinen und mittleren Betriebe zu stärken. Diese Tendenz setzt sich nun in den Grünen Plänen der Bundesregierung und den Hilfsmaßnahmen der Länder fort. Dabei ist zu berücksichtigen, daß die Rechtsform der Genossenschaft oft nicht mehr ausreicht, um den besonderen Bedürfnissen der Zusammenarbeit landwirtschaftlicher Betriebe gerecht zu werden[38]. Die überbetriebliche Zusammenarbeit weist daher heute vielfältige Arten und Rechtsformen auf. Ihre Besonderheit besteht vor allem darin, daß sie nicht auf ideologisch beeinflußte Formen des gemeinsamen Grundeigentums zurückgreift, sondern an bestimmte Sacherfordernisse anknüpft. Dies erhellt folgender Überblick, der auf der Unterscheidung von Gemeinschaftseigentum und überbetrieblicher Zusammenarbeit beruht. Danach sind heute folgende Formen überbetrieblicher Zusammenarbeit, die hier Teilgemeinschaften genannt werden, zu verzeichnen[39]:

1. Teilgemeinschaften der Bodenbenutzung.

   a) Teilgemeinschaften überlieferter Art, wie Allmende, Haubergsgenossenschaften und allmendähnliche Bodennutzungsgemeinschaften und Gerechtsame verschiedenster Art;

   b) Teilgemeinschaften neuerer Art: Gemeinschaftsanlagen im Obstbau und bei anderen Sonderkulturen, Weide- und Almgemeinschaften.

2. Teilgemeinschaften der Hof- und Viehwirtschaft sowie Produktionsmittelgemeinschaften.

   Dreschmaschinengemeinschaften, Maschinengenossenschaften, „Maschinenbanken“, Getreide- und Grünfutter-Trocknungs-Gemeinschaften und -Genossenschaften, Nachbarschaftshilfe in noch losen Zweier- und Dreiergruppen, z. B. in ausgesiedelten neuen Weilern, Beregnungs- und Frostschutzgemeinschaften, Verlade- und Sortiergemeinschaften, Zucht- und Besamungsgemeinschaften, Melkstands- und Melkstallgemeinschaften.

---

[38] Dazu Steding, in Berichte über Landwirtschaft N. F. Bd. 39 (1961), S. 635 mit weiteren Nachweisen.

[39] Es handelt sich um die gekürzte Wiedergabe einer Zusammenstellung von Steding, a.a.O. S. 645 (Anhang).

3. Betriebs- und Nutzungsgemeinschaften der ländlichen Hauswirtschaft.

   Kalthaus- und Gefriergemeinschaften, Wäschereigemeinschaften, Einschlachtgemeinschaften, Wasserleitungs-, Abwasser- und Elektrizitätsgemeinschaften.

4. Betriebsgemeinschaftliche Dorforganisationen.

5. Buchführungsgemeinschaften und Buchführungsgenossenschaften.

6. Geld- und Kreditgenossenschaften.

7. Bezugs-, Absatz- und Verwertungsgemeinschaften zur Verbesserung der Marktstellung landwirtschaftlicher Erzeuger.

   a) Traditionelle Formen, wie Bezugs-, Absatz- und Verwertungsgemeinschaften vorwiegend in genossenschaftlicher Form sowie Stärkefabriken, Zuckerfabriken, Molkereien in der Hand von Erzeugerzusammenschlüssen.

   b) Neuere Formen: Anbaugemeinschaften für Braugerste, vertragliche oder satzungsgemäße Zusammenarbeit der Hopfenpflanzer mit Versteigerungseinrichtungen, Saatkartoffelerzeugereinrichtungen, vertragliche Zusammenarbeit zwischen Erzeugerringen und Erzeugergroßmärkten für Obst und Gemüse mit Versteigerungseinrichtungen, Erzeuger-Verbraucher-Ketten beim Milchabsatz, Liefer- und Abnahmeverpflichtungen in der Vieh- und Fleischverwertung (Futter — Jungtiere — Masttiere), Erzeugerringe mit Anbau- und Lieferverträgen insbesondere bei Schweinen, Geflügel, Eiern und bei der Saatgutvermehrung.

Die Umstellung der Betriebe auf die alten und neuen Formen überbetrieblicher Zusammenarbeit wird von Bund und Ländern durch Beihilfen an die verschiedenen Gruppen in vielfacher Weise angeregt und unterstützt. Ein Beispiel für die Förderung von Gruppen herkömmlicher Art ist die Strukturhilfe für den Weinbau im Rahmen des Grünen Plans[40]. Sie soll der Rationalisierung des Weinbaus und der Qualitätsverbesserung des Weins dienen. Diese Beihilfen können nur Genossenschaften erhalten und zwar Genossenschaften, die sich ganz oder überwiegend mit der kellerwirtschaftlichen Behandlung des Weins befassen. Die Beihilfen werden als Zuschüsse für bauliche und maschinelle Investitionen gewährt. Das sind im einzelnen genossenschaftliche

---

[40] Zuwendungsbescheid des BML vom 15. 4. 1965, in Richtlinien Grüner Plan S. 171.

Anlagen, insbesondere Kellereieinrichtungen, die aus Anlaß der Gründung neuer Winzergenossenschaften oder im Zusammenhang mit dem Zusammenschluß bereits bestehender Genossenschaften errichtet bzw. erweitert werden, ferner Anlagen bereits bestehender Genossenschaften, die verbessert oder erweitert werden.

Unter den neuen Gemeinschaftsformen haben Bund und Länder bisher vor allem die überbetriebliche Maschinenverwendung gefördert[41]. Es handelt sich überwiegend um Einkaufsbeihilfen für Maschinen, deren Erwerb für den einzelnen Betrieb unwirtschaftlich ist. Vornehmlich kommen Maschinen für Bestellungs-, Pflege- und Erntearbeiten in Betracht. Als Empfänger der Beihilfen sind sowohl Lohnbetriebe als auch Personenvereinigungen vorgesehen. Zu den Personenvereinigungen gehören neben den Genossenschaften insbesondere Bruchteilgemeinschaften, eingetragene Vereine und Gesellschaften des bürgerlichen Rechts. Aufschlußreich dürfte hier die Entwicklung der sog. Maschinenringe sein, bei denen die verschiedenen Maschinen im Eigentum des einzelnen bleiben und von diesem an die übrigen Beteiligten vermietet werden, die ihrerseits andere Maschinen einbringen. Für die überbetriebliche Maschinenverwendung durch Familienbetriebe sind zusätzlich die Sonderrichtlinien für die Übernahme von Bürgschaften aus dem ERP-Fonds anzuwenden[42].

Neben die Umstellungshilfen an Gruppen der landwirtschaftlichen „Ergänzungswirtschaft", d. h. für hilfswirtschaftliche Gemeinschaftseinrichtungen, treten in jüngster Zeit Beihilfen zur Förderung von Erzeugungs- und Absatzgemeinschaften, die ebenfalls zu den neuen Gemeinschaftsformen gehören. Es geht dabei um die gemeinschaftliche Spezialisierung der Produktion unter bestimmten Qualitätsmerkmalen. Die Beihilfen, die vorwiegend im Rahmen des Grünen Plans geleistet werden, sollen die Landwirtschaft veranlassen, mehr als bisher Veredelungswirtschaft zu betreiben. Sie soll, den veränderten Marktverhältnissen entsprechend, in die Lage versetzt werden, größere Mengen einer einheitlichen guten Qualität anbieten zu können. Gleichzeitig soll die Wirtschaftlichkeit der Produktion von den Kosten her verbessert werden. Zu diesen Erzeugungs- und Absatzgemeinschaften gehören z. B. die Erzeugerringe für Mastschweine, Ferkel und Mastrinder

---

[41] Zur Förderung der überbetrieblichen Maschinenverwendung durch den Bund siehe den Zuwendungsbescheid des BML vom 16. 3. 1965, in Richtlinien Grüner Plan S. 126; eine Gesamtübersicht gibt Grobbecker, Die Förderung der überbetrieblichen Maschinenverwendung in der westdeutschen Landwirtschaft durch Bund und Länder 1956—1960—1963, in Berichte über Landwirtschaft N. F. Bd. 43 (1965), S. 274.

[42] Richtlinien in Bundesanzeiger Nr. 141 vom 4. 8. 1964.

sowie für Eier und Mastgeflügel[43]. Sie können durch Zuschüsse gefördert werden, wenn sie als eingetragener Verein arbeiten oder in Form einer Genossenschaft. Im Fall der Erzeugerringe für Mastschweine etc. muß die Genossenschaft zum Zweck der Mastkontrolle gegründet sein, bei den Erzeugerringen für Eier und Mastgeflügel zum Zweck der Erzeugungs- und Verwertungsberatung. Die Erzeugerringe für Mastschweine etc. können neben Zuschüssen zu den Kosten der Mastkontrolle bestimmte Einkaufsbeihilfen erhalten. Den Erzeugerringen für Eier und Mastgeflügel werden Zuschüsse zu den laufenden Kosten gewährt. Gewerbliche Betriebe sind in beiden Fällen von der Förderung ausgeschlossen. Die geförderte Gruppe ist also bewußt nach außen abgeschlossen[44].

Zu den geförderten Erzeugergemeinschaften gehören ferner einige Anbaugemeinschaften. So können z. B. Anbaugemeinschaften für Qualitätsweizen Beihilfen aus Mitteln des Grünen Plans erhalten[45]. Eine Anbaugemeinschaft muß mindestens aus sieben Mitgliedern bestehen. Sie muß eine Mindestfläche mit bestimmten Weizensorten bestellen. Eine besondere Rechtsform ist nicht vorgeschrieben. Die Beihilfen werden als Zuschüsse zu bestimmten Kosten gewährt, die der Anbaugemeinschaft entstehen, z. B. für die Mehrkosten von Hochzuchtsaatgut. Anbaugemeinschaften für Pflanz- und Speisekartoffeln stehen ebenfalls Zuschüsse zur Verfügung[46]. Dies gilt sowohl für die Gemeinschaft selbst als auch für einzelne Erzeuger, wenn sie einer Anbaugemeinschaft angehören. Die Gemeinschaft bedarf keiner besonderen Rechtsform. Es ist lediglich eine Mindestmitgliedzahl bestimmt. Die Zuschüsse werden für den Bau und Ausbau von Lagereinrichtungen gezahlt, wenn sie eine bestimmte Mindestkapazität erreichen und modernen Anforderungen entsprechen. Als Beispiel aus den Förderungsprogrammen der Länder sind noch die Anbau- und Pflegegemeinschaften des Obstbaus zu nennen. So sind im Rahmen des Generalplans

[43] Zuwendungsbescheid des BML vom 12. 3. 1965, in Richtlinien Grüner Plan S. 211, und Zuwendungsbescheid des BML vom 16. 8. 1965, in Nachtrag zu den Richtlinien Grüner Plan S. 22.

[44] In diesem Zusammenhang sei auf den verfassungsrechtlich bedenklichen Entwurf eines Gesetzes zum Schutze der landwirtschaftlichen Veredelungswirtschaft hingewiesen (Bundestagsdrucksache V/353). Durch dieses Gesetz soll eine bestimmte Veredelungsproduktion zwangsweise der Landwirtschaft vorbehalten werden. § 1 Abs. 1 des Entwurfs bestimmt: „Ein Tierhalter darf jährlich nicht mehr als eintausend Mastschweine und hundertzwanzigtausend Jungmasthühner produzieren und nicht mehr als zehntausend Legehennen halten ..."

[45] Zuwendungsbescheid des BML vom 26. 2. 1965, in Richtlinien Grüner Plan S. 136.

[46] Zuwendungsbescheid des BML vom 12. 3. 1965, in Richtlinien Grüner Plan S. 148.

für die Neuordnung des Obstbaus in Baden-Württemberg u. a. Zuschüsse für die Errichtung von Gemeinschaftspflanzungen vorgesehen[47].

Außer den Strukturhilfen an die Gruppe, wie sie besonders im Bereich der Landwirtschaft auftreten, ist in einigen Fällen die Aufbringung und Verteilung der Hilfe durch die Gruppe zu verzeichnen, wobei die Gruppe wiederum staatlich gefördert wird. Ein Beispiel dazu ist die Förderung der Stillegung von Mühlen auf Grund des Mühlengesetzes. Bereits im Jahre 1955 war ein Mühlenkartell gegründet worden, um die Strukturkrise großer Teile der Mühlenwirtschaft zu überwinden[48]. Im gleichen Jahr forderte der Bundestag die Bundesregierung auf, einen Gesetzesentwurf vorzulegen, der einer weiteren Ausdehnung der Mühlenkapazität begegnen sollte. Im Jahre 1957 trat dann das Mühlengesetz[49] in Kraft. Es unterstellt die Errichtung und Erweiterung von Mühlen einer Genehmigungspflicht (§ 1). Außerdem kann nach § 7 des Gesetzes die freiwillige Stillegung gefördert werden. Das Gesetz sieht jedoch vor, daß zum Zweck der Rückzahlung der aufgewendeten Mittel eine allgemeine Abgabe von den Mühlen erhoben wird. Der Bund stellt lediglich eine selbstschuldnerische Bürgschaft als Finanzierungshilfe zur Verfügung. Im übrigen hat die Mühlenwirtschaft die Aufwendungen selbst zu tragen.

Noch deutlicher als im Fall der Mühlenwirtschaft zeigt sich die Einschaltung der Gruppe bei dem Versuch, die Überkapazität der Textilwirtschaft und insbesondere des Bergbaus zu steuern. So wurde für die Baumwollindustrie, die eine strukturelle Überkapazität aufweist, ein Rationalisierungsverband geplant, der aus einer Verschrottkasse, Stilllegungsprämien für Spindeln und Webstühle zahlen sollte. Die finanziellen Mittel sollten je zur Hälfte die im Verband zusammengeschlossenen Unternehmen und der Bund aufbringen. Ein freiwilliger Zusammenschluß der Unternehmen bereitete jedoch in der vielfach gegliederten Baumwollindustrie besondere Schwierigkeiten, so daß der Verband nicht zustande gekommen ist[50].

---

[47] Vgl. Heiber, Anbau- und Pflegegemeinschaften im Obstbau, in Berichte über Landwirtschaft N. F. Bd. 42 (1964), S. 82.

[48] Vgl. dazu den Bericht des Bundeskartellamts über seine Tätigkeit im Jahre 1960, Bundestagsdrucksache III/2734, S. 24: „Das Verfahren der bereits seit 1955 bestehenden Mühlenkartelle hat auch im Berichtsjahr wiederum gezeigt, wie schwierig in der Praxis die Überwindung struktureller Marktveränderungen mittels eines freiwilligen, auf den Kreis der Vertragschließenden beschränkten Kartells ist... Nach Ansicht der Mühlenkonventionen kann die Strukturkrise in der Mühlenwirtschaft nur dadurch gelöst werden, daß gleichzeitig Marktabsprachen getroffen, das gesetzliche Verbot der Errichtung neuer und Erweiterung bestehender Betriebe bis 1968 verlängert und Stillegungsmaßnahmen, ergänzt durch bestimmte zusätzliche Abbauleistungen der Beteiligten, gesetzlich geregelt werden."

[49] BGBl. 1957 I S. 664; Neufassung in BGBl. 1959 I S. 282.

[50] Dieser Plan ist aufgegeben worden, da sich keine hinreichende Beteili-

Für den stärker integrierten Bergbau ist bereits ein Rationalisierungsverband tätig. Er ist allerdings durch Gesetz begründet worden. Hilfe und Zwang sind hier miteinander verbunden[51]. Das öffentliche Interesse an einer organisierten Umstellung ist im Fall des Bergbaus so stark, daß der Staat verbindlich eingreift. Dabei kann das Gesetz weitgehend an die schon gegebene Integration des Wirtschaftszweiges anknüpfen.

Das Zusammenwirken von Staat und Bergbau gehört, ähnlich wie bei der Landwirtschaft, zu den traditionellen Bereichen staatlicher Strukturpolitik. Als im Jahre 1958 der Steinkohlenabsatz nachhaltig zurückging, folgte daher bald eine staatliche Unterstützung des Bergbaus. Das geschah zunächst durch Schutzmaßnahmen, wie den 1959 eingeführten Kohlezoll[52] und die 1960 beschlossene Heizölsteuer[53]. Diese Maßnahmen reichten jedoch nicht aus, um die Schwierigkeiten im Bergbau zu beheben. Es zeigte sich vielmehr immer deutlicher, daß sich im Bereich der Energiewirtschaft ein tiefgreifender Strukturwandel vollzieht. Der Anteil der Steinkohle am Energieverbrauch geht zurück, während der Anteil anderer Energieträger, insbesondere des preisgünstigen Heizöls, zunimmt[54]. Im Jahre 1962 erließ die Bundesregierung daher die Richtlinien über die vorläufige Gewährung von Prämien für die Stillegung von Steinkohlenbergwerken[55]. Dieser „Vorausaktion" folgte 1963 das Gesetz zur Förderung der Rationalisierung im Steinkohlenbergbau[56], das u. a. Umstellungs- und Stillegungshilfen vorsieht.

---

gung der Unternehmen ergeben hat. Die Textilwirtschaft wird jedoch im Rahmen der Mittelstandsförderung unterstützt, so z. B. durch das Textil-Hilfsprogramm des Landes Baden-Württemberg (Bekanntmachung des Wirtschaftsministeriums über Hilfsmaßnahmen des Landes für einzelne Zweige der Textilindustrie vom 13. 7. 1964 — Staatsanzeiger Nr. 59 vom 25. 7. 1964).

51 Vgl. auch die in den Krisenjahren 1930—1932 eingerichteten Stützungsverbände, die allerdings besondere Marktverbände waren; siehe Huber, Wirtschaftsverwaltungsrecht, 2. Aufl., Bd. 1, 1953, S. 267.

52 Vierte Verordnung zur Änderung des Deutschen Zolltarifs 1959 (Kohlenzoll), BGBl. 1959 II S. 117.

53 Gesetz zur Änderung des Mineralölsteuergesetzes, BGBl. 1960 I S. 241.

54 Vgl. die Untersuchung über die Entwicklung der gegenwärtigen und zukünftigen Struktur von Angebot und Nachfrage in der Energiewirtschaft der Bundesrepublik unter besonderer Berücksichtigung des Steinkohlenbergbaus, Sonderdruck zu Bundestagsdrucksache IV/394.

55 Bundesanzeiger Nr. 13 vom 19. 1. 1963.

56 BGBl. 1963 I S. 549; hierzu ausführlich Zydek, Rationalisierungsverband, steuerliche Maßnahmen zur Rationalisierung, Finanzierungshilfe und Bergrecht, in Zeitschrift für Bergrecht, 1964, S. 34 ff. und S. 279 ff. Zur Gesamtheit der bis zum Erlaß des Gesetzes getroffenen staatlichen Maßnahmen siehe die Antwort der Bundesregierung auf die Große Anfrage der Fraktion der SPD in dem Sten. Bericht über die 30. Sitzung des Deutschen Bundestags vom 16. 5. 1962. Zum gegenwärtigen Stand der vielfältigen staatlichen Maßnahmen siehe die Antwort der Bundesregierung

Das Gesetz geht davon aus, daß im Steinkohlenbergbau besondere Anpassungslasten entstehen, die das einzelne Unternehmen nicht allein tragen kann. Außerdem wird eine Koordinierung der verschiedenen Rationalisierungsmaßnahmen für erforderlich gehalten. Das Gesetz faßt daher die Unternehmen des Steinkohlenbergbaus mit einer bestimmten Förderleistung für 5 Jahre zu einem Rationalisierungsverband zusammen. Der Verband hat die Rechtsform einer bundesunmittelbaren Körperschaft des öffentlichen Rechts. Er verwaltet sich selbst.

Hauptzweck des Gesetzes ist es, die Wettbewerbsfähigkeit des Steinkohlenbergbaus zu steigern und unwirtschaftliche Kapazitäten abzubauen. Der Verband fördert dementsprechend die Maßnahmen der Mitglieder zur innerbetrieblichen Rationalisierung. Er soll außerdem auf die überbetriebliche Rationalisierung hinwirken, etwa auf eine Zusammenfassung von Bergwerken zu größeren, wirtschaftlicher arbeitenden Fördereinheiten. Das soll durch Beratung der Verbandsmitglieder sowie durch Bürgschaften und Darlehen geschehen. Außerdem sind Stillegungsprämien vorgesehen. Die finanziellen Lasten dieser Aufgaben haben die Unternehmen gemeinsam zu tragen. Der Verband ist berechtigt, von seinen Mitgliedern Beiträge zu erheben. Die Stillegungsprämien trägt zur Hälfte der Bund.

Mit den Stillegungsprämien steigert sich die Zweckbindung der Strukturhilfe bis zur Aufgabe der Produktion als Voraussetzung der Hilfe. Die Voraussetzungen für die Stillegungsprämien sind nach Grund- und Zusatzprämien differenziert. Der Verband gewährt bei Stillegung eines Bergwerks eine Grundprämie. Voraussetzung ist u. a., daß es sich um eine Rationalisierungsstillegung handelt. Sind die abbauwürdigen Teile der Lagerstätte erschöpft, so darf keine Prämie gezahlt werden. Im übrigen bleibt die Prämie davon unberührt, ob das Mitglied, das ein Bergwerk stillgelegt hat, die Förderung auf andere Betriebe verlagert. Es geht lediglich um die Stillegung der unwirtschaftlichen Förderkapazität eines bestimmten Bergwerks. Wird die Stillegung nicht zum Anlaß genommen, Förderung, Absatz oder Verbrauch der Kohle aus anderen von den Mitgliedern betriebenen Bergwerken zu erhöhen, so kann der Verband eine Zusatzprämie gewähren. Auch hier bleibt also die Hilfeleistung Ermessenssache. Dagegen besteht ein Rechtsanspruch der Mitglieder auf die Grundprämie, wenn sie die notwendigen Voraussetzungen erfüllen. Damit ist nicht nur die Beteiligung der Unter-

---

auf die Große Anfrage der Fraktion der CDU/CSU, FDP in dem Sten. Bericht über die 30. Sitzung des Deutschen Bundestags vom 16. 3. 1966. Die gleichzeitig vorgesehenen sozialen Ausgleichshilfen behandelt der schriftliche Bericht des Ausschusses für Arbeit, Bundestagsdrucksache V/715; vgl. auch Bandemer und Ilgen, Problem des Steinkohlenbergbaus, Die Arbeiter- und Förderverlagerung in den Revieren der Borinage und Ruhr 1963.

nehmen an der Rationalisierung des Wirtschaftszweiges gesetzlich geregelt, sondern auch ihre Teilhabe an bestimmten Leistungen des Verbandes.

II. Strukturhilfen und Wettbewerb

Bei einer so vielfältig gelenkten Integration der Wirtschaftsunternehmen ergibt sich zugleich die Frage nach der *Vereinbarkeit* mit dem anderen Integrationssystem, dem Wettbewerb. Es geht dabei um die Zulässigkeit und die Grenzen staatlicher Hilfe im Rahmen der Wettbewerbsordnung. Diese Probleme sind bisher vor allem international und übernational hervorgetreten, d. h. dort, wo das Zusammentreffen verschiedener Leistungssysteme eine Auseinandersetzung erzwingt[57]. So verurteilt z. B. das Allgemeine Zoll- und Handelsabkommen (GATT) in seinen Artikeln VI und XVI die wettbewerbsverfälschende Ausfuhrförderung. Derartige Beihilfen sind den übrigen Vertragsstaaten anzuzeigen, wobei auch die Gründe für die Notwendigkeit der Beihilfe bekanntzugeben sind. Führt die Beihilfe zu einer ernstlichen Schädigung der Interessen eines Vertragspartners, so muß der Partner, der die Beihilfe gewährt, auf Ersuchen zusammen mit dem interessierten Partner oder auf andere im Vertrag angegebene Weise prüfen, ob die Beihilfe beschränkt werden kann. Ein Beihilfeverbot enthält der GATT-Vertrag nicht[58].

Demgegenüber erklären die Verträge über die Europäische Gemeinschaft für Kohle und Stahl und die Europäische Wirtschaftsgemeinschaft alle Beihilfen für unzulässig, die den Wettbewerb im Gemeinsamen Markt verfälschen können. Das Beihilfeverbot ist allerdings in den beiden Verträgen unterschiedlich ausgestaltet. Nach der wettbewerbswirtschaftlichen Modellvorstellung, die dem Vertrag über die Europäische Gemeinschaft für Kohle und Stahl zugrunde liegt, sind Beihilfen „schon für sich allein ein Hindernis für die rationellste Verteilung der Erzeugung auf dem höchsten Leistungsstand ...“[59]. Sie sind daher nach Artikel 4 EGKS-Vertrag grundsätzlich als wettbewerbs-

---

[57] Innerstaatlich besteht für die Bundesrepublik lediglich die verfassungsrechtliche Regelung des Art. 2 GG, die auch die Wettbewerbsfreiheit schützt. Vgl. Nipperdey, Soziale Marktwirtschaft und Grundgesetz, 3. Aufl. 1965, S. 30. Anders z. B. Art. 19 des schweizerischen Kartellgesetzes, wonach die Kartellkommission bei allen Gesetzen und Verordnungen zu konsultieren ist, welche die Freiheit des Wettbewerbs einschränken.

[58] Zur neueren Entwicklung vgl. Jaenicke, Das Allgemeine Zoll- und Handelsabkommen, in Archiv des Völkerrechts, Bd. 7 (1958/59), S. 385.

[59] Urteil des Gerichtshofs der Europäischen Gemeinschaften in der Rechtssache 30/59, RsprGH Bd. VII S. 43; dazu Börner, in Zehn Jahre Rechtsprechung des Gerichtshofs der Europäischen Gemeinschaften, 1965, S. 242.

verfälschend verboten[60]. Der Strukturwandel des Energiemarkts und besonders die Krise des Steinkohlenbergbaus haben diese starre Regelung jedoch in Frage gestellt. Die Hohe Behörde erließ daher im Jahr 1965 mit einstimmiger Zustimmung des Rates die Entscheidung Nr. 3/65 über das gemeinschaftliche System von Maßnahmen der Mitgliedstaaten zugunsten des Steinkohlenbergbaus[61]. Danach soll es möglich sein, bestimmte staatliche Beihilfen zu genehmigen. Nach Artikel 2 der Entscheidung kann die Hohe Behörde die in den nachfolgenden Artikeln definierten Beihilfen zulassen, „sofern sie nicht geeignet sind, das gute Funktionieren des Gemeinsamen Marktes zu beeinträchtigen". Zu den genehmigungsfähigen Beihilfen rechnet die Hohe Behörde insbesondere Strukturhilfen. Dabei handelt es sich einmal um Beihilfen zu positiven Rationalisierungsmaßnahmen, wie z. B. zur Konzentration von Schachtanlagen oder zur verstärkten Mechanisierung des Abbaus (Art. 3). Außerdem können nach Artikel 4 Beihilfen für die vollständige oder teilweise Schließung von Betriebsanlagen genehmigt werden (negative Rationalisierung). Die beihilfefähigen Stillegungslasten sind in der Entscheidung im einzelnen angeführt. Um sicherzustellen, daß die Beihilfen zu den in der Entscheidung genannten Zwecken verwendet werden, kann die Hohe Behörde ihre Genehmigung mit geeigneten Bedingungen versehen (Art. 6 Abs. 2). Die Dauer der Genehmigung ist jeweils auf ein Jahr beschränkt (Art. 5).

Die Hohe Behörde hat auf Grund dieser Vorschriften vor kurzem die ersten Genehmigungen erteilt. Sie hat dabei auch die Beihilfen der Bundesrepublik zu den Stillegungsprämien nach dem Bergbau-

---

[60] Vgl. Börner, a.a.O. S. 237; Hochbaum, Das Diskriminierungsverbot in der EGKS und EWG, 1962; Koppensteiner, Das Diskriminierungs- und Subventionsverbot im Vertrag über die Europäische Gemeinschaft für Kohle und Stahl, 1965, mit weiteren Nachweisen. Die Ausnahmen von dem Subventionsverbot des Montanvertrages betreffen vor allem soziale Hilfen für die Wiederbeschäftigung entlassener Arbeitnehmer. Diese Beihilfen können gemäß Art. 56 EGKS-Vertrag gezahlt werden, wenn die Entlassung durch neue technische Verfahren bedingt ist. Nach Art. 56 Abs. 2 EGKS-Vertrag, der erst im Jahre 1960 durch eine Ergänzung in Kraft getreten ist, können soziale Beihilfen außerdem dann gewährt werden, wenn in den Absatzbedingungen der Kohle- oder Stahlindustrie grundlegende Änderungen eingetreten sind, die einzelne Unternehmen zwingen, ihre Tätigkeit endgültig einzustellen, einzuschränken oder zu ändern; vgl. auch Much, Entwicklungstendenzen des Rechts der EGKS, in Bd. 22 der Schriftenreihe der Hochschule Speyer, 1964.

Zur finanziellen Beteiligung der Hohen Behörde vgl. die letzten Gesamtberichte über die Tätigkeit der Gemeinschaft von 1965 und 1966.

[61] Entscheidung Nr. 3/65 vom 17. 2. 1965, Amtsblatt S. 480. Die Entscheidung, die als Regelung eines im Vertrag nicht vorgesehenen Falles auf Art. 95 Abs. 1 und 2 EGKS-Vertrag gestützt ist, tritt am 31. 12. 1967 wieder außer Kraft. Zur Zulässigkeit dieser „kleinen Revision" des Montanvertrages siehe Koppensteiner, a.a.O. S. 133.

rationalisierungsgesetz zugelassen[62]. Damit die Hohe Behörde die Beihilfen kontrollieren kann, muß die Bundesregierung binnen einer Frist bestimmte Einzelheiten mitteilen. Sie betreffen insbesondere die Höhe und die Verteilung der Beihilfen sowie Art und Umfang der Rationalisierungsmaßnahmen. Die von dem Rationalisierungsverband finanzierten Beihilfen hat die Hohe Behörde zu Recht nicht erörtert, da sie von den Unternehmen des Wirtschaftszweiges im Wege vorübergehender Selbsthilfe getragen werden.

Das Recht der später gegründeten Europäischen Wirtschaftsgemeinschaft haben die Mitgliedstaaten von vornherein elastischer gehalten. Nach Artikel 92 Abs. 1 EWG-Vertrag „sind staatliche oder aus staatlichen Mitteln gewährte Beihilfen gleich welcher Art, die durch die Begünstigung bestimmter Unternehmen oder Produktionszweige den Wettbewerb verfälschen oder zu verfälschen drohen, mit dem Gemeinsamen Markt unvereinbar, soweit sie den Handel zwischen Mitgliedstaaten beeinträchtigen". Der EWG-Vertrag geht also nicht von der generellen Unzulässigkeit staatlicher Beihilfen aus, sondern von der möglichen Unzulässigkeit im Einzelfall wegen einer bestimmten Wettbewerbsverfälschung im Gemeinsamen Markt[63]. Dabei können hinsichtlich der Verfälschung Zweck und Folgen der Beihilfen auseinanderfallen. Für die rechtliche Beurteilung der Beihilfen kommt es daher nicht nur auf Zweck und Umfang der Hilfe an, wie es dem herkömmlichen Eingriffsdenken entspricht, sondern auch auf ihre Folgen. Das Folgenproblem läßt auf solche Weise die zweite Ebene des modernen Lenkungsrechts deutlich werden. Lenkungsmaßnahmen sind Einzel- und Gesamtakt zugleich. Dementsprechend geht es auf der einen Seite um die Einzelfolgen der Maßnahmen, die man durch die Rechtsfigur der Drittwirkung[64] in den Griff bekommen will. Zum anderen muß die Gesamtwirkung innerhalb der jeweiligen Lenkungssituation erfaßt werden.

---

[62] Entscheidung Nr. 5/66 vom 16. 3. 1966 über die Genehmigung von Beihilfen der Bundesrepublik Deutschland zugunsten der Unternehmen des Steinkohlenbergbaus für das Jahr 1965, Amtsblatt S. 789; siehe ferner die Entscheidung Nr. 6/66 vom 16. 3. 1966 über die Genehmigung von Beihilfen des Königreichs Belgien zugunsten der Unternehmen des Steinkohlenbergbaus für das Jahr 1965 und die Entscheidung Nr. 7/66 vom 16. 3. 1966 über die Genehmigung von Beihilfen der Französischen Republik zugunsten der Unternehmen des Steinkohlenbergbaus für das Jahr 1965, a.a.O. S. 792 u. 794.

[63] Vgl. Krawielicki, Strukturunterschiede zwischen Montanvertrag und EWG-Vertrag, in Festschrift für Möhring, 1965, S. 511; siehe ferner die bei Koppensteiner, a.a.O. S. 187 zitierte Literatur.

[64] Vgl. Köttgen, a.a.O. S. 68; Fromm, Verwaltungsakte mit Doppelwirkung, in Verwaltungsarchiv 1965, S. 26; Vogel, a.a.O. S. 154.

Lediglich einige Arten der Beihilfen sieht der EWG-Vertrag generell als vereinbar mit dem Gemeinsamen Markt an. Das sind gemäß Artikel 92 Abs. 2 EWG-Vertrag: Beihilfen sozialer Art an einzelne Verbraucher, Beihilfen zur Beseitigung von Schäden, die durch außergewöhnliche Ereignisse entstanden sind, wie z. B. durch Naturkatastrophen, und Beihilfen für die Wirtschaft bestimmter durch die Teilung Deutschlands betroffener Gebiete der Bundesrepublik Deutschland. Im übrigen kommt es für die Zulässigkeit der Beihilfen auf den Einzelfall an. Artikel 92 Abs. 3 EWG-Vertrag hebt dazu folgende Fallgruppen hervor, die als vereinbar mit dem Gemeinsamen Markt angesehen werden können: Beihilfen zur Förderung der wirtschaftlichen Entwicklung von Gebieten, in denen die Lebenshaltung außergewöhnlich niedrig ist oder eine erhebliche Unterbeschäftigung herrscht, Beihilfen zur Förderung wichtiger Vorhaben von gemeinsamem europäischen Interesse oder zur Behebung einer beträchtlichen Störung im Wirtschaftsleben eines Mitgliedstaates, Beihilfen zur Förderung der Entwicklung gewisser Wirtschaftszweige oder Wirtschaftsgebiete, soweit sie die Handelsbedingungen nicht in einer Weise verändern, die dem gemeinsamen Interesse zuwiderläuft, sowie sonstige Arten von Beihilfen, die der Rat durch eine Entscheidung bestimmt.

Die staatlichen Sturkturhilfen gehören, außer zu der Hilfe für Entwicklungsgebiete mit besonders niedrigem Wirtschaftsstandard (Art. 92 Abs. 3 a)[65], vor allem zu den Beihilfen für gewisse Wirtschaftszweige und -gebiete im Sinne des Artikels 92 Abs. 3 c. Sie scheinen auf Grund ihres strukturpolitischen Zwecks und mit bestimmten sachlichen und zeitlichen Grenzen in vielen Fällen mit dem Gemeinsamen Markt vereinbar zu sein. Die Prüfung der Strukturhilfen und ihrer Folgen kann sich allerdings nicht auf deren Rechtsgrundlagen beschränken. Sie muß darüber hinaus die jeweiligen wirtschaftlichen Verhältnisse umfassen, unter denen sich die Beihilfen auswirken[66]. Die Prüfung der Beihilfen ist daher ein laufender Prozeß. Da dies für alle Beihilfen gilt, ist in Artikel 93 EWG-Vertrag ein besonderes Prüfungsverfahren vorgesehen. Die Kommission ist dabei nicht darauf beschränkt, nachträglich Verstöße gegen das Verfälschungsverbot festzustellen, die Beihilfen unterliegen vielmehr einer präventiven Meldepflicht. Außerdem ist die Kommission berechtigt und verpflichtet, den Ablauf der Beihilfen ständig zu überwachen. Zu den Besonderheiten des Lenkungsrechts gehört also nicht nur die laufende Beobachtung der Vorausset-

[65] Vgl. z. B. Vöchting, Die Industrialisierung Siziliens, in Zeitschrift für die gesamte Staatswissenschaft, Bd. 117 (1961), S. 679.

[66] Zu den Schwierigkeiten der Kommission, eine wirksame Prüfungsmethode zu finden, vgl. den 9. Gesamtbericht über die Tätigkeit der Gemeinschaft, 1966 Nr. 79.

zungen wirtschaftlicher Maßnahmen[67], sondern auch ihrer Durchführung und Folgen.

Die Anwendung dieser Vorschriften auf Strukturhilfen zeigt die vielfachen Hindernisse, die sich bei der rechtlichen Konturierung der Beihilfen und ihrer Folgen ergeben. Die Anstrengung des Konkreten bereitet der Freiheitsbewahrung noch größere Schwierigkeiten als der Lenkung. Für die regionalen Strukturhilfen hat die Kommission in ihrer ersten Mitteilung über die Regionalpolitik in der EWG[68] einige Leitsätze aufgestellt. Danach sollen die Beihilfen die strukturelle Anpassung der Regionen an die neuen wirtschaftlichen und technischen Bedürfnisse erleichtern. Voraussetzung sei allerdings, daß die Beihilfen lediglich als Übergangshilfen gewährt werden. Außerdem sollen sie im Verhältnis zur Schwere der regionalen Probleme bemessen sein. Je geringer die auszugleichenden regionalen Nachteile seien, um so weniger seien Beihilfen gerechtfertigt. So könnten sich in bereits industrialisierten Gebieten schon geringe finanzielle Vorteile wettbewerbsverfälschend auswirken. Außerdem hält es die Kommission für wichtig, die Beihilfen in bestimmte regionale Programme einzuordnen, um sie so besser überwachen zu können.

Für die Anwendung der Artikel 92 ff. EWG-Vertrag auf sektorale Strukturhilfen seien hier die Bereiche Schiffbau und Landwirtschaft als Beispiele angeführt. Im Falle des Schiffbaus hat die Kommission über die von Italien gewährten Schiffbaubeihilfen entschieden[69]. Die Entscheidung geht von einem bestimmten Sanierungsprogramm aus, das von der italienischen Regierung noch in seiner endgültigen Form vorzulegen ist. Die Kommission sieht dieses Vorhaben als vereinbar mit dem Gemeinsamen Markt an, sofern die italienische Regierung das Programm fristgerecht durchführt und vermeidet, daß die Beihilfen die Wettbewerbslage der Werften anderer Mitgliedstaaten erheblich beeinträchtigen. Die Begünstigten sollen also durch die Beihilfen

---

67 Siehe dazu auch Roth, Das Auskunftsrecht der Wirtschaftsverwaltung, in Verwaltungsarchiv 1966, S. 225.

68 Dok. II/SEK (65) 1170 endg.

69 Entscheidung zur Änderung der in Italien zugunsten der Schiffbauindustrie bestehenden Beihilferegelung vom 8. 3. 1961, Amtsblatt S. 582. Bisher sind nur wenige Entscheidungen dieser Art veröffentlicht worden, im Gegensatz zu der weit größeren Anzahl der ergangenen Entscheidungen. Zu den veröffentlichten Entscheidungen gehören noch die Entscheidungen des Rats vom 19. 12. 1960 über die in Frankreich geltende Beihilfenregelung zugunsten bestimmter Zellstoffarten, Amtsblatt S. 1972, und die Entscheidung der Kommission vom 28. 10. 1964 über die Aufhebung durch die Regierung des Königreichs Belgien der von ihr der Ford Tractor (Belgium) Limited in Antwerpen gewährten Beihilfe, Amtsblatt S. 3257. Eine Zusammenfassung der neueren, nicht veröffentlichten Entscheidungen gibt der 9. Gesamtbericht über die Tätigkeit der Gemeinschaft, 1966, Nr. 79 ff.

keinen Vorsprung vor anderen Wettbewerbern erhalten. Damit die Kommission die Beihilfen laufend überwachen kann, ist sie halbjährlich über die allgemeine Entwicklung des italienischen Schiffbaus, über die Bedingungen, unter denen die Beihilferegelung angewendet worden ist, und über die Fortschritte bei der Durchführung des Sanierungsprogramms zu unterrichten.

Die Beihilfen für die Landwirtschaft nehmen auch im Recht der Europäischen Wirtschaftsgemeinschaft eine Sonderstellung ein. Nach Artikel 42 EWG-Vertrag sind die Wettbewerbsvorschriften des Vertrages hier nur insoweit anzuwenden, als es der Rat bestimmt. Von diesem Recht hat der Rat zunächst in der Verordnung Nr. 26 zur Anwendung bestimmter Wettbewerbsregeln auf die Produktion landwirtschaftlicher Erzeugnisse und den Handel mit diesen Erzeugnissen[70] Gebrauch gemacht. Dabei hat er auch die Beihilfen einbezogen. Sie wurden insbesondere der Meldepflicht des Artikels 93 Abs. 3 Satz 1 EWG-Vertrag unterstellt (Art. 4). Artikel 92 EWG-Vertrag blieb weiterhin ausgeschlossen. Auf Grund der Meldepflicht konnte sich die Kommission zunächst einen Überblick über die vielfältigen landwirtschaftlichen Beihilfen verschaffen. Das Ergebnis hat sie dem Rat nunmehr in einem Bericht vorgelegt. Gleichzeitig hat die Kommission Kriterien einer gemeinsamen Beihilfenpolitik für die Landwirtschaft aufgestellt[71], die besonders auf die Strukturhilfen eingehen. Die Kommission teilt die Beihilfen in drei Gruppen ein, und zwar I. Beihilfen, die als mit dem Gemeinsamen Markt vereinbar angesehen werden können, II. Beihilfen, die den Wettbewerb nur auf lange Sicht — und nicht kurz- oder mittelfristig — zu verfälschen drohen, III. die übrigen Beihilfen, die den Wettbewerb unmittelbar zu verfälschen drohen und zu denen die Kommission jetzt noch nicht erschöpfend Stellung nehmen kann. Diese Unterscheidung dürfte auch für die allgemeine Entwicklung des Verfälschungsbegriffs von Bedeutung sein. Da letztlich alle Beihilfen auf den Wettbewerb einwirken, kann die Verfälschung in einer gemischten Wirtschaftsordnung nur nach der Art der Wettbewerbswirkung bestimmt werden, die wiederum durch die Art des Marktes bedingt ist[72].

---

[70] Amtsblatt 1962 S. 993.

[71] Dok. Kom (66) endg. vom 23. 3. 1966 (Vorschlag der Kommission an den Rat).

[72] Vgl. auch Thalheim, der eine Variationsreihe systemverträglicher bzw. unverträglicher Maßnahmen aufgestellt hat, die von den systemnotwendigen und -fördernden bis zu systemzerstörenden Maßnahmen reicht (Thalheim, Zum Problem der Einheitlichkeit der Wirtschaftspolitik, in Festgabe für Jahn, 1955). Siehe ferner Tuchtfeldt, Zur Frage der Systemkonformität wirtschaftspolitischer Maßnahmen, in Bd. 18 N. F. der Schriften des Vereins für Sozialpolitik, 1960, S. 231: „Auch der systemverschlechternde Effekt braucht den

Die beiden ersten Gruppen der Beihilfen hat die Kommission in einer Liste konkretisiert. Es sind vor allem Strukturhilfen, die zusammen mit Maßnahmen zur Verbesserung der Infrastruktur aufgeführt werden. Zur Gruppe I, d. h. zu den Beihilfen, die als vereinbar mit dem Gemeinsamen Markt angesehen werden können, gehören:

a) Beihilfen zur Verbesserung der Produktionsstruktur (z. B. Flurbereinigung, Reduzierung der Anbaufläche im Weinbau, Förderung der Betriebsaufgabe);

b) Beihilfen zur Verbesserung der organisatorischen Infrastruktur (z. B. Grundlagenforschung und angewandte Forschung, Berufsumschulung);

c) Beihilfen zur Verbesserung der Sorten sowie der tierischen und der pflanzlichen Erzeugung (z. B. betriebliche Versuchskulturen, Tierseuchenbekämpfung);

d) Beihilfen zur Förderung des Verbrauchs (z. B. Gemeinschaftswerbung für eine Ware).

Zu den Beihilfen, die den Wettbewerb lediglich auf lange Sicht verfälschen können (Gruppe II), rechnet die Kommission insbesondere solche Hilfen, die der besseren Ausrüstung landwirtschaftlicher Betriebe zugute kommen sollen. Die Kommission nimmt an, daß diese Beihilfen in erster Linie qualitativ wirken und die Preise nur mittelbar beeinflussen. Nach der von der Kommission aufgestellten Liste[73] sind dies:

a) Beihilfen zur Bodenverbesserung (z. B. Bewässerungsarbeiten, Aufforstung);

b) Beihilfen für Neu-, Um- und Ausbauten (z. B. bei Erweiterung und Umsiedlung);

---

einzelnen Instrumenten nicht a priori anzuhaften. Bei manchen Maßnahmen kommt es vielmehr auf die gegebene Situation sowie auf die Eingriffsintensität und -dauer an. So kann beispielsweise unter gewissen Bedingungen eine Subvention bei anpassungsinterventionistischer Zielsetzung und vernünftiger Dosierung durchaus systemfördernd wirken. Ebenso kann aber bei falscher Handhabung Gewöhnung und damit ein erhaltungsinterventionistischer Effekt eintreten, der dann als Systemverschlechterung interpretiert werden muß." Doch kommt es nicht nur auf die allgemeine Systemverträglichkeit an, sondern gerade bei einem relativen Vorrang des Wettbewerbsprinzips, auch auf die Besonderheit des jeweiligen Marktes. Daraus erklären sich auch die Sonderregelungen der Beihilfen für die Landwirtschaft. Eine ähnliche Sonderregelung findet sich in Art. 77 EWG-Vertrag für den Verkehr; vgl. Rebhan, Die Beseitigung und Verhinderung von Diskriminierungen sowie Subventionen in den Verkehrstarifen Westeuropas, 1965 (siehe auch den Vorschlag der Kommission für eine Verordnung des Rats über Beihilfen an Unternehmen des Eisenbahn-, Straßen- und Binnenschiffsverkehrs, dem Rat vorgelegt am 14. 6. 1966, Amtsblatt S. 3192).

[73] Sie ist hier gekürzt wiedergegeben, ebenso wie die Liste der Gruppe I.

c) Beihilfen zur Verbesserung der Betriebsausrüstung (z. B. Trockenanlagen für Getreide, Milchkühlgeräte);

d) Beihilfen zur Verbesserung der Erzeugung (z. B. Ankauf von anerkanntem Saatgut und Qualitätsvieh).

Die Kommission möchte diese beiden Listen zum Gegenstand der Beihilfevorschriften für die Landwirtschaft machen. Als ersten Schritt hierzu hat sie dem Rat den Entwurf einer Verordnung zur Änderung der Verordnung Nr. 26[74] zugeleitet. Danach sollen ab 1. Juli 1967 für die Beihilfen in der Landwirtschaft nicht nur der Artikel 93, sondern auch die Artikel 92 und 94 EWG-Vertrag gelten, vorbehaltlich anders lautender Bestimmungen auf Grund von Artikel 43 des Vertrages. Außerdem können nach dem Entwurf die Beihilfen der Gruppe I, die in der Anlage zu dem Entwurf aufgeführt sind, als vereinbar mit dem Gemeinsamen Markt angesehen werden, sofern sie nicht die Zielsetzungen des Artikels 39 EWG-Vertrag gefährden. Nach einem zweiten Verordnungsentwurf[75] sollen die Beihilfen der Gruppen I und II von der Pflicht zur Voranmeldung befreit und lediglich einer Nachmeldepflicht unterstellt werden. Für die Beihilfen der Gruppe II will die Kommission, falls erforderlich, eine Höchstgrenze vorschlagen.

Die Europäische Wirtschaftsgemeinschaft beschränkt sich jedoch nicht auf die Kontrolle der landwirtschaftlichen Strukturhilfen. Angesichts der großen Bedeutung der Strukturpolitik für den gemeinsamen Agrarmarkt ist sie darüber hinaus um eine Koordinierung der staatlichen Strukturmaßnahmen bemüht[76]. In diesem Zusammenhang beginnt sie auch selbst Strukturhilfe zu leisten. Hierzu steht ihr vor allem der in Artikel 40 Abs. 4 EWG-Vertrag vorgesehene Ausrichtungs- (und Garantie-) Fonds zur Verfügung. Nach der Verordnung Nr. 17/64 des Rats über die Bedingungen für die Beteiligung des Europäischen Ausrichtungs- und Garantiefonds für die Landwirtschaft[77] können die Anpassung und Verbesserung der Produktionsbedingungen, die Anpassung und Ausrichtung der Erzeugung, die Anpassung und Verbesserung der Vermarktung und die Absatzförderung aus dem Fonds unterstützt werden (Art. 11)[78]. Eine große Zahl von Beihilfeanträgen

---

[74] Vgl. Anm. 71.

[75] Vgl. Anm. 71.

[76] Vgl. die Entscheidung des Rats vom 4. 12. 1962 über die Koordinierung der Agrarstrukturpolitik, Amtsblatt S. 2892.

[77] Amtsblatt S. 586.

[78] Auch hier ist das Verhältnis zur Wettbewerbsordnung zu beachten. Nach Art. 17 Abs. 2 der VO Nr. 17/64 darf die Beteiligung des Fonds „die Wettbewerbsverhältnisse nicht in einer Weise verändern, die mit den in den einschlägigen Bestimmungen des Vertrages enthaltenen Grundsätzen unvereinbar ist“. Vgl. dazu auch Art. 1 und den Anhang der Verordnung Nr. 45/64 der Kommission über die Anträge auf Beihilfe, die dem Euro-

liegt der Kommission bereits vor. Die Europäische Wirtschaftsgemeinschaft wird also auf dem Gebiet der Landwirtschaft, ähnlich wie für andere Sektoren[79], in zunehmendem Maße selbst Strukturhilfen gewähren. Hilfeleistung und Kontrolle sind wieder in einer Hand. Um so mehr wird die Gemeinschaft, im Hinblick auf das „Ganze", den Zusammenhang beachten müssen, der zwischen *gelenkter Integration* und *integrierter Lenkung* besteht.

---

päischen Ausrichtungs- und Garantiefonds für die Landwirtschaft vorgelegt werden — Abteilung Ausrichtung (Amtsblatt S. 1117). Danach müssen die Anträge an die Abteilung Ausrichtung u. a. folgende Angaben enthalten: Beschreibung der augenblicklichen Lage, die erlaubt, die Bedeutung der Maßnahme zu beurteilen (welchen Erfordernissen soll mit dem vorgelegten Antrag entsprochen werden? in welchem Ausmaß sind die entsprechenden Erfordernisse bereits befriedigt?),

geographische Lage,

allgemeine wirtschaftliche Beschreibung der vorgesehenen Maßnahme,

ins einzelne gehende technische Beschreibung der vorgesehenen Maßnahmen oder Arbeiten,

Gesamtkostenvoranschlag für die vorgesehenen Maßnahmen oder Arbeiten, Kostenvoranschlag für den Kostenanteil, der sich auf Agrarstrukturverbesserungen bezieht (Art. 13 Abs. (3)),

beabsichtigtes Programm zur Durchführung der vorgesehenen Maßnahmen oder Arbeiten (Spezifizierung und zeitliche Staffelung, vorgesehene Termine für den Beginn und die voraussichtliche Beendigung der Maßnahmen oder Arbeiten),

Ausführungsbestimmungen,

für die Durchführung der Maßnahmen oder Arbeiten verantwortliche Stellen,

Stellung des Vorhabens in der allgemeinen Volkswirtschaft, gegebenenfalls in den nationalen Plänen, auf regionaler und lokaler Ebene,

erwartete Auswirkungen in agrartechnischer, wirtschaftlicher und sozialer Hinsicht, gegebenenfalls auf Einkommen, Produktionsvolumen, Beschäftigung,

Betrag der privaten und öffentlichen Investitionen, deren gleichzeitige und spätere Verwirklichung für die vollständige Wirksamkeit des Vorhabens notwendig oder nützlich ist.

[79] Zur „Industriepolitik" der EWG siehe den 9. Gesamtbericht über die Tätigkeit der Gemeinschaft, 1966. Die Befugnisse der EWG, selbst Strukturhilfe zu leisten, sind hier allerdings darauf beschränkt, „zu einer ausgewogenen und reibungslosen Entwicklung des Gemeinsamen Marktes beizutragen"; (vgl. Art. 130 EWG-Vertrag, der die Aufgaben der Europäischen Investitionsbank festlegt). Für die Sektoren Kohle und Stahl vgl. Bennecke, Die Subventionspolitik der Hohen Behörde der Europäischen Gemeinschaft für Kohle und Stahl und ihre Auswirkungen auf den Kohlenbergbau dieser Gemeinschaft, 1965. Einen Überblick über die sozialen Hilfen der europäischen Wirtschaftsgemeinschaften bei wirtschaftlichen Strukturwandlungen gibt der Bericht des Sozialausschusses des Europäischen Parlaments vom 9. 5. 1966, Sitzungsdokumente 1966—67, Dokument 51.

Die Mitwirkung der Mitgliedstaaten bei der Rechtsetzung der EWG

Von Hanspeter von Meibom

I.

Die Ereignisse der letzten Jahre im Bereich der EWG lassen die Frage aktuell erscheinen, welche Mitwirkungs*rechte* und de facto Einfluß*möglichkeiten* die Mitgliedstaaten auf Inhalt und Form der Rechtsetzung und der politischen Beschlüsse haben. Dabei kann man sich ganz sicher nicht darauf beschränken festzustellen, daß in der Regel die Kommission das Initiativrecht habe, der Rat in den allermeisten Fällen das Beschlußrecht, daß aber der Rat nur einstimmig von den Vorschlägen der Kommission abweichen könne, und daß deshalb der Rat schließlich doch der Kommission folgen müsse.

Die Organe der EWG — hier Rat und Kommission — handeln durch Beschlüsse, die entweder Rechtsakte oder politische Akte sind. Es ist hier nicht meine Aufgabe, auf die mannigfaltigen Formen dieser Beschlüsse einzugehen. Ihnen gemeinsam ist, daß sie durch Zustimmung der Rats- und Kommissionsmitglieder zu einer vorher erarbeiteten Vorlage, nicht durch einen konsensartigen Vorgang zustande kommen. Es wird also eine Unterlage erarbeitet, die sie gegebenenfalls abändern, um dann ihr als Vorlage insgesamt zuzustimmen. Wenn die Zahl der Zustimmungen den erforderlichen Umfang erreicht, nämlich mehrheitlich oder einstimmig erfolgt, wird der Inhalt der Vorlage rechtlich oder politisch existent. Die Frage des Inkrafttretens unterliegt ebenso wie in den nationalen Rechtssystemen bestimmten Verfahrensweisen.

Wichtig ist also, wie eine Vorlage zustande kommt. Entsteht sie allein im Schoße der Kommission oder haben die Mitgliedstaaten Einfluß auf Inhalt und Form? Ich möchte dies an der Entstehung eines Rechtsaktes demonstrieren.

Wie geht die Kommission praktisch vor? Zunächst ist es nicht immer gesagt, daß das Bedürfnis für die Regelung einer Materie von der Kommission als erster erkannt wird. Die Mitgliedstaaten selbst geben mitunter Anregungen oder haben ganz konkret vorgetragene Wünsche, die den Anstoß dafür geben, daß die Kommission — zunächst intern —

eine Initiative zu entfalten beginnt. In der Praxis der Bundesrepublik Deutschland zeigt sich dies meist dadurch, daß eines Tages ein Ministerium des Bundes ein Schreiben der Kommission erhält mit der Bitte, einen Sachverständigen für diese oder jene Frage nach Brüssel zu schicken. Unter Umständen genügt auch ein Telefonanruf. Man erbittet sachkundige Unterstützung. Es kann auch sein, daß sich ein Beamter der Kommission in Bonn bei Ministerien anmeldet und um Auskunft über diese oder jene Frage bittet. Allerdings kommt es auch vor, daß das zuständige Ministerium mehr oder minder zufällig erfährt, daß die Kommission diese oder jene Persönlichkeit, ein wissenschaftliches Insitut oder einen wirtschaftlichen Verband zur Stellungnahme über eine bestimmte Frage aufgefordert hat. Dies zeigt zunächst nicht mehr, als daß die Kommission sich mit einer bestimmten Frage zu beschäftigen beginnt, ohne daß es sich dabei immer um die Vorbereitungen zu einem Rechtsakt zu handeln braucht. Hier zeigt sich aber bereits eine erste Problematik im Verhältnis zwischen Mitgliedstaaten und Kommission. Solange und soweit die Kommission bei diesen Vorarbeiten nämlich die zuständigen nationalen Ministerien befragt oder wenigstens davon verständigt, daß sie im Hoheitsgebiet des Mitgliedstaates unmittelbar Auskünfte einholt, ist ihr Vorgehen, wenn auch rechtlich nicht unproblematisch, so doch wenigstens politisch entschärft. Schwierig wird die Situation jedoch, wenn die Kommission — sozusagen hinter dem Rücken der Regierungen der Mitgliedstaaten — sich im Bereich dieser Staaten Material zu verschaffen versucht, um es dann ausgewertet den Mitgliedstaaten in Form von formulierten Entwürfen zu präsentieren. Dann stellt sich im Verhältnis von Kommission zum Mitgliedstaat ein ähnliches Problem wie wir es in dem gegenseitigen Bund - Länder - Treueverhältnis kennen. Es handelt sich hier um die Problematik des Umfangs und der Form des der Kommission zur Verfügung stehenden Auskunftsrechts, für die der Artikel 213 EWG-Vertrag nur eine recht unvollkommene generelle Regelung beinhaltet.

Für unsere Betrachtung ist festzustellen, daß in der Praxis bereits in diesem Stadium die Kommission auf Wissen, Erfahrung und Mitarbeit der Mitgliedstaaten angewiesen ist. Praktisch ist es doch so, daß in der Kommission — wie überall, wo gesetzgeberische Arbeit geleistet wird — ein Referent mit den Vorarbeiten betraut wird. Er besitzt im Zweifel das Wissen eines nationalen Beamten, aufgestockt durch eine gewisse EWG-Erfahrung. Sein Auftrag setzt aber die intensive Kenntnis von Gesetzgebung und Verwaltungspraxis in den sechs Mitgliedstaaten voraus. Diese Kenntnis kann er sich unmöglich ausreichend anhand von Gesetzestexten und Literatur verschaffen, ganz abgesehen davon, daß er ohne Hilfe nur schwer die Fundstellen vollständig wird feststellen können. Sprachschwierigkeiten erschweren seine Arbeiten auch dann, wenn er über sprachkundige Mitarbeiter verfügt. Er ist also von vornherein auf die Mitarbeit der nationalen Verwaltungen oder sonstigen Stellen und Personen im nationalen Bereich angewiesen, und die dabei zustandekommenden Kontakte ergeben aus der Sicht der Mitgliedstaaten bereits zwangsläufig zahlreiche Einwirkungsmöglichkeiten in Unterhaltungen und durch Auskunftserteilung. Auf dem Gebiet der Rechtsangleichung soll die Kommission neuerdings in der Praxis nach einigen exploratorischen Gesprächen mit Regierungssachverständigen dazu übergegangen sein, zunächst zu entscheiden, ob sie auf einem bestimmten Gebiet Rechtsangleichungsarbeiten aufnehmen will. Diesen Entschluß teilt sie den Mitgliedstaaten schriftlich mit.

Die erste Phase der Vorarbeiten geht fließend in eine zweite über, denn je mehr Material zusammenfließt, um so näher kommt der Zeitpunkt der eigentlichen gestalterischen Aufgabe. In den Vorbereitungsarbeiten für den ersten Referentenentwurf liegen bereits große Schwierigkeiten. Die eigentlichen Formulierungsarbeiten stellen aber noch weitaus höhere Anforderungen, weil der letztlich entstehende Rechtssatz sich in die Rechtsordnung der sechs Mitgliedstaaten möglichst reibungslos einfügen soll. So gelingt es häufig nicht, die ersten Formulierungen so zu gestalten, daß sie eine ausreichend fachlich und juristisch durchgearbeitete Grundlage für einen Beschluß der Kommission, diesen Entwurf zum Vorschlag an den Rat zu erheben, abgeben. Es werden erneute Fühlungnahmen mit den Verwaltungen der Mitgliedstaaten erforderlich und praktisch geschieht dies meist so, daß die Kommission die Fachreferenten der zuständigen nationalen Ministerien einzeln oder zusammen zu Besprechungen nach Brüssel bittet, um zu testen, wie ihre Überlegungen bei den Mitgliedstaaten ankommen. Obwohl ein solcher Entwurf noch kein offizielles Dokument der Kommission darstellt und diese immer noch die Möglichkeit hat, das ganze Vorhaben wieder zu den Akten zu legen, ist ein solches Dokument für die Verwaltungen der Mitgliedstaaten doch von großer Bedeutung, weil sich in ihm erstmalig die Gedankengänge aus dem Bereich der Kommission zu konkretisieren beginnen.

Der Wunsch, frühzeitig auf die Entwurfsarbeiten der Kommission Einfluß zu nehmen, führt mitunter zu durchaus unberechtigten Vorwürfen von Ländern, Interessenverbänden und politischen Stellen gegenüber dem Bund, die nicht berücksichtigen, daß in diesem Stadium der Mitgliedstaat als solcher nach dem institutionellen System der Gemeinschaften noch gar nicht eingeschaltet ist. Da sich aber die Presse heutzutage oft besser als die zuständigen Behörden unterrichtet erweist, kommt es hier zu manchem unberechtigten Mißtrauen. Ich muß es nochmals wiederholen, bisher handelt es sich bei allem, was ich hier angesprochen habe, um einen kommissionsinternen Zustand von Vorbereitungsarbeiten, bei dem die Kommission rechtlich expressis verbis nicht verpflichtet ist, irgendeine außenstehende Stelle zu befragen, zu beteiligen oder zu hören. Im Gegensatz hierzu zwingt die praktische Arbeit die Kommission dazu, diesen Kontakt zu suchen. Aus nationaler Sicht ist also in diesem Stadium, das für Einflußnahmen besonders günstig erscheint, eine gewisse Behutsamkeit am Platze, die zu engster innerstaatlicher Zusammenarbeit anstelle von Parforceritten von Ländern oder Stellen der Wirtschaft Anlaß geben sollte.

Die Besprechungen, die in dieser zweiten Phase anhand der ersten Referentenentwürfe von der Kommission mit den nationalen Ministerien geführt werden, sind jedoch zweifellos nicht die einzigen, die die Kommission initiiert. Soweit erkennbar, führt sie entsprechende Verhandlungen auch mit Vertretern der zahlreich in Brüssel akkreditierten europäischen Wirtschaftsverbände und auch mit Ausschüssen oder Ausschußmitgliedern des Europäischen Parlaments. Auf die zweite Gruppe dieser Besprechungen werde ich noch gesondert zurückkommen. Hier zeigen sich weitere Mitwirkungsmöglichkeiten nicht nur der nationalen Verwaltungen, sondern auch der Organisationen der Wirtschaft und der politischen Kräfte. So wächst der Referentenentwurf allmählich einem Zustand entgegen, in dem die Kommission in eine Prüfung der Frage eintreten kann, ob sie ihn zum Vorschlag an den Rat erheben soll.

Vorher möchte ich Sie aber noch einen kurzen Blick auf das werfen lassen, was inzwischen im nationalen Bereich geschehen ist, wobei ich mich auf die Verhältnisse in der Bundesrepublik Deutschland beschränken muß. Der Fachreferent, der als Sachverständiger nach Brüssel gebeten worden ist — ganz gleich, ob dies im allerersten Vorbereitungsstadium oder zur Durchsprache erster Entwürfe geschah — kann das, was ihm zur Kenntnis gekommen ist, naturgemäß nicht für sich behalten, sondern ist verpflichtet, seinem Haus davon Kenntnis zu geben. Dort werden andere Referenten, deren Zuständigkeitsbereiche von der zu regelnden Materie berührt werden, eingeschaltet. Unter Umständen beginnen bereits erste Fühlungnahmen mit den Ländern, mit Verbänden und Gewerkschaften. Auf nationaler Ebene beginnt sich die ganze Apparatur in Bewegung zu setzen, die in unserer arbeitsteiligen Zeit zum Zustandekommen eines Gesetzgebungsvorhabens gehört. Wann die einzelnen Phasen dieser Entwicklung eintreten, ist unterschiedlich. In der Regel geht man über den Rahmen des federführenden Fachministeriums erst hinaus, wenn die Kommission ihren Vorschlag an den Rat vorgelegt hat. Ob dies in allen Fällen richtig ist, insbesondere wenn es sich um Verwaltungsfragen handelt, für die die ausschließliche Zuständigkeit der Länder gegeben ist, erscheint mir zweifelhaft. Insgesamt aber muß festgestellt werden, daß es im Zweifel immer möglich sein wird, gleichzeitig mit der Bereitstellung von Material, Verständnis bei der Kommission dafür zu wecken, welche Grundüberlegungen den nationalen Regelungen zugrunde liegen und wie sie sich in das System anderer nationaler Regelungen einordnen. Spätestens aber ergibt sich in der Phase der Durchsprache der ersten Entwürfe die Möglichkeit, das Erforderliche vorzutragen. Dabei reicht es nicht aus, die eigene nationale Regelung für die denkbar beste zu erklären und die Tatsache unberücksichtigt zu lassen, daß eine europäische Regelung naturgemäß ein Neudurchdenken der Gesamtmaterie auf einem weitergreifenden Niveau als dem nationalen erforderlich macht. Meine Erfahrung geht vielmehr dahin, daß dort, wo nicht in nationalstaatlicher Abwehrstellung verharrt wird, wesentliche, konstruktive Beiträge, die auch unseren Interessen gerecht werden, geleistet werden können.

Ich komme zur dritten Phase. Wenn nun die Kommission, d. h. die Kommissare selbst, sich mit dem Entwurf befaßt und entschieden haben[1], der Entwurf solle zum Vorschlag an den Rat erhoben werden, erst dann macht die Kommission durch die Vorlage des Vorschlags rechtlichen Gebrauch von dem ihr im Vertrag zugebilligten Initiativrecht. Ist dieser Beschluß gefaßt, d. h. haben die Kommissare der Vorlage zugestimmt, so wird diese Vorlage dem Rat mit Begleitschreiben zu Händen seines Präsidenten als Vorschlag der Kommission im Sinne des Artikels 149 zugeleitet. Dieses Schreiben kommt automatisch auf die Tagesordnung der nächsten Ratssitzung[2]. Der Rat beschließt in der Regel zunächst nichts weiter, als das Dokument dem „Ausschuß der Ständigen Vertreter" zu überweisen. Dieser Ausschuß ist zur Entlastung des Rats von Vorarbeiten für seine Beschlüsse durch Artikel 151 Absatz 2 eingesetzt. Er besteht aus den Botschaftern der Mitgliedstaaten bei den Europäischen Gemeinschaften und hat reine Vorbereitungsaufgaben, ihm steht keine eigene Entscheidungsbefugnis zu. Dies ist wichtig festzuhalten. Obwohl immer wieder der Wunsch laut wird, den Rat zu entlasten, ist dies nicht dadurch möglich, daß man dem Ausschuß der Ständigen Vertreter eigene Entscheidungsbefugnisse im Sinne von Rechtsakten und politischen Akten zubilligt. Für die Bundesrepublik Deutschland würden sich sonst wegen der nicht ausreichend gegebenen demokratischen Kontrolle dieses Beamtengremiums kaum lösbare verfassungsrechtliche Probleme ergeben. An den Sitzungen der Ständigen Vertreter, die bis zu zwei- oder sogar dreimal wöchentlich stattfinden, nehmen Beamte der nationalen Fachministerien im be-

---

[1] Mit einfacher Mehrheit der Zahl der Mitglieder, die gemäß Vertrag für die Kommission vorgesehen sind (Art. 163 i.V. mit Art. 157 EWG V).

[2] Art. 2 der Vorläufigen Geschäftsordnung des Rates der EWG.

grenzten Umfang teil. Der Ausschuß der Ständigen Vertreter setzt für die Beratung des Kommissionsvorschlages in der Regel eine ad hoc-Arbeitsgruppe[3] aus Vertretern der Mitgliedstaaten ein. Er prüft ferner die Frage der Anhörung des Europäischen Parlaments, die wesentlich öfter erfolgt als im Vertrag selbst vorgeschrieben ist, sowie die Frage der Anhörung des Wirtschafts- und Sozialausschusses, in dem Arbeitgeber, Arbeitnehmer und Verbraucher vertreten sind. Über den Zeitpunkt der Anhörung dieser Gremien und — falls deren Anhörung im Vertrag nicht expressis verbis vorgesehen ist — über die Anhörung selbst, entscheidet der Rat.

Die eingesetzte ad hoc-Arbeitsgruppe berät den Vorschlag der Kommission in deren Gegenwart[4]. Die Kommission erteilt hierbei Auskünfte, erläutert ihren Entwurf und präzisiert ihre Auffassung. Sie hat aber an der Meinungsbildung der Mitgliedstaaten nicht im Sinne eines Verhandlungspartners teil. Während der Kommissionsvorschlag, trotz Anhörung der verschiedenen Sachverständigen aus den Mitgliedstaaten, letzten Endes die Auffassung der Kommission festlegt, ist es Aufgabe der ad hoc-Arbeitsgruppe, die ebenso wie der Ausschuß der Ständigen Vertreter kein Gemeinschafts-, sondern ein Staatengremium ist, die Haltung der Vertreter der Mitgliedstaaten im Rat vorzubereiten. In der Arbeitsgruppe sitzen weitgehend wieder die Referenten der federführenden Ministerien der Mitgliedstaaten oder deren Mitarbeiter, gegebenenfalls verstärkt durch Vertreter anderer Ministerien, die besondere Fachkenntnisse auf Teilgebieten der zu regelnden Materie besitzen. Auch die deutsche Vertretung bei der EWG schickt meist einen Beobachter und springt selbst ein, wenn Terminüberschneidungen eine Entsendung von Beamten aus Bonn nicht ermöglichen. Das, was als deutscher Standpunkt in Brüssel vertreten wird, wird vorher in Bonn in Ressortbesprechungen, an denen sich alle interessierten Ministerien beteiligen und bei denen häufig auch ein Verbindungsmann der Länder anwesend ist, vorbereitet.

In diesen Verhandlungen sowohl auf nationaler Ebene — die eingehende Kontakte mit der Länder- und gegebenenfalls Kommunalebene einschließen — als auch in den Arbeitsgruppen in Brüssel, kristallisieren sich langsam die für alle Mitgliedstaaten tragbaren Lösungen heraus. Dabei lassen sich erfahrungsgemäß weitaus nicht alle Fragen auf Referentenebene lösen. Sie werden auf nationaler Ebene in Abteilungsleiterbesprechungen, im Ausschuß der EWG-Staatssekretäre und gegebenenfalls in Kabinettsitzungen entschieden und in Brüssel, soweit in der ad hoc-Arbeitsgruppe nicht klärbar, von dem Ausschuß der

---

[3] Art. 16 Abs. 3 der Vorläufigen Geschäftsordnung des Rates der EWG.

[4] Art. 16 Abs. 4 der Vorläufigen Geschäftsordnung des Rates der EWG.

Ständigen Vertreter[5] behandelt und gegebenenfalls mit Weisungen an die ad hoc-Arbeitsgruppe zurückgegeben. Bei dem Ausschuß der EWG-Staatssekretäre handelt es sich um ein Koordinierungsgremium, das auf Grund einer Kabinettserörterung gebildet wurde und dem die Staatssekretäre der beiden federführenden Ressorts, Auswärtiges Amt und Bundesministerium für Wirtschaft, sowie die Staatssekretäre des Bundesfinanzministeriums und des Bundesministeriums für Ernährung, Landwirtschaft und Forsten als ständige Mitglieder angehören. Sofern wesentliche Interessen anderer Ressorts in ihren Beratungen berührt werden, und in vorhergehenden Besprechungen insoweit keine Einigung erzielt werden konnte, nehmen auch die Staatssekretäre dieser Ressorts, zum Beispiel der Verfassungsressorts, an den Besprechungen teil. Soweit notwendig, veranlaßt dieser Ausschuß die erforderlichen Kabinettvorlagen, ohne daß damit das Recht jedes Ministeriums zur eigenen Kabinettvorlage berührt wird.

In Brüssel werden inzwischen die Probleme vom Ausschuß der Ständigen Vertreter in Gegenwart der Kommission weiter erörtert. Dabei können sich im Laufe der Verhandlungen zahlreiche Varianten in der Ein- und Zwischenschaltung von anderen Ausschüssen sowie Sonderbesprechungen ergeben. Das System der Ausschüsse, das sowohl beim Rat als auch bei der Kommission besteht, zeigt eine ganze Reihe von Varianten und ist sehr umfangreich. Manchmal ist man versucht zu bezweifeln, ob überhaupt noch ein klarer Überblick besteht. Der Vertrag selbst sieht nur die Bildung von wenigen Ausschüssen vor, wie zum Beispiel den Wirtschafts- und Sozialausschuß und den Ausschuß der Ständigen Vertreter. Aber auch die ad hoc-Arbeitsgruppen sind praktisch Ausschüsse, und zwar Unterausschüsse des Ausschusses der Ständigen Vertreter und unterscheiden sich von den erstgenannten Ausschüssen im wesentlichen dadurch, daß sie weniger oder kaum institutionalisiert sind. Ihr Vorsitz wechselt entsprechend dem jeweiligen Vorsitz im Rat und sie lösen sich mit Erfüllung ihrer Aufgabe automatisch auf. Auf das Ausschußsystem im Rahmen der Agrarverordnungen, insbesondere auf die sogenannten Verwaltungsausschüsse, kann ich hier nicht näher eingehen. Allen Ausschüssen und Arbeitsgruppen aber ist gemeinsam, daß sie keine unmittelbaren Entscheidungsrechte im Sinne von Rechtsetzungsbefugnissen haben, sondern nur beratende Funktionen. Die Befugnis zur Rechtsetzung steht ausschließlich den

---

[5] Für die Fragen der Landwirtschaft hat der „Sonderausschuß Landwirtschaft" im Rahmen der Agrarverhandlungen im Jahre 1962 eine Stellung erlangt, die weitgehend die Funktion des Ausschusses der Ständigen Vertreter auf diesem Gebiet übernimmt. Eine Entwicklung, die organisationstechnisch nicht befriedigt, weil sie auf allen Gebieten, die nicht nur agrarpolitische Bedeutung haben, ein Übergewicht der agrarpolitischen Argumente fördert und damit einem Spartendenken Vorschub leistet.

Rechtsetzungsorganen der Gemeinschaft, d. h. in erster Linie dem Rat zu; ferner in wenigen vertraglich geregelten Fällen der Kommission und außerdem der Kommission in den Fällen, in denen der Rat sie zur Durchführung (nicht zur Weiterentwicklung) seiner Rechtsakte ermächtigt.

Die Schwierigkeit, entsprechend dem institutionellen System des Vertrages entweder alles durch den Rat entscheiden zu lassen, was zu seiner Blockierung führen würde, oder die Regelung gewisser Fragen der Kommission zu übertragen und damit aus der Sicht der Mitgliedstaaten alle über eine Beratung hinausgehenden Einflußmöglichkeiten zu verlieren, hat den Rat veranlaßt, das System der Verwaltungsausschüsse zu erfinden. Die Entwicklung scheint aber damit nicht zu Ende zu sein. Immer wieder taucht in Diskussionen der Gedanke auf, es genüge doch, einfach den Rat auf Antrag eines Mitgliedstaates wieder in den Besitz der an die Kommission delegierten Zuständigkeiten zu setzen. Neben rein rechtslogischen Schwierigkeiten würde dies aber bedeuten, daß dann in das institutionelle System der EWG fast unmerklich ein völlig neues Rechtselement eingeschleust würde. Während das Beschlußsystem der EWG nach dem EWG-Vertrag ausschließlich Kommission und Rat als die gestaltenden quasi Verfassungsorgane kennt, deren Beziehungen und gegenseitige Abhängigkeit sorgfältig gegeneinander abgewogen sind, würde nunmehr ein drittes „Organ" — Mitgliedstaat — rechtsgestaltend durch eine Zuständigkeit für eine Zuständigkeitsverlagerung eingreifen können. Sie können sich vielleicht vorstellen, welcher Mitgliedstaat diese Tendenz zu forcieren wünscht. Es kann jedoch nicht geleugnet werden, daß die gleichen Kräfte sich auch bei uns regen, wo aus fachlichen Interessen versucht wird, nationalen Einfluß zu stärken. Ich persönlich neige auf Grund meiner Erfahrungen dazu, die Frage, ob es diesen Kräften gelingt den Faktor Mitgliedstaat — unmittelbar — in das Beschlußsystem der EWG einzuführen, für äußerst bedeutsam für das weitere Schicksal der EWG zu halten. Abgesehen davon, daß meines Erachtens eine Vertragsänderung erforderlich wäre, würde das Gewicht der Mitgliedstaaten dadurch so verstärkt, daß die innere Ausgewogenheit des bisherigen institutionellen Systems sich verändern müßte. Ob dieses System dann noch die gestaltende Kraft finden kann, die vom Vertrag gestellten Aufgaben zu meistern, erscheint mir zweifelhaft. Ich habe den Eindruck, daß die weittragende Bedeutung einer solchen Maßnahme in ihrer institutionellen Problematik noch nicht voll erkannt worden ist.

Doch zurück zu unseren Ausschußberatungen. Ihr Ziel ist letztlich, zu einem Ergebnis zu kommen, dem alle Mitgliedstaaten zustimmen können. Hierauf richtet die Kommission nun ihr besonderes Augenmerk. In zahlreichen Fällen kommt es deshalb dazu, daß die Kommission sozusagen vorbeugend ihren Vorschlag ergänzt oder ändert[6] und damit dem Verhandlungsergebnis, soweit sie glaubt, es aus ihrer Sicht verantworten zu können, Rechnung trägt. Wird letzten Endes im Ausschuß der Ständigen Vertreter allgemeine Übereinstimmung erzielt und findet sich die Kommission bereit, einen entsprechenden Vorschlag vorzulegen oder ihren bisherigen zu modifizieren, so tritt der Rat — dem der Ausschuß der Ständigen Vertreter nun die letzte Vorlage der Kommission zur Beschlußfassung vorlegt — gar nicht mehr in Verhandlungen ein, sondern stimmt ohne Erörterung zu (sogenannte A-Punkt-Zustimmung). Kann man sich im Ausschuß der Ständigen Vertreter aber nicht einigen oder ist die Kommission, was äußerst selten vorkommt, nicht bereit, ihren Vorschlag zu ändern, so kommt es im Rat zur Verhandlung. Dann gibt es unter Umständen Zurückverweisungen an den Ausschuß der Ständigen Vertreter und von diesen an die Arbeitsgruppen. Dann gibt es Nachtsitzungen mit dramatisierender Presseberichterstattung und Entscheidungen, in denen politische Vor- und Nachteile mehrerer Regelungen gegeneinander abgewogen werden. Das Ergebnis, für das immer ein Vorschlag der Kommission erforderlich ist, wenn anders als einstimmig beschlossen werden soll, macht dann meist eine sogenannte politure juridique — eine juristische Überarbeitung — und eine Abfassung in den vier Sprachen der Gemeinschaft erforderlich. Für diese tritt eine besondere „Gruppe der Sprachsachverständigen" — eine reichlich euphemistische Bezeichnung — zusammen. Was hier noch an dem mühsam erarbeiteten Kompromiß getan werden muß, um einen praktisch verwendbaren Rechtssatz zu erzielen, ist mitunter ganz erheblich. Ist auch diese Arbeit getan, stimmt der Rat in seiner nächsten Sitzung nochmals „formell" zu.

Lassen Sie mich noch kurz auf die Anhörung des Wirtschafts- und Sozialausschusses und des Europäischen Parlaments eingehen. Die von ihnen gefaßten Entschließungen haben zwar keine rechtlichen Wirkungen, mit Ausnahme der, daß der Rat nicht entscheiden kann, bevor die Entschließung vorliegt. Die Entschließungen sind Akte politischer Qualität und damit kommt es, was häufig nicht klar erkannt wird, wesentlich darauf an, welche Resonanz die Entschließungen in den Mitgliedstaaten selbst haben; denn nur dann, wenn diese Resonanz erheblich ist, sehen sich die Regierungen mehr oder minder gezwungen, sie zu respektieren und ihre Vertreter im Rat entsprechend zu instruieren. Mit Ausnahme von Holland scheint dieses Verfahren bisher noch nicht sonderlich zu funktionieren. In der Praxis nimmt der Rat die Entschließung zwar zur Kenntnis, hat bisher aber nicht erkennen lassen,

---

[6] Art. 149 Abs. 2.

daß er ihren Inhalt honoriert[7]. Insbesondere hat sich der Rat bisher nicht bereitgefunden, zu Entschließungen, die von seinen Auffassungen abweichen, gesondert Stellung zu nehmen, und dadurch einen Beitrag zu einem vielleicht mühsamen, aber im Sinne einer politischen Kontrolle der handelnden EWG-Organe wertvollen Dialog zu geben. Im Fall des Europäischen Parlaments hat dies zur Folge, daß der Dialog zwischen Kommission und Parlament im ersten Vorbereitungsstadium regelmäßig das Parlament zu einem Verbündeten der Kommission macht. Vom institutionellen Standpunkt ist diese Beziehung zwischen Kommission und Europäischen Parlament in einem Stadium, das vor der Befassung des Rats mit dem Vorschlag der Kommission liegt, nicht systemgerecht. Dies im einzelnen hier zu erläutern, würde aber zu weit führen. Man kann die Situation vielleicht bis zu einem gewissen Grade damit vergleichen, daß die Bundesregierung ihre Gesetzentwürfe auch nicht den Bundestagsausschüssen zur Beratung vorlegen kann, bevor sie offiziell in das parlamentarische Verfahren eingebracht worden sind.

II.

Soweit zu den Einflußmöglichkeiten der Mitgliedstaaten. Wie steht es nun im besonderen Fall der Bundesrepublik um die Mitwirkung der Bundesländer? Wo bleibt die Respektierung der sich aus ihren Zuständigkeiten ergebenden Verantwortung? Es kann nicht verkannt werden, daß es auf diesem Gebiet bei der innerstaatlichen Vorbereitung von EWG-Verhandlungen zunehmend zu Schwierigkeiten zwischen Bund und Ländern kommt. Die Länder klagen über mangelnde rechtzeitige Unterrichtung und Beteiligung, nicht zuletzt ihrer politischen Instanzen. Sie haben jedenfalls damit ihre zunehmenden unmittelbaren Kontakte mit den Europäischen Gemeinschaften begründet. Auf der Suche nach einem für beide Teile — Bund und Länder — tragbaren Kompromiß möchte ich hierzu folgendes sagen:

Jedes Recht der Länder auf Unterrichtung und Beteiligung wird sachlich und politisch begrenzt durch die innerstaatliche Zuständigkeitsverteilung des Grundgesetzes, so daß hierfür nicht allein ein bekundetes „Interesse" der Länder genügt. Vielmehr muß dieses Interesse auf einer innerstaatlich den Ländern zustehenden ausschließlichen oder — im Bereich der konkurrierenden Gesetzgebungszuständigkeit des Bundes — vom Bund nicht in Anspruch genommenen Gesetzgebungskompetenz

[7] Die Entschließungen werden vom Rat den mit den einschlägigen Materien befaßten Ausschüssen und Arbeitsgruppen zugewiesen mit der Weisung, den Inhalt der Entschließungen in den Arbeiten der Gremien zu verwerten.

oder einer Verwaltungszuständigkeit beruhen. Ist eine derartige Zuständigkeit gegeben, so ergibt sich hieraus unabhängig von der Anhörungspflicht des Artikels 32 Absatz 2 GG, die auf den Abschluß völkerrechtlicher Verträge bezogen ist, wohl eine aus dem gegenseitigen Treueverhältnis von Bund und Ländern folgende Verpflichtung zur Zusammenarbeit.

Im Rahmen der allgemeinen Informationspflicht der Bundesregierung gegenüber Bundestag und Bundesrat gemäß Artikel 2 des Zustimmungsgesetzes zu den Europäischen Gemeinschaftsverträgen werden die Vorschläge der EWG-Kommission für Beschlüsse des Rats, durch die innerdeutsche Gesetze erforderlich werden oder in der Bundesrepublik Deutschland unmittelbar geltendes Recht geschaffen wird, unverzüglich durch das Bundeskanzleramt dem Bundestag und Bundesrat zugeleitet, von der Bundesdruckerei gedruckt und als Bundestags- und Bundesrats-Drucksachen verteilt. Behörden und Private werden je nach Anforderung beliefert, so daß eine weitgestreute Publizität die Folge ist. Die Bundestagsdrucksache wird vom Präsidenten des Bundestags unmittelbar — anders als in normalen Gesetzgebungsverfahren — den fachlich zuständigen Ausschüssen zugeleitet und jeweils ein federführender Ausschuß bestimmt. Die Stellungnahmen der einzelnen Ausschüsse werden in der Regel vom federführenden Ausschuß zur Vorlage an das Plenum koordiniert, doch können die beteiligten Ausschüsse auch eigene Vorlagen fertigen. Diese Vorlagen, die in Berichtsform gehalten sind und Vorschläge enthalten können, werden vom Plenum zur Kenntnis genommen oder diskutiert. Der Beschluß des Plenums wird der Bundesregierung vom Präsidenten des Bundestages zur Kenntnis gebracht[8].

Im Bundesrat verweist der Präsident des Bundesrats den Vorschlag an die sachlich in Betracht kommenden Ausschüsse. Als federführender Ausschuß ist aber hier im Gegensatz zum Bundestag für alle Vorlagen der Ausschuß für Fragen der Europäischen Gemeinschaften (früher Sonderausschuß Gemeinsamer Markt und Freihandelszone) zuständig. Die Ausschüsse setzen — allerdings nicht sehr häufig — Unterausschüsse ein, von denen der Unterausschuß EWG-Rechtsfragen der bedeutsamste

---

8 Auf Anregung des Präsidenten des Bundestags und Beschluß der Fraktionen ist ein Ältestenrat für EWG-Fragen errichtet worden, der noch keinen Niederschlag in der Geschäftsordnung des Bundestags gefunden hat. In ihm werden auf Anregung der Fraktionen poltische und institutionelle sowie sonst auftauchende EWG-Grundsatzfragen erörtert und das Ergebnis den einschlägigen Ausschüssen zur Verfügung gestellt. Diese schleusen die Ergebnisse in ihre Beratungen ein. Der Ältestenrat für EWG-Fragen macht keine eigenen Vorlagen an das Plenum.

Die Stellungnahmen des Bundestags haben keine rechtlichen Wirkungen. Ihre faktischen Auswirkungen sind jedoch mitunter beträchtlich. Da sie als Bundestagsdrucksachen erscheinen, hat auch die EWG-Kommission die Möglichkeit, sich an ihnen für ihre weitere Haltung zu orientieren.

ist, weil in ihm die grundsätzlichen Fragen des EWG-Rechts besprochen werden. Die beim federführenden Ausschuß sich sammelnden Stellungnahmen der beteiligten Ausschüsse werden zunächst in einem Arbeitskreis Gemeinsamer Markt, der dem Ausschuß für Fragen der Europäischen Gemeinschaften vorgeschaltet ist, mit Vertretern der Bundesregierung nochmals erörtert und dann von dem Ausschuß selbst zusammengefaßt und ggf. koordiniert. Unter Umständen erarbeitet der Ausschuß selbst eigene abweichende Vorschläge. Sofern die Ausschüsse keine Bemerkungen zu dem Kommissionsvorschlag zu machen haben, gilt die Kenntnisnahme durch den federführenden Ausschuß als Kenntnisnahme durch den Bundesrat selbst. In diesem Falle teilt der Präsident des Bundesrats der Bundesregierung unmittelbar mit, daß der Bundesrat „Kenntnis genommen" habe. Erscheinen Bemerkungen notwendig, so werden diese vom Plenum beschlossen und als Stellungnahme des Bundesrats der Bundesregierung übersandt.

Eine Übersendung der Stellungnahme des Bundesrats durch die Bundesregierung an den Bundestag entsprechend dem ersten Durchgang beim Gesetzgebungsverfahren findet nicht statt. Rechtliche Wirkungen haben die Stellungnahme des Bundesrats ebenso wie die des Bundestags nicht, doch sind ihre faktischen Auswirkungen für die Arbeit der Bundesregierung und ihr Auftreten in Brüssel mitunter nicht unerheblich. Über diese Verfahren hinaus haben die Länder zur Verbesserung ihrer Informationssituation mit Einverständnis des Bundes einen Beobachter der Länder für die EWG-Fragen bestellt. Sie sollen durch ihn über alle Fragen informiert werden, soweit ihre Interessen berührt erscheinen. Die Länder haben also in der Praxis — allerdings mit Schwerpunkt über das Bundesorgan „Bundesrat" — sehr frühzeitig zu den sie berührenden offiziellen Vorschlägen der EWG-Kommission und allen wesentlichen EWG-Dokumenten, einschließlich der Kommissionsdokumente, Zugang. Obwohl die Länder am Sitz der Bundesregierung durch Ländervertretungen vertreten werden, werden in der Praxis darüber hinaus — soweit bekannt — in erheblichem Umfang Verhandlungsdokumente und Unterlagen unmittelbar an die Fachressorts der Länder, an Länderausschüsse, Länderarbeitsgemeinschaften oder Länderfachministerkonferenzen geleitet.

Bei dieser die Information der Länder betreffenden Ausgangssituation darf nicht verkannt werden, daß die Einflußnahmemöglichkeiten der Länder — soweit der Bund Zurückhaltung übt — im wesentlichen auf Ausschußberatungen des Bundesrats beschränkt bleiben. Die Ausschußsitzungen des Bundesrats bieten ihnen zwar Gelegenheit zu einer Aussprache mit den zuständigen Vertretern der Bundesregierung, können aber eine elastische, sachliche Zusammenarbeit und Abstimmung der Interessen zwischen Bund und Ländern im allgemeinen nicht voll ersetzen. Ohne zusätzliche Initiative der Bundesressorts sind die Länder weitgehend auf eigene Initiative angewiesen, die dann immer in der Gefahr stehen wird, sich wegen eines angeblichen „bösen Willens" des Bundes eigene Wege nach Brüssel zu suchen. Die Art und Weise der Zusammenarbeit mit den Ländern sollte deshalb insgesamt zum Ziel haben, den Ländern die Gewißheit zu geben, daß ihre fachlichen und regional-politischen Interessen von den zuständigen Stellen des Bundes angemessen gewürdigt und im Rahmen des Gesamtinteresses des Bundesstaats gegenüber den Organen der Gemeinschaft und den übrigen Mitgliedstaaten auch vertreten werden. Sie sollte jedenfalls so intensiv gestaltet werden, daß möglichst alle Gründe für die Aufnahme unmittelbarer Kontakte zwischen den Ländern und den zuständigen Stellen der Europäischen Gemeinschaften gegenstandslos werden. Dazu gehört auch, daß Initiativen, die von den Ländern ergriffen werden, möglichst schon im Ansatz vom Bund aufgegriffen und mit den Ländern besprochen werden. Die Möglichkeiten formloser Kontakte mit Länderinstanzen sollten unter Wahrung letztlicher Entscheidungsfreiheit des Bundes im Interesse des Gesamtstaats soweit wie möglich genutzt werden.

Im einzelnen zeigt die Praxis folgende Probleme:

Die unmittelbare Beteiligung von sachkundigen Persönlichkeiten aus dem Länderbereich an Kontakten, die zeitlich vor der Vorlage der Kommission liegen, dürfte zumindest Schwierigkeiten bereiten und auch aus der Sicht des institutionellen Systems der Europäischen Gemeinschaften problematisch sein. Ein verfahrensmäßiger Ausbau derartiger Sachverständigengespräche bei der Kommission durch Beteiligung von Sachverständigen aus dem Länderbereich führt nämlich zwangsläufig zu einer Minderung des sachlichen und politischen Gewichts der Arbeit der ad hoc-Arbeitsgruppen beim Rat. So erwünscht es ist, Vorlagen der EWG-Kommission an den Rat in einem möglichst frühen Stadium der Vorbereitung zu beeinflussen und damit Schwierigkeiten möglichst von vornherein auszuräumen, so problematisch erscheint institutionell eine faktische Verlagerung der eigentlichen Verhandlungen mit den Vertretern der Mitgliedstaaten vom Zuständigkeitsbereich des Rats in den der Kommission.

Anders liegt die Situation, wenn die Kommission zur Ausarbeitung von Vorschlägen bzw. Vorentwürfen regelrechte Ausschüsse oder eigene ad hoc-Arbeitsgruppen bildet oder einzelne Mitgliedstaaten auf Gebieten konsultiert, auf denen sie selbst und nicht der Rat die Rechtsetzungskompetenz besitzt.

Soweit die EWG-Kommission zu erkennen gibt, daß sie zur Vorbereitung ihrer Maßnahmen unmittelbar mit fachlich kompetenten

Stellen der Länder oder Persönlichkeiten aus dem Länderbereich Fühlung aufnehmen will, wird man grundsätzlich keine Bedenken erheben können, ihrer Bitte nach Maßgabe der Auskunfts- und Zusammenarbeitsverpflichtungen des Gemeinschaftsvertrages (z. B. Art. 5 und 213) zu entsprechen. Es verstößt jedoch gegen die der Kommission gegenüber den Mitgliedstaaten obliegende Zusammenarbeitsverpflichtung, wenn sie die zuständigen Stellen des Bundes hiervon nicht in Kenntnis setzt und ihnen nicht die Möglichkeit gibt, sich ggf. an den Besprechungen zu beteiligen. Gleiches gilt nach dem Grundsatz der Bundestreue für die Länder und für entsprechende Kontaktwünsche der Länder mit der Kommission. Sofern der Bund hierbei auf eine Beteiligung verzichtet, sind die Länder ihm gegenüber zur Berichterstattung verpflichtet. Dies gilt insbesondere, soweit die Maßnahmen der EWG in ein Stadium gelangen, in dem regionalpolitische Fragen eine gewisse Rolle spielen. Hierbei ist zu beachten, daß die Bundesrepublik — auf Grund ihrer bundesstaatlichen Verfassung — wesentlich schwerer eine überstaatliche Wirtschaftsregionalpolitik ertragen kann als die übrigen EWG-Staaten, die Einheitsstaaten sind. In einem zentral organisierten Einheitsstaat unterliegen die regionalen Stellen stets der Aufsicht der zentralen Instanzen und bleiben im wesentlichen weisungsgebunden. Der Einheitsstaat kann deshalb — auch wenn er einen direkten Dienstweg zwischen EWG-Organen und den auf regionaler Ebene wirkenden Stellen zuläßt — viel leichter gegenüber den Gemeinschaftsorganen geschlossen auftreten als ein Bundesstaat, in dem die Wirtschaftsregionen räumlich den Ländern mit ihren Eigenzuständigkeiten und eigener Beamtenschaft entsprechen. Für die Bundesrepublik ist es bei ihrem föderativen, nicht aber staatenbündischen Verfassungssystem eine Frage von grundsätzlicher verfassungsrechtlicher Bedeutung und darüber hinaus eine Frage des Bestandes der bundesstaatlichen Ordnung schlechthin, daß der Bund über unmittelbare Kontakte zwischen der EWG-Kommission und den Ländern über regionale Planungs- oder Sachfragen laufend unterrichtet wird, sich jederzeit an Verhandlungen beteiligen kann und daß die Länder sich von sich aus bemühen, das Gesamtinteresse des Gesamtstaates zu wahren.

Ein besonderes Problem kann sich durch Verhaltensweisen der Organe der Europäischen Gemeinschaften selbst stellen, die einem oder mehreren Ländern einen Unterrichtungsvorsprung vor den zuständigen Stellen des Bundes gewähren. Zu denken ist etwa an Indiskretionen oder gezielte Informationen aus Kommissionsdienststellen, die einzelnen Ländern die Möglichkeit bieten, ihre Vorstellungen zu geplanten Gemeinschaftsmaßnahmen unmittelbar an die zuständigen Stellen der Gemeinschaft heranzutragen und womöglich mit ihnen schon vorzubesprechen. Dies kann dazu führen, daß die spätere Stellungnahme des

Bundes in den eigentlichen EWG-Verhandlungen gewissermaßen „unterlaufen“ wird, vor allem, wenn die Einstellung anderer Mitgliedstaaten den selbständigen Vorstellungen einzelner Länder entgegenkommt. Derartige Fälle berühren das Bund — Länder — Verhältnis, das Verhältnis der Länder zueinander, sowie die von den Ländern im Interesse der politischen Geschlossenheit des Auftretens des Gesamtstaats zu praktizierende Bundestreue in besonderem Maße. Sie haben grundsätzliche verfassungsrechtliche Bedeutung. In allen derartigen Fällen muß von den angesprochenen Länderdienststellen eine sofortige Kontaktaufnahme mit den zuständigen Bundesdienststellen erwartet werden.

Sobald Vorschläge der EWG-Kommission an den Rat dem Bundesrat in dem oben geschilderten offiziellen Verfahren oder grundlegende Dokumente von Bundesseite den Fachressorts der Länder unmittelbar zugeleitet worden sind, sollte das fachlich federführende Bundesressort darauf bedacht sein, seine Kontakte zu den fachlich zuständigen Stellen der Länder initiativ so zu gestalten, daß es zu einer echten Zusammenarbeit kommt. Sofern besondere Besprechungen mit den Länderressorts verfrüht erscheinen, sollten die Gründe hierfür zur Information der Länder dargelegt und eine Besprechung zum frühest sinnvollen Termin zugesagt werden. Bis dahin sollte in geeigneter Weise Fühlung gehalten werden. Soweit sachkundige Persönlichkeiten aus dem Länderbereich (Sachverständige) an den zu erwartenden Verhandlungen zu beteiligen sein werden, sollte diese Frage ebenfalls möglichst frühzeitig mit den Ländern besprochen werden. Die Besprechungen mit den Ländern sollten auf Bundesebene stattfinden. Periodische Besprechungen erscheinen nicht ausgeschlossen.

Die Koordinierung der Wirtschaftspolitik der Mitgliedstaaten in der EWG

Von Ulrich Everling

I. Allgemeines zur Koordinierung der Wirtschaftspolitik

Die Errichtung des Gemeinsamen Marktes ist in den neun Jahren seit Inkrafttreten des Vertrages zur Gründung der Europäischen Wirtschaftsgemeinschaft trotz aller Schwierigkeiten, Widerstände und Krisen bereits weitgehend vollendet worden. Der Abbau der Zoll- und Handelsschranken und die Einführung des Gemeinsamen Zolltarifs wurden sogar gegenüber dem ursprünglichen Zeitplan wesentlich beschleunigt[1]. Im Rahmen der zur Zeit laufenden Verhandlungen über die Finanzierung der Agrarpolitik wurde grundsätzlich Einigung darüber erzielt, daß der Gemeinsame Markt auch auf dem gewerblichen Sektor bereits bis zum 1. 7. 1968, also 1 1/2 Jahre vor Ablauf der Übergangszeit, verwirklicht werden soll[2]. Dann stellt sich mit noch größerer Dringlichkeit die Frage nach der Politik, die in diesem Gemeinsamen Markt betrieben werden soll. Diese Frage wird vor allem unter zwei Gesichtspunkten bedeutsam.

Zunächst wird dafür gesorgt werden müssen, daß in dem vereinheitlichten Markt, in dem die Unternehmen nicht mehr durch Zoll- und Handelsschranken gegenüber der Konkurrenz der Unternehmen der anderen Mitgliedstaaten geschützt sind, ein möglichst unverfälschter Wettbewerb herrscht[3]. Eine Beschränkung und Verfälschung des Wett-

---

[1] Vgl. die Beschlüsse der im Rat vereinigten Vertreter der Regierungen der Mitgliedstaaten vom 12. 5. 1960 über die beschleunigte Verwirklichung der Vertragsziele, Amtsblatt 1960 S. 1217; vom 15. 5. 1962 über die zusätzliche Beschleunigung der Vertragsziele, Amtsblatt 1962 S. 1284; vom 11. 7. 1963 über die zweite Angleichung der Zollsätze der einzelstaatlichen Zolltarife an den Gemeinsamen Zolltarif für die in Anhang II des Vertrages nicht genannten Erzeugnisse, Amtsblatt 1963 S. 1561.

[2] Vgl. Entscheidung des Rates vom 26. Juli 1966 über die Abschaffung der Zölle und das Verbot der mengenmäßigen Beschränkungen zwischen den Mitgliedstaaten sowie über die Anwendung der Zollsätze des Gemeinsamen Zolltarifs für die in Anhang II des Vertrages nicht aufgeführten Erzeugnisse, Amtsblatt 1966 S. 2971.

[3] Vgl. dazu von der Groeben, Die Wettbewerbspolitik als Teil der Wirtschaftspolitik im Gemeinsamen Markt, in: Wirtschaft und Wettbewerb 1965, S. 691.

bewerbs droht zunächst durch Maßnahmen der Unternehmen selbst. Der Vertrag sieht deshalb vor, daß gegen wettbewerbsbeschränkende und -verfälschende Vereinbarungen der Unternehmen und gegen den Mißbrauch von marktbeherrschenden Stellungen vorgegangen werden soll. Der Rat hat der Kommission die erforderlichen Befugnisse übertragen, und über die ersten Anwendungsfälle herrscht bereits ein lebhafter Streit[4]. Ferner muß verhindert werden, daß die Mitgliedstaaten durch staatliche Eingriffe ihren Unternehmen Wettbewerbsvorteile verschaffen. Der Vertrag sieht ein Verfahren zur Kontrolle staatlicher Beihilfen vor. Die Unterschiede in den Wettbewerbspositionen der Unternehmen, die durch unterschiedliche Rechts- und Verwaltungsvorschriften herbeigeführt werden, sollen durch Rechtsangleichung beseitigt werden. Als Beispiel sei hierfür auf die Bemühungen verwiesen, die Umsatzsteuersysteme der Mitgliedstaaten zu vereinheitlichen[5].

Die Frage nach der gemeinsamen Politik stellt sich aber vor allem auch für die Wirtschaftspolitik als solche, also für alle staatlichen Aktivitäten, durch die die Entwicklung des Wirtschaftsablaufs beeinflußt werden soll. Dabei muß das Wort Wirtschaftspolitik im umfassendsten Sinne verstanden werden und alle Maßnahmen einschließen, mit denen der Staat auf die Wirtschaft einwirkt, wobei er sich zum Teil der bereits erwähnten Instrumente, nämlich des Wirtschaftsrechtes und der Beihilfen, bedient. Dieser zweite Fragenkomplex ist Gegenstand der vorliegenden Untersuchung. Dabei enthält die Formulierung des Themas bereits eine wichtige Eingrenzung. Es soll nämlich *nicht* von der Wirtschaftspolitik der Europäischen Wirtschaftsgemeinschaft oder ihrer Organe gesprochen werden, sondern von der Koordinierung der Wirtschaftspolitik der Mitgliedstaaten. Es wird damit bereits vorausgesetzt, daß die Wirtschaftspolitik weiterhin Aufgabe der Mitgliedstaaten ist und daß der Gemeinschaft lediglich eine Koordinierung dieser nationalen Wirtschaftspolitik obliegt.

Dieser Grundsatz gilt allerdings nicht uneingeschränkt. In einigen Bereichen spricht der Vertrag selbst von einer gemeinsamen Politik der Gemeinschaft. Es handelt sich vor allem um die Agrarpolitik und die Verkehrspolitik[6]. Rat und Kommission sind zur Zeit in beiden

---

[4] Art. 85 ff. EWG-Vertrag sowie Verordnung Nr. 17 des Rates vom 6. 2. 1962, Amtsblatt 1962 S. 204, geändert durch Verordnung Nr. 59 vom 3. 7. 1962, Amtsblatt 1962 S. 1655; vgl. ferner den Fall Grundig/Consten, Entscheidung der Kommission vom 23. 9. 1964, Amtsblatt 1964 S. 2545, und Urteil des Gerichtshofs der Europäischen Gemeinschaften vom 13. 7. 1966, Sammlung Bd. XII S. 322.

[5] Art. 92 ff., Art. 100 ff., Art. 99, dazu die Erläuterungen in Wohlfarth-Everling-Glaesner-Sprung, Die Europäische Wirtschaftsgemeinschaft, Kommentar zum Vertrag, 1960, sowie Quadri-Monaco-Trabucchi, Trattato istitutivo della Communità Economica Europea, Commentario, 1965.

[6] Art. 38 ff. und Art. 74 ff.; dazu die Erläuterungen a.a.O. oben Anm. 5.

Bereichen damit beschäftigt, die Grundlagen dieser Politik zu entwickeln. Bei der Agrarpolitik ist sie bereits weit fortgeschritten, bei der Verkehrspolitik sind wenigstens Ansätze vorhanden. Auch bei der Handelspolitik fordert der Vertrag eine gemeinsame Politik. Hier drückt er sich allerdings etwas vorsichtiger aus; die gemeinsame Politik soll nach einheitlichen Grundsätzen gestaltet werden. Die Gemeinschaftsorgane sollen den Mitgliedstaaten also wohl einen größeren Spielraum einräumen können, wenn sie es für notwendig halten. Daß dies gerade bei der Handelspolitik erforderlich werden kann, ist angesichts ihres Zusammenhanges mit der Außenpolitik der Mitgliedstaaten offensichtlich[7].

Von den weiteren Bereichen der Wirtschaftspolitik, die der Vertrag besonders behandelt, ist vor allem die Sozialpolitik hervorzuheben. Für sie sieht der Vertrag nur geringe Gemeinschaftsbefugnisse vor. Obwohl sie von den Vertragsverfassern gerade aus wirtschaftspolitischen Gründen, nämlich mit Rücksicht auf die Kosten, behandelt wurde, kann sie hier nicht näher erörtert werden. Auch die Fragen der Ausbildungs- und Beschäftigungspolitik können nur gestreift werden, obwohl sie an sich unmittelbar für die Wirtschaftspolitik von Bedeutung sind. Die entscheidende Lücke beim Wachstum der deutschen Wirtschaft besteht in der begrenzten Zahl der Beschäftigten. Die Freizügigkeit der Arbeitnehmer im Gemeinsamen Markt und die Verbesserung der Berufsausbildung ist deshalb gerade wirtschaftspolitisch von besonderer Bedeutung. Dasselbe gilt von Fragen des Niederlassungsrechts und des Kapitalverkehrs; sie sind nicht nur unter dem Gesichtspunkt der Beseitigung der zwischen den Mitgliedstaaten bestehenden Grenzen von Bedeutung, sondern ebenso auch unter dem Gesichtspunkt der Steigerung der Mobilität der Produktionsfaktoren[8].

In erster Linie sollen im folgenden die Maßnahmen behandelt werden, die global angewandt werden. Man unterscheidet dabei Maßnahmen, die kurzfristig auf den Wirtschaftsablauf einwirken und vor allem die Stabilität der Wirtschaft sichern sollen, und solchen, die unter Wahrung der Stabilität ein kontinuierliches Wachstum und eine ausgewogene Wirtschaftsstruktur herbeiführen sollen. Bei den ersten handelt es sich um die Maßnahmen der Konjunkturpolitik, bei den zweiten um die Maßnahmen der mittel- und langfristigen Wirtschaftspolitik. Der

---

[7] Vgl. Art. 110 ff. Zu der angedeuteten Problematik vgl. Everling, Rechtsprobleme der Gemeinsamen Handelspolitik in der Europäischen Wirtschaftsgemeinschaft, Beiträge zum internationalen Wirtschaftsrecht und Atomenergierecht Bd. 1 Heft 5, S. 189 ff., sowie Common Market Law Review Bd. 4, 1966/67, S. 141 ff.

[8] Art. 118 ff., Art. 48 ff., Art. 52 ff., Art. 67 ff.; dazu die Erläuterungen a.a.O. Anm. 5.

Vertrag behandelt beide Gebiete unterschiedlich. Für die Konjunkturpolitik sieht er weitreichende Befugnisse der Gemeinschaftsorgane vor, während diese bei der längerfristigen Wirtschaftspolitik fehlen. Eine Erklärung kann wohl nur darin gefunden werden, daß zur Zeit der Vertragsverhandlungen die Probleme der Konjunkturpolitik und vor allem des Gleichgewichts der Zahlungsbilanz im Vordergrund aller wirtschaftspolitischen Debatten standen. Die Verhältnisse haben sich seitdem gewandelt, insbesondere ergibt sich das Wachstum der Wirtschaft nicht mehr, wie im Deutschland der Nachkriegszeit, aus dem gewaltigen Nachholbedarf. Die beiden Bereiche — kurzfristige und langfristige Politik — sind im folgenden zu untersuchen. Dabei soll, wie es dem Thema entspricht, nicht die volkswirtschaftliche Frage behandelt werden, welche sachlichen Lösungen bei der Wirtschaftspolitik gesucht werden müssen. In erster Linie kommt es vielmehr auf die rechtliche und institutionelle Problematik an. Von ihr aus sollen Anhaltspunkte für die gegenwärtige Lage der Europäischen Gemeinschaften gesucht werden.

II. Zur Konjunkturpolitik im Gemeinsamen Markt

Aufgabe der Konjunkturpolitik ist es in erster Linie, die konjunkturellen Schwankungen des Wirtschaftsablaufs möglichst weitgehend zu verhindern[9]. Dazu muß mit globalen Steuerungsmaßnahmen in den Wirtschaftsablauf eingegriffen werden. Die Ausweitung der Wirtschaft muß begrenzt werden, wenn eine Überhitzung droht, und umgekehrt muß die Entwicklung ermutigt werden, wenn sich eine Stagnation abzeichnet. Dabei ist es das Ziel jeder Konjunkturpolitik, einen möglichst hohen Beschäftigungsstand zu gewährleisten, das Preisniveau stabil zu halten und schließlich auch die Zahlungsbilanz auszugleichen, damit sich aus den Beziehungen zu den anderen Staaten keine Störungen im Inland ergeben[10].

Im Gemeinsamen Markt ist die konjunkturelle Entwicklung in jedem Mitgliedstaat von der Entwicklung in den anderen Mitgliedstaaten abhängig. Nach dem Abbau der Zoll- und Handelsschranken und nach der Beseitigung der Hindernisse für den Personen- und Kapitalverkehr fehlt es den Mitgliedstaaten an der Möglichkeit, sich gegenüber Außeneinflüssen abzuschirmen. Wenn in einem Mitgliedstaat die Gesamtnachfrage erhöht wird, ohne daß ihr ein entsprechendes Güterangebot

---

[9] Vgl. hierzu Everling, Die Koordinierung der Wirtschaftspolitik in der Europäischen Wirtschaftsgemeinschaft als Rechtsproblem, Recht und Staat, Heft 296/297, 1964; Burgard, in: Zeitschrift für die gesamte Staatswissenschaft, 1966 S. 291.

[10] Vgl. das Gutachten des Wissenschaftlichen Beirats des Bundesministeriums für Wirtschaft, Ministerialblatt des BMWi 1956 S. 310.

gegenübersteht, so steigt auch die Einfuhr aus den anderen Mitgliedstaaten und zugleich sinkt die Ausfuhr relativ wegen der gestiegenen Produktionskosten. Die Folge sind bei festen Wechselkursen steigende Preise und Zahlungsbilanzschwierigkeiten. Aber auch in den Ausfuhrländern können sich dann wirtschaftliche Spannungen ergeben, weil die plötzlich auftretende Ausfuhrsteigerung das Güterangebot verkürzt und die Ausfuhrüberschüsse zu zusätzlicher Geldschöpfung führen können. Eine inflationäre Entwicklung in einem Mitgliedstaat wird auf diese Weise unmittelbar in den anderen Mitgliedstaaten wirksam. Diese Zusammenhänge sind in der Wirklichkeit komplexer, vor allem weil auch die Wechselwirkung der Arbeitsmärkte und Kapitalmärkte von Bedeutung ist. Die vereinfachten Hinweise machen aber bereits hinreichend deutlich, daß die Mitgliedstaaten ein dringendes Interesse daran haben, den Wirtschaftsablauf aufeinander abzustimmen, um störende Einflüsse möglichst zu vermeiden[11].

Der Vertrag sieht aus diesem Grunde vor, daß gemeinschaftliche Maßnahmen auf dem Gebiete der Konjunkturpolitik getroffen werden sollen. Die Konjunkturpolitik ist nach Artikel 103 Absatz 1 EWG-Vertrag weiterhin Sache der Mitgliedstaaten; diese sollen sie aber als Angelegenheit gemeinsamen Interesses behandeln, also auf die Entwicklung in den anderen Mitgliedstaaten Rücksicht nehmen. Trotz dieser Betonung der nationalen Zuständigkeit enthält die Bestimmung jedoch in ihrem Absatz 2 eine ausdrückliche und sehr weitreichende Gemeinschaftskompetenz. Der Rat kann auf Vorschlag der Kommission einstimmig „über die der Lage entsprechenden Maßnahmen" entscheiden; Durchführungsrichtlinien dazu können mit qualifizierter Mehrheit beschlossen werden[12].

Bei der Anwendung der Bestimmung entsteht vor allem die schwierige Frage, wie die Maßnahmen der Konjunkturpolitik gegenüber den sonstigen wirtschaftspolitischen Maßnahmen, für die keine so weitreichende Gemeinschaftskompetenz besteht, abgegrenzt werden können. Auf Grund des objektiven Inhalts der Maßnahmen selbst ist die Unterscheidung kaum möglich, weil die verschiedenen wirtschaftspolitischen Eingriffe je nach der wirtschaftlichen Lage ganz unterschiedlich wirken können. Die weithin übliche Definition, nach der die Konjunkturpolitik die Gesamtheit der Maßnahmen ist, die auf eine

---

[11] Vgl. Schöllhorn, Europäische Konjunkturpolitik, in: Wirtschaft, Gesellschaft und Kultur, Festschrift für Alfred Müller-Armack, 1961, S. 255; Issing, Monetäre Probleme der Konjunkturpolitik im Gemeinsamen Markt, Bd. 22 der Untersuchungen über das Spar-, Giro- und Kreditwesen, 1964; Krämer, Wirtschaftliche und rechtliche Probleme der monetären Integration in der Europäischen Wirtschaftsgemeinschaft, Kieler Studien Nr. 76, 1966, S. 105 ff.

[12] Vgl. die Erläuterungen der Bestimmung im Kommentar a.a.O. oben Anm. 5, ferner Krämer a.a.O. S. 35 ff., Burgard a.a.O.

ausgeglichene Zahlungsbilanz bei hohem Beschäftigungsstand und stabilem Preisniveau gerichtet sind, bereitet deshalb Schwierigkeiten, weil Artikel 104 diese drei Forderungen gerade als Aufgaben der allgemeinen Wirtschaftspolitik bezeichnet und weil die Bestimmung, die das Verfahren für die Koordinierung der Wirtschaftspolitik behandelt (Art. 105) gerade darauf bei der Umschreibung der Wirtschaftspolitik Bezug nimmt. Man wird sie aber trotzdem nicht außer acht lassen können und demnach, wie bereits erwähnt, darauf abstellen müssen, daß die Konjunkturpolitik den kurzfristigen Wirtschaftsablauf beeinflussen soll, um die innere und äußere Stabilität zu gewährleisten, während die allgemeine Wirtschaftspolitik langfristig auf ein stetiges Wachstum und eine ausgeglichene Struktur abzielt[13]. Da die Maßnahmen je nach der betreffenden Wirtschaftslage kurzfristig oder langfristig wirken können und da die getroffenen Maßnahmen vielfach zugleich langfristig und kurzfristig wirken, wird es in erster Linie von der beabsichtigten Wirkung abhängen, ob eine Maßnahme der Konjunkturpolitik zuzurechnen ist. Dieses Ergebnis kann nur als unbefriedigend bezeichnet werden, weil sich die Gemeinschaftsbefugnisse damit nicht klar abgrenzen lassen.

Schwierig ist auch zu beurteilen, welche „Maßnahmen" als „der Lage entsprechend" getroffen werden können. Der Rat hat auf Vorschlag der Kommission bereits Maßnahmen auf Grund des Artikels 103 in einigen Fällen auf dem Zollsektor getroffen[14], obwohl für die Festsetzung der Zölle besondere Regeln in anderen Vertragskapiteln vorgesehen sind. Daraus muß geschlossen werden, daß die Gemeinschaftsorgane eine Anwendung der konjunkturpolitischen Befugnisse im gesamten Anwendungsbereich des Vertrages für zulässig halten. Allerdings wäre in den angeführten Fällen die Gewährung eines Zollkontingentes nach den Bestimmungen des Artikels 25 nicht zulässig gewesen. Man wird wohl annehmen müssen, daß dann, wenn eine Befugnis in anderen Vertragskapiteln besteht, nach diesen Sonderbestimmungen gehandelt werden muß und die Anwendung des Artikels 103 ausgeschlossen ist.

Der Bereich, in dem danach Maßnahmen getroffen werden können, ist außerordentlich weit. Beispiele geben dafür die einschlägigen Emp-

---

[13] Vgl. Everling a.a.O. oben Anm. 9, S. 24.

[14] Entscheidung des Rates vom 12. 4. 1965, mit der die Bundesrepublik ermächtigt wird, bis zum 31. 12. 1965 die Zollsätze ihres Zolltarifs für zerlegbare Holzhäuser der Tarifnummer ex 44.23 und für bestimmte Waren der Tarifnummer ex 68.11 des Gemeinsamen Zolltarifs gegenüber dritten Ländern auszusetzen, Amtsblatt 1965 S. 1173; Entscheidung des Rates vom 14. 5. 1965, mit der das Königreich der Niederlande ermächtigt wird, den Zollsatz seines Zolltarifs für andere Kartoffeln der Tarifnummer 07.01 A III b gegenüber dritten Ländern auszusetzen, Amtsblatt 1965 S. 1462.

fehlungen des Rates. Sie sprechen die Ausgabenpolitik der öffentlichen Hand, die Gestaltung der Steuern, den Haushaltsausgleich, die Kreditpolitik der Notenbanken, die Lohnpolitik und Fragen der Ausbildung und des Wohnungsbaues an. Die Bestimmung gibt dem Rat also eine umfassende Kompetenz.

Allerdings hat sich der Rat in seiner bisherigen Praxis gescheut, von seinen weitgehenden Befugnissen in stärkerem Umfang Gebrauch zu machen. Er hat nämlich trotz vielfältiger konjunktureller Schwierigkeiten in den Mitgliedstaaten — abgesehen von den erwähnten wenigen Beschlüssen über Zölle — keine für die Mitgliedstaaten verbindlichen Beschlüsse auf Grund von Artikel 103 gefaßt. Sein erster Beschluß bestand darin, einen Ausschuß für Konjunkturpolitik einzusetzen[15]. Dieser Ausschuß hat laufend die Entwicklung in den Mitgliedstaaten verfolgt, einschlägige Daten gesammelt und einen Meinungsaustausch zwischen den für die Konjunkturpolitik in den einzelnen Mitgliedstaaten verantwortlichen Personen durchgeführt. Echte Beschlüsse, die sich mit Forderungen an die Mitgliedstaaten richten, hat der Rat dagegen nur in der Form von Empfehlungen gefaßt, die nach Artikel 189 Absatz 5 EWG-Vertrag für die Mitgliedstaaten nicht verbindlich sind. Eine derartige Empfehlung erging erstmals im Jahre 1964, als ein inflationärer Druck vor allem in Italien, aber auch in Frankreich, bestand und auf die anderen Mitgliedstaaten überzugreifen drohte. 1965 und 1966 wurden weitere Empfehlungen erlassen[16]. An die erste Empfehlung haben sich die Mitgliedstaaten bis zu einem gewissen Grade gehalten; vor allem in Italien konnte im wesentlichen mit den Maßnahmen, die die Empfehlung umschrieb, die konjunkturelle Stabilität weitgehend wieder hergestellt werden. Die zweite Empfehlung führte weniger zu Erfolgen, und konjunkturelle Spannungen bestehen trotz der Empfehlungen des Rats fort. Gleichwohl scheut sich der Rat, von seinen weitreichenden Befugnissen Gebrauch zu machen und den Mitgliedstaaten bestimmte Maßnahmen vorzuschreiben. Die Gründe, auf denen dies beruht, sind im folgenden noch zu untersuchen.

---

15 Entscheidung des Rates vom 9. 3. 1960 über die Koordinierung der Konjunkturpolitik der Mitgliedstaaten, Amtsblatt 1965 S. 764.

16 Empfehlung des Rates vom 15. 4. 1964 an die Mitgliedstaaten für Maßnahmen zur Wiederherstellung des inneren und äußeren Gleichgewichts der Wirtschaftsentwicklung der Gemeinschaft, Amtsblatt 1964 S. 1029; Empfehlung des Rates vom 8. 4. 1965 an die Mitgliedstaaten betreffend die Konjunkturpolitik im weiteren Verlauf des Jahres 1965, Amtsblatt 1965 S. 985; Empfehlung des Rates vom 22. 12. 1966 an die Mitgliedstaaten betreffend die Leitlinien der Konjunkturpolitik für das Jahr 1967; ABl. 1966 S. 4059.

III. Zur längerfristigen Wirtschaftspolitik im Gemeinsamen Markt

Auch hinsichtlich der mittel- und langfristigen Wirtschaftsentwicklung ist die Zusammenarbeit der Mitgliedstaaten vor allem wegen der unmittelbaren gegenseitigen Einwirkung unterschiedlicher Entwicklungen in den einzelnen Mitgliedstaaten notwendig. Die Einsicht, daß sich die Wachstumsbedingungen für die Wirtschaft in den letzten Jahren verändert haben und daß das optimale Wirtschaftswachstum nur unter größeren Anstrengungen zu erreichen ist, führt zu der Forderung, Wachstumshemmnisse, die sich aus einer unterschiedlichen Politik der Staaten ergeben, möglichst von vornherein auszuschalten. Außerdem bringt die zunehmende Verflechtung der Volkswirtschaften erhebliche Strukturwandlungen mit sich. Sie müssen durch staatliche Maßnahmen einerseits gefördert werden, da sie zu einem besseren Einsatz der Produktionsfaktoren führen können, andererseits aber auch abgeschwächt und gesteuert werden, wenn sie zu abrupt verlaufen und dadurch wirtschaftliche und soziale Schäden verursachen. Derartige Maßnahmen bedürfen der Einordnung in den Gesamtzusammenhang der Gemeinschaftsentwicklung[17].

Die Abstimmung der Maßnahmen der Mitgliedstaaten stößt allerdings schon deshalb auf erhebliche Schwierigkeiten, weil die Mitgliedstaaten eine recht unterschiedliche wirtschaftspolitische Konzeption verfolgen. In Frankreich wird das Wirtschaftswachstum vorrangig durch eine Politik der Planifikation gefördert, die im Rahmen eines jeweils für fünf Jahre staatlich beschlossenen Plans betrieben wird. Die Pläne sind teilweise recht detailliert und setzen ziffernmäßige Wachstumsziele, denen die Wirtschaft zwar nicht durch Hoheitsakt unterworfen ist, auf die sie aber durch indirekte Einflußnahme, vor allem über den staatlich beherrschten Kreditapparat und damit durch Einfluß auf die Investitionen, hingelenkt wird[18]. In Italien werden ebenfalls Pläne aufgestellt, sie sind aber in erster Linie auf die Ent-

---

[17] Zur Notwendigkeit der Koordinierung der Wirtschaftspolitik im Gemeinsamen Markt vgl. Hallstein, Wirtschaftspolitik als Gemeinschaftsaufgabe, in: Betriebsberater 1963 S. 3; Sannwald-Stohler, Wirtschaftliche Integration, Theoretische Voraussetzungen und Folgen eines wirtschaftlichen Zusammenschlusses, 2. Aufl. 1961.

[18] Fourastié-Courtheoux, La Planification en France, 1963; J. und A. Hackett, Economic Planning in France, 1963. Vgl. im übrigen hierzu und zu den anderen Mitgliedstaaten die Hinweise in: Planung ohne Planwirtschaft, Frankfurter Gespräch der List-Gesellschaft vom 7.—9. Juni 1963, Basel/Tübingen 1964, sowie Planung in der Marktwirtschaft, Tagung vom 5.—7. 12. 1963 in Bad Kreuznach, Schriftenreihe der Friedrich-Naumann-Stiftung Nr. 7, 1964; vgl. ferner neuerdings Zijlstra, Wirtschaftspolitik und Wettbewerbsproblematik in der EWG und ihren Mitgliedstaaten, Veröff. der Europ. Gemeinschaften, Reihe Wettbewerb Nr. 2, 1966.

wicklung der hinter dem allgemeinen Wirtschaftswachstum zurückgebliebenen Gebiete Süditaliens und auf die Behebung von Spannungen gerichtet, die durch das unterschiedliche regionale Wachstum entstehen. Auch Belgien und die Niederlande entwickeln Pläne, die aber eine geringere Intensität und Bedeutung besitzen als der französische Plan. Demgegenüber soll bei der in Deutschland betriebenen Wirtschaftspolitik der sozialen Marktwirtschaft die Steuerung der Wirtschaft so weit wie möglich über den Markt erfolgen und nur dort interveniert werden, wo der Wettbewerb gestört wird oder das Ergebnis des Marktes aus sozialpolitischen, gesellschaftspolitischen oder strukturpolitischen Erwägungen korrigiert werden muß[19]. Bei dieser unterschiedlichen Ausgangslage stößt die Koordinierung der Wirtschaftspolitik schon im Ansatz auf Schwierigkeiten.

Vor allem aber konnte der Vertrag unter diesen Umständen noch keine eindeutige wirtschaftspolitische Konzeption festlegen[20]. Es läßt sich nicht behaupten, daß der Vertrag etwa das System der „sozialen Marktwirtschaft" übernommen habe[21]. Es führt auch nicht weiter, ihm allgemein eine „gemäßigt liberale" Wirtschaftsordnung zu unterstellen[22]. Richtig ist allerdings, daß der Wettbewerb das zentrale Moment des Gemeinsamen Marktes darstellt[23]. Eine Politik der Gemeinschaftsorgane, die den Wettbewerb völlig beseitigen würde, wäre also sicher nicht vertragskonform. Auf der anderen Seite schließt der Vertrag aber auch Interventionen in den Wirtschaftsablauf nicht vollständig aus, wie sie jede Wirtschaftspoliitk, auch die liberalste, unter gewissen Umständen vornehmen muß, selbst wenn dadurch der Wettbewerb in einzelnen Teilbereichen der Wirtschaft beeinträchtigt wird[24].

---

[19] Vgl. Müller-Armack, Artikel „Soziale Marktwirtschaft" im Handwörterbuch der Sozialwissenschaften, Bd. 9, 1956, S. 390.

[20] Vgl. Everling a.a.O. oben Anm. 9, S. 14 ff. Kleps, Zur Konkurrenz wirtschaftspolitischer Konzeptionen in der EWG, in: ORDO, 1965, S. 275.

[21] So Günther, Die ordnungspolitischen Grundlagen des EWG-Vertrages in: Wirtschaft und Wettbewerb 1963, S. 191.

[22] Ophüls, Grundzüge europäischer Wirtschaftsverfassung in: Zeitschrift für das gesamte Handelsrecht und Wirtschaftsrecht Bd. 124, 1962, S. 136.

[23] So vor allem von der Groeben, Wettbewerbspolitik in der Europäischen Wirtschaftsgemeinschaft, in: Wirtschaft und Wettbewerb 1961, S. 373. Insoweit ist auch Mestmäcker, Offene Märkte im System unverfälschten Wettbewerbs in der Europäischen Wirtschaftsgemeinschaft, in: Festschrift für Franz Böhm, 1965, S. 345, zuzustimmen.

[24] Der Versuch Mestmäckers a.a.O., aus dem System der „offenen Märkte" eine rechtlich festgefügte Wirtschaftsordnung und vor allem aus den Wettbewerbsregeln, insbesondere aus Art. 90, ein weitgehendes Verbot hoheitlicher Interventionen abzuleiten, überzeugt nicht; der wirtschaftspolitischen Entscheidung ist im Vertrage innerhalb gewisser Grenzen ein erheblicher Spielraum belassen. Ähnliches gilt auch für v. Brunn, Die Verpflichtung der EWG-Staaten zur Wettbewerbswirtschaft, in: Kartellrundschau Heft 6, 1965.

Eine wesentliche Grenze für lenkende Eingriffe in den Wirtschaftsablauf ergibt sich aber daraus, daß der Vertrag keine umfassende Befugnis der Gemeinschaftsorgane für die allgemeine Wirtschaftspolitik vorsieht. Das ist erstaunlich deshalb, weil es sich doch um eine Wirtschaftsgemeinschaft, also um eine Gemeinschaft auf dem Gebiete gerade der Wirtschaftspolitik handelt. Artikel 105, der im Kapitel Zahlungsbilanz steht, was die spezielle Sicht der Vertragsverfasser zeigt, bestimmt lediglich, daß die Mitgliedstaaten ihre Wirtschaftspolitik koordinieren. Er sieht also keine gemeinsame Politik vor, sondern eine Politik der Mitgliedstaaten, die diese koordinieren sollen. Über das Verfahren der Koordinierung sagt er lediglich, daß die zuständigen Verwaltungsstellen zusammenarbeiten sollen. Über diese Zusammenarbeit soll die Kommission dem Rat Empfehlungen unterbreiten, nicht aber über die materiellen Probleme der Wirtschaftspolitik selbst. Eine Beschlußfassung sieht die Bestimmung nicht vor. Man wird aber immerhin annehmen können, daß der Rat insoweit, als die Kommission Empfehlungen an ihn richten kann, auch zur Beschlußfassung befugt ist, denn sonst hätten die Empfehlungen keinen Sinn[25].

Darüber hinaus aber, vor allem für materielle Fragen der Wirtschaftspolitik, besitzt der Rat keine Beschlußkompetenzen. Artikel 145 EWG-Vertrag, die allgemeine Vorschrift über die Befugnisse des Rates zur Beschlußfassung, sieht zwar vor, daß der Rat die Wirtschaftspolitik koordinieren soll, aber er begründet diese Befugnis nur „nach Maßgabe des Vertrages“; man muß also zur Begründung einer Beschlußkompetenz des Rates auf andere Bestimmungen des Vertrages zurückgreifen. Da in anderen Bestimmungen eine Beschlußkompetenz auf dem Gebiete der Wirtschaftspolitik nicht enthalten ist, zeigt sich das bemerkenswerte Ergebnis, daß der Vertrag über die Wirtschaftsgemeinschaft eine Beschlußkompetenz für das zentrale Thema einer Wirtschaftsgemeinschaft, nämlich die allgemeine Wirtschaftspolitik, nicht vorsieht. Ferner besteht, wie schon mehrfach hervorgehoben, ein einschneidender Unterschied zu den kurzfristigen Maßnahmen. Bei ihnen ist eine weitgefaßte Befugnis des Rates gegeben, während sie bei längerfristigen Maßnahmen nahezu völlig fehlt. Allenfalls könnte auf die allgemeine Klausel in Artikel 235 zurückgegriffen werden; sie dürfte aber schwerlich derartige umfassende Regelungen ermöglichen, die einer Änderung des Vertrages gleichkommen würden. So verbleibt den Mitgliedstaaten lediglich die Möglichkeit gemeinsamen, nicht auf den Vertrag gestützten Handelns, vor allem in der Form von Beschlüssen der im Rat vereinigten Vertreter der Regierungen der Mitgliedstaaten[26].

---

[25] Hierzu und zum folgenden Everling a.a.O. oben Anm. 9, S. 20 ff.

[26] Kaiser, Die im Rat vereinigten Vertreter der Regierungen der Mitgliedstaaten, in: Festschrift für Carl Friedrich Ophüls, 1965, S. 107 ff.

Bisher hat der Rat sich demgemäß auf Verfahrensbeschlüsse beschränkt. Der Währungsausschuß ist bereits im Vertrage selbst — Artikel 105 Absatz 2 — vorgesehen. Er spielt eine erhebliche Rolle bei der Vorbereitung wirtschaftspolitischer Entscheidungen, in deren Zentrum stets die währungspolitischen Probleme stehen. Im Frühjahr 1964 hat der Rat im Rahmen einer Reihe von wirtschaftspolitischen Beschlüssen die Befugnis dieses Ausschusses auch auf Fragen der internationalen Währungspolitik erweitert[27]. Weiter hat der Rat einen Ausschuß der Notenbankpräsidenten und einen Ausschuß für Haushaltspolitik eingerichtet[28]. Diese Ausschüsse sind lediglich befugt, Beratungen durchzuführen, also die jeweilige Situation zu analysieren und Meinungen auszutauschen. Aber sie besitzen trotzdem eine erhebliche Bedeutung, weil sie sich auf Sachgebieten betätigen, die sehr weitgehend in die Politik der Mitgliedstaaten eingreifen, und weil sie die maßgebenden Persönlichkeiten der Mitgliedstaaten zu einem ständigen Meinungsaustausch veranlassen, wodurch sich zwangsläufig eine gewisse Annäherung der Auffassungen und Absichten ergibt. Gleichzeitig haben die Mitgliedstaaten auch noch erklärt, daß sie sich vor Wechselkursänderungen konsultieren werden[29]. Das Verfahren dafür ist nicht veröffentlicht worden. Schließlich hat der Rat einen Ausschuß für mittelfristige Wirtschaftspolitik eingesetzt, der ein wirtschaftspolitisches Programm für mehrere Jahre ausarbeiten soll[30]. Damit hat der Rat erstmalig den Versuch gemacht, auf dem Gebiet der allgemeinen Wirtschaftspolitik umfassende Regelungen vorzubereiten. Die Tätigkeit des Auschusses muß daher besonders behandelt und gewürdigt werden.

IV. Die Arbeiten auf dem Gebiete der mittelfristigen Wirtschaftspolitik im Gemeinsamen Markt

Die entscheidenden Impulse für die Ausarbeitung einer mittelfristigen Wirtschaftspolitik sind, wie vielfach bei der Entwicklung des Ge-

---

[27] Beschluß des Rates vom 8. Mai 1964 über die Zusammenarbeit zwischen den Mitgliedstaaten auf dem Gebiet der internationalen Währungsbeziehungen, Amtsblatt 1964 S. 1207.

[28] Beschluß des Rates vom 8. Mai 1964 über die Zusammenarbeit zwischen den Zentralbanken der Mitgliedstaaten der Europäischen Wirtschaftsgemeinschaft, Amtsblatt 1964 S. 1206; Beschluß des Rates vom 8. Mai 1964 über die Zusammenarbeit zwischen den zuständigen Verwaltungsstellen der Mitgliedstaaten auf dem Gebiet der Haushaltspolitik, Amtsblatt 1964 S. 1205.

[29] Erklärung der im Rat vereinigten Vertreter der Regierungen der Mitgliedstaaten der Europäischen Wirtschaftsgemeinschaft vom 8. Mai 1964 über Konsultationen zwischen den Mitgliedstaaten vor Änderungen der Wechselkursparitäten ihrer Währungen, Amtsblatt 1964 S. 1226.

[30] Beschluß des Rates vom 15. April 1964 über die Einsetzung eines Ausschusses für mittelfristige Wirtschaftspolitik, Amtsblatt 1964 S. 1031.

meinsamen Marktes, von der Kommission ausgegangen. In ihrem Memorandum für ein Aktionsprogramm der Gemeinschaft für die zweite Stufe[31] schlug sie mehrjährige Programme für die zu betreibende Wirtschaftspolitik vor, wobei sie sich weitgehend am Modell der französischen planification orientierte. Diese Programme sollten den „möglichen und wünschenswerten Verlauf der Wirtschaftstätigkeit der Gemeinschaft in dem betreffenden Zeitraum“ darstellen und die „langfristigen Voraussetzungen der Einnahmen und Ausgaben der Staaten“ sowie die „mutmaßliche wünschenswerte und akzeptable Verteilung des Brutto-Sozialprodukts zwischen den großen Wirtschaftsbereichen“ angeben. Die Programme sollten nach Ansicht der Kommission für alle nationalen und gemeinschaftlichen wirtschaftspolitischen Entscheidungen richtunggebend sein.

Über diese Vorschläge entspann sich in der Folgezeit ein heftiger Meinungsstreit. Vor allem in Deutschland wurde befürchtet, daß damit ein zentraler Angriff auf die Grundlagen der Marktwirtschaft beabsichtigt sei. Ansatz für das Mißtrauen war vor allem der Vorschlag, das Wirtschaftswachstum quantifiziert auszuweisen und auch detailliert für die einzelnen Branchen zu gliedern[32]. Nach gründlichen, zum Teil lebhaften Diskussionen näherten sich die Meinungen aber doch erheblich an[33]. Es wurde nämlich als richtig anerkannt, daß die staatliche Aktivität, also vor allem der Einsatz der öffentlichen Mittel in der Wirtschaft, einer gewissen Planung bedarf. Ebenso bestand bald Einigkeit, daß eine informatorische Vorausschau der zu erwartenden und möglichen Entwicklung der Gesamtwirtschaft vor allem für die wirtschaftspolitischen Instanzen von Nutzen sein kann. Weiter wurde bald allgemein als förderlich angesehen, bestimmte Grundsätze für die globale Steuerung der Gesamtwirtschaft aufzustellen. Dagegen bestehen nach wie vor Meinungsunterschiede darüber, wie weit sich die Vorausschau auf die einzelnen Branchen erstrecken soll. Bisher hat man sich von deutscher Seite nur dazu bereit gefunden, daß in gewissen Sektoren, die durch staatliche Interventionen wesentlich beeinflußt werden, Überlegungen über die voraussichtliche und erwünschte Entwicklung angestellt werden.

---

[31] Erschienen 1962 als Veröffentlichung der Europäischen Gemeinschaften; Auszüge im Europa-Archiv 1963, S. D 63 ff.

[32] Vgl. die Auseinandersetzungen zwischen dem damaligen Bundeswirtschaftsminister Erhard und Präsident Hallstein im Europäischen Parlament, Sitzung vom 20. November 1962, Ausführliche Sitzungsberichte Nr. 21, S. 870 ff., 886 ff.

[33] Vgl. etwa das Gutachten des Wissenschaftlichen Beirats beim Bundesministerium für Wirtschaft vom 9. November 1963, MinBl. des BMWi 1964 S. 16 ff., ferner die oben Anm. 18 angeführten Tagungsberichte. Zur Entwicklung der Auffassungen in Frankreich vgl. Zijlstra a.a.O. (oben Fußnote 18) S. 13.

Auf Grund dieser Erörterungen hat der Rat auf Empfehlung der Kommission den Ausschuß für mittelfristige Wirtschaftspolitik eingesetzt, der sich aus Vertretern der Regierungen und der Kommission zusammensetzt. Er soll auf der Grundlage von Vorausschätzungen eines Ausschusses unabhängiger Sachverständiger über die voraussichtliche Entwicklung den Entwurf eines Programms ausarbeiten, das „die großen Linien der von den Mitgliedstaaten und den Institutionen der Gemeinschaft für die zugrunde gelegte Periode beabsichtigten Wirtschaftspolitik" darlegen soll und der darauf gerichtet sein soll, „ihre Koordinierung zu gewährleisten"[34]. Besonders wichtig ist eine auslegende Erklärung, die der Rat in sein Protokoll aufgenommen hat. Danach soll das Programm keine quantitativen Ziele der Entwicklung festsetzen, also vor allem nicht postulieren, daß das Sozialprodukt um einen bestimmten Prozentsatz wachsen soll. Mit einer solchen Forderung würde nämlich der Appell an die Wirtschaftspolitiker gerichtet, durch Interventionen, die in der Regel auf die Stabilität nicht ausreichend Rücksicht nehmen können, in den Wirtschaftsablauf einzugreifen, um das Wachstumsziel unter allen Umständen zu erreichen.

Eine erhebliche Rolle spielte bei den bisherigen Überlegungen auch die Frage, wie weit das Programm verbindlich sein soll. Diese Problematik ist vor allem deshalb interessant, weil in der Zwischenzeit in Deutschland unter juristischen Gesichtspunkten eine Diskussion über das Problem der wirtschaftlichen Planung begonnen hat, wobei teilweise sehr weitgehende Forderungen aufgestellt wurden[35]. Wenn man den erarbeiteten „Plan" durch einen Rechtssatz festlegen und evtl. auch noch durch einen „Plangewährleistungsanspruch" des Bürgers absichern würde, dann müßte die staatliche Autorität mit wirtschaftspolitischen Zwangsmitteln eingreifen, um die Erreichung des Planzieles auch dann zu gewährleisten, wenn die wirtschaftliche Entwicklung in anderer, nicht vorauszusehender Richtung verläuft. Wie das mit dem in der gleichen Debatte geforderten allgemeinen Recht auf wirtschaftliche Betätigungsfreiheit, etwa bei Investitionen, in Einklang gebracht werden könnte, ist nicht ersichtlich[36].

Bei der Debatte im Rahmen des Rates wurde diese Problematik von vornherein klar erkannt. Die Erörterung wurde dadurch erleich-

---

[34] So die Formulierung des Beschlusses a.a.O. oben Anm. 30.

[35] Vgl. die Beiträge in: Planung I, Recht und Politik der Planung in Wirtschaft und Gesellschaft, hrsg. von Kaiser, 1965.

[36] Diese Fragen dürften sich vor allem im Hinblick auf die Thesen stellen, die Ipsen in seinem Referat vor der Kieler Tagung der Deutschen Gesellschaft für Rechtsvergleichung 1965 aufgestellt hat. Um ihre Lösung bemüht sich u. a. von Simson, Planänderung als Rechtsproblem, in: Planung I a.a.O. S. 405 ff.

tert, daß sogar Frankreich, das Land mit der weitgehendsten Planung in Westeuropa, davon ausgeht, daß ein Plan nicht streng verbindlich sein kann und laufend geändert werden muß. Auch der französische Plan wird nur „als Rahmen der Investitionsprogramme für die Periode ... und als Instrument der Orientierung der wirtschaftlichen Entwicklung und des sozialen Fortschritts" beschlossen[37]. Für die Verabschiedung des Programms wurde daher eine Form gesucht, die die notwendige Anpassung an die tatsächliche Entwicklung ermöglicht. Dabei mußte dem Umstand Rechnung getragen werden, daß der Rat, wie dargelegt wurde, keine Kompetenz besitzt, das Programm insgesamt verbindlich zu beschließen, daß dieses andererseits aber auch Sektoren einschließt, in denen die Gemeinschaft Zuständigkeiten auf Grund anderer Vertragsbestimmungen besitzt. Der Ratsbeschluß über die Einsetzung des Ausschusses sieht daher vor, daß das Programm sowohl von den Regierungen der Mitgliedstaaten als auch vom Rat verabschiedet werden soll. Dabei soll der Rat auf der Grundlage eines ihm von der Kommission vorlegten Entwurfs handeln, der auf der Arbeit des Ausschusses beruht. Der Beschluß soll lediglich die „Absicht des Rates und der Regierungen" ausdrücken; er soll also keine Verpflichtung begründen, sondern eine Absichtserklärung darstellen. Die Regierungen werden danach insofern an das Programm gebunden sein, als sie sich bemühen müssen, es zu verwirklichen, aber es wird keine einklagbare Verpflichtung bestehen. Wenn es anders wäre, würden die Regierungen das Programm wohl auch in der Mehrzahl nicht ohne Zustimmung ihrer gesetzgebenden Körperschaften billigen können, denn es bezieht sich auf verschiedenen Gebieten auf Gegenstände der Gesetzgebung außerhalb der Kompetenzen der Gemeinschaftsorgane.

Der Ausschuß für mittelfristige Wirtschaftspolitik hat inzwischen seine Arbeiten aufgenommen und den Entwurf eines ersten Programms ausgearbeitet, der von der Kommission, erweitert durch eine Einleitung, dem Rat als Vorschlag vorgelegt worden ist[38].

Dieser Programmentwurf enthält zunächst einen einführenden Teil, in dem Grundsätze und Ziele der mittelfristigen Wirtschaftspolitik dargelegt werden, ferner eine Vorausschau über die mittelfristigen Wachstumsaussichten bis 1970. Sodann folgt der zentrale Teil des Programms, in dem globale Hinweise und Leitlinien für alle Bereiche der mittelfristigen Wirtschaftspolitik gegeben werden. Dieser Teil enthält keine konkreten Zahlen als Zielangabe für die Wirtschaftspolitik, sondern wirtschaftspolitische Forderungen. Er gleicht seinem Inhalt nach

---

[37] So die Formulierung des Gesetzes zum IV. Plan für 1962—1965 vom 4. 8. 1962, J.O. vom 7. 8. 1962.

[38] Vgl. Bundestagsdrucksache Nr. V/629; soeben am 8. 2. 1967 vom Rat verabschiedet.

eher einem Kompendium der Wirtschaftspolitik oder einer Regierungserklärung als einer „Planung". Dabei wird, soweit es um die Seite des Güterangebotes geht, die Frage behandelt, wie die Produktionsfaktoren optimal eingesetzt werden können, und zwar vor allem, wie die Zahl der Beschäftigten vermehrt (Pensionierung, Frauenarbeit, Arbeitszeit, Wanderung) und die Beschäftigungsstruktur den ständigen Wandlungen angepaßt werden kann (Berufsausbildung, Fortbildung, Umschulung usw.), wie eine ausreichende Investitionsquote im öffentlichen und privaten Bereich gesichert werden kann, welche Bedeutung der Förderung der wissenschaftlichen und technischen Forschung und der Wettbewerbs- und Konzentrationspolitik zukommt und welche Aufgaben die sektorale und regionale Strukturpolitik zu erfüllen hat. Soweit es sich um die Politik auf der Nachfrageseite handelt, wird untersucht, wie der überproportional steigende Gemeinschaftsbedarf, insbesondere bei den öffentlichen Investitionen, befriedigt werden kann, wie dabei zugleich ein genügender Stand der Privatinvestitionen gewährleistet werden kann, welche Möglichkeiten und Aufgaben der Kredit- und Finanzpolitik zugemessen sind und welche Bedeutung der Einkommenspolitik zukommt. Nach diesem Zentralstück des Programms werden dann in einem weiteren Teil die Beschäftigungs- und Berufsausbildungspolitik, die Regionalpolitik und die Finanzpolitik besonders behandelt und konkretere Folgerungen gezogen.

Das Programm enthält also keine Forderungen, die ihrem Inhalt nach justiziabel sein und verpflichtende Wirkung entfalten könnten. Es handelt sich wirklich um „Programm"-Sätze, also um allgemeine Ziele, die sich im Grunde jede vernünftige Wirtschaftspolitik setzen sollte. Daraus folgt, daß das Programm keinesfalls als bindendes Recht in den Mitgliedstaaten gelten kann. Die Regierungen und Parlamente sollen sich an diesen Leitlinien orientieren, aber die jeweils auftretenden politischen und wirtschaftlichen Realitäten, die eine ständige Korrektur der Leitbilder erfordern, werden sicherlich dazu führen, daß die Mitgliedstaaten sich nur annäherungsweise nach dem Programm richten können. Angesichts der Unbestimmtheit und Unverbindlichkeit des Programms ist auch nicht zu erwarten, daß es schnell zu sichtbaren Erfolgen führen wird. Man kann aber hoffen, daß die Mitgliedstaaten bei ihren wirtschaftspolitischen Maßnahmen künftig mehr als bisher in eine gemeinsame Richtung zielen und damit zu große Diskrepanzen vermeiden werden. Im übrigen wird der Ausschuß für mittelfristige Wirtschaftspolitik jährlich an Hand von Memoranden der Regierungen über die tatsächlich verfolgte und beabsichtigte Wirtschaftspolitik deren Vereinbarkeit mit den Leitlinien des mittelfristigen Programms prüfen. Dadurch wird auf ihre Beachtung hingewirkt. Allerdings muß bemerkt werden, daß darüber, welche wirtschaftspolitischen Maßnahmen in einer bestimmten Situation erforderlich sind, auch ohne ein Programm im allgemeinen zwischen den Fachleuten wenig Streit besteht. Schwierigkeiten bereitet mehr die Durchsetzung in der politischen Wirklichkeit als die Erkenntnis dessen, was vernünftigerweise getan werden müßte. Bei der Durchsetzung kann das Programm aber vielleicht eine gewisse Hilfe darstellen, weil es die Notwendigkeit der Berücksichtigung der gemeinschaftlichen Belange in das allgemeine Bewußtsein bringt und ein wichtiger Faktor bei der Meinungsbildung der zuständigen Instanzen der Mitgliedstaaten ist.

V. Folgerungen für die Entwicklung der Gemeinschaft

Die Untersuchung hat zu dem Ergebnis geführt, daß die Gemeinschaft einerseits bei der kurzfristigen Wirtschaftspolitik über erhebliche Befugnisse verfügt, von denen sie jedoch bisher nur einen zurückhaltenden Gebrauch gemacht hat, daß die Gemeinschaft andererseits aber bei der längerfristigen Wirtschaftspolitik mit ihren Befugnissen auf verfahrensmäßige Regelungen beschränkt ist, die sie bereits in erheblichem Umfang erlassen hat. In dem ganzen Sachgebiet gleicht sich die Aktivität der Gemeinschaft in der bisherigen Praxis ohne Rücksicht darauf, ob es sich um Gebiete mit weitgehenden oder beschränkten Gemeinschaftsbefugnissen handelt. Es werden Ausschüsse eingerichtet, in denen die verantwortlichen Beamten der Mitgliedstaaten und die Vertreter der Kommission ihre Meinungen und Absichten gegenseitig austauschen, und es werden sodann flexible, nicht verbindliche Beschlüsse gefaßt, die den maßgebenden Instanzen der Mitgliedstaaten eine gewisse Orientierung geben sollen, aber den nationalen Entscheidungen doch noch einen gewissen Spielraum und die Möglichkeit zur Anpassung an neue wirtschaftliche Entwicklungen oder politische Forderungen lassen.

Dieses System hat sich mit einer gewissen Zwangsläufigkeit herausgebildet. Das wird verständlich, wenn man den Gegenstand der Koordinierung berücksichtigt. Bei der Entscheidung über die Globalsteuerung der Wirtschaft wird die Existenzgrundlage der Mitgliedstaaten berührt. In welchem Tempo und mit welchen Auswirkungen auf die einzelnen Sektoren sich eine Wirtschaft entwickelt, ist für die gesamte Grundlage des Staates von Bedeutung. Stagniert das Wirtschaftswachstum, so ist der Staat nicht mehr in der Lage, die Lasten zu tragen, die ihm unter allgemeinen Gesichtspunkten auferlegt sind, z. B. für die Verteidigung oder die Kriegsfolgen. Wird das Wachstum aber zu sehr forciert, so ergeben sich nachteilige Folgen für die Stabilität und damit soziale und politische Spannungen. Auch durch die Entscheidungen in Einzelbereichen der Wirtschaftspolitik werden Fragen der nationalen Existenz berührt. Vor allem gilt das für die Haushaltspolitik. Der Einfluß der Wirtschaftspolitik erstreckt sich im allgemeinen nur auf das Volumen des Haushalts als Ganzes und den Haushaltsausgleich. Aber bereits darin liegt eine erhebliche Einschränkung der nationalen Bewegungsfreiheit, die gerade zu Beeinträchtigungen in lebenswichtigen Fragen führen kann. Daraus folgt, daß die Gemeinschaft bei den Entscheidungen über die allgemeine Wirtschaftspolitik notwendig zu einer gewissen Zurückhaltung gezwungen ist. Daß es bei dem gegenwärtigen Stand der Integration nicht möglich ist, in lebenswichtige Belange der Mitgliedstaaten von hoher Hand aus einzugreifen, hat sich gerade an der Krise der EWG in den letzten Monaten und ihrer Beilegung durch die Luxemburger Beschlüsse gezeigt[39]. An Beispielen wie der Wirtschaftspolitik läßt sich die Bedeutung dieser Auseinandersetzung ermessen.

Die Gemeinschaft ist eine partielle Föderation, in der die Masse der allgemeinen staatlichen Zuständigkeiten zwischen den zentralen Instanzen und den Mitgliedstaaten aufgeteilt ist. Dabei fühlen sich die Mitgliedstaaten weiterhin als Träger der staatlichen Existenz; insofern unterscheidet sich die Lage in der Gemeinschaft grundsätzlich von der eines Bundesstaates. Mit fortschreitender Entwicklung stellt sich immer mehr heraus, daß die Mitgliedstaaten die bei ihnen verbliebenen Aufgaben insbesondere bei der Wahrung lebenswichtiger Belange nicht mehr ausreichend erfüllen können, ohne daß zugleich auf die Gemeinschaftskompetenzen zurückgegriffen wird. Umgekehrt stellt sich aber auch heraus, daß die Gemeinschaftsbefugnisse ihre Grenzen an Kompetenzen der Mitgliedstaaten finden. Man kann diese Problematik vor allem an der Handelspolitik aufzeigen[40], sie besteht aber z. B. auch bei der Rechtsangleichung[41]. Sie zeigt sich ebenfalls deutlich an den Problemen der allgemeinen Wirtschaftspolitik. Die Gemeinschaft ist ihrem Wesen nach gar nicht in der Lage, in bestimmte Bereiche der Mitgliedstaaten hineinzuwirken. Selbst bei angenommener Kompetenz, etwa im Bereich der Konjunkturpolitik, ergeben sich aus dem Wesen der Sache heraus immanente Grenzen[42].

---

[39] Vgl. vor allem die Absprache des Rates, sich in lebenswichtigen Fragen nicht zu überstimmen (Europa-Archiv 1966, S. D 85). Dazu Mosler, National- und Gemeinschaftsinteressen im Verfahren des EWG-Ministerrats, ZaöRV Bd. 26, 1966, S. 1 ff.

[40] Vgl. die oben Anm. 7 angeführte Abhandlung.

[41] Everling, Die Rechtsangleichung in der Europäischen Wirtschaftsgemeinschaft auf dem Gebiete des Niederlassungsrechts, in: Aktuelle Fragen des Gemeinschaftsrechts, 29. Beiheft der Zeitschrift für das gesamte Handelsrecht und Wirtschaftsrecht, S. 60 ff., 83 ff.

[42] Vgl. die oben Anm. 9 angeführte Abhandlung, S. 31 ff.

Aus dieser Begrenzung der beiderseitigen Handlungsmöglichkeiten ergibt sich die Notwendigkeit, daß die Mitgliedstaaten und die Gemeinschaftsorgane zusammenwirken. Die ursprüngliche Konzeption der Väter der Europäischen Integration, nach der eine starke Zentralinstanz in Form einer „Hohen" Behörde die wirtschaftlichen Tatbestände für Mitgliedstaaten und Unternehmen verbindlich regeln sollte, hat sich schon seit längerer Zeit unter dem Eindruck der Realitäten wesentlich gewandelt. Es hat sich herausgestellt, daß eine derartige supranationale Behörde ohne die Mitwirkung der Mitgliedstaaten nur beschränkt handlungsfähig ist; die institutionelle Stärke der Hohen Behörde ist in Wahrheit zugleich auch ihre institutionelle Schwäche. Für die EWG wurde daraus die Folgerung gezogen, alle wesentlichen Entscheidungen beim Rat zu konzentrieren und der Kommission vor allem durch ein selbständiges Vorschlagsrecht die Rolle des Motors und Anregers, aber auch des Hüters der Gemeinschaftsinteressen zuzuweisen. Dadurch werden die Mitgliedstaaten, die im Rat mitwirken, von vornherein mit in die Verantwortung gestellt. In manchen Bereichen, in denen der Rahmen des Rates und seiner Regelungsmöglichkeiten überschritten wird, ist es nun aber darüber hinaus auch erforderlich, die Mitgliedstaaten selbst einzubeziehen. Dafür bildet sich als Form der Beschluß der im Rat vereinigten Vertreter der Regierungen der Mitgliedstaaten[43] und auf unterer Ebene das Zusammenwirken der Vertreter der Kommission und der Vertreter der Mitgliedstaaten heraus. Bei den Außenbeziehungen ist etwa auf die Assoziationsabkommen hinzuweisen, die bisher stets durch die Mitgliedstaaten und die Gemeinschaft gemeinsam abgeschlossen wurden[44]. Die zahlreichen Ausschüsse, die, wie dargelegt, auf dem Gebiet der Wirtschaftspolitik tätig werden, sind weitere Beispiele, denn hier handeln die Vertreter der Kommission und der Mitgliedstaaten besonders wirkungsvoll zusammen. Die Empfehlungen des Rates auf dem Gebiete der Konjunkturpolitik liegen auf einer ähnlichen Ebene, denn auch sie sind im gemeinsamen Zusammenwirken zustande gekommen, und auf Grund der Form als Empfehlung liegt die Verantwortung für ihre Verwirklichung auch eindeutig bei den Mitgliedstaaten. Schließlich ist aber vor allem das Programm über die mittelfristige Wirtschaftspolitik hervorzuheben. Es zeigt in besonderem Maße, daß die Entwicklung auf eine Einbeziehung der Mitgliedstaaten in das gemeinschaftliche Handeln hinausläuft.

---

[43] Vgl. Kaiser a.a.O. oben Anm. 26.

[44] Vgl. Dupuy, Du caractère unitaire de la Communauté Economique Européenne dans ses relations extérieures, in: Annuaire Français de Droit International 1963, S. 779 ff., 824.

Damit soll jedoch die Gemeinschaft nicht auf ein Zusammenwirken der Mitgliedstaaten reduziert werden[45]. Mit einer solchen Auffassung würde man der Tatsache nicht gerecht werden, daß die Gemeinschaft, nachdem sie einmal von den Mitgliedstaaten gegründet ist, von diesen in ihrem Bestand nicht mehr abhängig ist und daß ihre Organe aus eigenem Recht tätig werden. Diese Tätigkeit der Gemeinschaft findet aber ihre Ergänzung im gemeinschaftlichen Handeln der Mitgliedstaaten in den Bereichen, in denen zwar die Gemeinschaft keine ausreichende Kompetenz besitzt und die Mitgliedstaaten daher die Verantwortung mittragen müssen, in denen jedoch ein isoliertes Handeln der Mitgliedstaaten dem erreichten Integrationsstand nicht mehr entspricht.

Die Krise der EWG im Jahre 1965[46] hat deutlich gezeigt, daß die Gemeinschaft in sich noch nicht gefestigt genug ist, um die Mitwirkung der Mitgliedstaaten entbehren zu können. Bei der Krise ging es über den äußeren Anlaß, die Agrarpolitik, hinaus um die politische Frage der Stellung der Mitgliedstaaten gegenüber der Gemeinschaft. Die Luxemburger Beschlüsse führten dazu, daß die Präponderanz der Staaten und die Wahrung ihrer Entscheidungsbefugnis in lebenswichtigen Fragen anerkannt wurde. Aber auf der anderen Seite erwies sich die Gemeinschaft doch auch schon in ihrem Bestand als so weit gesichert, daß sie die Auseinandersetzungen ohne ernste Einbuße überstehen konnte.

Das Spannungsverhältnis zwischen Gemeinschaft und Mitgliedstaaten, das gerade in Fragen der Wirtschaftspolitik besteht, konnte als Übergangsstadium hingenommen werden, solange man erwarten konnte, daß die Gemeinschaft nur eine Vorstufe für eine politische Einheit West-Europas darstellen würde. Inzwischen hat sich erwiesen, daß wir uns bis auf weiteres mit der Gemeinschaft als Basis der Zusammenarbeit einrichten müssen. In dieser Lage besteht nur die Möglichkeit, die Gemeinschaft tragen zu lassen von dem Zusammenwirken der Mitgliedstaaten und der Gemeinschaftsorgane. Ansatzpunkte dafür, wie dies vor sich gehen könnte, bieten die bisherigen Bemühungen zur Koordinierung der Wirtschaftspolitik, die dargestellt wurden. Sie wird man fortentwickeln und ausgestalten müssen.

---

[45] Vgl. zum folgenden auch Wagner, Grundbegriffe des Beschlußrechtes der Europäischen Gemeinschaften, Kölner Schriften zum Europarecht Bd. 5, 1965, Einleitung, der aber das Gegengewicht der Gemeinschaft zu gering schätzt; vgl. AWD 1966 S. 460.

[46] Vgl. Kaiser, Das Europarecht in der Krise der Europäischen Gemeinschaften, in: Europarecht 1966, S. 4 ff., sowie Mosler a.a.O. oben Anm. 39.

Die Koordinierung der Sozialpolitik der Mitgliedstaaten in der EWG

Von Rudolf Miller

I.

Der EWG-Vertrag spricht nicht von einer Koordinierung der Sozialpolitik der Mitgliedstaaten. Im Zusammenhang der Sozialpolitik umschreibt er die Harmonisierung mit den Worten „Angleichung“ (Art. 117 Abs. 1) oder „Abstimmung“ (Art. 117 Abs. 2). Der Ausdruck „Angleichung“ besagt im deutschen Sprachgebrauch etwas durchaus anderes als das, was mit „Koordinierung“ ausgedrückt ist. Angleichung verlangt, daß jeder Mitgliedstaat seine Einrichtungen in gleicher, also vielleicht sogar uniformer Weise gestaltet, so daß sie schon in sich übereinstimmen. „Koordinierung“ dagegen läßt das, was in den Mitgliedstaaten vorhanden ist, im allgemeinen bestehen und fordert nur, daß bei Berührungen der Systeme der Mitgliedstaaten die Nahtstellen sich ineinander fügen. Das Wort „Abstimmung“ (französisch: harmonisation) ist noch schillernder. Es könnte etwa die Mitte zwischen den beiden anderen Begriffen einnehmen. Jedenfalls würde der Wortsinn von „Angleichung“ eine viel stärkere Umgestaltung der Sozialpolitik verlangen als eine bloße Koordinierung. Was ist gewollt?

II.

Ob die Sozialpolitik in der EWG eine angleichende Tätigkeit zu entfalten hat, ist umstritten. Gegner und Befürworter der Angleichung oder, um das Schlagwort zu benutzen, unter dem der Streit geführt wird, der sozialen Harmonisierung, berufen sich auf wirtschaftliche und soziale Gründe.

Wirtschaftlich wird die soziale Harmonisierung mit den Kosten begründet. Ein gemeinsamer Markt verlange für die sozialen Belastungen in allen Mitgliedstaaten dieselbe Höhe. Das Kostenargument ist nicht von der Hand zu weisen. Der Wettbewerb, dem die Wirtschaft in den sechs Staaten ausgesetzt ist, verlangt, daß nicht etwa ein Mitgliedstaat seine Wirtschaft insgesamt oder bestimmte Wirtschaftszweige mit Kosten belastet, die sie aus der Konkurrenz ausscheiden, oder sie in einer Weise von Kosten entlastet, die ihnen Vorteile gewährt, mit denen die entsprechenden Wirtschaftszweige anderer Mitgliedstaaten nicht konkurrieren können.

Aber hierfür sind die gesamten Kosten entscheidend, nicht etwa nur die Arbeitskosten. Es kommt also in gleicher Weise auf Kapitalkosten, Steuern oder andererseits auf Standortvorteile, die künstlich nur unwesentlich beeinflußt werden können, usw. an. Die Erfahrung lehrt, daß in miteinander im Wettbewerb stehenden Wirtschaften sich die Gesamtkosten je Stück tendenziell angleichen; eine von hoher Hand angeordnete Veränderung eines Kostenanteils wie der Arbeitskosten würde dieses Gefüge geradezu verzerren[1]. Sie lehrt allerdings gerade im Bereich der Europäischen Gemeinschaften auch, daß sich nicht nur die Gesamtkosten, sondern auch einzelne Kostenanteile ohne künstliche Harmonisierung annähern. So haben sich im Steinkohlenbergbau die Lohnkosten je Stunde, die für Italien im Jahre 1954 noch auf 57 % der entsprechenden Kosten in Frankreich lagen, 1963 auf 72 % angenähert. In Deutschland betrugen sie 1954 82 % im Verhältnis zu Frankreich, 1962 lag Deutschland geringfügig über, 1963 geringfügig unter Frankreich[2].

In der EWG weisen die Statistiken über die Arbeitskosten[3] aus, daß die Unterschiede zwischen den einzelnen Wirtschaftszweigen eines Landes größer sind als die Unterschiede in einem bestimmten Wirtschaftszweig in den sechs Ländern. Auch hier zeigt sich eine immer stärkere Angleichung der Arbeitskosten. Eine Angleichung der Arbeitskosten aus Gründen des Wettbewerbs erscheint also im Grunde bedenklich, tatsächlich aber überflüssig, weil sie auch ohne eine bewußt darauf hinzielende Tätigkeit der Gemeinschaft schon im Gange ist.

Letztlich würde aber auch eine Angleichung aller Kosten, wenn sie überhaupt möglich wäre, über die Wettbewerbsfähigkeit noch nichts aussagen. Die Kosten sind bei diesen Vergleichen stets nur auf eine bestimmte Zeiteinheit bezogen. Entscheidend ist aber das Verhältnis der Kosten zur Produktmenge: Produktivität. Ein Wirtschaftszweig mit höheren Kosten innerhalb eines bestimmten Zeitraums kann immer noch rentabel arbeiten, wenn er in dieser Zeiteinheit mehr und/oder besser produziert als der gleiche Wirtschaftszweig in einem anderen Land mit niedrigeren Kosten.

---

[1] Vgl. zum Ganzen, insbes. aber zur Verzerrung durch Harmonisierung, Meinhold, in Deutsche Versicherungszeitschrift 1964, S. 1 ff., 2.

[2] Vgl. Löhne EGKS 1963, in der Reihe Sozialstatistik, 1965 Nr. 2 hrsg. vom Statistischen Amt der Europäischen Gemeinschaften, S. 42.

[3] Vgl. etwa Löhne EWG 1963, Nr. 6 der in der vorangehenden Anm. zitierten Reihe.

Alles in allem wird man also die Forderung nach einer sozialen Harmonisierung nicht aus Kostengründen herleiten können. Am Rande sei bemerkt, daß unser soziales Verständnis es kaum hinnehmen könnte, eine soziale Maßnahme deshalb zu verlangen, weil anders der betreffende Wirtschaftszweig gegenüber anderen Wirtschaftszweigen desselben Landes oder gegenüber demselben Wirtschaftszweig in den anderen Ländern einen Kostenvorteil habe. Wenn eine soziale Maßnahme nötig ist, dann der Gleichheit, der Gerechtigkeit oder anderer ethischer Gründe wegen, nicht kostenhalber. Die wirtschaftlichen Erwägungen sind allerdings insofern entscheidend, als die aus den ethischen Gründen erwünschte soziale Besserstellung wirtschaftlich tragbar sein, sich also ohne Schaden für die Währung erreichen lassen muß.

Auch das soziale Argument rechtfertigt die soziale Harmonisierung nicht. Der soziale Fortschritt zeigt selbst unter den sechs Mitgliedstaaten der EWG mit ihrer vergleichsweise großen Homogenität verschiedene Gesichter. Geschichte, Kultur, Klima haben die sozialen Einrichtungen der Mitgliedstaaten geprägt. Die Geldentwertungen im Gefolge zweier Weltkriege haben das Schwergewicht in der deutschen Sozialpolitik auf die Sicherung des Alters legen lassen; so ist Deutschland in diesem Zweig der Sozialpolitik unter den Mitgliedstaaten führend. Die Entwicklung seiner Bevölkerung vor dem zweiten Weltkrieg hat Frankreich den sozialpolitischen Akzent auf die Familienhilfen legen lassen; so ist Frankreich auf diesem Gebiet unter den Mitgliedstaaten führend. Im Vergleich dazu kennt Italien mit weitgehend noch intakten Familien, die nicht nur viele Kinder hervorbringen, sondern auch die nicht mehr arbeitende Generation in ihrem Schoße behalten und unterhalten, solche Sorgen nicht vordringlich. Es erscheint ausgeschlossen, diese hier natürlich stark vereinfachend dargestellte Unterschiedlichkeit in der sozialen Zielsetzung, die sich nicht ungestraft ändern läßt, solange die Völker in ihrer Vielfalt erhalten bleiben, im Rahmen der Gemeinschaft — jedenfalls derzeit — unter einen Hut zu bringen.

III.

Der Blick auf die tägliche Praxis der EWG lehrt indes, daß die soziale Harmonisierung den Mittelpunkt der sozialpolitischen Tätigkeit in Brüssel bildet. Eine Zusammenstellung ergab, daß sich rund 50 Arbeitsgruppen mit diesem Thema beschäftigen. Arbeitsgruppen, die ausschließlich aus Regierungsvertretern bestehen, stehen Arbeitsgruppen gegenüber, die sich ausschließlich aus Vertretern der Sozialpartner zusammensetzen (sogenannte zweigliedrige Gruppen) sowie solche, in denen Regierungen und Sozialpartner zusammenarbeiten (sogenannte dreigliedrige Gruppen[4]). Teilweise sind diese Gruppen „institutionalisiert“, d. h. sie sind für eine gewisse Dauer geschaffen, sei es durch Akte des Rates der EWG, wie die Beratenden Ausschüsse des Europäischen Sozialfonds für die Freizügigkeit und Beschäftigungspolitik sowie für die Berufsausbildung (je dreigliedrig), sei es durch besondere Beschlüsse der Kommission, wie die Beratenden Ausschüsse für die Sozialpolitik in der Landwirtschaft oder im Verkehr (je zweigliedrig). Teilweise haben andere Ausschüsse durch die ihnen gestellten Aufgaben eine gewisse Kontinuität erlangt, ohne daß ein eigentlicher Gründungsakt hinzukam, wie etwa die sogenannte Gruppe der hohen Beamten und die Zentrale Gruppe für die Harmonisierung, die erste aus Regierungsvertretern bestehend, die zweite zweigliedrig arbeitend. Beide sollen für eine gewisse Koordinierung der übrigen der sozialen Harmonisierung dienenden Arbeitsgruppen sorgen, von denen die Masse nur zeitlich begrenzt besteht, auch wenn sie sich über längere Zeit hin trifft; d. h. die Mitglieder dieser Gruppen sind von der Kommission eingeladen, ein gewisses Gebiet, wie etwa die Definition des Begriffs der Familienangehörigen in der Sozialversicherung oder die Arbeitszeitregelung, im Hinblick auf eine Harmonisierung zu untersuchen.

Diese kurze Aufzählung bestehender Arbeitsgruppen soll nur zeigen, daß sich sowohl die Regierungen als auch die maßgeblichen Verbände des sozialen Lebens, die Sozialpartner, aber auch Berufsverbände des Handwerks, der Landwirtschaft usw. wie auch die Verbände des gesellschaftlichen Lebens, z. B. Familienverbände — unter der Voraussetzung allerdings, daß alle diese Verbände ihre Repräsentation in Brüssel haben (also bislang etwa nicht die kommunistisch beeinflußten Gewerkschaften) — an der Harmonisierung der Sozialpolitik, wenn auch nur beratend, beteiligen.

IV.

Zwischen der oben dargelegten Ablehnung einer sozialen Harmonisierung aus wirtschaftlichen und sozialen Gründen, die sich auf gewichtige Argumente und maßgebende Autoren stützen konnte, und der allgemein befolgten Praxis besteht demnach ein Widerspruch. Beide Standpunkte berufen sich auf den Vertrag. Die Vertreter des einen, indem sie schlechterdings der Gemeinschaft die Aufgabe der sozialen

---

[4] Die Bezeichnung stammt aus dem Sprachgebrauch der Internationalen Arbeitsorganisation, bei der sich einzelne Organe dreigliedrig, d. h. aus Vertretern der Regierungen, der Arbeitnehmer- und der Arbeitgeberorganisationen zusammensetzen (Tripartismus).

Harmonisierung absprechen[5], die anderen, indem sie aus den Artikeln 117, 118 apodiktisch eine Harmonisierungspflicht herauslesen[6]. Eine eingehendere rechtliche Begründung für oder gegen die Zulässigkeit einer — de facto jedenfalls von der EWG verfolgten und von den Mitgliedstaaten hingenommenen — Harmonisierung der Sozialpolitik wurde bisher, soweit ersichtlich, noch nicht gegeben.

Dabei kann es allerdings nicht um die Harmonisierung gehen, die nötig ist, um Störungen des Gemeinsamen Marktes zu unterbinden. Sie ist in Artikel 100 zwingend vorgeschrieben. Es kann auch nicht um schlechthin jede Tätigkeit der Gemeinschaft auf sozialpolitischem Gebiet gehen. Denn selbstverständlich wirken auch die im Vertrag vorgesehenen Verordnungen des Rates über die Freizügigkeit oder den Sozialfonds harmonisierend. Es geht vielmehr nur darum, ob die gelenkte Harmonisierung bestimmter Institute der Sozialpolitik der Mitgliedstaaten, so wie sie von der EWG-Kommission begonnen wurde, rechtlich zulässig ist, oder ob die Mitgliedstaaten sich ihr, weil ohne Rechtsgrundlage im Vertrag, konsequenterweise widersetzen müßten. Grundsätze, Methoden, Kriterien zur Feststellung, ob eine Harmonisierung — ihre rechtliche Zulässigkeit vorausgesetzt — zweckmäßig erscheint und wie weit sie zu gehen hat, bleiben dagegen außer Betracht[7].

Artikel 117[8] gibt den Gegnern einer sozialen Harmonisierung auf den ersten Blick recht. Nur von den Mitgliedstaaten, nicht auch von einem der in Artikel 4 des Vertrages genannten Organe, wird verlangt, auf eine Verbesserung der Lebens- und Arbeitsbedingungen hinzuwirken. Die Angleichung der sozialen Verhältnisse wird als eine bloße Folge

---

[5] Vgl. Knolle, Die Sozialpolitik in der Europäischen Wirtschaftsgemeinschaft, Bundesarbeitsblatt 1965, S. 856 ff., 857 und Reimer Schmidt, Zur Frage einer etwaigen Harmonisierung der gesetzlichen Krankenversicherung innerhalb der Europäischen Wirtschaftsgemeinschaft, in Versicherungsrecht, 1964, S. 545 ff., 551.

[6] So insbes. die EWG-Kommission in zahlreichen Äußerungen, ferner Feuilly, Harmonisierung der europäischen Sozialgesetzgebung, in Soziale Sicherheit, 1964, S. 161 f. und Hermann, Soziale Harmonisierung in der EWG nicht leicht, in Sozialer Fortschritt 1966, S. 61 f.

[7] Der Verfasser steht nicht an, eine sich ohne Eingriffe ergebende Harmonisierung einer forschen Harmonisierungssucht entschieden vorzuziehen.

[8] Art. 117 lautet:
„Die Mitgliedstaaten sind sich über die Notwendigkeit einig, auf eine Verbesserung der Lebens- und Arbeitsbedingungen der Arbeitskräfte hinzuwirken und dadurch auf dem Wege des Fortschritts ihre Angleichung zu ermöglichen.
Sie sind der Auffassung, daß sich eine solche Entwicklung sowohl aus dem eine Abstimmung der Sozialordnungen begünstigenden Wirken des Gemeinsamen Marktes als auch aus den in diesem Vertrag vorgesehenen Verfahren sowie aus der Angleichung ihrer Rechts- und Verwaltungsvorschriften ergeben wird."

dieses Wirkens für die Verbesserung der Lebens- und Arbeitsbedingungen bezeichnet. Allerdings ist der Rede Sinn etwas dunkel. Soll mit der Formel: „und dadurch auf dem Wege des Fortschritts ihre Angleichung zu ermöglichen“ nicht nur das Selbstverständliche gesagt sein, daß alle Mitgliedstaaten, wenn sie auf die Verbesserung der Lebens- und Arbeitsbedingungen hinarbeiten, sich darin angleichen, daß sie den Fortschritt erstreben, so wird die Aussage widersprüchlich. Verbessert ein an der Spitze des sozialen Fortschritts stehender Staat die sozialen Verhältnisse in seinem Gebiet noch weiter, so wird der Abstand zu einem erst am Anfang der sozialen Entwicklung stehenden Staat eher noch größer, jedenfalls nicht kleiner. Es kann also keinesfalls eine Annäherung in Richtung auf die Gleichheit der sozialen Systeme durch die Verbesserung im ersten Staat erreicht werden. Immerhin mag der logisch nicht faßbaren Bestimmung insofern entnommen werden, daß eine Angleichung im Sinne der Uniformierung den Vertragschließenden nicht vorschwebte.

Diese Entwicklung — wobei hiermit nach Absatz 1 nur die Angleichung auf dem Wege des Fortschritts gemeint sein kann — ergibt sich nach Absatz 2 des Artikels 117 aus drei Faktoren: aus dem Wirken des Gemeinsamen Marktes, aus den im EWG-Vertrag vorgesehenen Verfahren und schließlich aus der Angleichung der Rechts- und Verwaltungsvorschriften der Mitgliedstaaten. Der Wortlaut des Artikels trägt deutlich die Spuren eines Kompromisses der verschiedenen Auffassungen der Vertragspartner. Der Artikel ist entsprechend schwer zu verstehen. Man wird, was mit diesen drei Faktoren gesagt sein soll, etwa folgendermaßen auszulegen haben: Die Vorschriften des Vertrags, ob sozialpolitischer oder anderer Natur, werden die Angleichung auf dem Wege des Fortschritts bewirken. Für die hier bewegende Frage, ob die Sozialpolitik in der Gemeinschaft eine angleichende Tätigkeit zu entfalten habe, ist immerhin von Bedeutung, daß Artikel 117 als einen Faktor der Angleichung auf dem Wege des Fortschritts ausdrücklich die Angleichung der Rechts- und Verwaltungsvorschriften nennt. Es liegt nahe, darunter die im Kapitel 3 des Titels I des Dritten Teils des Vertrags genannten Vorschriften, Artikel 100 ff., zu verstehen. Diese können, wenn die Voraussetzungen des Artikels 100 gegeben sind, auf eine Verbesserung der Lebens- und Arbeitsbedingungen gerichtet sein[9]. Das gilt etwa für eine Angleichung gewisser Arbeitsschutzbestimmungen. Wenn sich die Verschiedenheit der nationalen Regelungen für den Arbeitsschutz so auswirkt, daß bestimmte Maschinen nicht in ein Land eingeführt werden können, so ist dadurch

---

[9] Vgl. Knolle a.a.O. Anm. 5, S. 859, a.A. wohl Reimer Schmidt a.a.O. Anm. 5, S. 554.

das Funktionieren des Gemeinsamen Marktes unmittelbar beeinträchtigt. Artikel 100 berechtigt dann dazu, diese Bestimmungen in den Mitgliedstaaten einander anzugleichen, so daß dieses aus den Arbeitsschutzbestimmungen sich ergebende Handelshemmnis künftig nicht mehr besteht. Hier wird also in der Tat unmittelbar angeglichen, sei es auch, um Störungen des Marktes zu verhindern. Ähnliches gilt auch für den anderen in Artikel 117 Absatz 2 genannten Punkt: „die im Vertrag vorgesehenen Verfahren". Hier ist an Regeln der Zusammenarbeit, wie sie etwa in Artikel 105 für die Wirtschaftspolitik, in Artikel 49 für die Arbeitsverwaltungen der Mitgliedstaaten oder in Artikel 118 ganz allgemein für die sozialpolitische Zusammenarbeit der Mitgliedstaaten aufgeführt sind, zu denken. Auch die Vorschriften über den Europäischen Sozialfonds[10] enthalten Verfahren, indem sie die finanziellen Belastungen, die einem Mitgliedstaat durch die Förderung der geographischen oder beruflichen Mobilität entstehen, ausgleichen. Wenn auch alle diese Verfahren — bezüglich der Wirtschaftspolitik ist dies nach Artikel 2 der ausdrückliche Sinn — eine Annäherung bewirken sollen, so läßt sich die Frage nach der sozialen Harmonisierung aus Artikel 117 doch nicht eindeutig bejahen.

Artikel 118[11] im besonderen spricht von einer engen Zusammenarbeit der Mitgliedstaaten, ohne indes die Ziele der Zusammenarbeit zu nennen. Zu welchem Erfolg die Zusammenarbeit führen soll, ist nicht gesagt. Doch liegt eine Zusammenarbeit, oder gar eine enge Zusammenarbeit, stets — aber auch nur dann — nahe, wenn gleichgerichtete Ziele verfolgt werden sollen. Das könnte zwar in Richtung auf eine Harmonisierung weisen, aber sicher nicht eindeutig: bestehen bliebe

---

10 Art. 123—128.

11 Art. 118 lautet:

„Unbeschadet der sonstigen Bestimmungen dieses Vertrages hat die Kommission entsprechend seinen allgemeinen Zielen die Aufgabe, eine enge Zusammenarbeit zwischen den Mitgliedstaaten in sozialen Fragen zu fördern, insbesondere auf dem Gebiet

— der Beschäftigung,
— des Arbeitsrechts und der Arbeitsbedingungen,
— der beruflichen Ausbildung und Fortbildung,
— der sozialen Sicherheit,
— der Verhütung von Berufsunfällen und Berufskrankheiten,
— des Gesundheitsschutzes bei der Arbeit,
— des Koalitionsrechts und der Kollektivverhandlungen zwischen Arbeitgebern und Arbeitnehmern.

Zu diesem Zweck wird die Kommission in enger Verbindung mit den Mitgliedstaaten durch Untersuchungen, Stellungnahmen und die Vorbereitung von Beratungen tätig, gleichviel ob es sich um innerstaatliche oder um internationalen Organisationen gestellte Probleme handelt.

Vor Abgabe der in diesem Artikel vorgesehenen Stellungnahme hört die Kommission den Wirtschafts- und Sozialausschuß."

immer noch die Frage, ob die *Gemeinschaft* die Aufgabe der sozialen Harmonisierung hat, da doch von der engen Zusammenarbeit der *Mitgliedstaaten* die Rede ist. Auch aus Artikel 118 ist also nicht klar zu entnehmen, wie die Angleichung in Artikel 117 gemeint ist.

Am Rande sei vermerkt, daß man Artikel 117 Absatz 1, wenn überhaupt, dann nur dialektisch verstehen können wird. Nimmt man eine enge Zusammenarbeit der Mitgliedstaaten untereinander und mit den Organen der Gemeinschaft auf sozialpolitischem Gebiet schon als verwirklicht, dann wird aus diesem gemeinsamen — um nicht zu sagen: gemeinschaftlichen — Hinwirken auf die Verbesserung der Lebens- und Arbeitsbedingungen in der ganzen Gemeinschaft sich auch folgerichtig ihre Angleichung ergeben müssen. Daß dies nur auf dem Weg des Fortschritts möglich ist, entspricht in der Tat aller sozialpolitischen Erfahrung und ist im Zusammenhang des Textes nur logisch, da ja wohl überall — zumindest etwas und in einzelnen Punkten — verbessert werden soll. Nimmt man Artikel 117 so — und ohne den gemeinschaftlichen Aspekt ist sein Sinn nicht recht zu verstehen —, dann wäre allerdings schon hieraus zu schließen, daß die soziale Harmonisierung im Vertrag vorausgesetzt ist. Auch Absatz 2 läßt sich unschwer in diese Deutung einfügen. Doch sei diese kühne Lösung im folgenden außer acht gelassen und der Weg der üblichen Auslegung wieder beschritten.

Artikel 117 ist danach aus seinem Zusammenhang im Vertrag auszulegen. Denn auch dieser Artikel darf nicht losgelöst von den anderen Bestimungen des Vertrags gesehen werden. Es ist nicht zulässig, aus der Gemeinschaft, die durch den Vertrag gegründet wurde, Teile deswegen ausgenommen zu sehen, weil (wie in der Sozialpolitik) in erster Linie die Mitgliedstaaten und nicht die Gemeinschaftsorgane angesprochen sind. Warum der Vertrag diese Regelung getroffen hat, ist aus seinem Sinn und Zweck zu erklären.

Die Vertragschließenden haben eine Wirtschaftsgemeinschaft gegründet. Das Neue an dieser Gemeinschaft ist die Zollunion und die darüber hinausgehende Wirtschaftsunion, die vor allem auf die Freizügigkeit der Arbeitskräfte, der Selbständigen und des Kapitalverkehrs gegründet ist. Zollunion, Freizügigkeit usw. überschreiten die politischen und rechtlichen Möglichkeiten einzelner Staaten. Nur im Zusammenwirken aller Mitgliedstaaten konnten sie überhaupt entstehen. Für den Ausbau dieses Kerns der Gemeinschaft mußte gemeinschaftliches Handeln, d. h. die Zuständigkeit der Organe, im Grundsatz vorgesehen werden. Auf dieses Notwendige nur konnte aber auch der Vertrag die Zuständigkeit der Gemeinschaftsorgane als Regel beschränken. Anders die Sozialpolitik. Sie ist in diesem Sinne nichts Neues. Jeder Mitgliedstaat hat schon vor dem Entstehen der Gemeinschaft Sozialpolitik betrieben und ist in der Lage, sie weiterhin zu betreiben. Aus diesem Grunde war es nicht nötig, Gemeinschaftsorgane schlechthin mit der Sozialpolitik zu betrauen. Hinzu kommt, daß es auch nicht möglich war, ohne den Charakter der Gemeinschaft als einer Teilintegration aufzugeben, den Gemeinschaftsorganen die Sozialpolitik zu überlassen. Bei den Summen, die durch die Sozialpolitik bewegt werden (rund ein Fünftel des Volkseinkommens) und die gesamte Politik eines Staates wesentlich bestimmen, würde die Führung der Sozialpolitik durch Gemeinschaftsorgane es nahezu ausschließen oder doch wesentlich erschweren, daß die Mitgliedstaaten ihr politisches Schicksal selbst in der Hand behalten. Das aber wollten die Vertragspartner. Daher mußte der Vertrag den Mitgliedstaaten die Hauptzuständigkeit in der Sozialpolitik belassen. Über die Gemeinschaftsnähe oder die Gemeinschaftsferne der Sozialpolitik ist theoretisch dadurch nichts bestimmt, daß in erster Linie die Mitgliedstaaten angesprochen sind. Auch die allgemeine Wirtschaftspolitik ist den Mitgliedstaaten zugeordnet, wohl aus denselben Gründen, die oben für die Sozialpolitik gegeben wurden[12]. Und doch wird die schrittweise Annäherung der Wirtschaftspolitik der Mitgliedstaaten in Artikel 2 ausdrücklich als eine Aufgabe der Gemeinschaft bezeichnet. Nach Artikel 3 Buchstabe g gehört die Anwendung von Verfahren, welche die Koordinierung der Wirtschaftspolitik ermöglichen, zu den Tätigkeiten der Gemeinschaft.

Dies führt dazu, die Regelung der Sozialpolitik nach dem EWG-Vertrag mit den Artikeln über die Wirtschaftspolitik zu vergleichen. Die Parallelität beider Bereiche ist zu auffällig, als daß sie zufällig sein könnte. Beide Male stehen, wie angedeutet, die Mitgliedstaaten im Mtitelpunkt. Sie haben nach Artikel 104 die Wirtschaftspolitik mit dem Ziel der Sicherung des Beschäftigungsstandes, des Preisniveaus und der Zahlungsbilanz und nach Artikel 117 die Sozialpolitik mit dem Ziel der Verbesserung der Lebens- und Arbeitsbedingungen zu treiben. Nach Artikel 105 Absatz 1 haben sie eine Zusammenarbeit einzurichten, die Artikel 118 ebenfalls voraussetzt. Die Kommission führt diese Zusammenarbeit nach Artikel 105 Absatz 1 herbei, nach Artikel 118 hat sie sie zu fördern; ein Unterschied zwischen beiden Begriffen ist schwer zu erkennen, denn naturgemäß kann die Kommission nur ihr Bestes tun, um den Erfolg eintreten zu lassen; ob er eintritt, hat sie nicht in der Hand. In der Wirtschafts- und Sozialpolitik kann sie die Zusammenarbeit eigentlich nur fördern, nicht aber herbeiführen. Hier wie dort sind eigens noch die besonderen Mittel zur Förderung oder Herbeiführung der Zusammenarbeit genannt, hier Stellungnahmen

---

[12] Vgl. Everling, Die Koordinierung der Wirtschaftspolitik in der Europäischen Wirtschaftsgemeinschaft als Rechtsproblem, Recht und Staat Heft 296/297, 1964 (im folgenden Everling, Die Koordinierung, zitiert) S. 35.

neben Untersuchungen und der Organisation von Beratungen, dort Empfehlungen. Um die beiden Bereiche noch vollständiger in Übereinstimmung zu bringen, haben die Vertragschließenden erklärt, daß der Artikel 145, nach dem der Rat für die Abstimmung der Wirtschaftspolitik (französisch: des politiques économiques générales) zu sorgen hat, auch die Sozialpolitik umfaßt[13].

Daraus ist zu folgern:

a) Die Aufnahme von Wirtschafts- und Sozialpolitik in den Vertrag und das Maß der Übernahme beider Politiken in die Gemeinschaft hatte denselben politischen Hintergrund. Das drückt sich auch in der im wesentlichen gleichen rechtlichen Regelung beider Bereiche im Vertrag aus. Der unklare Wortlaut des Artikels 117, der sich daraus ergibt, daß die Harmonisierungsfrage im Bereich der Sozialpolitik besonders umstritten war und die Kompromißformel daher besonders undeutlich gehalten wurde, und Artikel 118 müssen daher im Sinne der für die Wirtschaftspolitik getroffenen Regelung ausgelegt werden: Auch die Sozialpolitik der Mitgliedstaaten hat sich schrittweise anzunähern. Diese Auslegung wird nicht dadurch beeinträchtigt, daß die in Artikel 117 Absatz 2 ausgedrückte — und sicher richtige und begründete — Überzeugung der Mitgliedstaaten, die Angleichung werde sich durch das Wirken des Gemeinsamen Marktes, durch die Verfahren des Vertrags und durch die Angleichung der Rechts- und Verwaltungsvorschriften vollziehen, keine Entsprechung bei den Artikeln 104, 105 findet. Die Kompromißformel, die ja auch selbst die Angleichung im Wege des Fortschritts auf die Rechtsangleichung und die Verfahren nach dem Vertrag zurückführt, sagt nicht, daß eine bewußte und gewollte Angleichung der Sozialpolitik der Mitgliedstaaten ausgeschlossen sein solle. Auch vom Wortlaut her schließt eine Überzeugung, daß ein Erfolg durch ein bestimmtes Mittel erzielt wird, nicht aus, daß auch andere Mittel zu ihm beitragen können.

b) Wenn die schrittweise wirtschaftspolitische Annäherung der Mitgliedstaaten nach dem Vertrag eine Tätigkeit der Gemeinschaft im Sinne des Artikels 2 ist, dann fällt es schwer, dem entsprechenden sozialpolitischen Handeln der Mitgliedstaaten bei dem gegebenen, im wesentlichen gleichen Sachverhalt den gemeinschaftlichen Charakter abzusprechen. Das gilt um so mehr, als der Wortlaut des Artikels 118 dafür spricht, daß der Kommission in der Sozialpolitik eine stärkere Einflußmöglichkeit auf den sachlichen Gehalt eingeräumt ist — dies wird vor allem durch das Herausheben der Untersuchungen, an erster Stelle vor Stellungnahmen und der Vorbereitung von Beratungen,

---

[13] Vgl. Knolle a.a.O. Anm. 5, S. 856.

betont — als im Bereich der Wirtschaftspolitik in Artikel 105, wo ihr die materielle Gestaltung vorenthalten ist[14]. Daß die Sozialpolitik anders als die Wirtschaftspolitik in Artikel 3 nicht aufgeführt ist, kann bei der bloß programmatischen Funktion dieses Artikels[15] — „nach Maßgabe dieses Vertrages" — keinen Einfluß auf diese Konsequenz haben.

c) Wenn die in Artikel 2 gestellte Aufgabe der schrittweisen Annäherung der Wirtschaftspolitik der Mitgliedstaaten durch Verfahren erfüllt wird, welche die Koordinierung der Wirtschaftspolitik ermöglichen, so muß auch für die Sozialpolitik eine Koordinierung genügen. Eine wirkliche Angleichung im Wortsinne, wie eingangs dargelegt, ist jedenfalls nicht a priori nötig. Denn es ist kein Grund zu erkennen, warum für die Sozialpolitik vom Prinzip her ein größeres Maß an Übereinstimmung zwischen den Mitgliedstaaten zu verlangen wäre als für die Wirtschaftspolitik. Koordinierung, Angleichung, Annäherung, Abstimmung, Harmonisierung, erweisen sich im Vergleich der Artikel 2, 3, 105 und 117 für das Gebiet der Sozialpolitik als Synonyme[16]. Die eingangs gestellte Frage, ob von einer Koordinierung der Sozialpolitik der Mitgliedstaaten gesprochen werden kann, da der Vertrag diesen Ausdruck nicht gebraucht, ist damit bejahend beantwortet.

V.

Nach der hier vertretenen Auffassung kann sich also die harmonisierungsfreundliche Praxis auf vertragliche Bestimmungen berufen. Was aber soll eine Harmonisierungsbefugnis, wenn weder wirtschaftliche noch soziale Gründe eine soziale Harmonisierung erfordern?

Ist die Gemeinschaft auch eine Wirtschaftsgemeinschaft, so schließt das nicht aus, daß aus anderen als wirtschaftlichen Gründen eine soziale Harmonisierung wünschenswert erscheint.

Artikel 2 selbst setzt nicht nur wirtschaftliche Ziele. Die Errichtung des Gemeinsamen Marktes und die schrittweise Annäherung der Wirt-

---

[14] Vgl. Everling, Die Koordinierung, S. 20.

[15] Vgl. Wohlfarth-Everling-Glaesner-Sprung, Die Europäische Wirtschaftsgemeinschaft, Kommentar zum Vertrag, 1960 (im folgenden als Wohlfarth-Everling zitiert), Anm. 1 zu Art. 3.

[16] Zu dem gleichen Ergebnis kommt Lochner, Was bedeuten die Begriffe Harmonisierung, Koordinierung und gemeinsame Politik in den europäischen Verträgen? in Zeitschrift für die gesamte Staatswissenschaft Bd. 118 (1962), S. 35 ff. und Everling, Die Rechtsangleichung in der EWG auf dem Gebiet des Niederlassungsrechts, Abhandlungen aus dem Gesamten Bürgerlichen Recht, Handelsrecht und Wirtschaftsrecht, 29. Heft (1965), S. 74 sowie Reimer Schmidt a.a.O. Anm. 5, S. 553.

schafts- und Sozialpolitik der Mitgliedstaaten soll letztlich auch „engere Beziehungen zwischen den Staaten fördern“. Eine auf Dauer geschlossene Gemeinschaft wie die EWG ist ohne eine sozialpolitische Abstimmung kaum denkbar, selbst wenn der Markt ohne sie funktioniert. Das „image“ der Gemeinschaft gewinnt erst dann politische Züge, wenn ihr auch in Gebieten wie der Sozialpolitik eine allgemeine Gestaltungsbefugnis zuerkannt wird. Andernfalls erscheint sie allzu leicht als ein Apparat zur Durchführung fachlicher Maßnahmen. Auch das Zusammenwachsen der Völker, das von Anfang an in der Absicht der Vertragschließenden lag, hängt wenigstens zum Teil von der sozialpolitischen — und damit harmonisierenden — Tätigkeit der Gemeinschaft ab. Denn wenige Tatsachen werden in der Bevölkerung der Gemeinschaft ein solches Gemeinschaftsbewußtsein auslösen können, wie vergleichbare soziale Rechte und ein gleicher sozialer Standard.

Häufig wird demgegenüber darauf hingewiesen, daß selbst Staaten, wie etwa die Schweiz oder die USA, innerhalb ihres Bereichs in den Kantonen oder Gliedstaaten völlig verschiedene Systeme z. B. der sozialen Sicherheit aufwiesen; wenn dies für Staaten tragbar sei, müsse die EWG als der losere Verband erst recht auch grundlegende Abweichungen der sozialen Systeme hinnehmen können. Dieses Argument trügt. Von der Logik her wird man einem Verband, der nur eine Teilintegration zum Ziele hat, zuerkennen müssen, daß er die für die Integration wichtigen Teile eng an sich zieht, um zu verhüten, daß die zentrifugalen Kräfte die zu integrierenden Bereiche erfassen — eine Gefahr, die bei der Allzuständigkeit der Staaten logisch ausgeschlossen ist. Von der Praxis her ist das Argument zweifelhaft, weil sich etwa die Einzelstaaten der USA darin gleichen, daß sie keine geschlossenen Systeme der sozialen Sicherheit wie die europäischen Staaten kennen. Daß sporadisch hie und da unterschiedliche Zweige der Sozialversicherung entstanden, kann an der im Grundsatz bestehenden — negativen — Gleichheit nichts ändern. Im übrigen beginnt auch in den USA der Bundesstaat, für den ganzen Bereich des Bundes einheitliche Sozialversicherungszweige zu schaffen.

VI.

Bejaht man die soziale Harmonisierung und sieht man sie im EWG-Vertrag grundgelegt, so erhebt sich die Frage nach Mitteln und Umfang der Harmonisierung.

Der Vertrag benennt zunächst die Mitgliedstaaten als zuständig für die Sozialpolitik in der Gemeinschaft. Sie sind es, die sich nach Artikel 117 Absatz 1 über die Notwendigkeit einig sind, auf eine Verbesserung der Lebens- und Arbeitsbedingungen hinzuarbeiten; von ihrer engen Zusammenarbeit in sozialen Fragen geht Artikel 118 aus; ihnen obliegt es, den Grundsatz des gleichen Entgelts für Männer und Frauen bei gleicher Arbeit anzuwenden, Artikel 119; sie werden bestrebt sein, die bestehende Gleichwertigkeit der Ordnungen über die bezahlte Freizeit beizubehalten, Artikel 120. Wie nach den Artikeln 104, 105 in der allgemeinen Wirtschaftspolitik sind es vor allem die Mitgliedstaaten, an die zunächst das Koordinierungsgebot ergeht. Sie haben je für ihren Bereich die Mittel, ihre sozialen Systeme zwar je nach ihren Gegebenheiten, aber doch so einzurichten, daß die für die Gemeinschaft nötige Übereinstimmung gegeben ist.

Das Kapitel Sozialpolitik nennt sodann die Kommission als für den Bereich der Sozialpolitik zuständig. Man wird Artikel 118 in der Tat vor allem als eine Zuständigkeitsvorschrift sehen müssen. Die Mitgliedstaaten behalten in der Sozialpolitik ihre generelle Zuständigkeit. Dazu tritt nun die Zuständigkeit der Kommission, von sich aus die Zusammenarbeit der Mitgliedstaaten zu fördern. Ist das gemeinschaftliche Element, das in Artikel 2 grundgelegt ist, schon durch die „enge Zusammenarbeit der Mitgliedstaaten in sozialen Fragen" betont, so erfährt es eine noch weitere Stärkung durch eine Kompetenzzuweisung an eines der in Artikel 4 genannten Gemeinschaftsorgane.

Die Zuständigkeit der Kommission zur Förderung der Zusammenarbeit der Mitgliedstaaten darf in ihrer Bedeutung nicht unterschätzt werden. Das ist allzu leicht der Fall, wenn das Modell der deutschen Verfassung mit der Unterscheidung zwischen Zuständigkeit zum Erlaß der Gesetze und zur Ausführung der Gesetze als Muster für mögliche Zuständigkeiten von Staats- oder Gemeinschaftsorganen schlechthin gesehen wird. Wer keine der beiden Zuständigkeiten hat, ist bei dieser Betrachtung jeder lohnenden Befugnis bar. Aber die der EWG anders als einem Staat gestellten Aufgaben verlangen auch andere Aufgaben und Befugnisse für ihre Organe. In jedem den Bereich eines Staates übergreifenden Verband ist die Zusammenarbeit der Mitgliedstaaten die Grundlage dafür, die Verbandszwecke zu erreichen. Wird einem Organ das Recht zuerkannt, die Zusammenarbeit der Mitgliedstaaten unabhängig von deren Willen und Weisungen zu fördern, so wird ihm damit eine Befugnis von großer Bedeutung eingeräumt.

Auch die der Kommission in Artikel 118 zur Verfügung gestellten Mittel schmälern nicht die Bedeutung der Förderungskompetenz. Zwar ist zuzugeben, daß nirgends rechtlicher Zwang dahintersteht. Stellungnahmen sind nach Artikel 189 ebenso wie Empfehlungen unverbindlich; Untersuchungen und die Vorbereitung von Beratungen zwingen nicht. Gleichwohl nicht zu unterschätzen ist die Wirksamkeit etwa von Untersuchungen, die angesehenen Wissenschaftlern anvertraut sind und die zu bestimmten wohlbegründeten Ergebnissen führen; von Stellungnahmen oder — wozu die Kommission ein Recht auf Grund des Artikels 155 ohne offiziellen Widerspruch der Mitgliedstaaten für sich in Anspruch nimmt, — von Empfehlungen, zu denen sich auch der Wirtschafts- und Sozialausschuß und das Europäische Parlament[17] befürwortend geäußert haben; auch nicht die Organisation von Beratungen (wie der französische Text lautet), zu denen die Kommission in Form einer Konferenz Vertreter aller betreffenden Verbände einlädt. Mit allen diesen Mitteln ist die Kommission in der Lage, politisch so auf die Mitgliedstaaten einzuwirken, daß sie der Möglichkeit des rechtlichen Zwanges für die gemeinschaftlichen Belange durchaus entbehren kann.

Selbstverständlich wird die Wirksamkeit dieser Mittel aber auch davon abhängen, ob die Kommission sie in kluger Weise gebraucht. Es wird also darauf ankommen, daß sie in der Sozialpolitik der Gemeinschaft realistische Ziele verfolgt, Empfindlichkeiten der Mitgliedstaaten schont, kurz, sich ihrer politischen Möglichkeiten bewußt bleibt. Die enge Verbindung mit den Mitgliedstaaten, die Artikel 118 ihr bei Erfüllung ihrer Förderungsbefugnis anbefiehlt, sichert, daß die Kommission den Boden unter den Füßen behält.

Trotz der beachtlichen Mittel, über die die Kommission in der Sozialpolitik verfügt, besteht ein Gefälle gegenüber der Wirksamkeit der Gemeinschaft in anderen Bereichen. Zwar sagt der Begriff der gemeinsamen Politik, den der Vertrag für die Landwirtschaft, den Verkehr und den Handel mit Drittländern gebraucht, für sich noch nichts aus. Auch hier ist von Fall zu Fall festzustellen, wie weit die Rechte der Gemeinschaftsorgane gehen und wo die Pflichten der Mitgliedstaaten beginnen. Aber es läßt sich doch verallgemeinernd sagen, daß hier die Gemeinschaftsorgane über weit mehr Register verfügen als auf dem Gebiet der Sozialpolitik. Vor allem stehen ihnen die Instrumente der Verordnung, Richtlinie und Entscheidung zu Gebote, durch die sie die Mitgliedstaaten oder die einzelnen Angehörigen der Gemeinschaft zu einem bestimmten Tun oder Unterlassen verpflichten können.

Bei allen Unterschieden im einzelnen, die sich zwischen den verschiedenen Bereichen finden lassen, je nachdem, ob die Gemeinschaft sich rechtlich verpflichtend äußern kann oder nicht, wird man aber doch feststellen müssen, daß auch in den gemeinsamen Politiken oder in den

---

[17] Die Kommission unterbreitet ihre Stellungnahmen oder Empfehlungen über die in Art. 118 Abs. 2 vorgeschriebene Anhörung des Wirtschafts- und Sozialausschusses hinaus regelmäßig auch dem Europäischen Parlament oder wenigstens dessen Sozialausschuß.

Bereichen, in denen die Gemeinschaft sonst Verordnungen, Richtlinien und Entscheidungen erlassen kann, die Mitwirkung der Mitgliedstaaten entscheidend ist. Die Verwirklichung der gemeinsamen Politiken und die Anwendung der Gemeinschaftsnormen liegt fast vollständig in ihrer Hand. Nur das Zusammenwirken zwischen Mitgliedstaaten und Gemeinschaft führt den Erfolg herbei, nur in ihm sind die gesteckten Ziele zu erreichen.

So grundlegend anders gegenüber diesen Bereichen ist dann aber die Stellung der Sozialpolitik im Gefüge der Gemeinschaft nicht mehr. Auch für diesen Bereich kommt es auf das Zusammenspiel zwischen Mitgliedstaaten und Gemeinschaft an. In der Praxis kann sich dies etwa unter konjunkturellen Aspekten zeigen. Die Gemeinschaft hat in der Konjunkturpolitik nach Artikel 103 weitgehende Zuständigkeiten. Löhne, Höhe der Beiträge zur Sozialversicherung, Arbeitszeit, um nur einige sozialpolitische Materien anzuführen, beeinflussen die Konjunkturpolitik oder werden von ihr beeinflußt. Der Rat hat sich auch nicht gescheut, z. B. die Lohnpolitik in seine konjunkturpolitische Empfehlung an die Mitgliedstaaten vom 15. April 1964[18] aufzunehmen. Wenn auch die Mitgliedstaaten für den Bereich der Sozialpolitik bestimmend geblieben sind, so wird man demnach nicht mehr schlechthin sagen können, sie seien für die Sozialpolitik verantwortlich. Wie es etwa in der Bundesrepublik eine allzu vereinfachende Darstellung wäre, bei der Aufteilung der sozialpolitischen Kompetenzen auf Bund — hier allein schon Regierung und Parlament —, Länder, Gemeinden, Sozialpartner die Verantwortlichkeit einem dieser Beteiligten generell zuzuerkennen, so erscheint es mit der Förderungszuständigkeit der Kommission nach dem oben Ausgeführten unvereinbar, das Fortbestehen einer alleinigen Zuständigkeit der Mitgliedstaaten in der Sozialpolitik zu behaupten. Richtig ist zwar, daß der Mitgliedstaat die letzte Entscheidung behält; die Zuständigkeiten nach dem Vertrag sind aber zwischen Mitgliedstaaten und Gemeinschaft so verteilt, daß keines mehr ohne Rücksicht auf das andere handeln kann. Aus diesem Grunde fällt es auch schwer, eine Unterscheidung zwischen integrierten und nicht-integrierten Teilen des Vertrages zu treffen; man sollte wohl eher von einem graduellen Unterschied der Integration der im EWG-Vertrag behandelten Sachbereiche sprechen.

Der graduelle Unterschied der Integration zeigt sich im Bereich der Sozialpolitik weniger in der Intensität der Angleichung als in ihrer Dringlichkeit. Das will folgendes besagen: Die Harmonisierung im Sinne einer Koordinierung oder auch einer Angleichung der sozialen Systeme soll in dem Maße verfolgt werden, wie dies aus politischen Gründen sich

---

18 Amtsblatt 1964 S. 1029.

als notwendig erweist. Es mag also sein, daß ein System der Koordinierung, wie es die auf Artikel 51 des Vertrages gestützten Verordnungen Nr. 3 und 4[19] über die soziale Sicherheit der Wanderarbeitnehmer aufgebaut haben, genügt. Das nationale Sozialversicherungsrecht bleibt hier unverändert weiter bestehen; nur dort, wo diese nationalen Rechte sich berühren, ist für den Anschluß an die andere Rechtsordnung zu sorgen, ein System also, das mit dem Internationalen Privatrecht zu vergleichen wäre. Es mag aber auch sein, daß eine weitgehende Gleichheit der nationalen Systeme sich als notwendig erweist. Welcher dieser Fälle in Frage kommt, läßt sich nicht theoretisch, sondern nur in der gegebenen Situation entscheiden. Mit dem Fortschreiten des Gemeinsamen Marktes mag auch eine weitergehende Übereinstimmung nötig werden als in der Gegenwart. Die Intensität der Angleichung, wobei die Mitgliedstaaten mit den ihnen zu Gebote stehenden Mitteln das Erforderliche zu veranlassen haben, ist also im Gegensatz zu den Vertragsteilen, wo sie bindend vorgeschrieben ist, dem politischen Urteil von Mitgliedstaaten und Gemeinschaft überlassen. Sie muß aber keineswegs geringer sein als in diesen Bereichen. Eine Uniformisierung der gesamten Sozialpolitik allerdings wird man vom Wortlaut des Artikels 117[20] und auch vom sachlichen Ausgangspunkt der Teilintegration[21] her, jedenfalls in näherer Zukunft, nicht rechtfertigen können.

Die vom Vertrag zur Verfügung gestellten Mittel: Zusammenarbeit, Stellungnahmen, Untersuchungen, Beratungen, sagen also nichts über den Grad der zu erzielenden Übereinstimmung. Geschmeidigkeit in den Mitteln muß nicht notwendigerweise nur eine lockere Übereinstimmung erbringen. Wohl aber zeigt die Auswahl der Mittel, daß die Harmonisierung auf sozialem Gebiet von den Vertragschließenden im allgemeinen nicht als dringlich erachtet wurde. Denn naturgemäß sind bindende Verpflichtungen eher geeignet, schnell zum Ziel zu führen, als die der Gemeinschaft in Artikel 118 zur Verfügung gestellten Mittel. Dementsprechend ist der Erlaß rechtlich bindender Vorschriften, etwa in den gemeinsamen Politiken, meist auch noch termingebunden, vorgesehen. Aber nicht nur hier. Die Gemeinschaftsorgane können auch auf sozialpolitischem Gebiet Vorschriften mit bindender Wirkung erlassen. Es sind dies Bereiche der Sozialpolitik, von denen das Entstehen und Funktionieren der Gemeinschaft mit abhängt. Der Vertrag rechnet hierzu die Freizügigkeit und den Sozialfonds, also Einrichtungen, deren Zweck mit der Mobilität der Arbeitskräfte zu bezeichnen wäre. Die

---

19 Amtsblatt 1958 S. 561 ff.

20 S. S. 186 f.

21 S. S. 189 f.

hier erlassenen Verordnungen und Richtlinien bewirken durchaus verschiedene Grade der Integration. Während für die eigentliche Freizügigkeit nach den Verordnungen Nr. 15 und Nr. 38/64[22] überall dieselben Regeln gelten[23], lassen die für die Herstellung der Freizügigkeit notwendigen Maßnahmen der sozialen Sicherheit (Art. 51) und die Verordnung über den Europäischen Sozialfonds[24] die nationalen Vorschriften unberührt.

Gerade das schon oben erwähnte Beispiel der Verordnungen Nr. 3 und 4 über die Soziale Sicherheit der Wanderarbeitnehmer erscheint bezeichnend. Der Grad der durch sie erzielten Übereinstimmung ist gering. Jeder Mitgliedstaat behält sein Sozialversicherungsrecht bei. Nur aus der Dringlichkeit, die Freizügigkeit als einen der Pfeiler der EWG herzustellen, läßt sich erklären, warum für dieses die Freizügigkeit fördernde System der Koordinierung der Sozialversicherung eine Verordnung[25] gewählt wurde. Dagegen sagt die Wahl des Mittels — das stärkste, das die Gemeinschaft hat, eine Verordnung — nicht notwendigerweise etwas über den Grad der Vereinheitlichung. Das bestätigt Artikel 100. Er dient, wie auch die Artikel 117, 118, der Angleichung. Ist sie nötig, um die Errichtung oder das Funktionieren des Gemeinsamen Marktes zu sichern, dann kann eine bindende Norm — Richtlinie — erlassen werden, wobei diese Rechtsform, die den Mitgliedstaaten die Gestaltung im einzelnen überläßt, das Moment der Dringlichkeit — im Gegensatz zur Einheitlichkeit — noch unterstreicht. Steht dagegen das Wirken des Marktes nicht in Frage, wie in den Bereichen der Artikel 117, 118, so ist die Angleichung, die zu einer größeren Übereinstimmung als die Richtlinie nach Artikel 100 führen kann, ohne rechtlich bindendes Mittel zu erreichen.

Hieraus läßt sich die Regel ableiten, daß im sozialpolitischen Bereich bindende Vorschriften dann vorgesehen sind, wenn es darauf ankommt, das termingerechte Funktionieren dieser Maßnahmen seitens der Ge-

---

22 Amtsblatt 1961 S. 1073 und 1964 S. 965.

23 Wobei man sich fragen kann, ob nicht angesichts der Beschäftigungs- und Wirtschaftslage die Freizügigkeit auch ohne die strikten Vorschriften des Vertrages, also im Wege des Art. 118 hergestellt worden wäre; dieses Beispiel zeigt, daß bei einem entsprechenden Interesse der Mitgliedstaaten Regelungen zustande kommen. Die Freizügigkeit als wesentlicher Bestandteil der Gemeinschaft durfte indes nicht von dem gleichlaufenden Interesse der Mitgliedstaaten abhängig gemacht werden.

24 Amtsblatt 1960 S. 1189 ff.

25 Sie ist allerdings in Art. 51 nicht ausdrücklich genannt. Daß sie jedoch gemeint ist, kann nach der Entstehungsgeschichte dieses Artikels, der darauf hinzielte, ein von den Mitgliedstaaten im Rahmen der EGKS vorbereitetes Abkommen als Gemeinschaftsinstrument zu übernehmen, nicht bestritten werden und entspricht der unwidersprochenen Praxis der Gemeinschaftsorgane.

meinschaft sicherzustellen. Sind rechtlich bindende Vorschriften nicht vorgesehen, so sagt dies nichts über den Grad der anzustrebenden Übereinstimmung aus, sondern besagt lediglich, daß der Vertrag hier die Harmonisierung nicht als dringlich erachtet. Wie oben ausgeführt, ist die Angleichung der Sozialvorschriften im allgemeinen nicht unmittelbar vonnöten; sie ist ein auf lange Sicht anzustrebendes Ziel.

Man kann gegen das alles nicht einwenden, tatsächlich sei eben daraus, daß nur eine Zusammenarbeit der Mitgliedstaaten angeordnet sei und die Kommission nur über nicht zwingende Mittel verfüge, zu schließen, die soziale Harmonisierung läge nicht in der Absicht des Vertrages. Dieser Einwand verkennt den oben herausgestellten starken politischen Einfluß, den die Kommission für die Durchsetzung ihrer Ziele ausüben und dem sich auf die Dauer kein Mitgliedstaat entziehen kann. Aber schon formal scheitert der Einwand daran, daß die Harmonisierung der allgemeinen Wirtschaftspolitik ausdrückliches Vertragsgebot ist und hier kein stärkerer Zwang auf die Mitgliedstaaten ausgeübt werden kann als in der Sozialpolitik.

Daher gehen auch Klagen, daß auf Gebieten, in denen Gemeinschaftsorgane bindendes Recht setzen können, viel mehr erreicht worden sei als in dem Teil der Sozialpolitik, in dem die Zusammenarbeit der Mitgliedstaaten bestimmend ist[26], an der Sache vorbei. Das könnte man allenfalls dem Vertrag, nicht aber den Mitgliedstaaten vorwerfen. Tatsächlich wird man aber die Weisheit des Vertrags, die Abstimmung der Sozialpolitik auf politisches Wirken, nicht aber rechtlichen Zwang zu gründen, bewundern müssen. Wenn die gemeinsame Agrarpolitik die Gemeinschaft an den Rand des Abgrunds führen konnte, so mag man sich die Auswirkungen einer forcierten sozialen Harmonisierung, in der zudem nicht nur gegensätzliche Auffassungen der Regierungen, sondern auch der Sozialpartner auszutragen sind, ausmalen.

Artikel 8 Absatz 7 wird von dem Gedanken aus, daß die soziale Harmonisierung nach dem Vertrag nicht dringlich ist, seine Auslegung finden müssen. „Vorgesehene Vorschriften“ sind demnach in der Sozialpolitik nur die ausdrücklich nach dem Vertrag zu erlassenden Verordnungen, Richtlinien und Entscheidungen. Zu den zur Errichtung des Gemeinsamen Marktes gehörenden Maßnahmen in diesem Sinne[27] ist jedenfalls die Sozialpolitik nach Artikel 117, 118 nicht zu zählen.

---

[26] In diesem Sinne äußerte sich z. B. der Vizepräsident der EWG-Kommission, Levi Sandri am 24. November 1965 vor dem Europäischen Parlament in Straßburg. Er folgerte hieraus, der Vertrag müsse insoweit geändert werden.

[27] Im Sinne der in Art. 2 gebrauchten Unterscheidung zwischen Errichtung des Gemeinsamen Marktes und Annäherung der Wirtschaftspolitik. Sie ist im Vertrag flüssig, vgl. Wohlfarth-Everling, Anm. 2 zu Art. 2. Eine prak-

VII.

Ein Gemeinschaftsorgan ist bisher im Zusammenspiel zwischen Mitgliedstaaten und Gemeinschaft auf dem Gebiet der Sozialpolitik noch nicht genannt worden, der Rat. Er wird zwar in den Artikeln 117 ff. nicht erwähnt. Doch darf daraus nicht geschlossen werden, ihm komme im Bereich der Sozialpolitik nur dort eine Bedeutung zu, wo er ausdrücklich vorgesehene bindende Regeln zu erlassen habe.

Tatsächlich sieht schon Artikel 145 für den Rat die notwendigen Befugnisse auch auf sozialpolitischem Gebiet vor. Danach sorgt der Rat für die Abstimmung der Wirtschaftspolitik der Mitgliedstaaten — zur Verwirklichung der Ziele und nach Maßgabe des EWG-Vertrags. Nach der oben dargelegten Argumentation, die durch die Auslegungserklärung der Vertragschließenden bestätigt wird, gehört zu „den Wirtschaftspolitiken“, wie es im französischen Text heißt, in diesem Sinne auch die Sozialpolitik. Nun ist nicht zu leugnen, daß dem Rat das Mittel bindender gemeinschaftlicher Akte nicht generell übertragen wurde. Deshalb ist aber seine Tätigkeit auf sozialpolitischem Gebiet nicht zur Wirkungslosigkeit verurteilt. Das trifft genau so wenig zu, wie das Fehlen bindender Rechtsakte die Kommission hindert, ihre Beteiligung an der Sozialpolitik wirksam zu gestalten.

Zunächst kann der Rat sich mit einer sozialen Angelegenheit befassen; Kommission und Mitgliedstaaten können ihm nicht verwehren, auf seine Tagesordnung solche Fragen zu setzen. Er kann sodann über die Angelegenheiten diskutieren und versuchen, die Meinungen der Mitgliedstaaten auf einen Nenner zu bringen. Er hat weiter die Möglichkeit, seine Meinung der Kommission darzulegen, um sie zu einem Vorgehen in einer bestimmten Richtung zu bewegen oder sie anzuhalten, eine von ihr vorgesehene Maßnahme zu unterlassen. Er kann Programme und Pläne ausarbeiten, sich an die Sozialpartner wenden usw. Er kann Entschließungen und — nach der allgemeinen Regel des Artikels 148 Absatz 1 mit einfacher Mehrheit, jedenfalls soweit es das Verfahren betrifft — auch bindende Beschlüsse fassen[28]. Ist das aber zulässig, dann wird man ihm auch nicht die Möglichkeit absprechen können, sich zur Sache in Stellungnahmen oder Empfehlungen, mangels anderer Vorschriften ebenfalls mit einfacher Mehrheit, zu äußern[29]. Die Verflochtenheit von Verfahrens- und sachlichen Regelun-

---

tische Bedeutung gewinnt diese Frage für die Anwendung des Art. 235 auf die allgemeine Sozialpolitik. Hierzu ist jetzt nicht abschließend Stellung zu nehmen, doch spricht die hier vertretene Meinung eher gegen diese Möglichkeit.

[28] Vgl. Everling, Die Koordinierung, S. 21.

[29] So auch Wohlfarth-Everling, Anm. 15 zu Art. 189.

gen könnte es kaum gestatten, vom Rat mit seiner leitenden Funktion Enthaltsamkeit im Materiellen zu verlangen. Das ändert nichts daran, daß er bindende Vorschriften nur erlassen kann, wenn dies ausdrücklich im Vertrag vorgesehen ist.

VIII.

In der Praxis spielt sich die Koordinierung der Sozialpolitik der Mitgliedstaaten folgendermaßen ab: Mißt die Kommission auf Grund ihrer Beobachtung — oder auch auf Anregung eines Mitgliedstaates oder z. B. eines Parlamentsmitgliedes hin — einem bestimmten Punkt, etwa dem Jugendarbeitsschutz, für das Gefüge der Sozialpolitik in der Gemeinschaft eine besondere Bedeutung zu, so läßt sie die Frage zunächst durch ihre Dienststellen untersuchen. Ein Dokument wird ausgearbeitet und den Regierungen übersandt. Diese äußern sich zu dem Projekt, wobei es naheliegt, die Angelegenheit zunächst in der für diese Zwecke geschaffenen sogenannten Gruppe der hohen Beamten zu erörtern[30]. Erscheint es der Kommission angezeigt, so mag sie sich, um sich über die Bedeutung einer Materie oder die Möglichkeit ihrer Harmonisierung schlüssig zu werden, zuerst auch etwa an ein Universitätsinstitut oder an einen Gelehrten um ein Gutachten wenden. Auch in diesem Fall ist es wenigstens ihre vornehme Pflicht, wenn nicht sogar ihre sich aus Artikel 118 Absatz 2 ergebende Rechtspflicht, die Mitgliedstaaten zu informieren. Anders läuft die Kommission Gefahr, sich in Unternehmungen einzulassen, in die ihr die Mitgliedstaaten nicht folgen.

Die Gruppe der hohen Beamten äußert ihre Meinung zu dem Vorhaben. Da es sich hier, wie bei allen anderen (oben III. erwähnten) Arbeitsgruppen, um beratende Gremien der Kommission handelt, ist diese nicht an die Meinung der Gruppe gebunden[31]. Immerhin ist aber die Meinung der Gruppe für die Kommission ein Fingerzeig, wie die Mitgliedstaaten zu dem Vorhaben stehen. Hält die Gruppe der hohen Beamten das Vorhaben — z. B. die Angleichung der Vorschriften über den Jugendarbeitsschutz — für eine durch die Zusammenarbeit der Mitgliedstaaten zu fördernde Materie, wird sie der Kommission die Einberufung von Sachverständigensitzungen nahelegen, an denen die Regierungen und/oder Sozialpartner zu beteiligen sind. Die Kommission ihrerseits verständigt die Zentrale Gruppe für die Harmonisierung. Die Gruppe der hohen Beamten kann auch eine Mitarbeit etwa der internationalen Arbeitsorganisation oder die Einholung weiterer Gutachten

---

[30] Siehe oben III.

[31] Welche Mehrheit in der Gruppe entscheidet, ist daher nur von geringer Bedeutung.

anregen. Lehnt die Gruppe der hohen Beamten das Thema ab, so kann die Kommission ihr Vorhaben gleichwohl weiter verfolgen, allerdings läuft sie Gefahr, auf die wirksame Mitarbeit der Regierungen verzichten zu müssen.

Schon in diesem Stadium, jedenfalls aber nach Klärung der sachlichen Fragen durch die Arbeitsgruppe, ist, zweckmäßigerweise wiederum durch Beratung der Gruppe der hohen Beamten, zu entscheiden, wie die Materie schließlich zu gestalten ist: ob durch Veröffentlichung einer Studie, Veranstaltung einer Konferenz, Erlaß einer Stellungnahme oder Empfehlung, ob der bloße Gedankenaustausch zwischen den Mitgliedstaaten und der Kommission in der Sache genügt oder ob etwa die Mitgliedstaaten ein formelles Abkommen schließen sollen. Das hängt jeweils von der Bedeutung der Sache, dem Grad der zu erreichenden Übereinstimmung, der Dringlichkeit der Angelegenheit ab. Auch hier ist die Kommission, soweit sie über Mittel — für die Veranstaltung einer Konferenz ist dies ganz wörtlich als Geldmittel nach dem Haushaltsplan zu nehmen — verfügt, letztlich in der Entscheidung frei.

Im Jugendarbeitsschutzgesetz etwa will die Kommission, nachdem eine Zeitlang auch der Abschluß eines multilateralen Übereinkommens erwogen wurde, eine Empfehlung erlassen. Sie hat zu ihrem Entwurf, nachdem sie zunächst mit der Gruppe der hohen Beamten darüber gesprochen hat, den Wirtschafts- und Sozialausschuß und das Europäische Parlament gehört. Beide Gremien haben Änderungswünsche angemeldet. Loyaler- und klugerweise hat sie die Regierungen, an denen es liegen wird, wie weit man die Empfehlung befolgt, zu diesen Wünschen noch einmal gehört. Nun ist es an ihr zu entscheiden, mit welchem Inhalt sie die Empfehlung erlassen will, an den Mitgliedstaaten, wie weit sie ihr nachkommen. Sie werden dies um so eher, je sachgerechter und realistischer der Inhalt ist. „Beachtlich" ist sie nach dieser Entstehungsgeschichte auf alle Fälle; jeder Mitgliedstaat wird von ihr in seinem weiteren politischen Handeln auf diesem Gebiet Notiz zu nehmen haben.

Der Rat ist in dieser ganzen Prozedur nicht in Erscheinung getreten. Wäre der Gedanke weiter verfolgt worden, ein multilaterales Abkommen über den Jugendarbeitsschutz zwischen den Mitgliedstaaten abzuschließen, so hätten sich jedenfalls Ausschüsse des Rates mit der Sache befassen müssen. Die soziale Arbeitsgruppe des Rates hätte den von der Kommission vorgeschlagenen Text für das Abkommen — wobei Vorschlag in diesem Fall nicht im formellen Sinne des Artikels 149 Absatz 1 zu verstehen wäre — sachlich zu prüfen. Diese erneute sachliche Prüfung ist nötig, auch wenn schon Regierungsexperten einschließlich der sogenannten hohen Beamten an der Ausarbeitung des von der Kommission dem Rat vorgelegten Textes beteiligt waren, da die

Kommission frei ist, wie weit sie deren Anregungen folgen will. Ferner hätte sich der Ausschuß der Ständigen Vertreter (Art. 151 Abs. 2) mit der Sache befassen müssen, da alles, was im Rat behandelt wird, ihn passieren muß. Der Rat selbst allerdings hätte über die Angelegenheit auch nur sprechen können. Der Abschluß des Abkommens indes wäre, wie die scharfsinnige Formel sagt, Sache „der im Rat vereinigten Vertreter der Mitgliedstaaten" gewesen. Ob damit das Abkommen hätte in Kraft treten können oder ob noch eine Zustimmung der Parlamente nötig gewesen wäre, bestimmt nach herrschender Auffassung das nationale Recht. In Deutschland hätte hierbei, je nach dem Inhalt des Abkommens, die Frage der Parallelabkommen eine Rolle gespielt.

Aber nicht diese Beteiligung des Rates war in Ziffer VII. gemeint. In diesem Punkt entsprechen sich die oben entwickelte Theorie und die Praxis nicht. Gemeint war, daß der Rat[32] etwa vor dem Erlaß der Kommissionsempfehlung oder in einem noch früheren Stadium sich mit der Sache befaßt, materiell oder auch nur bezüglich des Verfahrens. Zwar kann der Rat, wenn er die Meinung der Kommission in einer sachlichen Frage nicht teilt, diese rechtlich nicht davon abhalten, die Empfehlung gleichwohl zu erlassen, wie sie es für gut hält. Aber in der Stimme des Rates würde die Kommission doch unüberhörbar die Stimme der Mitgliedstaaten vernehmen, auf deren Mitarbeit und Zusammenarbeit es ankommt. Es liegt auch nahe, daß in der ganzen Prozedur, die zum Erlaß einer Stellungnahme oder Empfehlung führt, nicht nur das Gemeinschaftsorgan ein Wort spricht, das die Zusammenarbeit der Mitgliedstaaten zu fördern hat, sondern daß auch das Organ sich beteiligt, dem die Herstellung der Zusammenarbeit selbst obliegt. Sicher würde die Zusammenarbeit der Mitgliedstaaten in wichtigen Fällen auch mehr dadurch gefördert, daß die Kommission dem Rat eine Empfehlung nahelegt und dieser sie abgibt, als dadurch, daß sie selbst eine Empfehlung erläßt, die einzelne Mitgliedstaaten nicht befolgen können. Schließlich ist eine Tätigkeit des Rates auch auf sozialpolitischem Gebiet dringend geboten, um gegenüber der Kommission mit ihren weitgehenden politischen Möglichkeiten ein Gegengewicht zu schaffen, solange eine wirksame parlamentarische Kontrolle fehlt. Es scheint sich abzuzeichnen, daß der Rat sich künftig seiner Koordinierungsaufgabe in der Sozialpolitik stärker bewußt sein wird. Noch viel praktische und theoretische Arbeit wird zu leisten sein, bis die Koordinierung der Sozialpolitik der Mitgliedstaaten in der Gemeinschaft zu einem selbstverständlichen Zusammenspiel zwischen Mitgliedstaaten und Gemeinschaft geworden ist.

---

32 Wiederum nach entsprechender Vorbereitung durch seine Ausschüsse.

Dokumentation zur Koordinierung der Konjunktur- und Strukturpolitik der Mitgliedstaaten in der EWG

Von Georg Roth

Die Koordinierung[1] der Konjunktur- und Strukturpolitik in der Europäischen Wirtschaftsgemeinschaft ist, wie alle Wirtschaftslenkung, kein Einzelakt, sondern ein mehrgliedriger Prozeß. Rechtlich läßt sich im wesentlichen eine Zweigliederung feststellen. Den ersten Teil des Prozesses bildet die für die Koordinierung erforderliche *Information*. Sie umfaßt nicht nur die Abstimmung der innerstaatlichen Erhebungen und Untersuchungen, sondern auch eigene Erhebungen und Untersuchungen der Gemeinschaft. An zweiter Stelle ist die der Koordinierung dienende *Aktion* zu verzeichnen, die für die Mitgliedstaaten mehr oder weniger verbindlich ist. Zu diesen Koordinierungsmaßnahmen im engeren Sinne gehören z. B. die Empfehlungen des Rats zur Konjunkturpolitik der Mitgliedstaaten. In der Praxis gehen die Koordinierungsmaßnahmen vielfach ineinander über. Sie reichen von der Information und Konsultation bis zum Beginn einer planmäßigen Koordinierung mit dem Ziel einer gemeinsamen Konjunktur- und Strukturpolitik[2].

Die Dokumente zur Koordinierung der beiden Politiken in der EWG sind zahlreich. Sie können daher nur in einer Auswahl typischer Beispiele wiedergegeben werden, die wiederum auf die Veröffentlichungen der Europäischen Wirtschaftsgemeinschaft beschränkt ist[3]. Wegen der politischen Bedeutung der Koordinierung sind außerdem einschlägige Dokumente des Europäischen Parlaments aufgenommen worden. Zeitlich ist die Dokumentation auf die neuere Entwicklung begrenzt.

---

[1] Zum Begriff der Koordinierung im EWG-Vertrag siehe Lochner, in Zeitschrift für die gesamte Staatswissenschaft Bd. 118 (1962), S. 35.

[2] Vgl. dazu Everling, in diesem Band, S. 163.

[3] Eine allgemeine Dokumentation über die EWG hat H. R. Krämer zusammengestellt, Die Europäische Wirtschaftsgemeinschaft, Texte zu ihrer Entstehung und Tätigkeit, erschienen in der Reihe Dokumente, Herausgeber: Forschungsstelle für Völkerrecht und ausländisches öffentliches Recht der Universität Hamburg, Institut für Internationales Recht an der Universität Kiel, Institut für Völkerrecht der Universität Göttingen, 1965.

Folgende Dokumente sind, in der genannten Zweigliederung, angeführt:

A. Koordinierung der Konjunkturpolitik

I. 1. Konjunkturanalysen der Kommission der EWG („Die Wirtschaftslage der Gemeinschaft, März 1964", Auszug aus der zusammenfassenden Information in Amtsblatt 1964 S. 1037 bis 1039).

2. Empfehlung des Rats vom 28. Juli 1966 an die Mitgliedstaaten gemäß Artikel 103 des Vertrags betreffend bestimmte Maßnahmen, die zur Verbesserung der Konjunkturstatistik zu ergreifen sind (Auszug aus dem 3. Quartalsbericht „Die Wirtschaftslage der Gemeinschaft", 1966, Anhang S. 123—126).

II. 1. Entscheidung des Rats vom 9. 3. 1960 über die Koordinierung der Konjunkturpolitik der Mitgliedstaaten (Amtsblatt 1960 S. 764—765) — insbes. Einsetzung des Ausschusses für Konjunkturpolitik —.

2. Entschließung des Europäischen Parlaments vom 23. 3. 1964 betreffend die Erklärung der EWG-Kommission über die wirtschaftliche Lage der EWG im Jahre 1963 und die Aussichten für 1964 (Amtsblatt 1964 S. 934—935).

3. Empfehlung des Rats vom 15. 4. 1964 an die Mitgliedstaaten für Maßnahmen zur Wiederherstellung des inneren und äußeren Gleichgewichts der Wirtschaftsentwicklung der Gemeinschaft (Amtsblatt 1964 S. 1029—1031).

4. Empfehlung des Rats vom 8. 4. 1965 an die Mitgliedstaaten betreffend die Konjunkturpolitik im weiteren Verlauf des Jahres 1965 (Amtsblatt 1965 S. 985—986).

B. Koordinierung der regionalen Strukturpolitik

I. — Methoden zur Kenntnis und Vorausbestimmung regionaler Anpassungsschwierigkeiten (Auszug aus den Schlußfolgerungen der Arbeitsgruppe 2, beauftragt mit der Prüfung der Probleme bereits industrialisierter Gebiete mit veralteter Struktur, in der ersten Mitteilung der Kommission über die Regionalpolitik in der Europäischen Wirtschaftsgemeinschaft, — Dokument II/SEK (65) 1170 endg. S. 22—25).

II. 1. Erste Mitteilung der Kommission über die Regionalpolitik in der Europäischen Wirtschaftsgemeinschaft vom 11. 5. 1965 — Einleitung (Auszug aus dem Dokument II/SEK (65) 1170 endg. S. 1—3).

2. Entschließung des Europäischen Parlaments vom 27. 6. 1966 zur ersten Mitteilung der Kommission über die Regionalpolitik in der EWG (Amtsblatt 1966 S. 2427—2429).

3. Die Regionalpolitik in dem Programm für die mittelfristige Wirtschaftspolitik in der EWG 1966—1970[4] (Bundestagsdrucksache IV/629 S. 51—54).

4. Entscheidung des Rats vom 28. 2. 1966 über die Einführung eines Beratungsverfahrens auf dem Gebiet der Infra-Struktur-Investitionen für den Verkehr (Amtsblatt 1966 S. 583—584).

5. Die Rolle der Europäischen Investitionsbank (Auszug aus den Schlußfolgerungen der Arbeitsgruppe 2, beauftragt mit der Prüfung der Probleme bereits industrialisierter Gebiete mit veralteter Struktur, in der ersten Mitteilung der Kommission über die Regionalpolitik in der Europäischen Wirtschaftsgemeinschaft, a.a.O. S. 35—37).

C. Koordinierung der sektoralen Strukturpolitik[5]
— am Beispiel der Agrarstruktur —

I. — Verordnung des Rats vom 14. 5. 1966 über die Durchführung einer Grunderhebung im Rahmen eines Erhebungsprogramms zur Untersuchung der Struktur der landwirtschaftlichen Betriebe[6] (Amtsblatt 1966 S. 2065—2070).

II. 1. Entscheidung des Rats vom 4. 12. 1962 über die Koordinierung der Agrarstrukturpolitik (Amtsblatt 1962 S. 2892—2895) — insbes. Einsetzung des Ständigen Agrarstrukturausschusses —.

2. Stellungnahme des Europäischen Parlaments zu dem Vorschlag einer Entscheidung zur Koordinierung der Agrarstrukturpolitik vom 30. 3. 1962 (Amtsblatt 1962 S. 1039—1040).

---

[4] Siehe auch den Beschluß des Rats vom 15. 4. 1964 über die Einsetzung eines Ausschusses für mittelfristige Wirtschaftspolitik (Amtsblatt 1964 S. 1031).

[5] Vgl. dazu Roth in diesem Band, S. 121.

[6] Siehe auch die Verordnung des Rats vom 15. 6. 1965 betreffend die Einrichtung eines Informationsdienstes landwirtschaftlicher Buchführungen über die Einkommenslage und die betriebswirtschaftlichen Verhältnisse landwirtschaftlicher Betriebe in der EWG (Amtsblatt 1965 S. 1859).

3. Verordnung des Rats über die Bedingungen für die Beteiligung des Europäischen Ausrichtungs- und Garantiefonds vom 5. 2. 1964 (Amtsblatt 1964 S. 586—594).

4. Gewährung von Zuschüssen aus der Abteilung Ausrichtung des Europäischen Ausrichtungs- und Garantiefonds für die Landwirtschaft für das Jahr 1964 (Information in Amtsblatt 1965, S. 2701).

A. Koordinierung der Konjunkturpolitik

(A I 1) *Die Wirtschaftslage der Gemeinschaft*
(64/252/EWG)

Entsprechend der zwischen den drei europäischen Exekutivorganen vorgenommenen Arbeitsteilung hat die Kommission der Europäischen Wirtschaftsgemeinschaft die Konjunkturforschung übernommen. Zuständige Beamte der beiden anderen Exekutiven nehmen hieran teil.

Die Kommission der Europäischen Wirtschaftsgemeinschaft veröffentlicht zu Beginn eines jeden Quartals in Broschürenform eine Konjunkturanalyse (siehe für dieses Quartal „Die Wirtschaftslage der Gemeinschaft, März 1964").

Eine Zusammenfassung dieser Konjunkturanalyse wird im Amtsblatt der Europäischen Gemeinschaften als Einleitung zu den Vorausschätzungsprogrammen veröffentlicht, die nach den für die Europäische Gemeinschaft für Kohle und Stahl geltenden Bestimmungen in regelmäßigen Zeitabständen erstellt werden und in der gleichen Nummer des Amtsblatts erscheinen.

I — Die Gesamtlage

Die Wirtschaftsexpansion der Gemeinschaft hat sich im vierten Quartal 1963 und — soweit übersehbar — auch in den ersten Monaten 1964 in unvermindertem Tempo fortgesetzt.

Die nominelle Gesamtnachfrage nahm weiterhin beträchtlich zu. Das konjunkturelle Wachstum der Güterausfuhr nach den Nichtmitgliedsländern verlief recht stetig; sie übertraf im vierten Quartal den Stand der entsprechenden Vorjahrszeit dem Wert nach um 7 %. Gleichzeitig behielt die Inlandsnachfrage ihre bisher verzeichnete Dynamik bei. Das Wachstum der Investitionsausgaben beschleunigte sich sogar. Einmal sind die Bauinvestitionen dank der günstigen Witterungsverhältnisse und der erhöhten Beschäftigtenzahl tendenziell kräftig gestiegen. Zum anderen entwickelten sich auch die Ausrüstungsinvestitionen insgesamt weiter aufwärts — allerdings mit deutlichen Unterschieden von Land zu Land, nämlich mit einer nur verhältnismäßig leichten Zunahme in Italien sowie einer Tendenz zur Stabilisierung in Frankreich und mit deutlichen Belebungsanzeichen des Investitionswachstums in der BR Deutschland. Die Expansion der privaten Verbrauchsausgaben hat sich kaum verlangsamt. In den Niederlanden und in Belgien beschleunigte sie sich mehr oder weniger kräftig, in der BR Deutschland blieb sie ruhig, und in Italien und in Frankreich war eine gewisse Verlangsamung der — immer noch schnellen — Ausweitung festzustellen. Die öffentlichen Verbrauchsausgaben nahmen ebenfalls allgemein fühlbar zu. Alles in allem dürfte sich das reale Verbrauchswachstum in der Gemeinschaft nicht abgeschwächt haben.

Die Industrieproduktion nahm beschleunigt zu; der saisonbereinigte Index des Statistischen Amts der Europäischen Gemeinschaften ist vom dritten zum vierten Quartal um 3 % gestiegen, verglichen mit + 0,5 % vom zweiten zum dritten Quartal. Der Bruttoindex übertraf im vierten Quartal den Stand der entsprechenden Vorjahrszeit um 7 %. Die Zahl der Beschäftigten erhöhte sich — vor allem in der Industrie — nur geringfügig; die Produktivitätssteigerung hat sich daher leicht beschleunigt.

Namentlich eine kräftige Ausweitung der Rohstoffeinfuhren führte zu einer Beschleunigung des — ohnehin schon erheblichen — Wachstums der Einfuhren. Die Warenimporte aus den Nichtmitgliedsländern übertrafen im vierten Quartal den Stand der entsprechenden Vorjahrszeit um 11,5 %. Angesichts der gleichzeitig schwächeren Ausweitung der Ausfuhr hielt die Verschlechterung der Handelsbilanz an. Ihr Defizit betrug im vierten Quartal 650 Mio. Dollar, das ist ein Anstieg um 265 Mio. Dollar gegenüber dem vierten Quartal 1962. Die Gold- und Devisenreserven der Währungsbehörden der Mitgiedsländer haben insgesamt nur um 81 Mio. Dollar zugenommen; da sich die Netto-Devisenposition der Geschäftsbanken stärker verschlechtert hat, dürfte die Gesamtzahlungsbilanz der Gemeinschaft erstmalig seit längerem mit einem Defizit abgeschlossen haben.

Die Preisauftriebstendenzen hielten an, wenn auch in einigen Mitgliedsländern — in Frankreich und Italien — eine gewisse Abschwächung des zuvor dort besonders starken Anstiegs zu verzeichnen war; dafür sind die Preise in Belgien und besonders in den Niederlanden beschleunigt gestiegen. Der Preisauftrieb war vor allem eine Folge der weithin auf den Inlandsmärkten bestehenden Spannungen zwischen der Expansion der nominalen Gesamtnachfrage und der des Angebots sowie — weitgehend damit im Zusammenhang — der Steigerungen der Lohnkosten pro Produkteinheit. Hinzu traten in der Berichtszeit die Wirkungen der Verteuerung verschiedener Rohstoffe auf den Weltmärkten sowie Sonderbewegungen bei einigen Nahrungsmitteln (besonders Fleisch).

Die Perspektiven der weiteren Wirtschaftsentwicklung im Jahre 1964 haben sich gegenüber den im letzten Quartalsbericht (4/1963) dargelegten für die Gemeinschaft insgesamt nicht wesentlich geändert. Immerhin macht sich im einzelnen auf Grund der neuesten Entwicklung sowie der inzwischen ergriffenen weiteren wirtschaftspolitischen Maßnahmen eine etwas andere Nuancierung der Tendenzen bemerkbar..

So wird sich einmal die Auslandsnachfrage sicherlich so expansiv entwickeln wie vorausgeschätzt, zumal nunmehr in den Vereinigten Staaten die Steuersenkung beschlossen ist und sich im Vereinigten Königreich eine deutliche Beschleunigung der Binnenkonjunktur, mit schon fühlbaren Wirkungen auf die Importneigung, abgezeichnet hat.

Was die Inlandsnachfrage betrifft, so ist vor allem in Frankreich, aber vielleicht auch in Italien in Auswirkung der Maßnahmen der dortigen Stabilisierungspolitik mit einer etwas langsameren Aufwärtsentwicklung der privaten Verbrauchsausgaben zu rechnen als zum Jahresende 1963 vorausgeschätzt. In den Niederlanden hingegen ist ein noch schnelleres Verbrauchswachstum zu erwarten, und in Belgien wird sich die Aufwärtsentwicklung der privaten Verbrauchsausgaben tendenziell in dem beschleunigten Tempo fortsetzen, das im letzten Quartal 1963 zu beobachten war. In der BR Deutschland dürfte die Verbrauchsexpansion — jedenfalls vorerst noch — mäßig bleiben.

Auch die Investitionen werden weiter fühlbar steigen, dabei insbesondere die Bauinvestitionen namentlich im Wohnungsbau — und die Lagerinvestitionen. Die Ausrüstungsinvestitionen der Unternehmungen werden in der BR Deutschland beschleunigt anziehen, in Belgien ihr bisheriges Wachstumstempo etwa halten und in den Niederlanden fühlbar zunehmen, jedoch wird hier wahrscheinlich gegen Jahresende eine deutliche Verlangsamung eintreten. In Frankreich und in Italien dürften sich die Investitionen der Unternehmungen weiterhin nicht fühlbar aufwärtsentwickeln.

Auf der Angebotsseite ist für die kommenden Monate ebenfalls mit einem erneut recht schnellen Wachstum zu rechnen; eine gewisse Beschleunigung gegenüber den Vorausschätzungen ist wahrscheinlich. Auch war die Bautätigkeit in den ersten Monaten des Jahres, sehr im Gegensatz zum Vorjahr, von der Witterung begünstigt. Insgesamt könnte sich daher für das reale Bruttosozialprodukt von 1963 auf 1964 ein Wachstum von rd. 5 % ergeben, statt 4,5 %, wie zum Jahresende 1963 vorausgeschätzt. Die Zunahmerate der Industrieproduktion könnte 7 % erreichen.

Auch die Einfuhrvorausschätzungen für 1964 dürften noch etwas nach oben zu revidieren sein. Die Handelsbilanz wird sich wohl recht fühlbar weiter verschlechtern; die laufende Zahlungsbilanz wird defizitär sein.

Trotzdem — und obwohl die Stabilisierungsbemühungen unterdessen in allen Mitgliedsländern mit Ausnahme der BR Deutschland, wo dies noch nicht notwendig zu sein schien, mehr oder weniger erheblich intensiviert worden sind — bleiben auch die Perspektiven für die Preisentwicklung im weiteren Verlauf des Jahres 1964 noch unbefriedigend. Zwar dürfte sich das Tempo der Preissteigerung in Frankreich und auch in Italien erneut abschwächen, jedoch scheinen in den Niederlanden noch kräftige Erhöhungen bevorzustehen, und in Belgien wird der Preisanstieg tendenziell in schnellerem Tempo als zur gleichen Vorjahrszeit anhalten. Für die Bundesrepublik Deutschland besteht die Gefahr einer Wiederbeschleunigung.

Unter diesen Umständen muß die Bekämpfung der inflationistischen Ungleichgewichte weiterhin im Vordergrund der Konjunkturpolitik in der Gemeinschaft stehen. Dabei handelt es sich offensichtlich um eine Aufgabe, die nicht auf isolierte, sondern nur in einer im Rahmen der Gemeinschaft abgestimmten Weise gelöst werden kann. Wenn auch die für die Konjunkturpolitik zuständigen Behörden der Mitgliedsländer im wesentlichen bereits richtig orientierte Maßnahmen getroffen haben — richtig auch im Sinne dessen, was die Kommission, der Ausschuß für Konjunkturpolitik und der Währungsausschuß schon mehrmals geraten haben —, so besteht doch die Notwendigkeit einer noch strikteren und koordinierteren Aktion. Die Kommission wird dem Rat entsprechende Vorschläge machen.

(A I 2)

Empfehlung des Rates vom 28. Juli 1966 an die Mitgliedstaaten gemäß Artikel 103 des Vertrags betreffend bestimmte Maßnahmen, die zur Verbesserung der Konjunkturstatistik zu ergreifen sind

Die zunehmende Verflechtung der Wirtschaftskonjunkturen der Mitgliedstaaten, die in den beiden letzten Jahren besonders deutlich sichtbar wurde, erfordert eine stärkere Koordinierung der Wirtschaftspolitik; daraus ergibt sich ein immer größerer Bedarf an kurzfristigen Statistiken. Insbesondere auf Grund ihrer derzeitigen statistischen Methoden werden die Mitgliedstaaten unter Umständen nicht mehr die Möglichkeit haben, den Verpflichtungen, die sich insbesondere aus Artikel 104 des Vertrags ergeben, in vollem Umfang nachzukommen.

Die beschleunigte Durchführung des Vertrags auf den wichtigsten Gebieten des Wirtschaftslebens, z. B. bei der Vereinheitlichung der Industrie- und Agrarmärkte, bringt einige Probleme von gemeinsamen Interesse mit sich; daher ist eine rasche Verbesserung der statistischen Ausgangsdaten erforderlich. Die immer stärke ausgeprägte Entwicklung der Gemeinschaft zu einem einheitlichen Wirtschaftsraum macht es schließlich unumgänglich, bestimmte Fragen unter einem allgemeinen Gesamtaspekt zu betrachten. Daraus ergibt sich die Notwendigkeit, über neue Informationen auf Gemeinschaftsebene zu verfügen.

Da es nicht möglich ist, in relativ kurzer Zeit alle erforderlichen Maßnahmen zu treffen, erschien es notwendig, ein Grundprogramm aufzustellen, um die Hauptlücken in den Konjunkturstatistiken su schließen, wobei zunächst deren jeweilige Bedeutung für die Konjunkturanalyse und die kurzfristige Wirtschaftspolitik zu berücksichtigen ist.

Aus diesen Gründen empfiehlt der Rat — gestützt auf den Vertrag zur Gründung der Europäischen Wirtschaftsgemeinschaft, insbesondere auf Artikel 103, und auf Vorschlag der Kommission, die hierzu den Währungsausschuß und den Ausschuß für Konjunkturpolitik gehört hat — den Mitgliedstaaten, die nachstehend aufgeführten Maßnahmen zur Verbesserung der Konjunkturstatistiken und deren Vergleichbarkeit zu ergreifen.

I. Kurzfristig durchführbare Aufgaben

Den Mitgliedstaaten wird empfohlen:

1. die Indizes der industriellen Produktion so zu ergänzen, daß sie die gesamte Industrieproduktion ohne Baugewerbe repräsentieren. Bei der Gewichtung der Indizes sind die neuesten Angaben und, sobald wie möglich, insbesondere die Ergebnisse der Industrieerhebung betreffend das Jahr 1962 zu verwenden; die Ergebnisse sind nach der Haupttätigkeit aufzugliedern, um so weit wie möglich die Herstellungsbereiche folgender Industrieprodukte getrennt darzustellen:

   — Investitionsgüter,
   — Verbrauchsgüter,
   — Vorprodukte und Halbwaren;

2. für das Baugewerbe im Sinne der „Systematik der Zweige des produzierenden Gewerbes in den Europäischen Gemeinschaften (NICE)“ einen — zunächst vierteljährlichen — genügend repräsentativen getrennten Produktions-Index aufzustellen;

3. Zunächst vierteljährliche Statistiken über den Auftragseingang oder den Auftragsbestand der Industrie aufzustellen;

   vierteljährliche Statistiken über den Umsatz in der Industrie aufzustellen; diese Angaben entsprechend der in Ziffer 1 vorgesehenen Aufteilung sowie nach dem Bestimmungsort (Inland oder Ausland) aufzuschlüsseln;

4. unverzüglich die Voruntersuchungen zur Erstellung vierteljährlicher Angaben über die Lagerbestände an Fertigerzeugnissen und Rohstoffen in der Industrie, in der Landwirtschaft und im Handel durchzuführen;

5. mindestens vierteljährlich Indikatoren für die zahlenmäßige Entwicklung der abhängig Beschäftigten zu erstellen, aus denen die Zahl der Industriearbeiter sowie die der Bauarbeiter ersichtlich wird;

mindestens vierteljährlich Indikatoren für die Entwicklung der tatsächlichen Arbeitszeit der Industriearbeiter und der Bauarbeiter zu erstellen;

6. Monatsstatistiken über die Arbeitslosigkeit auszuarbeiten, die deren Entwicklung hinreichend genau wiedergeben;

7. für die gesamte Industrie und für das Baugewerbe mindestens vierteljährlich Indikatoren für die Entwicklung der Verdienste der Arbeiter aufzustellen;

8. repräsentative Monatsindizes für die gesamten Einzelhandelsumsätze auszuarbeiten und die für die Aufstellung eines vierteljährlichen Index des gesamten privaten Verbrauchs erforderlichen Vorarbeiten unverzüglich durchzuführen;

9. gewogene, repräsentative, monatliche Preisindizes für den gesamten privaten Verbrauch zu erstellen und diese Indizes nach folgendem Schema aufzugliedern: Nahrungs- und Genußmittel, gewerbliche Erzeugnisse (ohne Nahrungs- und Genußmittel), Mieten, sonstige Dienstleistungen;

10. auf der Grundlage eines vereinfachten Schemas mindestens vierteljährlich Zahlungsbilanzen aufzustellen;

11. ihre Behörden und nationalen statistischen Ämter zu veranlassen, die Kommission zu unterstützen, um so zur Schaffung zusammenhängender Statistiken über den innergemeinschaftlichen Handel beizutragen;

12. ihre Behörden und nationalen statistischen Ämter zu veranlassen, die Kommission bei ihrer Arbeit zu unterstützen, damit möglichst rasch ein gemeinschaftliches Schema für die volkswirtschaftliche Gesamtrechnung ausgearbeitet und beschlossen werden kann;

13. Vorarbeiten zur Erstellung vierteljährlicher Statistiken über die Ausgaben und Einnahmen des Staates und — wenn möglich — der öffentlichen Haushalte insgesamt sowie über die Finanzierung des Defizits bzw. die Verwendung des Überschusses durchzuführen und diese Angaben auf der Ausgabenseite in Verbrauch, Investitionen und Übertragungen und auf der Einnahmenseite namentlich nach den verschiedenen Steuerarten aufzugliedern.

II. Aufgaben, die längere Arbeiten erfordern

III. Allgemeine Bestimmungen

IV. Schlußbestimmung

(A II 1)

Entscheidung über die Koordinierung der Konjunkturpolitik der Mitgliedstaaten

Der Rat der Europäischen Wirtschaftsgemeinschaft,

gestützt auf den Vertrag und insbesondere auf Artikel 103,

gestützt auf den Vorschlag der Kommission,

hat folgende Entscheidung erlassen:

Artikel 1

Bei der Kommission wird ein Ausschuß für die Konjunkturpolitik gebildet. Dieser Ausschuß wirkt bei der Durchführung der in Artikel 103 des Vertrages zwischen den Mitgliedstaaten und der Kommission vorgesehenen Beratungen mit. Er berät und unterstützt die Kommission bei der Ausübung der ihr auf Grund dieser Vorschrift zustehenden Befugnisse.

Dem Ausschuß gehören drei Vertreter der Kommission und drei Vertreter jedes Mitgliedstaats an.

Der Präsident des Währungsausschusses nimmt von Amts wegen an den Sitzungen des Ausschusses teil.

Das Sekretariat des Ausschusses wird von der Kommission gestellt.

Der Ausschuß kann im Einvernehmen mit der Kommission für bestimmte Arbeiten Sachverständige heranziehen, die als Wissenschaftler anerkannt sind und die über die entsprechende Erfahrung verfügen.

Er kann in den innerstaatlichen Verwaltungen oder in der Privatwirtschaft tätige Persönlichkeiten anhören.

Der Ausschuß beschließt über den Vorsitz und gibt sich eine Geschäftsordnung. Er übermittelt seine Gutachten der Kommission, die sie an den Rat weiterleitet.

Artikel 2

Die Regierungen der Mitgliedstaaten unterrichten die Kommission über die großen Linien ihrer Vorhaben, die geeignet sein könnten, die Konjunkturlage in den Mitgliedstaaten der Gemeinschaft zu beeinflussen — vorbehaltlich solcher Ausnahmefälle, bei denen der Erfolg einer Maßnahme von ihrer Geheimhaltung abhängen kann.

Sie erleichtern es der Kommission, Persönlichkeiten zu laden, die sie bei ihren Untersuchungen über die Konjunkturlage unterstützen könnten.

Artikel 3

Die Kommission prüft im Einvernehmen mit der OEEC die Möglichkeiten einer Zusammenarbeit zwischen der Gemeinschaft und der OEEC auf dem Gebiet der Koordinierung der Konjunkturpolitik. Die Kommission berichtet dem Rat über die Ergebnisse dieser Prüfung.

(A II 2) *Entschließung*

betreffend die Erklärung der EWG-Kommission über die wirtschaftliche Lage der EWG im Jahre 1963 und die Aussichten für 1964

Das Europäische Parlament

hat die Mitteilung, die Herr Marjolin im Namen der Kommission der Europäischen Wirtschaftsgemeinschaft über die wirtschaftliche Lage der Gemeinschaft im Jahre 1963 und die Aussichten für 1964 gemacht hat, sowie den Bericht des Wirtschafts- und Finanzausschusses über diese Mitteilung zur Kenntnis genommen;

begrüßt, ebenso wie die EWG-Kommission, die Zunahme des Bruttosozialproduktes in der Gemeinschaft im Jahre 1963, die mit einer Ausweitung des innergemeinschaftlichen Handels der EWG-Länder Hand in Hand ging; teilt jedoch die Besorgnis der EWG-Kommission über das Steigen der

Preise und der Produktionskosten als deutliche Ursachen der zunehmenden Störung sowohl des inneren Gleichgewichts der Gemeinschaft als auch ihrer Zahlungsbilanz;

stellt mit Besorgnis fest, daß infolge von Ursachen, die in den Mitgliedsländern selber liegen, und infolge der Weltwirtschaftskonjunktur für das Jahr 1964 mit einem Anhalten dieser Tendenzen zu rechnen ist und daß daher, wenn nicht ausreichende Gegenmaßnahmen getroffen werden, eine Verstärkung der bereits offensichtlichen inflationistischen Spannungen befürchtet werden muß;

ist davon überzeugt, daß eine solche Entwicklung das Wirtschaftswachstum der Gemeinschaft beeinträchtigen und nicht nur in den einzelnen Mitgliedstaaten, sondern auch im Verhältnis der Mitgliedstaaten untereinander zu schweren Störungen in der Einkommens- und Vermögensverteilung führen kann;

würdigt daher die ernste Warnung, die die EWG-Kommission an die verantwortlichen Stellen der EWG und der Mitgliedsländer gerichtet hat;

teilt aus diesen Gründen die Ansicht der EWG-Kommission, daß ein ausgewogenes System von Stabilisierungsmaßnahmen, das von den Regierungen der Mitgliedstaaten möglichst nach Konsultationen auf europäischer Ebene eingeführt wird, gesucht und beschlossen werden muß, da es sonst zu einem weiteren Anziehen der Preise und der Produktionskosten kommen würde und die sozial schwächsten Gruppen dann unter den schlimmsten Folgen der Inflation am meisten zu leiden hätten;

erklärt sich mit den allgemeinen Grundsätzen des von der EWG-Kommission empfohlenen Programms einverstanden, vorausgesetzt jedoch, daß es sowohl im öffentlichen Sektor als auch im Privatsektor eine jeweils von Land zu Land nuancierte Durchführung findet, wobei die Hauptlast nicht auf die schwächeren Gruppen fallen darf; so kann die Entwicklung der Volkswirtschaften der Mitgliedsländer wieder zu einem allgemeinen Gleichgewicht führen;

legt dabei im Einklang mit der EWG-Kommission großen Wert auf die Beteiligung der wichtigsten Wirtschafts- und Sozialgruppen an den Bemühungen um Stabilisierung;

wünscht wie die EWG-Kommission, daß ergänzende Maßnahmen zur Rationalisierung der Produktion in den Mitgliedstaaten getroffen werden und daß der Ministerrat der EWG prüft, ob nicht der EWG-Kommission zwecks Koordinierung der Konjunkturpolitik der Mitgliedstaaten größere Befugnisse übertragen werden können;

wünscht, daß so gemäß dem Geist und dem Buchstaben des Vertrages von Rom eine gemeinsame Politik ausgearbeitet werden kann, die die Wirtschafts- und Finanzpolitik koordiniert und der Wahrung des wirtschaftlichen und finanziellen Gleichgewichts der Gemeinschaft dient, eine Politik, wie sie das Parlament unablässig fordert;

daß insbesondere die Regierungen der Mitgliedstaaten sich miteinander in Verbindung setzen, bevor sie ihre nationalen Haushaltsvorschläge festlegen, untereinander darüber beraten und die EWG-Kommission daran beteiligen;

ist der Ansicht, daß unter den gegenwärtigen Umständen eine Erhöhung der öffentlichen Ausgaben — im weitesten Sinne — nur in Frage kommen kann, wenn ihr eine entsprechende Zunahme des Bruttosozialproduktes gegenübersteht;

beauftragt seinen Präsidenten, den Bericht seines zuständigen Ausschusses an die Kommission der Europäischen Wirtschaftsgemeinschaft weiterzuleiten;

beauftragt seinen zuständigen Ausschuß, die Tätigkeit der Kommission und des Ministerrats der Europäischen Wirtschaftsgemeinschaft auf dem Gebiet der Wirtschafts- und Finanzpolitik genauestens zu verfolgen.

(A II 3) *Empfehlung des Rats vom 15. April 1964 an die Mitgliedstaaten für Maßnahmen zur Wiederherstellung des inneren und äußeren Gleichgewichts der Wirtschaftsentwicklung der Gemeinschaft*
(64/246/EWG)

Der Rat, gestützt auf Artikel 103 des Vertrages zur Gründung der Europäischen Wirtschaftsgemeinschaft und in Anbetracht der Entschließung des Europäischen Parlaments vom 23. März 1964 empfiehlt auf Vorschlag der Kommission den Mitgliedstaaten folgende Maßnahmen zur Wiederherstellung des inneren und äußeren wirtschaftlichen Gleichgewichts der Gemeinschaft:

1. Den Mitgliedstaaten wird empfohlen, ihre Wirtschaftspolitik und Finanzpolitik darauf abzustellen, daß spätestens bis zum Ende des Jahres 1964 die Stabilität ihres Preisniveaus und ihrer Produktionskosten pro Produktionseinheit wiederhergestellt beziehungsweise konsolidiert ist. Die wirtschafts- und finanzpolitischen Beschlüsse, die im Jahre 1964 vorbereitet oder gefaßt, aber erst im Jahre 1965 ausgeführt werden, sollten in gleicher Weise auf dieses Ziel ausgerichtet werden.

2. Zu diesem Zweck sollen die Regierungen der Mitgliedstaaten den in Ziffer 1 genannten Zielen in den kommenden Monaten Vorrang vor allen anderen Zielen der Wirtschaftspolitik oder anderer Bereiche der Politik geben.

3. Die Mitgliedstaaten betrachten die Aufrechterhaltung einer liberalen Einfuhrpolitik innerhalb der Gemeinschaft und gegenüber den Nichtmitgliedsländern als ein wesentliches Element ihrer Politik zur Stabilisierung oder zur Stabilerhaltung ihres Preisniveaus.

4. Das Hauptgewicht einer schnellen Aktion zur Stabilisierung der Preise und Kosten muß auf einer strengeren öffentlichen Ausgabenpolitik liegen. Den Mitgliedstaaten wird empfohlen, die Expansion der nominalen inlandswirksamen Kassenausgaben in der Weise zu begrenzen, daß diese Expansion — insgesamt gerechnet — im Vergleich der Kalenderjahre soweit wie möglich nicht den Satz von 5 v. H. überschreitet, unabhängig von Änderungen, die sich aus der Methode der Finanzierung der öffentlichen Schuld ergeben könnten. Soweit verfassungsrechtlich die Möglichkeit gegeben ist, sollten sie veranlassen, daß die regionalen und örtlichen Gebietskörperschaften ebenso wie die staatlichen oder halbstaatlichen Unternehmen in gleicher Weise vorgehen. Soweit diese Möglichkeit nicht gegeben ist, wird den Regierungen der Mitgliedstaaten empfohlen, alle Bemühungen zu unternehmen, um im Verhandlungswege zu erreichen, daß diese Gebietskörperschaften und Unternehmen in gleicher Weise vorgehen.

Den Mitgliedstaaten wird ferner empfohlen, geeignete Maßnahmen zu treffen, um die öffentlichen Ausgaben zeitlich und örtlich so zu verteilen, daß sie sich nicht zu stark auf bestimmte Zeitabschnitte oder Gebiete konzentrieren,

5. Soweit die Regierungen der Mitgliedstaaten nicht die rechtlichen oder administrativen Möglichkeiten haben, das Wachstum der Kassenausgaben auf jährlich 5 v. H. zu begrenzen oder soweit sie nicht in genügend kurzer Frist von ihrem Parlament die notwendigen Beschlüsse erhalten können oder sie selbst eine größere Ausgabensteigerung für absolut unerläßlich halten, wird ihnen empfohlen, unverzüglich die haushaltsmäßigen Maßnahmen durch steuerliche Maßnahmen zu ergänzen, damit die gegenwärtigen oder neu einzuführenden Steuern vorübergehend in der Weise erhöht werden können, daß auf die Entwicklung der nominellen Inlandsnachfrage eine gleiche Wirkung wie diejenige erzielt wird, die sich aus der strikten Anwendung der Regelung der Ziffer 4 ergeben würde.

Die sich aus der Progressivität gewisser Steuern ergebenden Mehreinnahmen können als eine zusätzliche Steuerbelastung im Sinne dieser Ziffer betrachtet werden. Das Aufkommen aus den erhöhten oder neu erhobenen Steuern sollte auf der Grundlage konstanter Preise und einer Erhöhung der Inlandsproduktion von nicht mehr als 5 v. H. berechnet werden. Die obige Empfehlung schließt die Möglichkeit von Änderungen des bestehenden Steuersystems nicht aus, sofern die Gesamtwirkung dadurch nicht geändert wird.

Den Regierungen der Mitgliedsländer wird empfohlen, das Defizit der öffentlichen Versorgungs- und Verkehrsunternehmungen durch eine Erhöhung der entsprechenden Tarife soweit wie möglich zu reduzieren, wobei allerdings gewisse Vorkehrungen zugunsten besonders bedürftiger Personenkreise zu treffen sind. Die daraus resultierenden Einnahmen können als zusätzliche Steuerbelastung im Sinne dieser Ziffer betrachtet werden.

Die Neueinführung und Erhöhung von Steuern sowie die Erhöhung öffentlicher Tarife sollte unter Berücksichtigung der in den Mitgliedsländern in Kraft befindlichen gleitenden Lohnskalen und Indexbindungen erfolgen, um nicht den Anstieg der nominellen Einkommen zu verstärken. In Italien und in Frankreich wäre es erwünscht, die zusätzliche Steuerlast so zu gestalten, daß die Expansion des privaten Verbrauchs möglichst stark, die Investitionsausgaben der Unternehmungen möglichst wenig beeinträchtigt werden.

6. Falls trotz Anwendung der in den Ziffern 4 und 5 vorgesehenen Maßnahmen weiterhin ein Defizit zwischen öffentlichen Einnahmen und Ausgaben besteht, wird den Regierungen der Mitgliedstaaten empfohlen, dieses Defizit ausschließlich durch Begebung von langfristigen Anleihen zu finanzieren und nicht auf Bankkredite (einschließlich Notenbankkredite), Begebung von kurzfristigen öffentlichen Titeln und direkte oder indirekte Aufnahme von Devisenkrediten zurückzugreifen. Soweit der inländische Kapitalmarkt den Schatzämtern die Beschaffung der von ihnen benötigten Kapitalbeträge nicht ermöglicht, sollten die Regierungen unverzüglich alle Maßnahmen ergreifen, die zur Verbesserung der Funktionsfähigkeit des Kapitalmarktes notwendig sind. In ihrer Staatsschuldenverwaltung sollten die Regierungen außerdem auf eine zunehmende Konsolidierung hinwirken.

7. Die von den zuständigen Behörden der Mitgliedstaaten ergriffenen Maßnahmen einer restriktiven Kreditpolitik müssen beibehalten und gegebenenfalls noch verschärft werden. Das gilt auch für die Maßnahmen, welche die Gewährung von Krediten für Konsumzwecke erschweren.

8. Den Regierungen der Mitgliedstaaten wird empfohlen, den Vertretern der hauptsächlichen Wirtschafts- und Sozialgruppen — insbesondere den Sozialpartnern — die Notwendigkeiten und Grundlinien ihrer Stabilisie-

rungspolitik darzulegen. Sie sollten sich bemühen, in Verhandlungen mit ihnen für den Rest des Jahres 1964 und für das Jahr 1965 eine Einkommenspolitik zu erreichen, welche soweit wie möglich einen Parallelismus zwischen der Expansion der nominalen Einkommen pro Kopf der Erwerbstätigen und dem prozentualen Wachstum der nationalen Produktion pro Kopf der Erwerbstätigen gewährleistet.

Gleichzeitig sollte die Überwachung der Märkte mit unvollständiger Konkurrenz und sollte der Kampf gegen Wettbewerbsbeschränkungen mit preiserhöhender Wirkung verstärkt werden. Soweit die einkommens- und wettbewerbspolitischen Bemühungen nicht den erwarteten Erfolg haben, wären die Maßnahmen, welche die Expansion der Inlandsnachfrage global bremsen sollten, zu verschärfen.

9. In allen Mitgliedsländern, in denen die Expansion der Baunachfrage über die realen Angebotsmöglichkeiten der Bauwirtschaft hinausgeht — ein sicheres Anzeichen dafür sind fühlbar größere Baupreissteigerungen als der durchschnittliche Preisanstieg bei allen anderen Gütern und Dienstleistungen — und in denen eine hinreichend rasche Steigerung der Produktionskapazität nicht verwirklicht werden kann, sollten die Regierungen besondere Beschränkungsmaßnahmen ergreifen, unter anderem zur Verminderung der direkten öffentlichen Baunachfrage, der Steuerbegünstigungen, der Subventionen und Prämien und auch Maßnahmen zur Beschränkung der Hyphothekenkredite sowie zur zeitweiligen Untersagung von Luxusbauten. Allerdings sollte in den Ländern, in denen eine Knappheit an Schulgebäuden, Krankenhäusern und Sozialwohnungen besteht, deren Bau weder eingeschränkt noch erschwert werden.

10. Mitgliedstaaten, die Zahlungsbilanzdefizite haben, wird empfohlen, sich — soweit sie die Defizite nicht aus eigenen Gold- und Devisenreserven finanzieren — im Währungsausschuß der Gemeinschaft mit den anderen Mitgliedstaaten bezüglich der Art und Weise der Finanzierung der Defizite abzustimmen. Angesichts der engen Solidarität zwischen den Mitgliedstaaten der Gemeinschaft sollte man sich zu diesem Zweck in erster Linie um Gemeinschaftslösungen und insbesondere um einen Beistand bemühen, den sich die Mitgliedstaaten gegenseitig zu Bedingungen gewähren könnten, die im gegenseitigen Einvernehmen festzulegen wären. Die Kommission wird gegebenenfalls die Einleitung des gegenseitigen Beistandes empfehlen.

11. Der Regierung der Italienischen Republik wird empfohlen, das Gesamtprogramm der bereits angenommenen Inflationsbekämpfungsmaßnahmen, die darauf abzielen, die Preise und Kosten im Innern schnell zu stabilisieren und die Wettbewerbslage sowie die Zahlungsbilanz zu verbessern, zu ergänzen. Es ist besonders erwünscht, dieses Ziel der Finanzpolitik bereits mit Beginn des zweiten Halbjahres 1964 zu erreichen.

Ganz allgemein wird empfohlen, mit Hilfe von Steuermaßnahmen eine Politik, welche die Entwicklung der Binnennachfrage abbremsen soll, zu verfolgen, in bezug auf die Kreditausweitung die Restriktionspolitik fortzusetzen und eine ausgewogene Einkommenspolitik zu betreiben.

12. Für die Französische Republik, für das Königsreich der Niederlande, für das Königreich Belgien sowie für das Großherzogtum Luxemburg dürfte die Befolgung der allgemein für die Mitgliedstaaten vorgesehenen und bereits eingeleiteten Politik ausreichen, um die Rückkehr zur Stabilität zu sichern.

13. Der Bundesrepublik Deutschland wird empfohlen, die bereits im Sinne der in den Ziffern 1 bis 9 dargelegten Empfehlungen durchgeführte Politik

fortzuführen, damit vermieden wird, daß in der Bundesrepublik Deutschland die im Jahre 1963 wiedererlangte relative Stabilität der Preise und der Produktionskosten gefährdet wird.

Die Kreditpolitik sollte unter den jetzigen Umständen nicht restriktiver gestaltet werden, doch sollte sie eine wesentliche Beschleunigung der Expansion der Bankkredite vermeiden.

Es wird empfohlen, die bereits verfolgte Politik der Neutralisierung der aus den Zahlungsbilanzüberschüssen resultierenden Liquiditätszuflüsse fortzuführen und sich zu bemühen, diese Liquiditäten zu reexportieren. Die für den Kapitalexport bestehenden Hemmnisse steuerlicher und sonstiger Art, die sich insbesondere aus den Anlagevorschriften für Kapitalsammelstellen ergeben, sollten schnell abgebaut werden.

Darüber hinaus sollten Maßnahmen ergriffen werden, um das Anwachsen der Überschüsse der Bilanz der laufenden Posten zu verlangsamen. Es sollten alle geeigneten Maßnahmen getroffen werden, um die Einfuhren zu fördern und es sollte alles vermieden werden, was die Ausfuhren noch begünstigt. Von den Möglichkeiten sofortiger vorzeitiger Zollsenkungen nach Artikel 15 Absatz (2) des Vertrages sollte weitgehend Gebrauch gemacht werden; ebenso sollten noch bestehende Differenzen zwischen den Zollsätzen nach dem deutschen Zolltarif und dem des gemeinsamen Außentarifs verringert oder ganz beseitigt werden. Außerdem wird empfohlen, die Einfuhren von Agrarerzeugnissen durch jede geeignete Maßnahme zu erleichtern. Schließlich sollte eine Aktion unternommen werden, um die Bindung deutscher Kapitalexporte an deutsche Lieferungen von Waren und Dienstleistungen zu lockern, und um Regierungsaufträge in noch stärkerem Ausmaß ins Ausland zu verlegen.

14. Die Mitgliedstaaten unterrichten die Kommission binnen zwei Monaten über die Maßnahmen, die sie zur Durchführung dieser Empfehlung getroffen haben. Nachdem die Kommission im Rahmen des Möglichen den Ausschuß für Konjunkturpolitik und den Währungsausschuß konsultiert hat, erstattet sie dem Rat Bericht und unterrichtet ihn regelmäßig über die Lage und ihre weitere Entwicklung. Die Kommission wird im Bedarfsfall weitere Vorschläge vorlegen.

(A II 4) *Empfehlung des Rates vom 8. April 1965 an die Mitgliedstaaten betreffend die Konjunkturpolitik im weiteren Verlauf des Jahres 1965* (65/192/EWG)

Der Rat der Europäischen Wirtschaftsgemeinschaft — gestützt auf Artikel 103 des Vertrages zur Gründung der Europäischen Wirtschaftsgemeinschaft, auf Vorschlag der Kommission, in Anbetracht der neueren Entwicklung der Konjunktur und ihrer Aussichten, empfiehlt den Mitgliedstaaten, in ihrer Konjunkturpolitik auch für den weiteren Verlauf des Jahres 1965 noch die Leitlinien zu befolgen, die er am 15. April 1964* in den Ziffern 1 bis 9 seiner Empfehlung „Maßnahmen zur Wiederherstellung des inneren und äußeren Gleichgewichts der Wirtschaftsentwicklung der Gemeinschaft" aufgestellt hat.

---

*AB Nr. 64 vom 22. 4. 1964, S. 1029/64.

Der Rat hebt insbesondere hervor, daß das Ansteigen der Preise und der Produktionskosten je Produkteinheit selbst in den Mitgliedstaaten weiter anhält, in denen die Übernachfrage beseitigt ist oder abnimmt. Wenn die Erhöhungen der Geldeinkommen nicht in den Grenzen der Produktivitätssteigerungen gehalten würden, könnten Tendenzen zur Stagnation oder Rezession fortdauern oder sich sogar verstärken.

Der Rat empfiehlt jedoch folgende Änderungen:

1. Bezüglich der Italienischen Republik billigt der Rat die Politik der Wiederbelebung der Inlandsnachfrage, wie sie von den italienischen Stellen gemäß den Ergebnissen der Erörterungen auf der Ratstagung vom 10. November 1964 definiert worden ist. Die Wiederbelebung der Nachfrage müßte unter Bedingungen vor sich gehen, die eine Verlangsamung des Anstiegs der Produktionskosten je Produkteinheit gewährleisten. Was die öffentliche Haushaltspolitik betrifft, so könnten in Italien als einzigem Mitgliedstaat die inlandswirksamen Kassenausgaben 1965 um mehr als 5 v. H. über den Stand des Vorjahres hinauswachsen.

Bei der Ausweitung der öffentlichen Nachfrage sowie bei der Förderung der Entwicklung der privaten Nachfrage sollte das Schwergewicht auf den Investitionsausgaben liegen: Ausweitung der Investitionen der öffentlichen Hand; Förderung der Investitionen der öffentlichen und privaten Unternehmen namentlich durch steuerliche Maßnahmen; Förderung des sozialen Wohnungsbaus und der Bautätigkeit im allgemeinen. Auf dem Gebiet der Kreditpolitik sollten Maßnahmen zur Verbesserung der Bedingungen für den Zugang zu Bankkrediten getroffen werden.

Hingegen sollte bei der Ausweitung der öffentlichen Verbrauchsausgaben und der den privaten Konsum fördernden Transferausgaben des Staates weiterhin sehr maßvoll vorgegangen werden; es wird empfohlen, Dauerausgaben soweit wie möglich nicht neu zu beschließen oder zu erhöhen.

Das Haushaltsdefizit sowie das Defizit des Schatzamtes sollten durch normale Mittel ohne Rückgriff auf die Notenbank finanziert werden.

Die Maßnahmen zur Konjunkturanregung müßten jedoch sofort überprüft werden, falls die Gefahr einer Wiederverstärkung des Preis- und Kostenauftriebs eintreten sollte.

2. In der Französischen Republik sind steuerliche Maßnahmen zur Förderung der Investitionstätigkeit der privaten Industrie ergriffen worden.

Auf dem Gebiet der Kreditpolitik könnten im beschränktem Umfang in Zukunft ähnliche Maßnahmen mit dem gleichen Ziel getroffen werden.

3. Im Königreich Belgien könnten die restriktiven Maßnahmen, die 1963 und 1964 getroffen wurden, um gewisse staatliche Investitionen, die Investitionen der Unternehmen und die Bautätigkeit zu drosseln, vorsichtig wieder gelockert werden.

4. Im Großherzogtum Luxemburg könnten ähnliche Lockerungen bei gewissen staatlichen Investitionen und bei den Investitionen der Unternehmen vorgenommen werden.

In der Bundesrepublik Deutschland hat sich das Ungleichgewicht zwischen der Expansion der Inlandsnachfrage und der des Inlandsangebots tendenziell eher noch verstärkt. Es ist daher angebracht, daß sich dieses Land an die Empfehlung vom 15. April 1964 hält.

B. Koordinierung der regionalen Strukturpolitik

(B I) *A. Methoden zur Kenntnis und Vorausbestimmung regionaler Anpassungsschwierigkeiten*

Bei der Vielzahl der Situationen, der regionalen Besonderheiten der Gebiete, die mit derartigen Problemen zu kämpfen haben, und der Lückenhaftigkeit der statistischen Unterlagen, ist es oftmals schwer, die Probleme dynamisch zu sehen und von derartigen Schwierigkeiten bedrohte Zonen rechtzeitig zu entdecken.

Die vordringlichste Aufgabe ist also eine Verbesserung der Information, um es möglichst gar nicht erst zu Anpassungsschwierigkeiten kommen zu lassen. Falls sie sich trotzdem nicht verhindern lassen, müssen durch genaue Kenntnis der Probleme die Voraussetzungen für wirksame Gegenmaßnahmen geschaffen werden.

I — Diagnose und Vorausbestimmung von Anpassungsschwierigkeiten

Die Mittel zur Behebung derartiger Schwierigkeiten müssen vor allem den Faktor Zeit berücksichtigen. Jede Fehlentwicklung hat einen Anfang. Dieser Zeitpunkt läßt sich genau bestimmen, wenn zum Beispiel traditionelle Handelsströme plötzlich aus politischen Gründen unterbrochen werden; in anderen Fällen handelt es sich um einen längeren Zeitraum, wenn beispielsweise bestimmte Produktionszweige in eine Strukturkrise geraten oder mehrere, gleich stark überalterte Wirtschaftszweige von einer kumulativen Krise erfaßt werden. Wenn es möglich ist, nachträglich den Zeitpunkt zu bestimmen, an dem sich diese Erscheinungen in bestimmten Gebieten bemerkbar machten, dann möchte man es in anderen Gebieten gar nicht erst soweit kommen lassen. Mit einem geeigneten wirtschaftspolitischen Instrumentarium müßte sich ein solcher Fall abbiegen lassen.

Diese Vorausbestimmung erfordert die Anwendung einer Reihe sorgfältig ausgewählter Indikatoren, quantitative und qualitative Elemente, die für die Wirtschaftsbeobachtung im allgemeinen herangezogen werden.

Mehrere Mitgliedstaaten verfügen im Rahmen ihrer regionalen oder nationalen Programmierung über Indikatorensysteme für Wachstums- bzw. Schrumpfungsvorgänge. Zwar sind die Konjunkturindikatoren und die Hilfsmittel für Strukturanalysen auf nationaler Ebene verhältnismäßig gut entwickelt, nicht jedoch auf regionaler Ebene, wo häufig noch die statistischen Grundlagen fehlen.

Es wäre zweckmäßig, die Hilfsmittel für die Konjunkturbeobachtung auf regionaler Ebene weiterzuentwickeln. In den von Anpassungsschwierigkeiten bedrohten Regionen nehmen die Grenzbetriebe, die Konjunkturschwankungen gegenüber am anfälligsten sind, im allgemeinen einen besonders breiten Raum ein. Jede Verlangsamung der allgemeinen Konjunktur würde sich in diesen Gebieten besonders negativ auswirken.

Man müßte also im Rahmen der EWG für eine Verbesserung der Regionalstatistik sorgen und gerade in den Gebieten, in denen mit Schwierigkeiten gerechnet werden muß, ein Beobachtungssystem einführen, mit dessen Hilfe Anpassungsschwierigkeiten rechtzeitig entdeckt werden können.

Durch die klassische Auswertung der Angaben über Bevölkerung, Wanderungsbewegungen, Beschäftigung usw. kann eine erste Vorstellung von diesem Problemkreis vermittelt werden. Weiterhin wäre es zweckmäßig, daß — soweit möglich — vollständigere Angaben zur Verfügung stünden, die gegebenenfalls in einer regionalwirtschaftlichen Gesamtrechnung zusammengefaßt werden könnten (Sozialprodukt der Region, Einkommen usw.).

Die für sämtliche Regionen notwendige Aufstellung wirtschaftlicher Prognosen* ist besonders wichtig für die Entdeckung von Anpassungsschwierigkeiten. Dabei sind besondere Probleme zu beachten, die in der Anlage erläutert werden**. Die Abschätzungen der künftigen Entwicklung auf dem Arbeitsmarkt ist hierbei zweifellos von großem Interesse. Die Hohe Behörde hat sozio-ökonomische Studien über die Gebiete mit Montanindustrie eingeleitet, die untereinander vergleichbare und laufend vervollständigte Unterlagen für die einzelnen Regionen darstellen.

Die Aufstellung von Prognosen für bestimmte Regionen kann dadurch erleichtert werden, daß in einem größeren Rahmen Angaben über die Entwicklung der Beschäftigung in den einzelnen Wirtschaftszweigen vorliegen. Unter Umständen kann dann nämlich rechtzeitig ein Beschäftigungsrückgang in Industriezweigen vorausgesehen werden, die für die Wirtschaft der betreffenden Region besonders wichtig sind. Infolgedessen muß auf die Notwendigkeit hingewiesen werden, daß die Aufstellung von Prognosen über die Entwicklung der Beschäftigung nach großen Industriezweigen nicht nur auf der Ebene der einzelnen Staaten, sondern auch der Gemeinschaften ausgebaut werden muß.

Im übrigen hat sich in bestimmten Fällen gezeigt, daß bei einer allzu starren Abgrenzung der einzelnen Regionen Nachteile auftreten können, da entweder die Regionalprognosen nicht mit denen der benachbarten Gebiete abgestimmt sind oder aber bestimmte Schwerpunkte durch eine willkürliche Einteilung von der Untersuchung ausgeschlossen werden, die einen Ansatzpunkt für wirksame Umstellungsmaßnahmen darstellen könnten.

Vorausschätzungen über Regionen, die umgestellt werden müssen, sind daher im Zusammenhang mit ähnlichen Arbeiten für die benachbarten Regionen durchzuführen, mögen diese nun im gleichen Land oder auch in anderen Ländern der Gemeinschaft liegen.

II — Zusammenstellung der positiven und negativen Faktoren

Wenn die erste Aufgabe in der Entwicklung einer Reihe regional wirtschaftlicher Bestimmungsfaktoren besteht, mit deren Hilfe die Anpassungsschwierigkeiten nicht nur entdeckt, sondern auch vorausgesehen und vermutet werden können, dann muß auch die Untersuchung der Strukturen vertieft werden, wenn dergleichen Schwierigkeiten bereits vorliegen, damit eine entsprechende Politik festgelegt werden kann.

Die Vorausberechnungen müssen also durch eine Zusammenstellung bestimmter Angaben ergänzt werden, die man vor der Festlegung einer Umstellungspolitik unbedingt kennen muß. Ohne Anspruch auf Vollständigkeit zu erheben, könnte sich diese „Bestandsaufnahme" etwa auf folgende Bereiche erstrecken:

— ausgerüstetes Industriegelände; Wasserreserven; Energiequellen usw.;

— Grund- oder Immobilienbesitz, für den der vorherrschende oder alleinige, von einer Krise bedrohte Erwerbszweig keine Verwendung mehr hat,

---

* Vgl. das Kapitel über die Entwicklungsaussichten von Bevölkerung und Beschäftigung im Bericht der Arbeitsgruppe Nr. 1.

** Vgl. *Anlage IV:* Notwendigkeit und Möglichkeiten der statistischen Vorausberechnung bei der Untersuchung regionaler Anpassungsschwierigkeiten.

und der nach Übertragung auf andere Besitzer einer neuen Bestimmung zugeführt werden könnte;

— vorhandene Arbeitskräfte und Beschäftigungsaussichten: Ausbildung, Lohnhöhe; Ausbildungs- und Berufsumstellungsmöglichkeiten;
— bereits fertiggestellte oder im Bau befindliche Wohnungen;
— geplante oder im Bau befindliche Infrastrukturvorhaben;
— bereits abgeschlossene oder beschlossene Industrievorhaben;
— das gesellschaftspsychologische Verhalten der Bevölkerung.

(B II 1) *Erste Mitteilung der Kommission über die Regionalpolitik in der EWG*

Einleitung

Der Vertrag von Rom legt klar das allgemeine Ziel der Regionalpolitik im Gemeinsamen Markt fest. Die Mitgliedstaaten erklären in der Präambel, daß sie ihr Streben darauf richten, „ihre Volkswirtschaften zu einigen und deren harmonische Entwicklung zu fördern, indem sie den Abstand zwischen einzelnen Gebieten und den Rückstand weniger begünstigter Gebiete verringern". Artikel 2 besagt, daß es Aufgabe der Gemeinschaft ist, „eine harmonische Entwicklung des Wirtschaftslebens innerhalb der Gemeinschaft zu fördern".

In Verfolgung dieser Ziele sieht der Vertrag von Rom zunächst die Möglichkeit bestimmter Abweichungen von den allgemeinen Regeln des Vertrages zugunsten der Regionalpolitik vor. So Artikel 80 für die Frachten und Beförderungsbedingungen, Artikel 92 für die staatlichen Beihilfen und Artikel 226, der eine Schutzklausel für den Fall der beträchtlichen Verschlechterung der wirtschaftlichen Lage eines bestimmten Gebietes enthält. Außerdem wird in den Artikeln 39 § 2, 42 und 49 d bei der Verwirklichung der gemeinsamen Agrarpolitik und der Freizügigkeit der Arbeitnehmer die Berücksichtigung der jeweiligen regionalen Lage gefordert.

Daneben wurde die Europäische Investitionsbank namentlich für die Finanzierung von Vorhaben zur Erschließung der weniger entwickelten Gebiete geschaffen.

Über diese spezifischen Bestimmungen hinaus erstrecken sich auch die Artikel 2, 3 g, 6 § 1 und 145 EWG mit ihrer Verpflichtung zur Koordinierung der allgemeinen Wirtschaftspolitik auf dem Bereich der Regionalpolitik, der nur ein besonderer Aspekt der Wirtschaftspolitik ist.

Die Kommission hat deshalb nach Maßgabe des Artikels 155 die Pflicht, sich mit den Auswirkungen der nationalen und gemeinschaftlichen Wirtschaftspolitik auf die wirtschaftliche Entwicklung in den einzelnen Gebieten zu befassen und die nötigen Vorkehrungen zu treffen, damit mittels eines sorgfältig aufeinander abgestimmten Vorgehens der regionalen und nationalen Instanzen einerseits, der europäischen Behörden andererseits, eine harmonische Entwicklung der Gebiete der Gemeinschaft sichergestellt wird.

Die Politik, die sowohl die Mitgliedstaaten — nach den in ihren Verfassungen vorgesehenen Verfahren — als auch die Europäische Gemeinschaft befolgen müssen, um die vom Vertrag in diesem Bereich gesteckten Ziele zu erreichen, wird einen wichtigen Abschnitt des Programmes für mittelfristige Wirtschaftspolitik bilden, dessen Erstellung der Rat am 15. April 1964 beschlossen hat.

Überdies hat das Europäische Parlament in seiner Entschließung vom 22. Januar 1964 eine Reihe von Schlußfolgerungen im Hinblick auf die Regionalpolitik der Gemeinschaft dargelegt und insbesondere den Wunsch zum Ausdruck gebracht, daß die Gemeinschaften und die nationalen wie regionalen Behörden gemeinsam eine Gesamtkonzeption für die Regionalpolitik in der EWG ausarbeiten. In seiner Stellungnahme vom 19. Januar 1964 hat der Wirtschafts- und Sozialausschuß den gleichen Wunsch geäußert.

Um diese Gesamtkonzeption der Regionalpolitik in der Gemeinschaft vorzubereiten, hat die Kommission es für richtig gehalten, die Meinung der auf diesem Gebiet besonders qualifizierten Persönlichkeiten zu hören*. Die Berichte der von ihr zu diesem Zweck eingesetzten drei Arbeitsgruppen stellen eine gründliche Analyse der regionalpolitischen Probleme der Gemeinschaft dar und enthalten ausführliche Schlußfolgerungen. Diese sind im Anhang wiedergegeben.

Um zur Verwirklichung der Ziele des Vertrages beizutragen und gleichzeitig dem Wunsch des Europäischen Parlaments und des Wirtschafts- und Sozialausschusses zu entsprechen, hält es die Kommission für notwendig, dem Rat die Schlußfolgerungen zu unterbreiten, die sie aus den Arbeiten der Sachverständigen und den übrigen von ihr unternommenen Studien gezogen hat.

Zur Sicherstellung einer ausgeglichenen Entwicklung der Regionen ist es nach ihrer Ansicht wünschenswert:

— daß eine Einigung über die allgemeinen Ziele und Methoden der Regionalpolitik in der Gemeinschaft erreicht wird,

— daß die Mitgliedstaaten und die europäischen Institutionen im Rahmen ihrer Zuständigkeiten ihre Maßnahmen zur Erreichung dieser Ziele koordinieren.

(B II 2) *Entschließung zur Ersten Mitteilung der EWG-Kommission über die Regionalpolitik in der EWG*

Das Europäische Parlament,

— in Kenntnis der Ersten Mitteilung der Kommission über die Regionalpolitik in der EWG (II/SEK (65) 1170/endg.);

— auf Grund des Berichtes des Wirtschafts- und Finanzausschusses (Dok. 58/1966—1967);

1. in der Überzeugung, daß die Regionalpolitik als eine Gesamtausrichtung der allgemeinen Wirtschaftspolitik der Gemeinschaft auf die Erfordernisse der wirtschaftlichen Entwicklung der Regionen zu verstehen ist;

2. in dem Bewußtsein, daß eine gesunde Regionalpolitik der Gemeinschaft die Entwicklung aller Regionen der Gemeinschaft fördern muß, auch wenn

* Vgl. Bericht der Arbeitsgruppe Nr. 1 (unter dem Vorsitz von Herrn Langer, Staatssekretär im Wirtschaftsministerium in Bonn) über „Ziele und Methoden der Regionalpolitik in der Europäischen Wirtschaftsgemeinschaft"; Bericht der Arbeitsgruppe Nr. 2 (unter dem Vorsitz von Herrn Persoons, Berater der SOCOREC in Brüssel) über „Die Strukturverbesserung in den alten Industriegebieten"; Bericht der Arbeitsgruppe Nr. 3 (unter dem Vorsitz von Herrn Bloch-Lainé, Generaldirektor der Caisse des Dépôts et Consignations in Paris) über „Die Maßnahmen der Regionalpolitik in den Mitgliedstaaten der EWG."

sie die Entwicklungsprobleme der wirtschaftlich schwachen Regionen (Randgebiete, Notstandsgebiete, an den gemeinsamen Grenzen der Mitgliedstaaten gelegene Gebiete, Zonenrandgebiete der Bundesrepublik Deutschland und östliches italienisches Grenzgebiet) mit Vorrang behandelt;

3. fordert die zuständigen Gemeinschaftsinstanzen auf, deutlicher als bisher ihren Willen zur konkreten Inangriffnahme des Problems der Regionalpolitik zu bekunden, die Methoden dem Zweck anzupassen, die verfügbaren Instrumente und Finanzmittel zu verstärken sowie eine Reihe durchschlagender und gut koordinierter Maßnahmen in Form eines genauen Aktionsprogramms zu verwirklichen, das für die Gesetzgebung der Mitgliedstaaten als Grundlage dienen könnte;

4. stellt in diesem Zusammenhang fest, daß die in der Ersten Mitteilung der EWG-Kommission enthaltenen Vorschläge, wenn sie angenommen werden, einen ersten Schritt zur progressiven Einführung einer gemeinschaftlichen Regionalpolitik bilden können;

5. billigt im großen und ganzen die von der EWG-Kommission in ihrer Ersten Mitteilung dargelegten Methoden und begrüßt die Ausarbeitung verschiedener Sonderprogramme als Ausdruck des Willens, eine wirkungsvolle Zusammenarbeit zu beginnen, die den besonderen lokalen Gegebenheiten entspricht;

6. ersucht den Ministerrat und die Mitgliedstaaten ausdrücklich, die Probleme der gemeinschaftlichen Regionalpolitik bald zu untersuchen und diese Probleme, auch im weiteren Rahmen der mittelfristigen Wirtschaftspolitik der Gemeinschaft, mit Entschlossenheit einer befriedigenden Lösung zuzuführen;

7. billigt die positive, konkrete Aktion der Hohen Behörde der EGKS auf dem Gebiet der Regionalpolitik und fordert sie auf, ihre Initiativen und Maßnahmen in dem durch die Fusion der Exekutiven gegebenen Rahmen zu intensivieren und dabei immer enger mit den regionalen und nationalen Instanzen sowohl im Bereich der Strukturstudien als auch auf praktischem Gebiet zusammenzuarbeiten;

8. fordert die Euratom-Kommission auf, die Kernenergiepolitik als einen wesentlichen Bestandteil der Regionalpolitik anzusehen, und dringt darauf, daß die Euratom diesem Erfordernis entsprechend ihre Programme für die Anlage von Kernkraftwerken so ausrichtet, daß die regionalen, mit der allgemeinen Entwicklungspolitik der Gemeinschaft zusammenhängenden Industrialisierungspläne berücksichtigt werden;

9. unterstreicht die Bedeutung der Aktion, welche die Europäische Investitionsbank bisher, wenn auch eingeengt, durch ihre Satzung und ihre beschränkten Mittel, hauptsächlich zugunsten der wirtschaftlich schwächeren Gebiete und nach immer systematischeren Kriterien durchgeführt hat, und wünscht deshalb, daß die derzeitige Struktur und die Satzung der Europäischen Investitionsbank geändert werden, da es seiner Überzeugung nach notwendig ist, daß sie zum wichtigsten Instrument zur Förderung und Durchführung der Regionalpolitik der Gemeinschaft wird;

10. fordert die Gemeinschaftsinstanzen auf, alle Möglichkeiten zur Schaffung eines Sonderfonds für die Finanzierung der Regionalentwicklung zu prüfen, der mit der Europäischen Investitionsbank zusammenarbeitet und die Möglichkeit bietet, in den schlimmsten Fällen regionaler Unterentwicklung und Überalterung mit geeigneten Mitteln in entsprechender Weise einzugreifen;

11. verweist dabei erneut auf den entscheidenden Zusammenhang, der zwischen der Regionalpolitik der Gemeinschaft und der Politik für die großen europäischen Infrastrukturen besteht, vor allem im Hinblick auf den Ausbau der großen Verkehrsachsen, auf die Häfen usw.;

12. weist auf den wesentlichen Beitrag hin, den eine entschlossene gemeinsame Agrarstrukturpolitik — die leider erst vor kurzem mit zu stark detaillierten Maßnahmen eingeleitet wurde — zu einer wirksamen Entwicklungspolitik für die Agrargebiete im allgemeinen und die wirtschaftlich schwachen unter ihnen im besonderen leisten kann, und äußert den dringenden Wunsch, daß die Abteilung „Ausrichtung" des EAGFL so schnell wie möglich ihre Aktion diesen Erfordernissen anpaßt, indem sie ihre Interventionen konzentriert, sie mit den regionalen Entwicklungsprogrammen koordiniert, mehr Mittel einsetzt und ihre Interventionsmodalitäten auf die neuesten Gegebenheiten abstimmt;

13. dringt darauf, daß so bald wie möglich eine Revision des Europäischen Sozialfonds unter Berücksichtigung der vom Europäischen Parlament in dem Bericht von Frau Elsner (Dok. 53/1965—1966) vorgeschlagenen Mittel und Wege vorgenommen wird;

14. empfiehlt noch einmal die Einrichtung eines zentralen Dokumentations- und Informationsdienstes für die Probleme der Regionalpolitik durch die Gemeinschaft sowie die Harmonisierung der Methoden zur Zusammenstellung und Auswertung der regionalstatistischen Angaben der Mitgliedstaaten;

15. erachtet eine beträchtliche Erhöhung der Finanzmittel und des Personalbestands der derzeitigen Dienststellen der EWG-Kommission sowie deren Umstrukturierung zum Zweck ihrer Anpassung an die großen Anforderungen einer gemeinsamen Regionalpolitik für dringlich und unerläßlich und ersucht den Ministerrat, den im V. Teil des oben genannten Berichtes (Dok. 58) unterbreiteten Anregungen gebührend Rechnung zu tragen;

16. anerkennt ohne Einschränkung den politischen Wert der Beteiligung der Vertreter der lokalen und regionalen Stellen an der Ausarbeitung der gemeinschaftlichen Regionalpolitik und erachtet die Aufnahme ständiger enger Kontakte zwischen den Gemeinschaftsinstanzen und den die Regionen vertretenden Persönlichkeiten als wesentlich für eine wirklich demokratische Zusammenarbeit in diesem Bereich;

17. erwartet von einer angemessenen Verwirklchung der gemeinsamen Verkehrspolitik, auf die man nach der Übereinkunft vom 22. Juni 1965 hoffen darf, einen wichtigen Beitrag zur Verwirklichung der Regionalpolitik der Gemeinschaft;

18. erachtet eine Politik der Mitgliedstaaten für erforderlich, die entschieden die Investitionen in den weniger begünstigten Regionen fördert und durch die den lokalen Körperschaften, die auf verschiedenen Stufen und entsprechend ihren einzelnen Zuständigkeiten für die Regionalpolitik verantwortlich sind, auf direktem Wege zu ausreichenden Mitteln verholfen wird;

19. fordert die europäischen Exekutiven auf, den in dem genannten Bericht (Dok. 58) enthaltenen Anregungen und Hinweisen Rechnung zu tragen und das Europäische Parlament und seinen zuständigen Ausschuß regelmäßig über den Stand der Initiativen und der Fortschritte auf dem Gebiet der Regionalpolitik zu unterrichten.

(B II 3)

Programm für die mittelfristige Wirtschaftspolitik

Kapitel VI

Regionalpolitik

1. Der Ausschuß hat in enger Zusammenarbeit mit der Gruppe der hohen für die Regionalpolitik in den Mitgliedstaaten verantwortlichen Beamten eingehend die Probleme der Regionalpolitik in der Gemeinschaft untersucht. Die wichtigsten regionalen Probleme, insbesondere ihr Zusammenhang mit der Wachstumspolitik sowie die allgemeinen Ziele, Methoden und Maßnahmen der Regionalpolitik sind im Anhang zu diesem Programm ausführlicher dargestellt. Sie stellen die Grundlage für die folgenden Leitlinien zur Regionalpolitik der Mitgliedstaaten und der Institutionen der Gemeinschaft dar. Es ist dabei zu unterstreichen, daß die vorgeschlagenen Aktionen sich auf die wichtigsten regionalpolitischen Aktionen beschränken, die die Mitgliedstaaten und die Institutionen der Gemeinschaft in den nächsten Jahren möglichst schnell mit Vorrang in Angriff nehmen sollten.

Aufgaben der Regionalpolitik

2. Die Schaffung optimaler Bedingungen für ein ausgewogenes Wirtschaftswachstum und eine ausgewogene Wirtschaftsstruktur erfordert in den nächsten Jahren erhebliche Anstrengungen auf dem Gebiet der Regionalpolitik. Dabei gilt es insbesondere, die vorhandenen Produktionsreserven in den Problemgebieten zu mobilisieren und damit gleichermaßen das gesamtwirtschaftliche Wachstum zu fördern und zu einem besseren regionalen Gleichgewicht beizutragen. Gleichzeitig sollte man danach streben, daß solche Ballungen der wirtschaftlichen Aktivitäten vermieden werden, die zu überproportional steigenden wirtschaftlichen und sozialen Kosten führen und den in bestimmten Zentren bereits herrschenden starken Arbeitskräftemangel noch verschärfen.

Die wichtigste Aufgabe der Regionalpolitik besteht somit darin, in den benachteiligten Gebieten durch geeignete Maßnahmen die nötigen Voraussetzungen für die Entfaltung wirtschaftlicher Initiativen zu schaffen. In der Gemeinschaft erhält diese Aufgabe der Regionalpolitik insofern eine besondere Bedeutung, als die Vorteile des größeren Marktes im Bereich der Beschäftigung, der Produktion und der Realeinkommen nur in dem Maße wahrgenommen werden können, in dem Unternehmen, namentlich der Industrie, ihren Standort grundsätzlich frei in den für sie am günstigsten Gebieten wählen können. Dies setzt voraus, daß ihre Entscheidungen nicht durch zu große Unterschiede in der Ausstattung der Regionen mit öffentlichen Leistungen, insbesondere der Infrastruktur, beeinflußt werden. Durch Schaffung gleichwertiger Startchancen muß daher die Regionalpolitik dafür Sorge tragen, daß die Problemgebiete der Gemeinschaft — und insbesondere die großen peripheren Gebiete — an der geographischen Neuorientierung der Produktion im Gemeinsamen Markt hinreichend beteiligt werden. Dabei sollte darauf geachtet werden, daß die Maßnahmen der sektoralen Strukturpolitik, insbesondere im Bereich der Landwirtschaft und der Industrie, mit der Regionalpolitik abgestimmt sind.

Um eine Verstärkung der Unterschiede zwischen den überwiegend landwirtschaftlich orientierten Problemgebieten und den übrigen Regionen der Gemeinschaft zu vermeiden, wird es in den kommenden Jahren auf dem Gebiet der Agrarstrukturpolitik ganz besonderer Anstrengungen bedürfen.

Die Schaffung einheitlicher Agrarmärkte und einheitlicher Preise bedingt in einer Reihe von Fällen eine relative oder absolute Verminderung der Erzeugerpreise, die in Gebieten mit ungünstiger Produktionsstruktur schwierige regionale Probleme hervorrufen kann. Darüber hinaus tendiert die wirtschaftliche Expansion ganz allgemein dazu, die strukturellen Schwächen der überwiegend landwirtschaftlich orientierten Gebiete noch stärker zum Vorschein zu bringen. Die Agrarstrukturpolitik muß infolgedessen insbesondere in den landwirtschaftlichen Problemgebieten bestrebt sein, sowohl Orientierung und Volumen der landwirtschaftlichen Erzeugung als auch ihre Lokalisierung auf der Basis der natürlichen wirtschaftlichen Bedingungen zu fördern, um die landwirtschaftliche Tätigkeit der einzelnen Gebiete wettbewerbsfähig zu machen und in die Richtung einer vom gesamtwirtschaftlichen Standpunkt aus höchstmöglichen Rationalität zu bringen.

Infrastruktur

Frachten und Beförderungsbedingungen

Beihilfen

Regionale Untersuchungen und Programme

Finanzierungsmittel der Gemeinschaft

Die Regionalpolitiken auf Gemeinschaftsebene

9. Obwohl die Zuständigkeit für die Regionalpolitik primär bei den Mitgliedstaaten liegt, ist auf diesem Gebiet im Interesse einer harmonischen Wirtschaftsentwicklung und einer Verringerung des Rückstandes der weniger begünstigten Gebiete in der Gemeinschaft eine Konfrontierung und soweit wie möglich eine Koordinierung besonders notwendig. Diese ist in der Tat eine wesentliche Voraussetzung dafür, daß die Mittel der Mitgliedstaaten und der Gemeinschaft auf die im Rahmen der mittelfristigen Wirtschaftspolitik als vordringlich erkannten regionalpolitischen Ziele ausgerichtet werden. Gleichzeitig soll sie sicherstellen, daß die bei der Anwendung der gemeinsamen Politiken, insbesondere der gemeinsamen Landwirtschafts- und Verkehrspolitik, zu ergreifenden Maßnahmen hinreichend auch den regionalpolitischen Belangen Rechnung tragen.

Es ist in diesem Zusammenhang wünschenswert, daß auch die Regionalpolitiken auf der Ebene der Gemeinschaft zu folgenden Zwecken konfrontiert und soweit wie möglich koordiniert werden:

— um die Kohärenz zwischen den diesen Politiken zugrunde liegenden Hypothesen — z. B. auf dem Gebiet der Wanderungsbewegungen — zu wahren;

— um die Wirkungen, die sich aus der Integration der Märkte auf die Wirtschaft der einzelnen Regionen ergeben, beurteilen zu können;

— um die Wirkungen, die sich aus der Anwendung der gemeinsamen Politiken (der Landwirtschafts-, Verkehrs,- Berufsausbildungs-, Handelspolitik usw.) auf die Wirtschaft dieser Regionen ergeben, abzuschätzen und berücksichtigen zu können;

— um untersuchen zu können, in welchem Ausmaß regionalpolitische Gründe eine Abweichung von den allgemeinen Grundsätzen des Vertrages von Rom (staatliche Beihilfen, Frachten und Beförderungsbedingungen im Sinne des Artikels 80 des Vertrages von Rom, die in irgendeiner Weise der Unterstützung oder dem Schutze dienen, Schutzklauseln) rechtfertigen und zu vermeiden, daß auf Grund von Interventionen der öffentlichen Hand die Errichtung von Unternehmen stimuliert wird, die auf lange

Sicht im Gemeinsamen Markt und gegenüber der Konkurrenz von außen nicht wettbewerbsfähig sind;

— um zu untersuchen, ob und in welchem Ausmaß die gemeinschaftlichen Finanzierungsmittel (Mittel der Europäischen Investitionsbank, des Sozialfonds, des Europäischen Ausrichtungs- und Garantiefonds sowie der Hohen Behörde) an der Durchführung dieser Politik mitwirken können.

10. Da eine ausreichende statistische Information eine wichtige Voraussetzung für die regionalpolitischen Untersuchungen und Programme ist, sollten die Mitgliedstaaten und die Institutionen der Gemeinschaft auch um eine Verbesserung und einen Ausbau der Regionalstatistik bemüht sein und möglichst bald die Statistiken festlegen, die in dieser Hinsicht vorrangig zu erstellen sind.

Außerdem sollten die Mitgliedstaaten und die Institutionen der Gemeinschaft regelmäßig ihre Erfahrungen über die von ihnen auf dem Gebiet der Regionalentwicklung angewandten Methoden und Maßnahmen sowie die damit erzielten Erfolge austauschen.

(B II 4) *Entscheidung des Rates vom 28. Februar 1966 über die Einführung eines Beratungsverfahrens auf dem Gebiet der Infrastruktur-Investitionen für den Verkehr* (66/161/EWG)

Der Rat der Europäischen Wirtschaftsgemeinschaft —

gestützt auf den Vertrag zur Gründung der Europäischen Wirtschaftsgemeinschaft, insbesondere auf Artikel 75,

auf Vorschlag der Kommission,

nach Anhörung des Europäischen Parlaments*,

nach Anhörung des Wirtschafts- und Sozialausschusses**,

in Erwägung nachstehender Gründe:

Zur Verwirklichung der Ziele des Vertrages im Rahmen der gemeinsamen Verkehrspolitik muß ein Beratungsverfahren auf dem Gebiet der Infrastruktur-Investitionen für den Eisenbahn-, Straßen- und Binnenschiffsverkehr eingeführt werden.

Dieses Verfahren zur Mitteilung, gegenseitigen Unterrichtung der Mitgliedstaaten und Beratung ist bei Investitionsvorhaben von gemeinschaftlichem Interesse anzuwenden, um zur harmonischen Entwicklung der Verkehrsverbindungen innerhalb der Gemeinschaft und zur Beseitigung der Hindernisse und Unterbrechungen beizutragen, die gegenwärtig noch an den Binnengrenzen der Gemeinschaft vorhanden sein können —

hat folgende Entscheidung getroffen:

Artikel 1

Die Mitgliedstaaten teilen der Kommission diejenigen Investitionsvorhaben von gemeinschaftlichem Interesse vor ihrer Durchführung mit, die den Bau neuer Verbindungswege im Eisenbahn-, Straßen- und Binnenschiffsverkehr oder eine beträchtliche Erhöhung der Kapazität der bestehenden Verbindungswege vorsehen.

---

* AB Nr. 62 vom 12. 4. 1965, S. 902/65.

** AB Nr. 63 vom 13. 4. 1965, S. 948/65.

Die Mitteilung dieser Vorhaben umfaßt vor allem:

— eine technische Beschreibung,
— einen Voranschlag der voraussichtlichen Gesamtkosten,
— einen voraussichtlichen Zeitplan für die Arbeiten,
— Angaben über ihre wirtschaftliche Bedeutung.

Artikel 2

Das gemeinschaftliche Interesse eines Investitionsvorhabens richtet sich nach der Auswirkung des Vorhabens auf

— die Entwicklung des Verkehrs und des Warenaustauschs zwischen den Mitgliedstaaten oder zwischen der Gemeinschaft und dritten Ländern;
— die Entwicklung eines oder mehrerer Gebiete der Gemeinschaft.

Artikel 3

Die Kommission teilt den Mitgliedstaaten alle Vorhaben mit, die ihr von diesen zur Kenntnis gebracht werden. Sie führt, wenn sie es für zweckmäßig hält oder auf Antrag eines Mitgliedstaats eine Beratung mit den Mitgliedstaaten über das oder die ihr so mitgeteilten Vorhaben durch und unterrichtet die Mitgliedstaaten über das Ergebnis dieser Beratung.

Artikel 4

Diese Entscheidung ist an die Mitgliedstaaten gerichtet.

(B II 5) *Die Rolle der Europäischen Investitionsbank*

In diesem Bericht wird auch auf die bisherigen Erfahrungen der Europäischen Investitionsbank auf dem Gebiet der Regionalumstellung eingegangen und die verschiedenen Probleme, auf die sie bei der Durchführung der ihr im Vertrag von Rom gestellten Aufgaben gestoßen ist. Hier dürfte es nur möglich sein, sich auf eine Reihe von Grundsätzen und Anregungen zu einigen, die der Arbeit der auf allen Gebieten, besonders aber — im Hinblick auf das Mandat der Arbeitsgruppe — auf dem Gebiet der Regionalumstellung zugute kommen könnten.

1. Die Arbeitsgruppe ist der Auffassung, daß die Europäische Investitionsbank einen positiven Beitrag zur Lösung verschiedener Umstellungsprobleme in der Gemeinschaft leisten kann. Die Arbeitsgruppe stellt mit Befriedigung fest, daß auf diesem Gebiet bereits erste Ansätze der Bank zu erkennen sind, obgleich die dafür bereitgestellten Mittel bislang noch recht bescheiden sind. Sie würde es begrüßen, wenn diesen Aufgaben, für die bisher nur ein Bruchteil der der Bank zur Verfügung stehenden Mittel eingesetzt wurde, künftig mehr Beachtung geschenkt würde.

2. Die Mittel der Bank werden zweifellos in Zukunft beschränkt sein; der Aufgabenkreis der Bank, wie er sich aus Artikel 130 des Vertrags von Rom und auch aus Artikel 18 der Satzungen der Bank ergibt, ist jedoch sehr weit gesteckt; die Arbeitsgruppe würde es begrüßen, wenn sowohl auf seiten der Regierungen (namentlich was den Zugang zum Kapitalmarkt anbelangt) als auch auf seiten der Bank selbst Bemühungen unternommen würden, um die Höhe der erforderlichen Mittel den wachsenden Aufgaben anzupassen.

3. Die Arbeitsgruppe ist sich des Umstands bewußt, daß die Kreditpolitik der Bank in ihren großen Zügen durch Artikel 130 des Vertrags, durch die Satzungen der Bank und durch die Richtlinien des Rats der Gouverneure bestimmt wird; sie würde es begrüßen, wenn der Rat der Gouverneure in regelmäßigen Zeitabständen prüfen würde, inwieweit die kreditpolitischen Richtlinien noch mit den sich ändernden Verhältnissen des Gemeinsamen Marktes übereinstimmen. Die Arbeitsgruppe stellt fest, daß der Gemeinsame Markt inzwischen in eine Phase der Beschleunigung eingetreten ist, die auch auf die Probleme der regionalen Umstellung, vor die sich gewisse Betriebe oder gewisse Regionen gestellt sehen, nicht ohne Rückwirkungen bleiben dürfte. Sie erhebt die Frage, ob es nicht zweckmäßig wäre, wenn der Rat der Gouverneure, der Investitionsbank neue kreditpolitische Richtlinien herausgeben würde, die dieser Entwicklung Rechnung tragen.
4. Die Bank kann einmal auf dem Gebiet der Infrastruktur und zum anderen auf dem Gebiet der produktiven Vorhaben intervenieren. Die Arbeitsgruppe wünscht, daß namentlich in der ersten Vorhabengruppe bei der Prüfung der Anträge der Akzent auf das allgemein-wirtschaftliche Interesse des Vorhabens gelegt wird, im Falle der Regionalumstellung also auf den Beitrag zur Wiederbelebung der von der Stillegung von Betrieben betroffenen Region. Bei produktiven Vorhaben sollte die Bank nach dem Wunsch der Arbeitsgruppe eine elastische und gezielte Kreditpolitik einschlagen und gleichzeitig die Notwendigkeit anerkennen, nur bei wirklich gesunden Vorhaben finanziell zu intervenieren.

C. Koordinierung der sektoralen Strukturpolitik
— am Beispiel der Agrarstrukturpolitik —

(C I) *Verordnung Nr. 70/66/EWG des Rates vom 14. Juni 1966 über die Durchführung einer Grunderhebung im Rahmen eines Erhebungsprogramms zur Untersuchung der Struktur der landwirtschaftlichen Betriebe*

Der Rat der Europäischen Wirtschaftsgemeinschaft —

gestützt auf den Vertrag zur Gründung der Europäischen Wirtschaftsgemeinschaft, insbesondere auf die Artikel 40, 43, 199 bis 209,

gestützt auf den Vorschlag der Kommission,

gestützt auf die Stellungnahme des Europäischen Parlaments*

in Erwägung nachstehender Gründe:

Für die weitere Entwicklung der gemeinsamen Agrarpolitik benötigt die Gemeinschaft so bald wie möglich objektive und vergleichbare Unterlagen über die strukturelle Lage der landwirtschaftlichen Betriebe in der gesamten Gemeinschaft.

Derartige Unterlagen fehlen bisher; es ist daher erforderlich, daß die Gemeinschaft in allen Mitgliedstaaten gleichzeitig und nach einheitlichen Methoden und Begriffen ein Erhebungsprogramm ausführt.

Es empfiehlt sich, ein solches Programm in zwei verschiedene Stufen zu staffeln, und zwar:

---

* AB Nr. 20 vom 6. 2. 1965, S. 297/65.

— erstens eine Grunderhebung, die die wichtigsten Angaben für eine annähernde Kennzeichnung der Struktur der landwirtschaftlichen Betriebe und für die Ausrichtung der zweiten Stufe erbringen soll;

— zweitens eine Reihe von auf ganz bestimmte Aspekte beschränkte Sondererhebungen, die ausführliche Angaben für eine eingehende Analyse bestimmter Strukturdaten vermitteln sollen.

Die geplante Grunderhebung entspricht einem Gemeinschaftsbedürfnis. Infolgedessen sind die anfallenden Kosten von der Gemeinschaft zu tragen. Die gewählte Finanzierungsmethode stellt jedoch einen Ausnahmefall dar, der in keiner Weise als Präzedenzfall angerufen werden kann.

Die statistischen Ämter der Mitgliedstaaten sind in der Lage, die gesamte Grunderhebung auf nationaler Ebene durchzuführen.

Zur Sicherstellung einer einheitlichen Aufbereitung und Auswertung der gewonnenen Ergebnisse sowie um Informationswünsche auf diesem Gebiet befriedigen zu können, ist es erforderlich, daß das gesamte im Verlauf der Grunderhebung gewonnene Material in einer Zentralstelle zusammenläuft und dort ausgewertet wird.

Ein Mitgliedstaat kann ein besonderes Interesse haben, über die Ergebnisse in bezug auf die Lage in seinem Gebiet zu verfügen, und infolgedessen ist die Möglichkeit einer Aufbereitung und von Veröffentlichungen auf nationaler Ebene vorzusehen.

Um der gegenwärtigen Entwicklung bestimmter Erzeugungsformen Rechnung zu tragen, sollen in den Erfassungsbereich der Grunderhebung die Betriebe mit einer Fläche von mindestens 1 ha und die Betriebe einbezogen werden, deren jährlich vermarktete Erzeugung eine bestimmte Schwelle erreicht.

Die von der Erhebung erfaßten Landwirte müssen die Gewißheit haben, daß die sie betreffenden Einzelauskünfte geheimgehalten werden.

Um die Durchführung der geplanten Maßnahmen zu erleichtern, ist eine enge Zusammenarbeit zwischen den Mitgliedstaaten und der Kommission herbeizuführen; diese Zusammenarbeit findet im Rahmen des „Ständigen Agrarstrukturausschusses" statt —

hat folgende Verordnung erlassen:

Kapitel I

Festlegung des Erhebungsprogramms

Artikel 1

(1) Um auf der Ebene der Gemeinschaft für die Bedürfnisse der gemeinsamen Agrarpolitik über die Struktur der landwirtschaftlichen Betriebe in der Gemeinschaft Angaben zu erhalten, die im gesamten Gebiet der Mitgliedstaaten nach einem einheitlichen Zeitplan und nach einheitlichen Konzepten, Methoden und Begriffen gesammelt werden, wird ein Programm von Gemeinschaftserhebungen, im folgenden „Programm" genannt, aufgestellt.

(2) Das Programm wird im Laufe der Jahre 1966 bis 1970 von der Kommission und den Mitgliedstaaten ausgeführt.

(3) Es umfaßt eine Grunderhebung und Sondererhebungen.

(4) Zweck der Grunderhebung ist, vergleichbare Angaben über die Struktur der landwirtschaftlichen Betriebe in der Gemeinschaft und eine Grundlage für die Durchführung der in Kapitel III vorgesehenen Sondererhebungen zu verschaffen.

Die Grunderhebung soll gestatten, auf der Ebene der in Anhang II aufgezählten Erhebungsbezirke,

— die strukturellen Merkmale der landwirtschaftlichen Betriebe zu bestimmen, die nach Kriterien, insbesondere der wirtschaftlichen Ausrichtung, der technischen Organisation und des Umfangs der Betriebe zusammengefaßt sind;

— die Faktoren zu erfassen, welche den Produktionsprozeß der landwirtschaftlichen Betriebe bedingen und kennzeichnen.

(5) Der Zweck der Sondererhebung ist, in Ergänzung zu den durch die Grunderhebung erhaltenen Angaben ins einzelne gehende Auskünfte über bestimmte strukturelle Aspekte zu verschaffen, die für die Durchführung und Entwicklung der gemeinsamen Agrarpolitik bestimmend sind.

Artikel 2

Im Sinne dieser Verordnung sind:

a) landwirtschaftlicher Betrieb: eine örtlich begrenzte technisch-wirtschaftliche Einheit, die nur einer Betriebsführung unterliegt und in Anhang I aufgeführte Erzeugnisse hervorbringt;

b) Betriebsleiter: die natürliche Person, die die laufende und tägliche Führung des landwirtschaftlichen Betriebes innehat;

c) landwirtschaftliche Erzeugnisse: die in Anhang I aufgeführten Erzeugnisse;

d) Erhebungsbezirke: das in Anhang II aufgeführte Gebiet oder die darin aufgeführten Teile des Gebietes eines Mitgliedstaats;

e) landwirtschaftlich genutzte Fläche: Gesamtheit von Ackerland, Dauergrünland, Dauerkulturen und Haus- und Nutzgärten.

Kapitel II

Grunderhebung

Kapitel III

Sondererhebungen

Kapitel IV

Allgemeine Bestimmungen

(C II 1) *Entscheidung des Rats vom 4. Dezember 1962 über die Koordinierung der Agrarstrukturpolitik*

Der Rat der Europäischen Wirtschaftsgemeinschaft —

gestützt auf den Vertrag zur Gründung der Europäischen Wirtschaftsgemeinschaft, insbesondere auf Artikel 43,

auf Vorschlag der Kommission,

nach Stellungnahme des Europäischen Parlaments,

in Erwägung nachstehender Gründe:

Das Funktionieren und die Entwicklung des gemeinsamen Marktes für landwirtschaftliche Erzeugnisse müssen Hand in Hand gehen mit der Gestaltung einer gemeinsamen Agrarpolitik, deren Bestandteil die Agrarstrukturpolitik ist.

Gemäß Artikel 39 Absatz (1) Buchstaben a) und b) des Vertrages ist es unter anderem Ziel der gemeinsamen Agrarpolitik, die Produktivität der Landwirtschaft zu steigern und auf diese Weise der landwirtschaftlichen Bevölkerung, insbesondere durch Erhöhung des pro-Kopf-Einkommens der in der Landwirtschaft tätigen Personen, eine angemessene Lebenshaltung zu gewährleisten; die Verwirklichung dieses Ziels erfordert sowohl die Erhaltung der gesunden Agrarstruktur als auch die Beseitigung der Strukturmängel in der Landwirtschaft.

Bei der Verwirklichung der Agrarstrukturpolitik im Rahmen der gemeinsamen Agrarpolitik ist es erforderlich, die Entwicklung der landwirtschaftlichen Märkte zu berücksichtigen; infolgedessen ist es angebracht, eine enge Koordinierung zwischen der landwirtschaftlichen Marktpolitik und der Agrarstrukturpolitik herbeizuführen; dabei ist auch der Tatsache Rechnung zu tragen, daß die Agrarstruktur mit der gesamten Volkswirtschaft eng verflochten ist.

Deshalb ist es angezeigt, einerseits die Agrarstrukturpolitik und die regionale Wirtschaftspolitik zu koordinieren und andererseits im Rahmen der regionalen Wirtschaftspolitik ergänzende Maßnahmen zu treffen, um die Anpassung der Landwirtschaft an die wirtschaftliche und soziale Entwicklung zu fördern.

Die Strukturmängel liegen auf lokaler und regionaler Ebene, und eine Verbesserung der Agrarstruktur ist nur bei aktiver Mitwirkung der unmittelbar Beteiligten möglich; die Durchführung der Agrarstrukturpolitik obliegt deshalb hauptsächlich den Mitgliedstaaten.

Es ist jedoch notwendig, im Rahmen der Gemeinschaft den Bemühungen um eine Verbesserung der Agrarstruktur Antrieb zu geben und alle Mittel zur Stärkung der Wirtschaftskraft und Wettbewerbsfähigkeit der Landwirtschaft einzusetzen.

Die Koordinierung der Agrarstrukturpolitik der Mitgliedstaaten durch die Gemeinschaft ermöglicht es, diese Politik mit der gemeinsamen Agrarpolitik und den anderen Zielen der Gemeinschaft abzustimmen.

Die Koordinierung der Agrarstrukturpolitik erfordert eine enge und ständige Zusammenarbeit zwischen den Mitgliedstaaten und der Kommission; diese Zusammenarbeit kann am besten durch die Einsetzung eines ständigen Ausschusses von Vertretern der einzelnen Mitgliedstaaten unter dem Vorsitz eines Vertreters der Kommission herbeigeführt werden.

Es ist nowendig, daß die Kommission dem Europäischen Parlament und dem Rat jährlich einen Strukturbericht vorlegt, in dem die agrarstrukturelle Gesamtsituation der Gemeinschaft dargestellt wird und der eine Beurteilung über die Agrarstrukturpolitik der Mitgliedstaaten in bezug auf die Zielsetzung der gemeinsamen Agrarpolitik enthält.

Im Rahmen der Koordinierung der Agrarstrukturpolitik ist für einen zweckmäßigen und koordinierten Einsatz der gemeinschaftlichen Finanzierungsmöglichkeiten zugunsten der Agrarstruktur zu sorgen; diese Möglichkeiten werden insbesondere vom Ausrichtungs- und Garantiefonds — für die in Artikel 3 Absatz (1) Buchstabe d) und Artikel 2 Absatz (2) Buchstabe c) der Verordnung Nr. 25 des Rats über die Finanzierung der gemeinsamen Agrarpolitik erwähnten Maßnahmen —, vom Europäischen Sozialfonds und von der Europäischen Investitionsbank geboten.

Es ist erforderlich, daß die Kommission, insbesondere auf der Grundlage des Strukturberichts, dem Rat Vorschläge zur Verbesserung der Agrarstruktur und zur Koordinierung der Agrarstrukturpolitik der Mitgliedstaaten vorlegt, damit diese Vorschläge gemäß Artikel 43 des Vertrages angenommen werden können.

Zur Koordinierung der Agrarstrukturpolitik ist die Kenntnis der agrarstrukturellen Lage der Mitgliedstaaten und ihrer Agrarpolitik, namentlich der zur Strukturverbesserung getroffenen Maßnahmen, sowie der regionalen Verhältnisse unerläßlich; hierfür haben die Mitgliedstaaten der Kommission die notwendigen Auskünfte zu erteilen.

Im Hinblick auf eine wirksame Koordinierung der Agrarstrukturpolitik ist es notwendig, daß die Kommission von den Mitgliedstaaten über die Entwürfe für Mehrjahrespläne und Regionalprogramme sowie über die Entwürfe für Rechts- und Verwaltungsvorschriften informiert wird oder, wenn solche Entwürfe nicht bestehen, eine Beschreibung der Grundzüge der vorgesehenen Vorschriften erhält.

Die Koordinierung der Strukturpolitik der Mitgliedstaaten kann hinsichtlich dieser Entwürfe nur gewährleistet werden, wenn sich die Kommission hierzu äußern kann und wenn sie zur Bekanntgabe ihrer Äußerung in dem Fall verpflichtet ist, daß ein Mitgliedstaat dies beantragt.

Die Koordinierung der Agrarstruktur erfordert, insbesondere im Hinblick auf die Harmonisierung der einzelstaatlichen Rechtsvorschriften, die Kenntnis der in den Mitgliedstaaten auf dem Gebiet der Agrarstrukturpolitik geltenden Rechts- und Verwaltungsvorschriften; es ist wünschenswert, daß die Mitgliedstaaten der Kommission alle sonstigen zu ihrer Unterrichtung erforderlichen Auskünfte im Hinblick auf die Koordinierung der Agrarstrukturpolitik erteilen —

hat folgende Entscheidung erlassen:

Artikel 1

(1) Zur Förderung der Koordinierung der Agrarstrukturpolitik und zur Vertiefung einer engen und ständigen Zusammenarbeit zwischen den Mitgliedstaaten und der Kommission wird bei der Kommission ein Ständiger Agrarstrukturausschuß — im folgenden „Ausschuß" genannt — eingesetzt.

(2) Aufgabe dieses Ausschusses ist die Behandlung der Strukturpolitik der Mitgliedstaaten sowie der von diesen vorgesehenen Maßnahmen und Programme zur Verbesserung der Agrarstuktur. Hierbei sollen die Beziehungen der Agrarstrukturpolitik einerseits zur regionalen Wirtschaftspolitik und andererseits zur landwirtschaftlichen Marktpolitik und zur Entwicklung der landwirtschaftlichen Märkte berücksichtigt werden. Der Ausschuß sorgt für die gegenseitige Unterrichtung der Mitgliedstaaten und der Kommission auf dem Gebiet der Agrarstrukturpolitik. Die Kommission zieht den Ausschuß bei agrarstrukturellen Fragen zu Rate. Der Ausschuß unterstützt die Kommission bei der Vorbereitung des Teils a) des in Artikel 2 vorgesehenen Strukturberichts.

(3) Der Ausschuß besteht aus Vertretern der einzelnen Mitgliedstaaten. Ein Vertreter der Kommission führt den Vorsitz.

(4) Die Sekretariatsgeschäfte des Ausschusses werden von der Kommission wahrgenommen.

(5) Der Ausschuss gibt sich seine Geschäftsordnung.

Artikel 2

Die Kommission legt dem Europäischen Parlament und dem Rat jährlich einen Strukturbericht vor, der folgendes enthält:

a) eine Darstellung der agrarstrukturellen Lage und der Agrarstrukturpolitik der Mitgliedstaaten sowie eine Übersicht über die im Rahmen dieser Politik getroffenen Maßnahmen;

b) eine Untersuchung über Art, geographische Verteilung, Umfang und Finanzierung dieser Maßnahmen im Rahmen der Agrarstrukturpolitik der Mitgliedstaaten sowie über deren Wirksamkeit in Beziehung zur Zielsetzung der gemeinsamen Agrarpolitik und zu den langfristigen Absatzmöglichkeiten, die man normalerweise für landwirtschaftliche Erzeugnisse voraussehen kann;

c) Informationen über die Koordinierung der Agrarstrukturpolitik auf der Ebene der Gemeinschaft bezüglich:

1. der zu diesem Zweck getroffenen Maßnahmen,

2. der Finanzierung durch die Gemeinschaft,

3. der Ergebnisse dieser Maßnahmen und dieser Finanzierung.

Artikel 3

Der Rat trifft gemäß Artikel 43 des Vertrages, insbesondere auf Grund des Strukturberichts, die zur Koordinierung der Agrarstrukturpolitik der Mitgliedstaaten erforderlichen Maßnahmen. Die Kommission schlägt diese Maßnahmen unter Berücksichtigung der gemeinschaftlichen Finanzierungsmittel vor, soweit die vorgeschlagenen Maßnahmen eine derartige Finanzierung im Rahmen der Ratsbeschlüsse über die Finanzierung durch die Gemeinschaft rechtfertigen.

Artikel 4

(1) Die Mitgliedstaaten stellen der Kommission jährlich die für die Ausarbeitung des Strukturberichts erforderlichen Unterlagen zur Verfügung. Diese Unterlagen enthalten insbesondere Angaben über:

— die agrarstrukturelle Lage unter Berücksichtigung der regionalen Verhältnisse und der regionalen Wirtschaftspolitik;

— die Verbindung zwischen der Agrarstruktur und der Marktpolitik;

— Art, Umfang und Finanzierung der im Laufe des Vorjahrs getroffenen Maßnahmen zur Verbesserung der Agrarstruktur;

— Art und Umfang der zur Verbesserung der Agrarstruktur für das laufende Jahr vorgesehenen Maßnahmen.

(2) Nach Anhörung des Ausschusses bestimmt die Kommission, in welcher Form und zu welchem Zeitpunkt die von den Mitgliedstaaten einzureichenden Unterlagen vorzulegen sind.

Artikel 5

Die Mitgliedstaaten übermitteln der Kommission rechtzeitig folgende Unterlagen, sofern diese Maßnahmen zur Verbesserung der Agrarstruktur umfassen:

— soweit irgend möglich, die Entwürfe für Rechts- und Verwaltungsvorschriften oder andernfalls eine Beschreibung der Grundzüge der vorgesehenen Vorschriften;

— die Entwürfe für Mehrjahrespläne und für Regionalprogramme.

Artikel 6

Die Kommission

— kann sich zu den Rechts- und Verwaltungsvorschriften, zu den Mehrjahresplänen und zu den Regionalprogrammen, die ihr gemäß Artikel 5 übermittelt werden, äußern;

— ist zu einer Äußerung zu diesen Unterlagen verpflichtet, wenn ein Mitgliedstaat dies beantragt.

Die Kommission hört in beiden Fällen den Ausschuß.

Artikel 7

Die Mitgliedstaaten teilen der Kommission — insbesondere im Hinblick auf die Harmonisierung der einzelstaatlichen Rechtsvorschriften — binnen drei Monaten nach Inkrafttreten dieser Entscheidung die geltenden Rechts- und Verwaltungsvorschriften über die Verbesserung der Agrarstruktur mit. Unbeschadet des Artikels 5 sind Rechts- und Verwaltungsvorschriften, die nach diesem Zeitpunkt erlassen werden, sofort nach ihrem Inkrafttreten mitzuteilen.

Artikel 8

Die Mitgliedstaaten erteilen der Kommission auf deren Antrag alle sonstigen zu ihrer Unterrichtung erforderlichen Auskünfte im Hinblick auf die Koordinierung der Agrarstrukturpolitik auf Gemeinschaftsebene.

Artikel 9

Diese Entscheidung ist an die Mitgliedstaaten gerichtet.

(C II 2) *Stellungnahme zu dem Vorschlag einer Entscheidung zur Koordinierung der Agrarstrukturpolitik*

Das Europäische Parlament,

— vom Rat der Europäischen Wirtschaftsgemeinschaft konsultiert (Dok. 8);

— nach Kenntnisnahme des Vorschlages der EWG-Kommission (Dok. VI/KOM (62) 9 endg.), der mit Recht auf die Bestimmungen des Vertrages und insbesondere auf Artikel 43 Bezug nimmt;

— gestützt auf die Vorschläge seines Landwirtschaftsausschusses über die Strukturpolitik (Dok. 41/1959 und 10/1960) sowie

— auf seine früheren Äußerungen (Entschließung über die Ausrichtung der gemeinsamen Agrarpolitik vom 14. Oktober 1960);

— unter Bezugnahme auf die Vorschläge der EWG-Kommission zur Gestaltung und Durchführung der gemeinsamen Agrarpolitik vom 30. Juni 1960 und auf die Stellungnahme des Wirtschafts- und Sozialausschusses zu diesen Vorschlägen;

— in Erwägung der Empfehlungen der Konferenz über die sozialen Aspekte der gemeinsamen Agrarpolitik vom 4. Oktober 1961 und der Ergebnisse der von der EWG-Kommission organisierten Konferenz über Regionalpolitik vom 6. bis 8. Dezember 1961;

betont die Notwendigkeit, daß die Agrarstrukturpolitik im Rahmen einer allgemeinen regionalen Entwicklungspolitik erfolgt und daß zu diesem Zweck die Tätigkeit der Europäischen Investitionsbank, des Sozialfonds, des noch zu errichtenden Fonds zur Verbesserung der Agrarstruktur und das geplante gemeinschaftliche Vorgehen auf dem Gebiet der Berufsausbildung gut aufeinander abgestimmt werden;

fordert die EWG-Kommission auf, möglchst rasch, auf jeden Fall bis zum 1. Oktober 1962, ihre Absicht zu verwirklichen, dem Rat konkrete Vorschläge zur Errichtung des Fonds zur Verbesserung der Agrarstruktur vorzulegen und dabei die Stellungnahmen des Landwirtschaftsausschusses des Parlaments zu berücksichtigen;

gibt der Erwartung Ausdruck, daß die EWG-Kommission hierbei deutlich die gegenseitige Abhängigkeit feststellen wird, die zwischen diesem Fonds und dem Teil des Ausrichtungs- und Garantiefonds besteht, der nach den Beschlüssen des Rates vom 14. Januar d. J. über die gemeinsame Agrarpolitik für die Verwirklichung der in Artikel 39 Ziffer 1 Buchstabe a) des Vertrages genannten Ziele einschließlich der Strukturverbesserungen, die durch die Entwicklung des gemeinsamen Marktes notwendig geworden sind, bestimmt ist;

stimmt mit der EWG-Kommission darin überein, daß die Strukturpolitik einen integrierenden Bestandteil der gemeinsamen Agrarpolitik bildet, daß die verschiedenen Teilgebiete dieser Politik in engem Zusammenhang stehen und daß die Landwirtschaft mit der Gesamtwirtschaft eng verflochten ist;

ersucht die EWG-Kommission, angesichts der gegenseitigen Abhängigkeit der Strukturpolitik und der Sozialpoltik für die Landwirtschaft unter Beachtung der Empfehlungen der Konferenz über die sozialen Aspekte der gemeinsamen Agrarpolitik möglichst rasch Vorschläge über diese Sozialpolitik als Bestandteil der gemeinsamen Politik vorzulegen;

ersucht die EWG-Kommission, auf Grund des Verfahrens nach Artikel 149 des Vertrages, die nachstehenden Änderungen in ihre Vorschläge aufzunehmen;

ersucht seinen Präsidenten, diese Stellungnahme sowie den Bericht seines Landwirtschaftsausschusses (Dok. 9) dem Rat und der Kommission der EWG zu übermitteln.

(C II 3)

Verordnung Nr. 17/64/EWG des Rats vom 5. Februar 1964 über die Bedingungen für die Beteiligung des Europäischen Ausrichtungs- und Garantiefonds für die Landwirtschaft

Der Rat der Europäischen Wirtschaftsgemeinschaft —

gestützt auf den Vertrag zur Gründung der Europäischen Wirtschaftsgemeinschaft, insbesondere auf Artikel 43,

gestützt auf die Verordnung Nr. 25 des Rats über die Finanzierung der gemeinsamen Agrarpolitik*,

auf Vorschlag der Kommission,

nach Stellungnahme des Europäischen Parlaments**,

nach Stellungnahme des Wirtschafts- und Sozialausschusses,

in Erwägung nachstehender Gründe:

Für das Funktionieren des Europäischen Ausrichtungs- und Garantiefonds für die Landwirtschaft ist es erforderlich, die Bedingungen und Verfahren für die Finanzierung der gemeinsamen Agrarpolitik festzulegen; in Anbetracht der verschiedenen Arten von Ausgaben des Fonds erfolgt dies im Rahmen einer Abteilung Garantie und einer Abteilung Ausrichtung.

Für die Abteilung Garantie müssen allgemeine Regeln für die gesamte gemeinsame Organisation der Agrarmärkte festgelegt werden, einschließlich derjenigen Märkte, die der Rat in den Anwendungsbereich der Verordnung Nr. 25 einbeziehen wird.

Die Methode für die Berechnung der Nettoausfuhrmengen, die für die Feststellung der Ausgaben für Erstattungen bei Ausfuhren nach dritten Ländern zugrunde gelegt werden, muß näher bestimmt werden; hierfür ist die sogenannte Grunderzeugnis-Methode am geeignetsten; außerdem sind bei dieser Berechnung bestimmte Arten des Warenverkehrs, der im Rahmen besonderer Regelungen erfolgt, auszuschalten.

Am niedrigsten durchschnittlichen Erstattungsbetrag müssen Berichtigungen vorgenommen werden, um die Inzidenz der unbedeutenden Ausfuhrmengen oder der vom allgemeinen System der gemeinsamen Marktorganisation abweichenden Bestimmungen auszuschalten.

Die für die gemeinsame Marktorganisation geltenden allgemeinen Bedingungen, unter denen Ausgaben für Interventionen auf dem Binnenmarkt für eine Finanzierung in Betracht kommen, müssen näher bestimmt werden.

Für das gute Funktionieren der Abteilung Garantie ist es erforderlich, ein Verfahren festzulegen, das es den betreffenden Mitgliedstaaten ermöglicht, eine Beteiligung des Fonds zu erlangen, wobei vor allem vorzusehen ist, daß der Kommission alle zur Begründung dienenden Unterlagen vorgelegt werden.

Die Maßnahmen, die unter dem Gesichtspunkt der Strukturverbesserung für die Finanzierung durch den Fonds in Betracht kommen, müssen die Anpassung und Verbesserung der Produktionsbedingungen in der Landwirt-

---

* Amtsblatt der europäischen Gemeinschaften Nr. 30 vom 20. April 1962, S. 991/62.

** Amtsblatt der europäischen Gemeinschaften Nr. 157 vom 30. Oktober 1963, S. 2640/63.

schaft, die Anpassung und Ausrichtung der landwirtschaftlichen Erzeugung, die Anpassung und Verbesserung der Vermarktung landwirtschaftlicher Erzeugnisse und die Förderung des Absatzes landwirtschaftlicher Erzeugnisse betreffen.

Für die Beteiligung des Fonds müssen allgemeine und besondere Kriterien aufgestellt werden, damit die Vorhaben mit dem Interesse der Gemeinschaft im Einklang stehen.

Um die verschiedenen Vorhaben auf ihre gemeinschaftliche Bedeutung hin beurteilen zu können, ist es erforderlich, daß sich diese Vorhaben in den Rahmen von Gemeinschaftsprogrammen einfügen.

In Anbetracht der für die Aufstellung der Gemeinschaftsprogramme erforderlichen Fristen muß jedoch die Möglichkeit vorgesehen werden, Vorhaben während eines Zeitraums von höchstens zwei Jahren auch dann zu finanzieren, wenn sie nicht in den Rahmen eines Gemeinschaftsprogramms eingefügt sind.

Bei bestimmten Arten von Maßnahmen sollen besondere Bemühungen um die landwirtschaftliche Beratung und die berufliche Ausbildung unternommen werden; ferner muß auch der sozialen Lage der in der Landwirtschaft tätigen Menschen mit Rechnung getragen werden; schließlich muß der Fonds seine Zuschüsse mit Vorrang für Vorhaben gewähren, die sich in eine Gesamtheit von Maßnahmen der regionalen Wirtschaftsentwicklung eingliedern lassen, um den optimalen Einsatz aller Faktoren von struktureller Inzidenz in der Gesamtwirtschaft zu ermöglichen.

Die Rentabilität der Landwirtschaft ist oft nicht ausreichend, um die Verbesserung der Agrarstrukturen zu finanzieren, so daß die Landwirte einen Anreiz bekommen müssen, ihre Produktivität zu erhöhen; es erscheint deshalb wünschenswert, aus Mitteln des Fonds einmalige oder auf mehrere Male zu zahlende Kapitalzuschüsse zur Verfügung zu stellen.

Die Beteiligung des Fonds darf nicht zur Folge haben, daß die Wettbewerbsverhältnisse in einer Weise verändert werden, die mit den im Vertrag enthaltenen Grundsätzen unvereinbar ist.

Um die Maßnahmen der Gemeinschaft und der Mitgliedstaaten aufeinander abzustimmen, erscheint es zweckmäßig, daß die aus dem Fonds zu finanzierenden Vorhaben die Zustimmung des betreffenden Mitgliedstaats finden und dieser sich an der Finanzierung beteiligt.

Damit gewährleistet wird, daß die Begünstigten die bei der Gewährung von Zuschüssen aus dem Fonds gestellten Bedingungen erfüllen, muß ein wirksames Kontrollverfahren sowie die Möglichkeit vorgesehen werden, die Zuschüsse des Fonds auszusetzen, einzuschränken oder einzustellen.

Die Berechnungsmethode für den Teil „Nettoeinfuhren" der in Artikel 7 Absatz (1) der Verordnung Nr.25 vorgesehenen Beiträge der Mitgliedstaaten ist näher zu bestimmen, wobei vorzusehen ist, daß die Berechnung getrennt für jeden Sektor der gemeinsamen Marktorganisation vorgenommen wird.

Damit die allgemeine Tätigkeit des Fonds erleichtert wird, ist eine enge Zusammenarbeit zwischen den Mitgliedstaaten und der Kommission im Rahmen eines Ausschusses des Europäischen Ausrichtungs- und Garantiefonds für die Landwirtschaft vorzusehen.

Bei der Beteiligung des Fonds im Rahmen der Abteilung Garantie muß die Aufgabe, zu den grundsätzlichen Fragen der gemeinschaftlichen Finanzierung Stellung zu nehmen, dem Fondsausschuß vorbehalten sein, wobei es jedoch den Verwaltungsausschüssen für die einzelnen Erzeugnisse überlassen bleibt, zu gewissen Bestimmungen, die unmittelbar mit dem Funktionieren der gemeinsamen Marktorganisation zusammenhängen, Stellung zu nehmen.

Bei der Beteiligung des Fonds im Rahmen der Abteilung Ausrichtung muß die Abgabe von Stellungnahmen dem Ständigen Agrarstrukturausschuß übertragen werden, der eingesetzt wurde, um die Koordinierung der Agrarstrukturpolitik zu fördern; der Fondsausschuß muß außerdem zu den finanziellen Aspekten der Beteiligung des Fonds gehört werden —

hat folgende Verordnung erlassen:

Artikel 1

(1) Der nach Artikel 1 der Verordnung Nr. 25 über die Finanzierung der gemeinsamen Agrarpolitik geschaffene Europäische Ausrichtungs- und Garantiefonds für die Landwirtschaft, im folgenden „Fonds" genannt, umfaßt zwei Abteilungen:

— die Abteilung Garantie,

— die Abteilung Ausrichtung.

(2) Die Abteilung Garantie umfaßt die vom Fonds finanzierten Ausgaben für Erstattungen bei der Ausfuhr in Drittländer und für Interventionen auf dem Binnenmarkt.

(3) Die Abteilung Ausrichtung umfaßt die vom Fonds finanzierten Ausgaben für gemeinsame Maßnahmen, die zur Verwirklichung der Ziele des Artikels 39 Absatz (1) Buchstabe a) des Vertrages beschlossen werden, einschließlich der infolge der Entwicklung des gemeinsamen Marktes erforderlich werdenden oder für sein Funktionieren notwendigen Strukturänderungen.

(4) Die Aufwendungen der Mitgliedstaaten und der durch Beihilfen aus dem Fonds Begünstigten für Verwaltungs- und Personalkosten werden vom Fonds nicht getragen.

Erster Teil

Abteilung Garantie

Zweiter Teil

Abteilung Ausrichtung

I. Anwendungsbereich

Artikel 11

(1) Die Maßnahmen der Abteilung Ausrichtung betreffen:

a) die Anpassung und Verbesserung der Produktionsbedingungen in der Landwirtschaft;

b) die Anpassung und Ausrichtung der landwirtschaftlichen Erzeugung;

c) die Anpassung und Verbesserung der Vermarktung landwirtschaftlicher Erzeugnisse;

d) die Förderung des Absatzes landwirtschaftlicher Erzeugnisse.

(2) Die in Absatz (1) Buchstaben a) und b) bestimmten Maßnahmen können die Landwirtschaft betreffen; die in Absatz (1) Buchstaben c) und d) be-

stimmten Maßnahmen können die landwirtschaftlichen Erzeugnisse betreffen, sobald diese der gemeinsamen Marktorganisation unterliegen.

Artikel 12

(1) Unter Anpassung und Verbesserung der Produktionsbedingungen im Sinne von Artikel 11 Absatz (1) ist die Förderung des leistungsstarken Zusammenspiels der landwirtschaftlichen Produktionsfaktoren durch Maßnahmen innerhalb der landwirtschaftlichen Betriebe, im Rahmen mehrerer landwirtschaftlicher Betriebe oder außerhalb der landwirtschaftlichen Betriebe im Hinblick auf den optimalen Einsatz dieser Faktoren im Rahmen der Gesamtwirtschaft zu verstehen.

(2) Unter Anpassung und Ausrichtung der Erzeugung im Sinne von Artikel 11 Absatz (1) ist zu verstehen:

a) die mengenmäßige Anpassung der Erzeugung an die Absatzmöglichkeiten;

b) Verbesserungen der Qualität der Erzeugnisse.

(3) Unter Anpassung und Verbesserung der Vermarktung landwirtschaftlicher Erzeugnisse im Sinne von Artikel 11 Absatz (1) sind Vermarktungseinrichtungen innerhalb der landwirtschaftlichen Betriebe, im Rahmen mehrerer landwirtschaftlicher Betriebe oder außerhalb der landwirtschaftlichen Betriebe auf folgenden Sektoren zu verstehen:

a) Verbesserung der Lagerung und der Konservierung;

b) Verwertung der landwirtschaftlichen Erzeugnisse;

c) Verbesserung der Vermarktungswege;

d) genauere Kenntnis der für die Preisbildung auf den Agrarmärkten maßgebenden Faktoren.

(4) Unter Förderung des Absatzes landwirtschaftlicher Erzeugnisse im Sinne von Artikel 11 Absatz (1) sind alle Gemeinschaftsmaßnahmen zur Steigerung des Verbrauchs bestimmter Agrarerzeugnisse im Rahmen der gemeinsamen Agrarpolitik gemäß Artikel 41 Buchstabe b) des Vertrages zu verstehen.

II — Allgemeine und besondere Bedingungen für die Beteiligung des Fonds

Artikel 13

(1) Zuschüsse aus dem Fonds werden für Vorhaben gewährt, für die bei der Kommission nach dem Verfahren des Artikels 20 Anträge eingereicht worden sind.

(2) Vorhaben im Sinne dieser Verordnung sind alle vorgesehenen öffentlichen, halböffentlichen oder privaten Vorhaben, die ausschließlich oder teilweise die Verbesserung der Agrarstruktur im Sinne von Artikel 11 Absatz (1) zum Ziele haben.

(3) Die Zuschüsse aus dem Fonds werden für den Teil des Vorhabens gewährt, der die Verbesserung der Agrarstruktur im Sinne von Artikel 11 Absatz (1) betrifft.

Artikel 14

(1) Damit für ein Vorhaben Zuschüsse aus dem Fonds gewährt werden können, muß es allen nachstehend genannten allgemeinen Kriterien entsprechen:

a) es muß sich in den Rahmen eines gemäß Artikel 16 aufgestellten Gemeinschaftsprogramms einfügen;

b) es muß auf eine Anpassung oder Ausrichtung der Landwirtschaft abzielen, die auf Grund der wirtschaftlichen Folgen der Durchführung der gemeinsamen Agrarpolitik notwendig wird oder den Bedürfnissen der gegemeinsamen Agrarpolitik entsprechen soll;

c) es muß hinreichende Sicherheit für die Dauerhaftigkeit der wirtschaftlichen Wirkung der durchgeführten Strukturverbesserung bieten.

Auch wenn es kein Gemeinschaftsprogramm gibt, das eine bestimmte Maßnahme umfaßt, kann sich der Fonds während eines Zeitraums von zwei Jahren nach Inkrafttreten dieser Verordnung an Vorhaben für eine solche Maßnahme beteiligen, bis ein entsprechendes Programm festgelegt wird.

(2) Bei den Maßnahmen gemäß Artikel 11 Absatz (1) Buchstaben a) und b) muß jedes Vorhaben außerdem folgenden Kriterien entsprechen:

a) es muß darauf abzielen, landwirtschaftliche Betriebe wirtschaftlich lebensfähig zu machen oder wirtschaftlich lebensfähig zu erhalten und ihre Wettbewerbsfähigkeit zu erhöhen;

b) es muß den Problemen einer Beratung und Berufsausbildung in der Landwirtschaft ausreichenden Platz einräumen, damit die in Aussicht genommenen Investitionen in bestmöglicher Weise genutzt werden;

c) es muß zur Verbesserung der sozialen und wirtschaftlichen Lage der in der Landwirtschaft Beschäftigten beitragen.

Artikel 15

(1) Für die Beteiligung des Fonds kommen solche Vorhaben mit Vorrang in Betracht, die zu einer Gesamtheit von Maßnahmen zur Förderung der harmonischen Entwicklung der Gesamtwirtschaft des Gebietes gehören, in dem diese Vorhaben durchgeführt werden sollen.

(2) Der in Absatz (1) genannte Vorrang kann sich sowohl in einer Vorrangstellung unter den den Kriterien des Artikels 14 entsprechenden Vorhaben als auch in der Gewährung günstigerer Bedingungen für die Zuschüsse auswirken.

Artikel 16

(1) Vom Rat werden auf Vorschlag der Kommission nach dem Verfahren des Artikels 43 des Vertrages Gemeinschaftsprogramme erlassen.

Bei den Programmen müssen die Maßnahmen berücksichtigt werden, die der Rat gemäß Artikel 3 der Ratsentscheidung vom 4. Dezember 1962 über die Koordinierung der Agrarstrukturpolitik erlassen hat.

(2) Jedes Gemeinschaftsprogramm muß festlegen:

a) das zu erreichende Ziel und die Art der Maßnahmen, die gemäß Artikel 11 Absatz (1) vorzusehen sind;

b) die Schwerpunktgebiete;

c) den oder die Hundertsätze der Beteiligung des Fonds für die einzelnen Arten von Vorhaben;

d) den für die Verwirklichung des Gemeinschaftsprogramms vorgesehenen Gesamtbetrag und die dafür vorgesehene Höchstdauer.

(3) Die Anwendungsbestimmungen für alle Gemeinschaftsprogramme werden von der Kommission nach dem Verfahren des Artikels 19 Absatz (1) festgelegt; sie entscheidet dabei, nachdem sie auch den Fondsausschuß zu den finanziellen Aspekten gehört hat.

(4) Alle Gemeinschaftsprogramme werden im Amtsblatt der europäischen Gemeinschaften veröffentlicht.

Artikel 17

(1) Die Beteiligung des Fonds besteht aus Kapitalzuschüssen, die auf einmal oder auf mehrere Male gewährt werden.

Die Kommission legt vor dem 30. Juni 1967 einen Bericht über die Schlußfolgerungen vor, die aus den bei der Anwendung dieser Bestimmung gewonnenen Erfahrungen zu ziehen sind. Sie macht gegebenenfalls Vorschläge im Hinblick auf eine Diversifizierung der Formen der Beteiligung des Fonds.

(2) Die Beteiligung des Fonds darf die Wettbewerbsverhältnisse nicht in einer Weise verändern, die mit den in den einschlägigen Bestimmungen des Vertrages enthaltenen Grundsätzen unvereinbar ist.

(3) Die Kommission sorgt für eine Harmonisierung der Beteiligung des Fonds mit den Interventionen der Europäischen Investitionsbank und des Europäischen Sozialfonds.

Artikel 18

(1) Im Verhältnis zu den für ein bestimmtes Vorhaben investierten Mitteln

— dürfen die vom Fonds gewährten Zuschüsse 25 v. H. nicht überschreiten;

— muß die finanzielle Beteiligung desjenigen, dem die Verbesserung zugute kommt, mindestens 30 v. H. betragen.

Der Mitgliedstaat, in dessen Hoheitsgebiet das Vorhaben verwirklicht werden soll, beteiligt sich an der Finanzierung des Vorhabens. Ist dies jedoch auf Grund der zur Zeit in einem Mitgliedstaat geltenden Rechtsvorschriften nicht zulässig, so wird die Anwendung dieser Bestimmung gegenüber diesem Mitgliedstaat während der beiden ersten Jahre nach Inkrafttreten dieser Verordnung ausgesetzt.

(2) Die Kommission legt vor dem 30. Juni 1967 einen Bericht über die Schlußfolgerungen vor, die aus den bei der Anwendung der vorstehenden Bestimmungen gesammelten Erfahrungen zu ziehen sind. Sie macht gegebenenfalls Vorschläge für eine Änderung dieser Bestimmungen, für ihre Anpassung an die spezifischen Erfordernisse der Finanzierung der verschiedenen Arten von Maßnahmen gemäß Artikel 11 Absatz (1) und für die Harmonisierung der einzelstaatlichen Verfahren zur Förderung solcher Investitionen.

III — Verfahren für die Abteilung Ausrichtung

Artikel 19

(1) Wird auf diesen Artikel Bezug genommen, so gibt der durch Artikel 1 der Entscheidung des Rats vom 4. Dezember 1962 über die Koordinierung der Agrarstrukturpolitik eingesetzte Ständige Agrarstrukturausschuß eine Stellungnahme entsprechend der in Artikel 148 Absatz (2) Unterabsatz 1 des Vertrages vorgesehenen Wägung der Stimmen der Mitgliedstaaten ab. In diesem Fall findet das Verfahren des Artikels 26 Anwendung.

(2) Ferner kann der Ständige Agrarstrukturausschuß von seinem Vorsitzenden zu allen Fragen von allgemeiner Bedeutung im Zusammenhang mit der Abteilung Ausrichtung des Fonds gehört werden.

(3) In den in diesem Artikel vorgesehenen Fällen ist jeder Mitgliedstaat im Ständigen Agrarstrukturausschuß durch höchstens fünf Beamte vertreten.

Artikel 20

(1) Die Anträge auf Gewährung von Zuschüssen aus dem Fonds müssen der Kommission alljährlich bis zum 1. Oktober vorgelegt werden. Die Kommission muß bis zum 31. Dezember des folgenden Jahres eine Entscheidung in der Sache selbst treffen.

Anträge auf Zuschüsse aus dem Fonds für das Jahr 1964 können jedoch bei der Kommission bis zum 1. Juli 1964 eingereicht werden.

(2) Die Anträge auf Zuschüsse aus dem Fonds müssen über den betreffenden Mitgliedstaat eingereicht werden.

(3) Damit für ein Vorhaben Zuschüsse aus dem Fonds gewährt werden können, muß es von dem Mitgliedstaat befürwortet werden, auf dessen Hoheitsgebiet dieses Vorhaben ausgeführt werden soll.

(4) Wird ein Antrag von dem betreffenden Mitgliedstaat nicht befürwortet, so kann dieser Mitgliedstaat den Antrag der Kommission zur Unterrichtung übermitteln.

(5) Die Angaben, die jeder Antrag enthalten muß und die Form, in der er zu stellen ist, werden nach dem Verfahren des Artikels 19 Absatz (1) festgelegt.

Artikel 21

(1) Die Gewährung von Zuschüssen aus dem Fonds wird nach dem Verfahren des Artikels 19 Absatz (1) beschlossen; die Kommission entscheidet, nachdem sie den Fondsausschuß zu den finanziellen Aspekten und insbesondere zu den verfügbaren Finanzmitteln gehört hat.

(2) Die Entscheidung der Kommission wird dem betreffenden Mitgliedstaat und den Begünstigten notifiziert.

Artikel 22

(1) Die Zuschüsse aus dem Fonds werden denjenigen natürlichen oder juristischen Personen oder Personengruppen gewährt, die letzten Endes die Kosten für die Verwirklichung des Vorhabens ganz oder teilweise tragen.

Die Zuschüsse werden über die Stelle bzw. Stellen gewährt, die der betreffende Mitgliedstaat hierfür benennt.

(2) Die hierfür vom betreffenden Mitgliedstaat benannte Behörde oder Stelle übermittelt der Kommission auf deren Antrag während der gesamten Dauer der Beteiligung des Fonds alle Belege oder sonstigen Unterlagen, aus denen hervorgeht, daß die finanziellen oder sonstigen Auflagen für jedes Vorhaben erfüllt werden. Die Kommission kann die Nachprüfung erforderlichenfalls an Ort und Stelle durchführen.

Für den Fall, daß diese Auflagen nicht erfüllt werden, kann die Beteiligung des Fonds nach dem Verfahren des Artikels 19 Absatz (1) ausgesetzt, eingeschränkt oder ganz eingestellt werden; die Kommission entscheidet nach Anhörung des Fondsausschusses zu den finanziellen Aspekten.

Die Entscheidung der Kommission wird dem betreffenden Mitgliedstaat und den Begünstigten notifiziert.

(3) Die Durchführungsbestimmungen zu diesem Artikel werden nach dem Verfahren des Artikels 26 festgelegt.

Dritter Teil

Allgemeine Vorschriften

I — Beiträge zum Fonds

II — Ausschuß des Europäischen Ausrichtungs- und Garantiefonds für die Landwirtschaft

III — Schlußbestimmungen

(C II 4)

Gewährung von Zuschüssen aus der Abteilung Ausrichtung des EAGFL für das Jahr 1964
(65/449/EWG)

Gemäß Artikel 5 Absatz (2) der Verordnung Nr. 25 über die Finanzierung der gemeinsamen Agrarpolitik und Artikel 2 und 4 der Haushaltsordnung betreffend den Europäischen Ausrichtungs- und Garantiefonds für die Landwirtschaft ist im Haushaltsplan der Gemeinschaft für das Haushaltsjahr 1965, Kapitel LXXX „Im Rahmen der Abteilung Ausrichtung getroffene Maßnahmen, erste Tranche 1964", ein Betrag von 9 057 000 Rechnungseinheiten eingesetzt. Diese Tranche entspricht einem Drittel des Betrages, der für die entsprechenden Ausgaben der Abteilung Garantie des Fonds, d. h. für die Ausgaben im Verbuchungszeitraum 1962/63, festgesetzt wurde.

Bis zum 1. Juli 1964 sind bei der Kommission über die betreffenden Mitgliedstaaten gemäß Artikel 20 der Verordnung Nr. 17/64/EWG 226 Anträge eingegangen, von denen in der Folgezeit 19 von den Antragstellern wieder zurückgezogen wurden.

Bei 69 der 207 endgültig eingereichten Anträge waren die Voraussetzungen für die Gewährung von Zuschüssen aus dem Fonds für die betreffenden Vorhaben nicht erfüllt; wie festgestellt wurde, entsprachen die betreffenden Anträge aus dem einen oder anderen der nachstehenden Gründe nicht den formellen Vorschriften der Verordnung Nr. 17/64/EWG:

— das Vorhaben wurde von dem betreffenden Mitgliedstaat gemäß Artikel 20 Absatz (3) der Verordnung Nr. 17/64/EWG nicht befürwortet;

— das Vorhaben war am Tag des Eingangs des Antrags bei der Kommission bereits in Ausführung;

Diese Feststellung wurde den einzelnen Antragstellern und dem betreffenden Mitgliedstaat notifiziert.

Die mit 138 verbleibenden Vorhaben beantragten Zuschüsse beliefen sich auf insgesamt 21 418 540 Rechnungseinheiten.

Nach Anhörung des Fondsausschusses zu den finanziellen Aspekten und insbesondere zu den verfügbaren Finanzmitteln und nach Einholung der Stellungnahme des Ständigen Agrarstrukturausschusses hat die Kommission die in nachfolgender Liste aufgeführten 57 Vorhaben mit einem Gesamtbetrag von 9 056 922 Rechnungseinheiten berücksichtigt. Diese Vorhaben schienen der Kommission unter Würdigung

— der in Artikel 15 der Verordnung Nr. 17/64/EWG genannten Vorrangkriterien und

— der Notwendigkeit einer harmonischen Verteilung der Leistungen des Fonds innerhalb der Gemeinschaft

dem Interesse der Gemeinschaft am meisten zu entsprechen.

Gemäß Artikel 21 der Verordnung Nr. 17/64/EWG sind die Entscheidungen der Kommission über die Gewährung von Zuschüssen aus dem Fonds zu den nachstehend genannten Vorhaben den betreffenden Mitgliedstaaten sowie den Begünstigten notifiziert worden.